本成果受到中国人民大学"中央高校建设世界一流大学(学科)和特色发展引导专项资金"支持,项目批准号:15XNLG09

大国学研究文库

长沙简牍研究

A Study of Changsha Bamboo Slips

王子今 ◎ 著

中国社会科学出版社

图书在版编目（CIP）数据

长沙简牍研究/王子今著. —北京：中国社会科学出版社，2017.12
（大国学研究文库）
ISBN 978-7-5203-1800-6

Ⅰ.①长… Ⅱ.①王… Ⅲ.①简（考古）—研究—长沙 Ⅳ.①K877.54

中国版本图书馆 CIP 数据核字（2017）第 324779 号

出 版 人	赵剑英	
责任编辑	史慕鸿	
责任校对	闫　萃	
责任印制	戴　宽	

出　　版	中国社会科学出版社	
社　　址	北京鼓楼西大街甲 158 号	
邮　　编	100720	
网　　址	http://www.csspw.cn	
发 行 部	010-84083685	
门 市 部	010-84029450	
经　　销	新华书店及其他书店	

印刷装订	北京君升印刷有限公司	
版　　次	2017 年 12 月第 1 版	
印　　次	2017 年 12 月第 1 次印刷	

开　　本	710×1000　1/16	
印　　张	24	
插　　页	2	
字　　数	395 千字	
定　　价	108.00 元	

凡购买中国社会科学出版社图书，如有质量问题请与本社营销中心联系调换
电话：010-84083683
版权所有　侵权必究

序　言

子今兄是我多年的老朋友了，他在朋友圈内有个雅号，叫"子老"。之所以称为"老"，是因为他常常在喝酒时号称自己是40年代的，比50年代的我们早一个时代。其实我们都知道，他也是50年代的，只是出生在50年代初而已。

子今兄有很多非常人可以接受的生活习惯，如不吃早餐，早上洗冷水浴，喜穿布鞋或拖鞋，很少穿皮鞋，好喝高度白酒等，但更非常人所能想象的是：他能在喝完白酒后，又可以持续地工作几个小时；他能在赶飞机、高铁的等候时间内打开电脑赶写论文；他还可以在会议期间打开电脑查找资料，改写论文。只要他在哪里一落座，接下来就是打开电脑，进入工作状态。因此，他虽然大我们几岁，但精力充沛，兴趣广泛，思维活跃，成果众多，是我们所艳羡的多产专家，其著述和论文层出不穷，令人钦佩。

子今兄是秦汉史研究专家，曾做过多年的中国秦汉史研究会的会长，写过很多有关秦汉制度、秦汉交通、秦汉区域文化、秦汉名物、秦汉简帛等多方面的研究著作和论文，但他的研究领域和研究兴趣又远不只是秦汉史而已。我曾偶尔看到他在报纸杂志上发表有关长沙走马楼吴简的论文，原以为他就是偶尔玩玩而已，可没想到，他的"偶尔玩玩"居然又玩成了一本书，他这本洋洋洒洒30多万字的《长沙简牍研究》，其中绝大部分竟然是有关长沙走马楼吴简的研究论文，可见其研究领域已远远超出了秦汉的范围。

也许是因为我一直在长沙从事简帛研究的缘故，子今兄要我在他的书前写几句话，真的比较惶恐，因我虽一直在长沙从事简帛的整理和研究，但对走马楼吴简的关注度确实有限，故只能硬着头皮，说说自己的读后感而已。

读《长沙简牍研究》，最大的感觉是子今兄擅长从看似很细小的问题入手，研究出很有深度和广度的结论。例如《马王堆一号汉墓出土有关"鹿"的文字资料与梅花鹿标本》一文，他从马王堆一号汉墓出土的签牌、遣策上有关"鹿"的文字入手，进而讨论梅花鹿的骨骼标本，再而对鹿的生活习性、汉代的猎鹿风习和梅花鹿分布区域变迁等问题进行生态史考察，真可谓小中见大，思路开阔。说实话，我在湖南省博物馆整理研究简帛十多年，他所讨论的这几块简牍材料我相当熟悉，但我从没想过可以这样深入地展开研究。再例如《"烝口仓"考》一文，他熟练地使用历史地理学和汉语言文字训诂的研究方法，对"烝水"、"烝口"、"承口"、"水口"置"仓"和"东部烝口仓"中的"东部"进行细密考察和分析，很显然，这种考释已远不是简单的"烝口仓"考而已。

《长沙简牍研究》一书的另一个特色是对简牍文献语词的社会史研究和分析，而这种分析又是建立在大量的数字统计和材料排列基础上进行解说和论证，故其论证资料详实，读来令人信服。例如《走马楼简载录的未成年"公乘"、"士伍"》一文，他从简文中的"子公乘"、"弟公乘"和"子士伍"、"弟士伍"等词例发现问题，然后通过对简文的穷尽性的统计和排比指出：走马楼吴简中存在大量的未成年的"公乘"和"士伍"，从而加深了人们对秦汉以来的"公乘"、"士伍"实际身份的认识和了解。不仅如此，作者还进一步对与此相关的"小男"、"小爵"、"小上造"等一系列未成年的身份问题展开社会史的讨论，由于这些讨论是建立在详尽的数字统计和数据排比基础上的，故从这些特定语词现象的分析来揭示当时的社会历史真实面貌都十分可信。

众所周知，长沙是国内出土简牍最多也最重要的城市之一，长沙出土的简牍除了马王堆汉简、走马楼吴简之外，还有诸如走马楼西汉简、东牌楼汉简和五一广场东汉简等许多简牍资料，子今兄的这部《长沙简牍研究》应该仅仅是他对长沙简牍研究的一个小结而已。可以期待，按子今兄现在的研究兴趣和速度来判断，在不久的将来，他一定会不断推出长沙简牍研究的新篇章。

是为序。

陈松长于长沙岳麓书院
2017 年 7 月 12 日

目　　录

马王堆三号汉墓遣策"马竖"杂议 …………………………… (1)
　　1. "明童"中的"马竖" ……………………………………… (1)
　　2. "马竖"与"马仆"、"车竖" ……………………………… (3)
　　3. 《列子》"马竖"与《庄子》"牧马童子" ………………… (4)
　　4. 马王堆汉墓"马竖"与"奴婢成群的场面" ……………… (5)
　　5. 奴婢中"未成年的孩童" ………………………………… (7)
　　6. "竖"：指代成年人的蔑称 ……………………………… (9)
　　7. "奴"、"竖"与"马童"名字 ……………………………… (11)

马王堆一号汉墓出土有关"鹿"的文字资料与梅花鹿标本 …… (15)
　　1. 鹿·鹿脯·鹿炙 …………………………………………… (15)
　　2. 梅花鹿骨骼标本 ………………………………………… (16)
　　3. 鹿生于山而命悬于厨 …………………………………… (19)
　　4. 猎鹿风习 ………………………………………………… (21)
　　5. 生态史观察：梅花鹿分布区的变迁 …………………… (24)

"煮鹤"故事与汉代文物实证 …………………………………… (29)
　　1. "好鹤"、"友鹤"情致 …………………………………… (29)
　　2. 煮鹤烧琴："杀风景"批判 ……………………………… (31)
　　3. "熬鹄"与"熬䴉"：马王堆的发现 ……………………… (35)

长沙五一广场出土待事掾王纯白事木牍研究 ………………… (37)
　　1. "白事"文书名义 ………………………………………… (37)

2. "追还""庆陆" …………………………………………… (41)
　　3. "各操兵" ………………………………………………… (42)
　　4. "取刀矛自捄" …………………………………………… (43)
　　5. "禹瘦平后落去" ………………………………………… (44)
　　6. "仇怨奉公" ……………………………………………… (44)
　　7. "唯明廷财省,严部吏……" …………………………… (45)
　　8. "考实宗、禹及二男子谋议刑执" ……………………… (46)
　　9. 关于"今为言,今开"的文序 ………………………… (47)

长沙东牌楼汉简"津卒"称谓及交通管理的军事化形式 …… (49)
　　1. "津卒"简文 …………………………………………… (49)
　　2. 交通实践中"卒"的身份 ……………………………… (51)
　　3. "津"的军事化管理 …………………………………… (53)
　　4. 南海以置候"献龙眼、荔支" ………………………… (54)
　　5. "关卒""税出入者" …………………………………… (54)

说长沙东牌楼简所见"津史"及其职任 …………………… (57)
　　1. 东牌楼简文"津史" …………………………………… (57)
　　2. 史籍所见"津史"身份 ………………………………… (58)
　　3. 关于"津吏" …………………………………………… (59)
　　4. "津史"与"津吏" ……………………………………… (60)
　　5. "津史"、"津吏"职任 ………………………………… (61)

蒋席·皮席·蕠席——长沙东牌楼简牍研读札记 ……… (63)
　　1. "蒋"非"桨" …………………………………………… (63)
　　2. "蒋"应即"蒋" ………………………………………… (64)
　　3. 关于"皮席" …………………………………………… (65)
　　4. "皮二席"、"重席"说 ………………………………… (66)
　　5. 关于"蕠席" …………………………………………… (68)
　　6. "枚"、"束"、"领":"席"的计量单位 ………………… (69)
　　7. "席"与其他相关器物的组合关系 …………………… (71)

走马楼简"折咸米"释义 ············ (73)

    1. 建安"折咸米"简 ············ (73)

    2. "折咸米"即"折减米" ············ (73)

    3. 折减：汉代习用语 ············ (75)

    4. "折减"与民俗语言传统 ············ (76)

    5. "盘粮有折减"与"盘量有折减" ············ (78)

走马楼简的"入皮"记录 ············ (80)

    1. 走马楼简"入皮"简文 ············ (80)

    2. "入皮"的品类 ············ (85)

    3. "入皮"简的生态史料意义 ············ (87)

    4. "皮贾钱" ············ (89)

    5. 关于"治皮师" ············ (90)

    6. 猎鹿故事 ············ (90)

    7. 鹿皮"军国之用" ············ (93)

走马楼许迪割米案文牍试解读 ············ (99)

    1. 释读异见 ············ (99)

    2. 关于"剐用" ············ (100)

    3. 关于"廖直事" ············ (100)

    4. 关于"罪深重" ············ (102)

    5. 关于"审前后" ············ (104)

    6. 关于潘琬的身份职任 ············ (106)

走马楼许迪案文牍所见盐米比价及相关问题 ············ (107)

    1. J22—2540号木牍所见盐米价格信息 ············ (107)

    2. 胡平生考论盐米布比价 ············ (109)

    3. 陈直的研究与虞诩守武都时史例 ············ (110)

    4. 王仲荦《金泥玉屑丛考》盐价研究 ············ (111)

    5. 汉简盐价史料 ············ (112)

    6. 三国孙吴盐政形势 ············ (113)

  7. 计量精度与盐政管理效率 …………………………………（117）
  8. "盐米"仓制 ………………………………………………（118）

烝姓的源流——读《嘉禾吏民田家莂》札记 …………………（119）
  1. 作为长沙大姓的烝姓 ……………………………………（119）
  2. 走马楼简牍所见烝姓吏卒 ………………………………（121）
  3. 烝姓·烝水·临烝与烝阳 ………………………………（122）
  4. 烝姓的下落 ………………………………………………（125）

"烝口仓"考 ………………………………………………………（127）
  1. "烝口仓"简例 ……………………………………………（127）
  2. "烝水"考 …………………………………………………（128）
  3. 承口—烝口 ………………………………………………（129）
  4. "水口"置"仓"传统 ………………………………………（130）
  5. 关于"东部烝口仓"之"东部" …………………………（132）

走马楼舟船属具简与中国帆船史的新认识 ……………………（134）
  1. 走马楼简所见舟船属具 …………………………………（134）
  2. 大檣 ………………………………………………………（135）
  3. 大柁 ………………………………………………………（136）
  4. 上尉，下尉 ………………………………………………（136）
  5. 矴石 ………………………………………………………（137）
  6. 大绁 ………………………………………………………（138）
  7. 舟船规格推测 ……………………………………………（139）

长沙走马楼竹简"地僦钱"的市场史考察 ……………………（142）
  1. "僦钱"和"地僦钱" ………………………………………（142）
  2. "地僦钱"与"邑下居民"生活 ……………………………（146）
  3. "地僦钱"透露的社会史信息 ……………………………（149）
  4. "地僦钱"与"市租钱" ……………………………………（149）

试释走马楼《嘉禾吏民田家莂》"余力田"与
"余力火种田" ……………………………………………（154）

1. "田家'行有余力'而自行开垦的荒地"说及相关辨议 …… （154）
2. "余夫"与"余夫""受田" …………………………………… （155）
3. "余子""未任役者" …………………………………………… （156）
4. "火种"或即"伙种"、"夥种" ………………………………… （157）
5. "火种田"、"旱田"、"火耕"说异言 ………………………… （158）

走马楼竹简女子名字分析 ……………………………………（160）

1. "妇人无名"和"妇人无姓" …………………………………… （160）
2. 关于以"汝"、"姑"、"女"为名字 …………………………… （162）
3. "妾"和"婢"：女子贱名 ……………………………………… （164）
4. 妇德的标志——"贞"和"思" ……………………………… （167）
5. 人名用字和妇女社会生产职任的关联 ……………………… （169）
6. "女性的特征"及其他信息 …………………………………… （171）
7. 附议：男人女名现象 ………………………………………… （174）
   附　走马楼竹简女子人名用字频度表 ……………………… （176）

走马楼简文"邮卒"、"驿兵"与邮驿的专业化 ……………（190）

1. 江南开发与邮驿系统建设 …………………………………… （190）
2. 走马楼简文"邮卒" …………………………………………… （192）
3. "邮卒限米"与"邮卒田" ……………………………………… （194）
4. "邮卒"称谓的最早记录 ……………………………………… （196）
5. 从"轻足"到"邮卒" …………………………………………… （197）
6. 走马楼简所见"驿兵"、"驿马" ……………………………… （199）

走马楼简所见"小妻"与两汉三国多妻现象 ………………（201）

1. 汉晋"小妻"、"下妻"、"旁妻"与"妾" ……………………… （201）
2. 走马楼"小妻"简文 …………………………………………… （204）
3. "大妻"与"小妻"——"妻"与"小妻" ……………………… （205）
4. "大妻"、"小妻"同称为"妻"的现象 ………………………… （206）

  5. 文献记录所见"小妻" …………………………………（207）
  6. 两汉三国多妻现象 ………………………………………（210）
  7. 走马楼简婚姻史料的意义与荆州地方的区域文化个性 ……（211）

"寡嫂"和"孤兄子"：三国孙吴乡村家族结构考察 …………（213）

  1. 走马楼简所见"寡嫂" ……………………………………（213）
  2. 有关"寡嫂"身份地位的文献资料 ………………………（216）
  3. 走马楼简"兄子"简文 ……………………………………（219）
  4. "侄"与"侄子" ……………………………………………（220）
  5. "侄"：男女皆可通 …………………………………………（224）
  6. "养寡嫂孤儿"的"礼""义"标范与"报嫂"
   遗俗的可能性 ……………………………………………（226）

走马楼简牍所见"吏"在城乡联系中的特殊作用 ……………（230）

  1. 秦汉以来社会生活中的"吏"和"少吏" …………………（230）
  2. 州吏·郡吏·县吏 …………………………………………（232）
  3. 关于乡吏 …………………………………………………（237）
  4. 居于"邑下"的"田家" ……………………………………（240）
  5. 吏：交接城镇和乡村的特殊身份…………………………（243）

走马楼简牍"私学"身份 ………………………………………（247）

  1. "私学谢达"、"私学番倚"和相关争议 …………………（247）
  2. "举私学"正义 ……………………………………………（250）
  3. 作为身份称谓的"私学" …………………………………（252）
  4. "儒学生员"和"幼学"：明清户籍资料可参照信息 ……（256）
  5. "学校如林，庠序盈门"现象的赋役史视角考察 …………（259）
  6. 私学"著录"的意义 ………………………………………（262）
  7. 关于"经生""不远万里之路" …………………………（268）

走马楼简载录的未成年"公乘"、"士伍" …………………（271）

  1. "子公乘"、"弟公乘"和"子士伍"、"弟士伍"诸例 …………（271）
  2. "小男"得爵情形 …………………………………………（278）

  3. 里耶秦简"小上造" …………………………………………（279）
  4. 张家山汉简"小爵" …………………………………………（282）
  5. 身份继承与"爵位""控制" …………………………………（283）

关于走马楼简文"小口" ……………………………………………（285）
  1. "小口"与"大小口有差"制度 ………………………………（285）
  2. "小口"与"口钱"征收 ………………………………………（290）
  3. "小口"年龄界定 ……………………………………………（291）

走马楼竹简"细小"文例 ……………………………………………（294）
  1. "户口簿籍"中的"细小" ……………………………………（294）
  2. 在宫・送宫・诣宫・还宫 ……………………………………（300）
  3. 使用"小名"的可能 …………………………………………（301）
  4. "细小"：体态状貌记录 ……………………………………（303）

走马楼竹简"邪"、"耶"称谓使用的早期实证 ……………………（306）
  1. 亲属称谓"邪" ………………………………………………（306）
  2. "古人称父为'耶'"的早期例证 ……………………………（309）
  3. 戴良"阿爹"疑议 ……………………………………………（311）
  4. 走马楼简"邪"的称谓史实证价值 …………………………（313）

未成年劳动者"户下奴"、"户下婢" ………………………………（315）
  1. 走马楼竹简"户下奴"、"户下婢"资料 ……………………（315）
  2. "户下"试解 …………………………………………………（319）
  3. 关于"长六尺"、"长五尺" …………………………………（321）
  4. 未成年"户下奴"、"户下婢"的比例 ………………………（324）

走马楼名籍"单身"身份 ……………………………………………（325）
  1. 走马楼简文"单身 见" ……………………………………（325）
  2. "单身"者身份 ………………………………………………（327）
  3. 人身控制考虑："单身"与"进退之计" ……………………（329）
  4. 钟会故事 ……………………………………………………（330）

5. 崔楷故事 …………………………………………………… (332)
　　6. "单身逃役"现象 …………………………………………… (333)
　　7. 关于"门单户尽"、"民单户约" ………………………… (334)

走马楼"凡口若干事若干"简例试解读 ……………………… (337)
　　1. "凡口若干事若干"简文 ………………………………… (337)
　　2. "口一事一,筭一事一,訾一"文式 …………………… (344)
　　3. 事——使 ………………………………………………… (345)
　　4. 居延简文"使"的参考意义 ……………………………… (346)
　　5. "事"前后两记 …………………………………………… (347)

走马楼简文"枯兼波簿"及其透露的生态史信息 ………… (348)
　　1. "波""枯兼"现象 ………………………………………… (348)
　　2.《枯兼波长深顷亩簿》…………………………………… (351)
　　3. "兼"的字义 ……………………………………………… (351)
　　4. 重要的生态史资料 ……………………………………… (353)

长沙走马楼竹简"豆租"和"大豆租" ……………………… (355)
　　1. "调"豆记录 ……………………………………………… (355)
　　2. "豆"为人名 ……………………………………………… (356)
　　3. 对于"豆租"的关注 …………………………………… (357)
　　4. 马王堆汉墓出土"赤豆"、"大豆""黄卷" ……………… (358)
　　5. 江南地区豆类作物栽培史的新认识 …………………… (360)
　　6. "豆"与"麦","豆"与"稻" …………………………… (362)
　　7. "豆"在农史中的地位 …………………………………… (363)

附录　秦史研究的新新机缘 ……………………………… (365)

本书内容初次发表信息 …………………………………… (368)

后记 ………………………………………………………… (371)

马王堆三号汉墓遣策"马竖"杂议

马王堆三号汉墓出土遣策可以看到"马竖"简文。"马竖"身份是体现墓主"奴婢成群"地位的附从僮仆。其劳作方式,可能是服务于墓主的养马驯马工作。"竖"作为指称未成年人称谓用字,在秦汉社会比较普及。有学者指出,"竖"在这里指"未成年的孩童"。汉代画象资料表明,当时社会普遍使用"竖"承担此类劳作。"竖"又用作成年人贬称。讨论相关现象,可以增益对当时社会阶层及未成年人社会地位的认识。

1."明童"中的"马竖"

马王堆三号汉墓出土竹简遣策,据《发掘报告》介绍:"'遣策'虽已散乱,但随葬物品前后次序大体清楚:起首为纪年木牍,然后依次为男、女明童、车马、各种食物、漆器、土器、其他杂器和丝织物,因此可以将其排列顺序。"简一即"纪年木牍":"十二年,二月乙巳朔戊辰,家承(丞)奋,移主葬(葬)郎中,移葬(葬)物一编,书到先选(撰)具奏主葬(葬)君。"可知"遣策"名义,或许也可以理解为《葬物》。其中有:

......

简四〇　大奴百人,衣布。
简四一　马竖五十人,衣布。
简四二　右方男子明童,凡六百七十六人。其十五人吏,九人宦者,二人偶人,四人击鼓、铙、铎,百九十六人从,三百人卒,百五十人奴。

简四二为木牍。《发掘报告》执笔者写道："明或作萌。《战国策》：'人萌谣俗'。明（萌）与民（泯）通，民或作氓。童与僮通，即使僮。明童为贱称。简文中载其成员包括吏、宦者、偶人、乐队、从、卒与奴等。其中吏十五人（即此前简中所记家吏十、家丞一、谒者四），宦者九人、击鼓二人、偶人二人、击铙铎者二人（简文中'铙铎各一，击者二人'）、卒三百（即此前简中所记执长茎矛八人、执短铩六十人、执革盾八人、执盾六十人、执短戟六十人）、奴一百五十人（即此前简六中所记大奴一百人、马竖五十人）。以上明童在棺室西壁《车马仪仗图》中略有体现。"①

马王堆三号汉墓出土竹简遣策有关"马竖"的简文，是迄今我们看到的涉及"马竖"身份的最早的文字资料。

遣策中"男子明童"和"女子明童"作为随葬俑群的指代符号，马王堆三号汉墓简牍应是第一次发现。

"明童"之"明"，《发掘报告》解作"萌"、"民"、"泯"、"氓"，或可商榷。"男子明童"和"女子明童"的"明"，也许可以理解为"明器"的"明"。《礼记·檀弓下》写道："孔子谓'为明器者知丧道矣，备物而不可用也'。②哀哉！死者而用生者之器也，不殆于用殉乎哉。'其曰明器，神明之也。'③涂车、刍灵，自古有之。④明器之道也。⑤孔子谓'为刍灵者善'，谓'为俑者不仁'，不殆于用人乎哉！"⑥《仪礼·既夕》："陈明器于乘车之西。"郑玄注："明器，藏器也。《檀弓》曰：'其曰明器，神明之也。'言神明者，异于生器，竹不成用，瓦不成味，木不成斲，琴瑟张而不平，竽笙备而不

---

① 湖南省博物馆、湖南省文物考古研究所：《马王堆二、三号汉墓》第一卷《田野考古发掘报告》，文物出版社2004年7月版，第43—50页。
② 郑玄注："神与人异道，则不相伤。"
③ 郑玄注："神明，死者，异于生人。"
④ 郑玄注："刍灵，束茅为人马。谓之灵者，神之类。"
⑤ 郑玄注："言与明器同。"
⑥ 〔清〕孙希旦撰，沈啸寰、王星贤点校：《礼记集解》，中华书局1989年2月版，第264—265页。

和，有钟磬而无箕虡。陈器于乘车之西，则重北也。"① "明器，神明之也"，"明器，藏器也"，即随葬品。②

如果理解"明童"或与"明器"相关③，则《发掘报告》"明童为贱称"的说法，亦未必合理。

2. "马竖"与"马仆"、"车竖"

长沙马王堆汉墓"马竖"身份在汉代其他简牍资料中未见出现，然而江陵凤凰山汉墓竹简出现的称谓史料，亦以指代对象相关具有参照价值。

江陵凤凰山九号汉墓出土简牍可见"马仆"：

大奴获，马仆，操钩。（二〇）

---

① 〔清〕阮元校刻：《十三经注疏》，中华书局据世界书局缩印阮元校刻本1979年11月影印本，第1148页下栏。

② 〔清〕王韬《梦中梦》可见"明僮"："明僮健仆，填溢门巷，妻冠佩笑迎，美婢十余人夹侍左右。"《淞滨琐话》卷一〇，《香艳丛书》本。〔清〕易顺鼎《与王梦湘书》："虽有丽姝二八，明僮三五，纤质扶右，曼妆拥前，屏而置焉，不暇顾也。"《丁戊之闲行卷》卷二《骈文》，光绪五年贵阳刻本。又〔清〕孙士毅《跳钺斧》（题注：藏人于正岁张晏会饮，乃有此戏，以幼童为之）："明僮崽子，十十五五，赤脚花鬘催羯鼓。"《百一山房诗集》卷一一，嘉庆二十一年刻本。此"明僮"似与马王堆三号汉墓"遣策"所见"明童"有异，或与元稹"越婢脂肉滑，奚僮眉眼明"诗意有关。〔唐〕元稹撰，冀勤点校：《元稹集》卷二三，中华书局1982年8月版，第268页。又如〔唐〕范摅《云溪友议》卷中"买山讖"条："此童眉目疏秀，进退不慑，惜其卑幼，可以劝学乎？"阳羡生点校，收入《唐五代笔记小说大观》，上海古籍出版社2000年3月版，第1280页。似亦可引为参考。

③ 古制丧葬用衣称"明衣"、"明衣裳"。《仪礼·士丧礼》："明衣裳用布。"郑玄注："所以亲身为圭絜也。"《十三经注疏》，第1130页。斋戒时服用衣物也称"明衣"。《论语·乡党》："齐，必有明衣，布。"何晏《集解》："孔曰：'以布为沐浴衣。'"《十三经注疏》，第2494页。又可见称"神明之衣"为"明衣"的说法。《穆天子传》卷六："天子使嬖人赠用文锦明衣九领。"郭璞注："谓之'明衣'，言神明之衣。"文渊阁《四库全书》本。亦有称祭祀之水为"明水"者。《周礼·秋官·司烜氏》："掌以夫遂取明火于日，以鉴取明水于月，以共祭祀之明齍、明烛，共明水。"郑玄注："夫遂，阳燧也。鉴，镜属。取水者，世谓之方诸。取日之火，月之水，欲得阴阳之絜气也。明烛以照馔陈，明水以为玄酒。郑司农云：'夫，发声。明粢，谓以明水淅涤粢盛秦稷。'"〔清〕孙诒让撰，王文锦、陈玉霞点校：《周礼正义》，中华书局1987年12月版，第2909页。《逸周书·克殷》："毛叔郑奉明水。"陈逢衡云：《周礼·司烜氏》："以鉴取明水于月。"郑玄注："明水以为元酒。"黄怀信、张懋镕、田旭东撰，李学勤审定：《逸周书汇校集注》，上海古籍出版社1995年12月版，第372—373页。

"马仆"，其职能应当与"马"有关。《周礼·夏官司马·校人》："凡军事，物马而颁之。① 等驭夫之禄②，宫中之稍食③。"又有"牛仆"：

　　大奴园，牛仆，操钩（二二）

可能与"牛仆"身份相近的，又有一六七号汉墓竹简所见"牛者"：

　　牛者一人大奴一人（九）

江陵凤凰山八号墓出土的两枚简，还出现了"从车"和"车竖"称谓：

　　小奴坚从车（四〇）
　　大奴甲车竖（四一）④

后者"车竖"作为职任名号，很可能与"马竖"有相近的语义。

3.《列子》"马竖"与《庄子》"牧马童子"

《太平御览》卷四八五引《列子》曰："齐有贫者，乞于城市，患其哑也，众莫之与。遂适田氏之厩，从马竖作役而假食。郭中人戏之曰：'从马竖而食，不以辱乎？'乞儿曰：'天下之辱，莫过于乞。乞犹不辱，岂辱马竖哉？'"⑤ "郭中人"以为"贫"而"乞"者"从马竖而食"亦

---

① 郑玄注："物马，齐其力。"
② 郑玄注："驭夫，于趣马、仆夫为中举，中见上下。"
③ 郑玄注："师圉府史以下也。"
④ 湖北省文物考古研究所编：《江陵凤凰山西汉简牍》，中华书局2012年11月版，第66、154、23页。
⑤ 中华书局据上海涵芬楼影印宋本1960年2月复制重印版，第2222页。《太平御览》卷五四三引《列子》又见"乞儿"与"马医"并说之例："范氏门徒路遇乞儿、马医，弗敢辱也，必下车而揖之。"第2462页。"齐有贫者，乞于城市"，"遂适田氏之厩，从马竖作役而假食"，"马竖"抑或作"马医"。此两则故事，今本《列子》均作"马医"。"伯峻案：《御览》四八五引'马医'作'马竖'。"杨伯峻撰：《列子集释》，中华书局1979年10月版，第57、270页。今按：似不能完全排除"马医"为"马竖"误写的可能。

为自"辱",则"马竖"身份低贱可知。

"马竖"称谓后世依然沿用。如明人皇甫汸《马竖有谈武宗时事者感而赋诗》:"传闻遗事讵堪悲,今日长秋异昔时。产出神驹官尽牧,献来天马帝亲骑。千金购赏原非惜,万里长驱为不辞。一自攀龙留剑舄,何由陪骏向瑶池。"① 所谓"神驹","天马","万里长驱",全说帝王之"厩"事,虽气势高贵,却不离"马竖"之"役"主题。又如清人祁寯藻《观明蒲城令忠烈朱公遗像》诗言"闯贼陷蒲城,抱印投井而死"之"孤忠抗节"事迹,有"马竖猪奴竞揭竿,坏云摧阵大星寒"句②,"马竖"与"猪奴"并说,也体现其地位卑微。

传世文献所见与"马竖"较切近的通行称谓,是"牧马童子"。《庄子·徐无鬼》说黄帝往"具茨之山","七圣皆迷","问涂"于"牧马童子"的传说。"牧马童子"所言"夫为天下者,亦奚以异乎牧马者哉!亦去其害马者而已矣",是充分体现"小童"智慧的故事。黄帝有"异哉小童"的感叹,甚至"再拜稽首,称天师"。③

4. 马王堆汉墓"马竖"与"奴婢成群的场面"

周世荣《谈谈马王堆三号汉墓的简牍》一文指出,"三号墓一共出土了一百三十五个木俑,这些木俑绝大部分是'衣文绣者',其中有一百个扁身彩绘木俑,四个着衣大侍俑,八个着衣木俑,四个雕衣木俑,十二个坐俑,只有六个是穿黑衣的扁身木俑和一个小木俑。看来不是一般的生产奴隶。三号汉墓的墓主人是轪侯利仓的儿子,这种奴婢成群的场面说明西

---

① 《皇甫司勋集》卷二五,文渊阁《四库全书》本。
② 《䰵飢亭集》卷二《古今体诗》,咸丰刻本。
③ 《庄子·徐无鬼》:"黄帝将见大隗乎具茨之山,方明为御,昌寓骖乘,张若䛐朋前马,昆阍滑稽后车;至于襄城之野,七圣皆迷,无所问涂。适遇牧马童子,问涂焉,曰:'若知具茨之山乎?'曰:'然。''若知大隗之所存乎?'曰:'然。'黄帝曰:'异哉小童!非徒知具茨之山,又知大隗之所存。请问为天下。'小童辞。'夫为天下者,亦若此而已矣,又奚事焉!予少而自游于六合之内,予适有瞀病,有长者教予曰:若乘日之车而游于襄城之野。今予病少痊,予又且复游于六合之外。夫为天下亦若此而已。予又奚事焉!'黄帝曰:'夫为天下者,则诚非吾子之事,虽然,请问为天下。'小童辞。黄帝又问。小童曰:'夫为天下者,亦奚以异乎牧马者哉!亦去其害马者而已矣!'黄帝再拜稽首,称天师而退。"〔清〕郭庆藩辑:《庄子集释》,中华书局1961年7月版,第830—833页。

汉时期蓄养奴婢的情况依然存在①，和战国时期不同的是没有发现用奴隶殉葬的现象，这说明汉代奴婢和战国以前奴隶的地位不同，也不能用活人殉葬。"②史载汉初富家"蓄养奴婢"众多的情形，可见陈平以"奴婢百人"遗陆贾③；平吴楚之乱时，灌夫"及从奴十数骑驰入吴军"④；"卓王孙家僮八百人，程郑亦数百人"，卓王孙被迫"分予文君僮百人"⑤；董仲舒言经济形势，说到"众其奴婢"风习⑥；司马迁论汉初民间财富积累和阶级分化，也说拥有"僮手指千"者，"此亦比千乘之家"⑦；杨可告缗时，政府得"奴婢以千万数"⑧。其中有的例证，确实可以说是"奴婢成群"的反映。⑨

马王堆三号汉墓遣策中简四二："右方男子明童，凡六百七十六人。其……百五十人奴。"简五九："右方女子明童，凡百八十人。其……八十人婢。"⑩所谓"男子明童"和"女子明童"合计856人，其中"百五十奴"和"八十人婢"，是最底层的劳作者，合计230人。

"马竖五十人"，成为"奴婢成群的场面"中引人注目的构成。然而古人习言"南船北马"、"北马南船"⑪，马，可能并非当时江南地方主要交通动力。马王堆三号汉墓遣策"百五十人奴"中"大奴百人"、"马竖五十人"，"马竖"至于"奴"的总数的三分之一，比重之大，令人不免生疑。也许此"马竖"并非全部服务于与"马"有关的劳作。《艺文类

---

① "奴婢成群"的说法，见于〔明〕万民英《星学大成》卷六《论奴仆宫》，文渊阁《四库全书》本。
② 周世荣：《谈谈马王堆三号汉墓的简牍》，《光明日报》1974年10月16日，收入湖南省博物馆《马王堆汉墓研究》，湖南人民出版社1981年8月版，第340页。
③ 《史记》卷九七《郦生陆贾列传》，中华书局1959年9月版，第2701页。
④ 《史记》卷一〇七《魏其武安侯列传》，第2846页。
⑤ 《史记》卷一一七《司马相如列传》，第3000—3001页。
⑥ 《汉书》卷五六《董仲舒传》，中华书局1962年6月版，第2520页。
⑦ 《史记》卷一二九《货殖列传》，第3274页。
⑧ 《史记》卷三〇《平准书》，第1435页。
⑨ 稍早的史例，又有《史记》卷八五《吕不韦列传》："不韦家僮万人"，"嫪毐家僮数千人"。《史记》卷五五《留侯世家》："韩破，良家僮三百人……"第2510—2511、2033页。
⑩ 《马王堆二、三号汉墓》第一卷《田野考古发掘报告》，第50—51页。
⑪ 此说频繁见于古诗文，如〔清〕董元度《旧雨草堂诗》"南船北马"四见，乾隆四十三年刻本；陈用光《太乙舟诗集》"北马南船"三见，咸丰四年孝友堂刻本；张问陶《船山诗草》"南船北马"五见，"北马南船"四见，嘉庆二十年刻道光二十九年增修本。

聚》卷九四引《晋阳秋》："胡威少有志尚，厉操清白。父质为荆州守，威自京都省之，家贫无车马、僮仆，自驱驴单行。拜见父，停厩中十余日，辞归，每至客舍，自放驴，取樵爨食。"① 《晋书》卷九〇《良吏传·胡威》："家贫，无车马僮仆，自驱驴单行。每至客舍，躬放驴，取樵炊爨。食毕，复随侣进道。"② 如果主人并没有"马竖五十人"以为劳作对象的足够数量的"车马"，这些"马竖"从事其他劳作自然是合理的。这样说来，"马竖"也许只是一种身份代号。其中"竖"的字义，特别值得注意。

5. 奴婢中"未成年的孩童"

关于"随葬器物的清单"的内容，周世荣写道："据清单记载，侍从仪仗中共有数百个男女明童，有家吏、宦者、谒者、美人、才人、奴婢、竖（未成年的孩童），以及歌舞者、击錞于、铙铎、钟镈（磬）等乐队，也有兵卒（'执短戟'、'执长柽戈'、'执盾'、'操弩矢者'）和车骑行列——安车、轺车（小车），辒车与辌车、辎车（衣车）、牛车等等。"③ 其中以为"竖"即"未成年的孩童"的意见值得我们重视。

《发掘报告》的表述，也取大致相同的解说：

> 竖，未成年男仆。马竖即马童。④

马王堆三号汉墓遣策"百五十人奴"中"大奴百人"与"马竖五十人"并说，说明"马竖"非成年"奴"。《说文·臤部》："竖，坚立也。"段玉裁注："'坚立'，谓坚固立之也。'竖'与'尌'音义同。而'竖'从'臤'，故知为'坚立'。《周礼》'内竖'，郑云：'竖，未冠者之官名。'

---

① 〔唐〕欧阳询撰，汪绍楹校：《艺文类聚》，上海古籍出版社 1965 年 11 月版，第 1629 页。
② 《晋书》，中华书局 1974 年 11 月版，第 2330 页。
③ 周世荣：《谈谈马王堆三号汉墓的简牍》，《光明日报》1974 年 10 月 16 日，收入湖南省博物馆《马王堆汉墓研究》，第 339 页。
④ 《马王堆二、三号汉墓》第一卷《田野考古发掘报告》，第 50 页。

盖未冠者才能自立。故名之'竖',因以为官名。'竖'之言'孺'也。"① 按照《说文·子部》的说法,"孺,乳子也。一曰输孺也,输孺尚小也"。②

"竖"即"孺",指"未冠者"、"才能自立"者,应是未成年人称谓。

"马竖"作为未成年劳作者如果能够确定,可以反映当时未成年人的社会地位。汉初社会劳动力开发的程度,也可以得到说明。

"马童"又作"马僮"。《太平御览》卷六四二引《璅语》说春秋晋国故事,可见"马僮"称谓。③

司马迁在《史记》卷一三〇《太史公自序》中说到早年曾经经历"耕牧"生产实践:"迁生龙门,耕牧河山之阳。年十岁则诵古文。二十而南游江、淮……"④ 司马迁经历"耕牧"劳作时,当在"年十岁"之前。未成年人作为"牧"、"养"的故事,多见于史籍。《汉书》卷六八《金日磾传》:"日磾以父不降见杀,与母阏氏、弟伦俱没入官,输黄门养马,时年十四矣。""久之,武帝游宴见马,后宫满侧。日磾等数十人牵马过殿下,莫不窃视,至日磾独不敢。日磾长八尺二寸,容貌甚严,马又肥好,上异而问之,具以本状对。上奇焉,即日赐汤沐衣冠,拜为马监,迁侍中驸马都尉光禄大夫。"⑤ 金日磾14岁"输黄门养马",身份与劳作形式类同于马王堆三号汉墓遣策"马竖"。

---

① 〔汉〕许慎撰,〔清〕段玉裁注:《说文解字注》,上海古籍出版社据经韵楼臧版1981年10月影印版,第118页。

② 同上书,第743页。

③ 《太平御览》卷六四二引《璅语》:"晋冶氏女徒病,弃之。舞嚚之马僮饮马而见之,病徒曰:'吾良梦。'马僮曰:'汝奚梦乎?'曰:'吾梦乘水如河汾,三马当。'以告舞嚚,舞嚚自往视之。曰:'尚可活,吾买汝。'答曰:'既弃之矣,犹未死乎?'舞嚚曰:'未。'遂买之。至舞嚚氏而疾有间,而生荀林父。"原注:"《神异记》又载之。"中华书局用上海涵芬楼影印宋本1960年2月复制重印本,第2876页。文渊阁《四库全书》本作:"晋冶氏女徒病,弃之。舞嚚之马僮饮马而见之,病徒曰:'吾良梦。'马僮曰:'汝奚梦乎?'曰:'吾梦乘马如河汾,三马前导。'僮告舞嚚,嚚往视之。告其家:'尚可活,吾买女。'答曰:'既弃之矣,犹未死乎?'舞嚚曰:'未。'遂买之。至舞嚚氏而疾有间,而生荀林父。"原注:"《神异记》又载之。"

④ 《史记》,第3293页。

⑤ 《汉书》,第2959—2960页。

汉代画象多见未成年人参与服务性劳作的画面，其身份应为僮仆。①史籍或说"为人仆隶"。②重庆沙坪坝出土石棺石刻表现未成年人牵马情景，马后随一马驹。③牵马少年应当就是"马竖"。

汉代画象表现儿童养马驯马的画面，又有陕西绥德四十里铺画象石。养马人体态和发型，体现未成年人身份。④重庆璧山云坪乡水井湾崖墓3号石棺画面可见一童子与骏马嬉戏。图版文字说明称"一人牵马"，或许也可以看作体现"马竖"劳作的表现。⑤四川宜宾白溪石棺石刻可见或许即"马竖"的未成年人仆从牵马追随主人的画面。马的后方有一更年幼者，很可能也是饲马儿童。⑥四川彭山1号石棺画象可见二人并肩交谈，画面右侧一小儿饲喂马匹。据图版说明，"上侧右为骏马，拴于树上，一侍从作饮马状"。这位未成年"侍从"的身份亦应接近"马竖"。⑦

6."竖"：指代成年人的蔑称

秦汉社会称谓之使用，亦可见以"竖"指代成年人以表示鄙视的情形。

《史记》卷五五《留侯世家》记载，刘邦斥骂郦食其："竖儒！几败而公事。"司马贞《索隐》："高祖骂郦生为'竖儒'，谓此儒生竖子耳。"⑧《史记》卷九七《郦生陆贾列传》也记载刘邦以"竖儒"称郦食其。司马贞《索隐》："案：竖者，僮仆之称。沛公轻之，以比奴竖，故曰'竖儒'也。"⑨《汉书》卷四三《郦食其传》："沛公骂曰：'竖

---

① 参见王子今《汉代劳动儿童——以汉代画像遗存为中心》，《陕西历史博物馆馆刊》第17辑，三秦出版社2010年11月版，第5—17页。
② 《三国志》卷二三《魏书·杨俊传》，中华书局1959年12月版，第663页。
③ 龚廷万、龚玉、戴嘉陵编著：《巴蜀汉代画像集》，文物出版社1998年12月版，图152。
④ 汤池主编：《中国画像石全集》第5卷《陕西、山西汉画像石》，山东美术出版社2000年6月版，第94—95页，图一二四，图版说明第32页。
⑤ 高文主编：《中国画像石全集》第7卷《四川汉画像石》，山东美术出版社2000年6月版，第133页，图一六七，图版说明第14页。
⑥ 《巴蜀汉代画像集》，图60。
⑦ 《中国画像石全集》第7卷《四川汉画像石》，第119页，图一五五，图版说明第14页。
⑧ 《史记》，第2041页。
⑨ 同上书，第2693页。

儒！……'"颜师古注："言其贱劣如僮竖。"① 又《后汉书》卷二四《马援传》："惟陛下留思竖儒之言。"李贤注："言如僮竖无知也。高祖曰：'竖儒几败吾事。'"② 所谓"奴竖"、"僮竖"，应当都来自服务于权贵者的卑贱人等"奴"、"僮"，多反映了未成年人的社会生活事实。

史籍亦可见"牧竖"。《三国志》卷三九《蜀书·董允传》裴松之注引《襄阳记》："孙权尝大醉问（费）祎曰：'杨仪、魏延，牧竖小人也。虽尝有鸣吠之益于时务，然既已任之，势不得轻，若一朝无诸葛亮，必为祸乱矣。'"③ 这一记载，为《资治通鉴》卷七二"魏明帝青龙二年"取用。④ 孙权评价政治人物，使用了"牧竖小人"称谓。其中所谓"小人"可能指未成年人，使我们理解古来"君子"、"小人"称谓之"小人"的涵义，有了可参照的信息。而"牧"，正是未成年人劳作主题之一。⑤ 我们讨论的"马竖"，其工作方式亦可能包括"牧"、"养"。

《潜夫论·浮侈》说到与"志义之士"对应，而与"无心之人"接近的"群竖小子"们的生活："今民奢衣服，侈饮食，事口舌，而习调欺，以相诈绐，比肩是也。或以谋奸合任为业，或以游敖博弈为事；或丁夫世不传犁锄，怀丸挟弹，携手邀游。或取好土作丸卖之，于弹外不可以御寇，内不足以禁鼠，晋灵好之以增其恶，未尝闻志义之士喜操以游者也。惟无心之人，群竖小子，接而持之，妄弹鸟雀，百发不得一，而反中面目，此最无用而有害也。或坐作竹簧，削锐其头，有伤害之象，傅以蜡蜜，有甘舌之类，皆非吉祥善应。或作泥车、瓦狗、马骑、倡排，诸戏弄小儿之具以巧诈。"⑥ 对所谓"群竖小子"及其导致的社会弊端的斥责，

---

① 《汉书》，第2106—2107页。

② 《后汉书》，中华书局1965年5月版，第849页。

③ 《三国志》，第986页。〔宋〕潘自牧《记纂渊海》卷四二《性行部》"小有才"条引此语，谓据《蜀书·董允传》言"费祎曰"，误，文渊阁《四库全书》本。

④ 《资治通鉴》，中华书局1956年6月版，第2297页。

⑤ 相关史例是非常多的。如《史记》卷一一一《卫将军骠骑列传》言卫青（第2922页），《汉书》卷七六《王尊传》言王尊（第3226页），都说少时"牧羊"，《后汉书》卷二七《承宫传》言承宫"年八岁为人牧豕"（第944页），《三国志》卷二八《魏书·邓艾传》则说邓艾"少孤"，"为农民养犊"（第775页）。未成年人以"牧"、"养"为劳作形式的情形，在汉代画象中也多有表现。

⑥ 〔汉〕王符撰，〔清〕汪继培笺，彭铎校正：《潜夫论校正》，中华书局1985年9月版，第123页。

论者以为"最无用而有害"。

前说孙权言"杨仪、魏延，牧竖小人也"，然而据所谓《魏三公陈孙权罪恶请免官削土奏》，对孙权本人也有"幼竖小子"的鄙称："吴王孙权，幼竖小子，无尺寸之功，遭遇兵乱，因父兄之绪，少蒙翼卵育伏之恩，长含鸱枭反逆之性，背弃天施，罪恶积大"的指责。① 其中所谓"幼竖小子"，或许可以读作《潜夫论》"群竖小子"称谓的个体指代之例。

《史记》卷七六《平原君虞卿列传》中可以看到毛遂随平原君见楚王言"白起，小竖子耳"的说法。②《艺文类聚》卷五一引录曹植就二子曹苗、曹志封公，在《封二子为公谢恩章》中写道："苗、志小竖，既顽且稚。猥荷列爵，并佩金紫。施崇一门，惠及父子。"③ 这当然是自谦之语，而"小竖"称谓当时通行的情形，却也显现出来。④

前引江陵凤凰山汉简所见"大奴甲车竖"，此"车竖"已是"大奴"，也可以看作以"竖"指代成年人的文物例证。名叫"甲"的这位劳动者，"奴"的身份是明确的。

7. "奴"、"竖"与"马童"名字

明陈士元《名疑》卷二分析西汉人名字："西汉人名不嘉者，如梁恭王、春陵节侯、柏乡戴侯、乘氏侯四人并名买，江都易王非，胶东康王寄，桑丘侯寄生，河间共王不周，成颂侯得疵，枣原侯妄得，羽侯弃，距阳侯匄、路陵侯童，挟节侯豎一作竖，管侯戎奴，阳山侯买奴，临朐夷侯、牟平节侯并名奴，魏其质侯蟜，雷侯豨，桃侯狗，尉文侯犊。文武功臣有陈买、张买、任敖、张敖、公孙敖、丙猜、许猜、温疥、郦疥、许瘛、卫肱、徐厉、彭祖、邓弱、须无、吕马童、陈夫乞、王弃之、杨仆、

---

① 《三国志文类》卷一二《表奏·吴》，文渊阁《四库全书》本。
② 《史记》，第2367页。
③ 〔唐〕欧阳询撰，汪绍楹校：《艺文类聚》，第919页。
④ 《说郛》卷一一六宋鲁应龙《括异志》说到的一则故事，可以作为使用"小竖"称谓的旁证："金山忠烈王汉博陆侯，姓霍氏。吴孙权时，一日致疾，黄门小竖附语曰：'国主封界华亭谷极西南，有金山咸塘湖，为民害。民将鱼鳖食之，非人力能防。金山，故海盐县，一旦陷没为湖，无大神护也。臣，汉之功臣霍某也，部党有力，能镇之。可立庙于山。'吴王乃立庙。"文渊阁《四库全书》本。

召奴、赵弃奴、公孙戎奴、高不识、严不识、周灶、夏侯灶。"① 这些"名不嘉者"之中,有"管侯戎奴,阳山侯买奴,临朐夷侯、牟平节侯并名奴"。"路陵侯僮","童"亦即"僮"。又"杨仆、召奴、赵弃奴、公孙戎奴",也都以奴婢僮仆身份代号作名字,并不以为讳。而"挟节侯竖一作坚",与我们讨论的主题相关。而"吕马童"者,接近《庄子·徐无鬼》所见"牧马童子"。按照《马王堆二、三号汉墓》第一卷《田野考古发掘报告》"马竖即马童"的说法,也可以说就是以"马竖"作为人名了。

吕马童事迹见于《史记》卷七《项羽本纪》:"项王身亦被十余创。顾见汉骑司马吕马童,曰:'若非吾故人乎?'马童面之,指王翳曰:'此项王也。'项王乃曰:'吾闻汉购我头千金,邑万户,吾为若德。'乃自刎而死。王翳取其头,余骑相蹂践争项王,相杀者数十人。最其后,郎中骑杨喜,骑司马吕马童,郎中吕胜、杨武各得其一体。五人共会其体,皆是。故分其地为五:封吕马童为中水侯,封王翳为杜衍侯,封杨喜为赤泉侯,封杨武为吴防侯,封吕胜为涅阳侯。"② 这位结束项羽悲剧人生的骑兵军官吕马童,因以"马童"为名字,被看作"名不嘉者"。《汉印文字征》又有"郭马童"私印③,也是以"马童"作为名字之例。

宋人王楙《野客丛书》卷三〇"小名犬子"条:"前汉司马相如少时好读书,学击剑,名犬子。既长,慕蔺相如之为人,更名相如。所谓'犬子'者,即小名耳。然当时小名、小字之说未闻,自东汉方著。相如小名,父母欲其易于生养,故以'狗'名之。逮其既长,向学,慕蔺相如之为人,故更名'相如'。今人名子犹有此意,其理甚明。非谓其少时学击剑而名犬子也。观者不可以上文惑之。师古注谓父母爱之,不欲称斥,故为此名。此说未尽。"④ 宋人王晔《道山清话》录欧阳修语:"人家小儿要易长者,往往以贱名为小名,如狗羊犬马之类是也。"⑤ "人家小儿要易长者",即"父母欲其易于生养",元人陶宗仪《说郛》卷四五下释文莹《玉壶清话》作"人家小儿要易长育",明人陈士元《名疑》卷

---

① 文渊阁《四库全书》本。
② 《史记》,第336页。
③ 罗福颐编:《汉印文字征》,文物出版社1978年9月版,三·十。
④ 〔宋〕王楙撰,王文锦点校:《野客丛书》,中华书局1987年7月版,第348页。
⑤ 文渊阁《四库全书》本。

四作"人家小儿要易育成"。① 汉魏人"以六畜命名的原因",有学者认为其意识背景之一在于"父母希望儿子易于生长",其二则在于"风俗质朴"。②

清代赵翼《陔余丛考》卷四二"命名奇诡"条写道:"《汉书》郦食其之子名'疥'","《史记》韩有'公子虮虱',司马相如名'犬子',《汉书》梁冀子名'胡狗'。此本古俗。"以为命名用贱字的情形,与风俗"尚质"有关,以致"古人命名,原有不避丑恶之字者"。③

以"奴"、"竖"、"马童"为名字等"名不嘉者"诸情形,应当也是同类现象。

敦煌汉简1462可见"书人名姓"诸例,除"范鼠、张猪"等之外,亦有"钱傭"。④ "傭"即"佣",应与"奴"、"竖"、"马童"类似。

《名疑》卷二举"西汉人名不嘉者",有"管侯戎奴,阳山侯买奴,临朐夷侯、牟平节侯并名奴",以及"召奴、赵弃奴、公孙戎奴"。《汉印文字征》录有"陈奴"、"周奴"、"李奴"、"窦奴"、"吕奴"、"王奴"、"卫奴"、"高奴印"、"臣奴"、"薄戎奴"、"赵小奴"、"王奴之印"、"臣奴"、"赵奴"、"困陆奴"、"师奴之印"、"徐奴之印"等私印。⑤ 其中"赵小奴"得名时可能亦为"未成年的孩童",因而特别值得注意。《印典》则又可见"高小奴"、"赵小奴"、"戴小奴"等私印,也提供了相类似的文化信息。⑥

《名疑》卷二指出名将"杨仆"也是"名不嘉者"。《汉印文字征》则又有"尹仆私印"、"解仆私印"、"卫仆"、"袁仆之印"、"李马仆"、

---

① 文渊阁《四库全书》本。
② 张孟伦:《汉魏人名考》,兰州大学出版社1988年9月版,第38页。
③ 〔清〕赵翼著,栾保群、吕宗力校点:《陔余丛考》,河北人民出版社1990年1月版,第761页。
④ 甘肃省文物考古研究所编:《敦煌汉简》,文物出版社1991年6月版,释文第275页。
⑤ 罗福颐编:《汉印文字征》,十二·十二。
⑥ 《印典》还著录"义奴"、"韩奴私印"、"迥奴印"、"封市奴"、"张市奴"、"许奴"、"韩奴"、"衡得奴"、"刘市奴"、"孙奴"、"续奴"、"魏奴"、"骄奴"、"张奴"、"陈奴"、"公孙奴印"、"召奴"等私印。康殷、任兆凤编著:《印典》,中国友谊出版公司2002年5月版,第2476—2479页。

"赵仆私印"、"陈仆私印"等。① 其中"李马仆"可能以"马仆"为名字，则可以与"马竖"对照理解。

曾经有学者注意到以"竖"为名字的实例。如古印所见"司马竖印"、"赵竖"、"马竖"等。②而《汉印文字征》所列私印又有"张竖"、"虏竖"、"徐竖"、"张竖"、"臣竖"、"冯竖"等。③《印典》又著录"王竖"、"韩竖"、"李竖"、"司马竖"、"茅竖"、"项竖"、"倪小竖"。④ 特别是最后姓"兒（倪）"名"小竖"一例，尤其值得注意。这些文化史迹象，也有助于我们认识汉代未成年人的社会地位及"竖"作为称谓符号的性质，而马王堆三号汉墓遣策"马竖"语义，或许也可以得到符合历史真实的理解。⑤

---

① 《汉印文字征》，三·十一。《印典》又可见"王仆"、"孙仆"、"秦仆"、"宋仆"、"王仆之印"、"侯买仆"、"孙仆"、"张买仆"、"高仆"等私印。第531—532页。
② 〔清〕倪涛：《六艺之一录》卷二三及卷二四《集古印谱》，文渊阁《四库全书》本。
③ 《汉印文字征》，三·十八。
④ 《印典》，第624—625页。
⑤ 作者附记：本节撰写，得到西南大学张显成教授的提示以及北京大学历史学系熊长云的帮助。谨此致谢。

马王堆一号汉墓出土有关"鹿"的文字资料与梅花鹿标本

马王堆一号汉墓出土签牌和遣策可见标示以鹿肉为食料的随葬食品记录。出土动物骨骼中,梅花鹿的数量仅次于家鸡,位列第二。考虑到有竹笥签牌写明"鹿□笥",却未能作出相应鉴定的情形,则实际上以鹿肉为原料的随葬食品共10见,与鸡同样居于首位。鹿肉制品列于"大羹"之中,也反映鹿在当时社会饮食生活中的地位。

马王堆一号汉墓出土梅花鹿骨骼和相关资料,有益于增进对生态史的认识。结合长沙走马楼简牍皮革征敛以"麂皮"、"鹿皮"数量最多等资料,也可以推知当地生态环境的总体形势。

1. 鹿·鹿脯·鹿炙

马王堆一号汉墓出土系在竹笥上的木质签牌,涉及以鹿肉为原料加工食品者有3枚,即:

鹿䐑笥　编号7　　出土时在317号笥上
鹿脯笥　编号9　　出土时在343号笥上
鹿炙笥　编号13　出土时掉落在南边箱中

出土竹简遣策中,我们又可以看到:

鹿𩱦一鼎　简三(《发掘报告》执笔者写道:"𩱦,不识。本组酪羹九鼎,实为八鼎,或即此简脱'酪羹'二字。")

鹿肉鲍鱼笋白羹一鼎　简一二

鹿肉芋白羹一鼎　简一三

小叔（菽）鹿勃（胁）白羹一鼎　简一四（《发掘报告》执笔者写道："勃，即劦，读为胁。《说文·肉部》：'胁，两膀也。'"）

鹿䐑一筍　简三二（《发掘报告》执笔者指出，䐑、膟、朎、胂同，可以理解为"夹脊肉"。）

鹿脯一筍　简三五

鹿炙一筍　简四四

‖右方牛犬豕鹿鸡炙筍四合卑匾四　简四六

鹿脀（胗）一器　简四八①

遣策中"鹿"凡8例，其数量仅次于"牛"（19例）。

对于"酢羹"，《发掘报告》执笔者又写道："酢即酺字，亦即酐字。夸、于古音相通，可以互相假借，而且是同字。""酐（于）羹当即大羹。案大羹为诸羹之本，无论祭祀或待宾均用之。""此墓置'酐羹九鼎'于'遣策'之首，而简文所记九羹之牲肉，均未说明附有其它肉菜，这和'不致五味'之大羹基本一致。大羹置大牢九鼎之内，于古代用鼎制度也较适合。"②

马王堆一号汉墓鹿肉制品列于"大羹"之中，反映"鹿"在当时饮食生活中的重要地位。

2. 梅花鹿骨骼标本

马王堆一号汉墓出土随葬品中有食品多种，其中可见24种动物标本遗存。据中国科学院动物研究所脊椎动物分类区系研究室与北京师范大学生物系的《动物骨骼鉴定报告》，"所见到的骨骼实物，经鉴定计有24种。其中：兽类6种，分属于5科3目；鸟类12种，分属于7科6目；鱼类6种，分属于2科2目。"

---

① 湖南省博物馆、中国科学院考古研究所：《长沙马王堆一号汉墓》，文物出版社1973年10月版，第112—118、130—135页。

② 同上书，第130—131页。

不同器物盛放标本种类出土情况如下：

猪	6	竹笥 14，227，231，318，319，324；
绵羊	3	竹笥 76，227，324；
黄牛	5	竹笥 226，333，344；陶罐 300；漆盘 63；
家犬	3	竹笥 227，324；陶鼎 72；
梅花鹿	8	竹笥 227，305，319，324，335，344，459；陶罐 300；
竹鸡	4	竹笥 231，305，324，331；
鲫	4	竹笥 231，305，328；陶罐 233；
银鲴	2	竹笥 231，328；
华南兔	2	竹笥 283，325；
鹤	2	竹笥 283，330；
环颈雉	4	竹笥 305，324，331；陶鼎 72；
家鸡	10	竹笥 305，317，319，324，331；陶鼎 67，72，93，105；陶盒 72；
斑鸠	1	竹笥 305；
鲤	2	竹笥 328；陶罐 276；
刺鳊	1	竹笥 328；
鸳鸯	1	竹笥 331；
火斑鸠	1	竹笥 331；
鸮	1	竹笥 331；
喜鹊	1	竹笥 331；
麻雀	1	竹笥 461；
雁	2	竹笥 462；陶鼎 99；
鳡	1	陶罐 304；
鳜	1	漆盘 103。①

---

① 中国科学院动物研究所脊椎动物分类区系研究室、北京师范大学生物系：《动物骨骼鉴定报告》，《长沙马王堆一号汉墓出土动植物标本的研究》，文物出版社1978年8月版，第43—46页。

由此分析汉初长沙贵族的食物构成，可以获得有益的发现。其中哺乳类6种，鸟类11种，鱼类6种。我们看到，墓主食谱中以野生动物为主要菜肴原料。特别是鹤、鸳鸯、喜鹊、麻雀等列于其中，颇为引人注目。

将以上资料中数量较多者以出现次数为序排列，则可见：

家鸡（鸟纲鸡形目雉科）	*Gallus gallus domesticus* Brisson	10
梅花鹿（哺乳纲偶蹄目鹿科）	*Cervus nippon* Temminck	8
猪（哺乳纲偶蹄目猪科）	*Sus scrofa domestica* Brisson	6
黄牛（哺乳纲偶蹄目牛科）	*Bos taurus domesticus* Gmelin	5
竹鸡（鸟纲鸡形目雉科）	*Bambusicola thoractca* Temminck	4
鲫（鱼纲鲤形目鲤科）	*Carassius auratus* Linné	4
环颈雉（鸟纲鸡形目雉科）	*Phasianus colchicus* Linné	4

应当说，家鸡、猪、黄牛等家禽家畜作为肉食对象不足为奇。而梅花鹿的数量仅次于家鸡，位列第二，值得特别注意。①

实际上，竹笥317盛装物品为"兽骨及鸡骨"，系有两枚木质签牌，分别书写"鹿膆笥"（编号7）、"熬阴鹑笥"。鉴定者并没有鉴定出"兽骨"即鹿骨或包括鹿骨。又竹笥343内容为"酱状物"，鉴定者也没有作出其中为鹿肉的判断，然而木质签牌写明为"鹿脯笥"（编号9）。② 可见，实际上与鹿有关的随葬食品共10见，在数量上与鸡相同，是应当列于首位的。

分析所发现的梅花鹿各部位的骨骼，以肋骨居多（44，不包括断残者17），此外还有膝盖骨（1），扁平胸骨（3），胸骨（9），以及切碎的部分四肢骨残块等。

鉴定者发现，"每笥内梅花鹿肋骨均以具肋骨头、肋骨结节者为准，以便于区分左右侧"。肋骨44条，"总数少于两只鹿体的52条肋

---

① 有研究者分析说："记载哺乳动物的竹简共50余片，牛、猪最多；鹿次之，竟有8片，可见当时食鹿并非罕见之事。"高耀亭：《马王堆一号汉墓随葬品中供食用的兽类》，《文物》1973年第9期。

② 湖南省博物馆、中国科学院考古研究所：《长沙马王堆一号汉墓》，第115、117—118页。

骨。但左侧的显然较多些，估计以上肋骨应取自三只鹿体的胸廓上才较为合理。每只梅花鹿均为成体，体重150—200斤，年龄2—3岁"。①

据鉴定者记录，"335竹笥全为肋骨"，"该竹笥上的木牌载明为'鹿□笥'"。而同篇鉴定报告又写道："335竹笥，肋骨15，另有断残者13，扁平胸骨3。"两说相互矛盾。②

3. 鹿生于山而命悬于厨

《吕氏春秋·知分》说："鹿生于山而命悬于厨。"③《晏子春秋·内篇杂上·崔庆劫齐将军大夫盟晏子不与第三》也记录晏婴的话："鹿生于野，命县于厨。"④《太平御览》卷三七六引《晏子春秋》："鹿生于山野，命县于庖厨。"⑤《韩诗外传》卷二写作："麋鹿在山林，其命在庖厨。"⑥都说野生鹿曾经作为"庖厨"主要肉食原料的情形。

先秦秦汉以鹿肉加工食品，是相当普遍的。其形式大致有鹿脯、麋脯、麐脯、鹿臡、麋臡、麋肤、麋腥、麋菹、鹿菹、麐辟鸡、麋膏、鹿脍、鹿羹、鹿醢、麋醢、鹿酢等。

鹿脯　麋脯　麐脯　《礼记·内则》："牛脩，鹿脯，田豕脯，麋脯，麐脯。麋、鹿、田豕、麐，皆有轩；雉、兔皆有芼。"郑玄注："皆人君燕食所加庶羞也。"⑦对于"脯"，郑玄解释说："皆析干肉也。"⑧

鹿臡　麋臡　《周礼·天官·醢人》："朝事之豆，其实韭菹、醓醢，

---

① 高耀亭也指出："在44条肋骨中，左侧为28根，而梅花鹿一侧的肋骨仅13根，一次计算，原随葬时约用了三只成体梅花鹿。"《马王堆一号汉墓随葬品中供食用的兽类》，《文物》1973年第9期。
② 中国科学院动物研究所脊椎动物分类区系研究室、北京师范大学生物系：《动物骨骼鉴定报告》，《长沙马王堆一号汉墓出土动植物标本的研究》，第64、53页。
③ 陈奇猷校释：《吕氏春秋校释》，学林出版社1984年4月版，第1347页。
④ 吴则虞撰：《晏子春秋集释》，中华书局1962年1月版，第299页。
⑤ 《太平御览》，中华书局影印宋本1960年2月复制重印本，第1735页。
⑥ 屈守元笺疏：《韩诗外传笺疏》，巴蜀社1996年3月版，第153页。
⑦ 〔清〕孙希旦撰，沈啸寰、王星贤点校：《礼记集解》，中华书局1989年2月版，第747—748页。
⑧ 《十三经注疏》，中华书局1980年影印本，第1464页。

昌本、麋臡，菁菹、鹿臡，茆菹、麕臡。"郑司农曰："麋臡，麋骭髓醢。或曰：麋臡，酱也。有骨为臡，无骨为醢。"①

麋肤　《礼记·内则》："麋肤、鱼醢。"孔颖达疏："麋肤，谓麋肉外肤食之，以鱼醢配之。""麋肤，谓孰也。"②

麋腥　《礼记·内则》："麋腥、醢、酱。"孔颖达疏："腥，谓生肉，言食麋生肉之时，还以麋醢配之。"孙希旦集解："麋腥，谓生切麋肉，以醢酿之。"③"腥"即生肉的解释，又见于《论语·乡党》："君赐腥，必熟而荐之。"邢昺疏："君赐己生肉，必烹熟而荐其先祖。"④ 又《礼记·礼器》："大飨腥。"孔颖达也解释说："腥，生肉也。"⑤

麋菹　鹿菹　《礼记·内则》："麋、鹿、鱼为菹。……实诸醢以柔之。"郑玄注："酿菜而柔之以醢，杀腥肉及其气。今益州有鹿㹺者，近由此为之矣。"⑥ 陆德明《经典释文》卷一二《礼记音义之二》"鹿㹺"条："益州人取鹿杀而埋之地中，令臭，乃出食之，名'鹿㹺'是也。"⑦

麕辟鸡　《礼记·内则》："麕为辟鸡。"郑玄注以为"辟鸡"也是"菹类也"。⑧

麋膏　《周礼·天官·兽人》："冬献狼，夏献麋。"郑玄注："狼膏聚，麋膏散。聚则温，散则凉，以救时苦也。"贾公彦疏："夏献麋者，麋是泽兽，泽主销散，故麋膏散。散则凉，故夏献之云。"⑨ "膏"，即油脂。

鹿脍　《太平御览》卷八六二引《东观汉记》曰："章帝与舅马光诏曰：'朝送鹿脍，宁用饭也。'"⑩

---

① 〔清〕孙诒让撰，王文锦、陈玉霞点校：《周礼正义》，中华书局1987年12月版，第394页。
② 《礼记注疏》，《十三经注疏》，第3172页。
③ 〔清〕孙希旦撰：《礼记集解》，第745页。
④ 《十三经注疏》，第2495页。程树德撰，程俊英、蒋见元点校《论语集释》："【考异】《释文》：'腥'，《说文》、《字林》并作'胜'。……《论语后录》：'胜'与'腥'通。……经凡'胜'皆作'腥'。潘氏《集笺》：胜，《说文》云：'从肉，生声。'月即肉也。是合生、肉二字为文，不熟之义显然。"中华书局1990年8月版，第715页。
⑤ 《十三经注疏》，第1439页。
⑥ 同上书，第1466—1467页。
⑦ 文渊阁《四库全书》本。
⑧ 《十三经注疏》，第1467页。
⑨ 同上书，第663页。
⑩ 《太平御览》，第3829页。

鹿羹　题汉黄宪《天禄阁外史》卷二《君赐》："鲁王以鹿羹馈征君，征君谓使者曰：'宪有疾，不能陈谢，亦不敢尝。'使者曰：'君有羹惠于子，岂辞一谢乎。'征君曰：'子知羹之为重，而恶知有重于羹者哉。夫鹿羹虽美，固兽也，鲁王烹而荐之以鼎，非士不馈，馈士而使士不及尝，奔走诣庭而谢，何王之待士不如待一兽乎！'使者出。"①

鹿醢　《说苑·杂言》："今夫兰本，三年，湛之以鹿醢，既成，则易以匹马。非兰本美也……"②

麋醢　《晏子春秋·内篇杂上·曾子将行晏子送之而赠以善言第二十三》："今夫兰本，三年而成，湛之苦酒，则君子不近，庶人不佩；湛之麋醢，而贾匹马矣。非兰本美也，所湛然也。"③

鹿醓　《孔子家语·六本》："今夫兰本三年，湛之以鹿醓，既成噉之，则易之匹马，非兰之本性也，所以湛者善矣。"④

据现有的文献资料和考古资料分析，我们似乎还难以判定《动物骨骼鉴定报告》所谓竹笥335签牌"鹿□笥"的"鹿□"之确指。⑤

4. 猎鹿风习

猎鹿，是秦汉社会生产与社会生活中常见的现象。汉代画象石、画象

---

① 中华书局1985年1月影印丛书集成初编本，第2828册，第32页。

② 〔汉〕刘向撰，赵善诒疏证：《说苑疏证》，华东师范大学出版社1985年2月版，第509页。

③ 湖南思贤书局苏舆校本"麋醢"作"麇醢"。吴则虞《晏子春秋集释》引王念孙云："案'麇醢'当为'麋醢'，字之误也。《周礼·醢人》'麋臡'、'鹿臡'，郑注曰'臡，亦醢也'，郑司农云'有骨为臡，无骨为醢'，《内则》有'鹿腥醢酱'，《说苑·杂言》篇、《家语·六本》篇并作'湛之以鹿醢'，则'麇'为'麋'之误明矣。《文选》王粲《赠蔡子笃诗》注、《御览·香部三》引此并作'麋醢'。"则虞案："《指海》本改作'麋'。"《晏子春秋集释》，第347、351页。

④ 陈士珂辑：《孔子家语疏证》，上海书店1987年1月版，第105页。

⑤ 中国科学院动物研究所脊椎动物分类区系研究室、北京师范大学生物系《动物骨骼鉴定报告》称，"335竹笥全为肋骨，用竹丝捆扎，每捆2根，共绕成圈形的竹丝15条。该竹笥上的木牌载明为'鹿□笥'"。《长沙马王堆一号汉墓出土动植物标本的研究》，第54页。而《发掘报告》没有记录这枚"鹿□笥"木牌，关于335竹笥的记载是，现状"完整"，现存物品为"植物茎叶及鹿骨"。湖南省博物馆、中国科学院考古研究所：《长沙马王堆一号汉墓》，第112—118页。所谓"植物茎叶"，可能即用以捆扎的"竹丝"。

砖等图象资料，多见反映猎鹿场面的内容。河南郑州出土画象砖，有骑马射鹿画面。① 河南新郑出土的同样题材的画象砖，可见作为射猎对象的鹿已身中三箭，依然惊惶奔突，而猎手第四支箭又已在弦上。② 司马相如《子虚赋》："王驾车千乘，选徒万骑，田于海滨。列卒满泽，罘罔弥山，掩菟辚鹿，射麋脚麟。"③ 扬雄《长杨赋》也写道："张罗罔罝罘，捕熊罴、豪猪、虎豹、狖玃、狐菟、麋鹿，载以槛车，输长杨射熊馆。以罔为周阹，纵禽兽其中，令胡人手搏之，自取其获。"④ 张衡《羽猎赋》也有"马蹂麋鹿，轮辚雉兔"的文句。⑤ 民间猎鹿情形，则如《史记》卷一〇四《田叔列传》褚先生补述："邑中人民俱出猎，任安常为人分麋鹿雉兔。"⑥ 此外，又有《艺文类聚》卷三五引王褒《僮约》："黏雀张鸟，结网捕鱼，缴雁弹凫，登山射鹿。"⑦ 也说到猎鹿情形。又如《九章算术·衰分》中有这样的算题：

  今有大夫、不更、簪袅、上造、公士，凡五人，共猎得五鹿。欲以爵次分之，问各得几何？

  答曰：

  大夫得一鹿三分鹿之二；

  不更得一鹿三分鹿之一；

  簪袅得一鹿；

  上造得三分鹿之二；

  公士得三分鹿之一。

  术曰：列置爵数，各自为衰，副并为法；以五鹿乘未并者各自为实。实如法得一鹿。⑧

---

① 周到、吕品、汤文兴编：《河南汉代画像砖》，上海美术出版社1985年4月版，图六八。
② 薛文灿、刘松根编：《河南新郑汉代画像砖》，上海社科学院出版社1993年10月版，第45页。
③ 《史记》卷一一七《司马相如列传》，第3003页。
④ 《汉书》卷八七下《扬雄传》，第3557页。
⑤ 〔唐〕欧阳询撰，汪绍楹校：《艺文类聚》卷六六引张衡《羽猎赋》，上海古籍出版社1965年11月版，第1576页。
⑥ 《史记》，第2779页。
⑦ 〔唐〕欧阳询撰，汪绍楹校：《艺文类聚》，第633页。
⑧ 郭书春汇校：《〈九章算术〉汇校本》，辽宁教育出版社1990年10月版，第235—236页。

也可以说明鹿确实是民间行猎的主要对象之一。

《墨子·公输》："荆有云梦，犀兕麋鹿满之。"① 《管子·轻重戊》记载，齐桓公请教管子战胜楚国的战略，管子建议以贸易战取胜。其策略利用了楚多鹿的资源条件：

> 桓公问于管子曰："楚者山东之强国也，其人民习战斗之道。举兵伐之，恐力不能过，兵弊于楚，功不成于周。为之奈何？"
>
> 管子对曰："即以战斗之道与之矣。"
>
> 公曰："何谓也？"
>
> 管子对曰："公贵买其鹿。"
>
> 桓公即为百里之城，使人之楚买生鹿。楚生鹿当一而八万。
>
> 管子即令桓公与民通轻重，藏谷什之六。令左司马伯公将白徒而铸钱于庄山。令中大夫王邑载钱二千万，求生鹿于楚。
>
> 楚王闻之，告其相曰："彼金钱，人之所重也，国之所以存，明王之所以赏有功。禽兽者群害也，明王之所弃逐也，今齐以其重宝贵买吾群害，则是楚之福也，天且以齐私楚也。子告吾民急求生鹿，以尽齐之宝。"楚人即释其耕农而田鹿。
>
> 管子告楚之贾人曰："子为我致生鹿二十，赐子金百斤。什至而金千斤也。"则是楚不赋于民而财用足也。楚之男子居外，女子居涂。隰朋教民藏粟五倍。楚以生鹿藏钱五倍。
>
> 管子曰："楚可下矣。"
>
> 公曰："奈何？"
>
> 管子对曰："楚钱五倍，其君且自得而修谷。钱五倍，是楚强也。"
>
> 桓公曰："诺。"
>
> 因令人闭关，不与楚通使。楚王果自得而修谷。谷不可三月而得也，楚籴四百。齐因令人载粟处芊之南，楚人降齐者十分之四。三年而楚服。②

---

① 〔清〕孙诒让著，孙启治点校：《墨子间诂》，中华书局2001年4月版，第485页。
② 马非百：《管子轻重篇新诠》，中华书局1979年12月版，下册第709—715页。

对于这段文字的理解或有歧义，但是所反映的楚地多鹿的情形应当是真实的。楚人"释其耕农而田鹿"，可能也是曾经为中原人所注意的经济倾向，如司马迁《史记》卷一二九《货殖列传》所说："楚越之地，地广人希，饭稻羹鱼，或火耕而水耨，果隋蠃蛤，不待贾而足，地埶饶食，无饥馑之患，以故呰窳偷生，无积聚而多贫。是故江淮以南，无冻饿之人，亦无千金之家。"① 因自然资源之富足，农耕经济未能充分发育，大概至司马迁时代依然。

5. 生态史观察：梅花鹿分布区的变迁

鉴定马王堆一号汉墓出土动物标本的学者指出："梅花鹿几乎主要分布在我国境内，北方的体大，南方的体小些。在 7 个亚种之中，我国共有 5 个亚种。梅花鹿过去分布很广泛，据不完全记载，产地有黑龙江、吉林、河北、山西、山东、江苏、浙江、江西（九江），以及广东北部山地、广西南部、四川北部和台湾省等地。湖南近邻省份，以往皆有梅花鹿分布，估计在汉朝时期，长沙一带会有一定数量的梅花鹿分布，为当时狩猎、捕捉、饲养梅花鹿提供自然资源。由于晚近时期对梅花鹿长期滥猎，专供药用，以致数量减少，分布区缩小，现在湖南省无梅花鹿的分布记载，很可能系近代受人为影响分布区缩小所致。"马王堆一号汉墓出土的梅花鹿骨骼和相关资料，可以为增进对当时生态史的认识创造必要的条件。长沙走马楼简提供的经济史料中，有涉及征敛皮革的内容，可以看作反映当时当地社会生活的重要信息。其中以"麂皮"和"鹿皮"占据比例最大。② 从"麂皮"与"鹿皮"收入的数量，也可以推知当时长沙地方生态环境的若干特征。

所谓"对梅花鹿长期滥猎，专供药用，以致数量减少"，或说"对梅

---

① 《史记》，第 3270 页。
② 据长沙市文物工作队、长沙市文物考古研究所《长沙走马楼 J22 发掘简报》，"竹简记载的赋税内容十分繁杂，征收的对象有米、布、钱、皮、豆等"。钱的名目有"皮贾钱"，"户调为布、麻、皮"等。王素、宋少华、罗新《长沙走马楼简牍整理的新收获》指出，"户调"有"调麂皮、调麂皮、调水牛皮"，此外，"还有作为一般租税收缴的鹿皮、麂皮、羊皮、水牛皮"。又说到"皮入库"情形。并载《文物》1999 年第 5 期。

花鹿长期猎捕，专供药用，以致数量稀少"①，其中"专供药用"的说法，可能并不符合历史真实。

马王堆一号汉墓出土动物标本的鉴定者还推测，"很有可能在汉朝时梅花鹿已被人们所饲养"。② 这一说法是有一定根据的。《初学记》卷一八引王充《论衡》曰：

> 扬子云作《法言》，蜀富贾人赍钱十万，愿载于书。子云不听，曰："夫富无仁义，犹圈中之鹿，栏中之羊也。安得妄载？"③

所谓"圈中之鹿"，无疑体现了畜养鹿的实际情形。贾思勰《齐民要术》卷一引氾胜之曰：

> 验，美田至十九石，中田十三石，薄田一十石。"尹泽"取减法，"神农"复加之。
>
> 骨汁、粪汁溲种：剉马骨、牛、羊、猪、麋、鹿骨一斗，以雪汁三斗，煮之三沸。取汁以渍附子，率汁一斗，附子五枚。渍之五日，去附子。捣麋、鹿、羊矢等分，置汁中熟挠和之。候晏温，又溲曝，状如"后稷法"，皆溲汁干乃止。若无骨，煮缲蛹汁和溲。如此则以区种之。大旱浇之，其收至亩百石以上，十倍于"后稷"。④

所谓"麋鹿骨"，可以通过猎杀取得，而取"麋鹿羊矢"溲种的形式，可以证明确实有畜养鹿的情形。

以鹿粪作基肥改良土壤，促进作物生长的技术，《周礼·地官·草人》中也有记录：

> 草人掌土化之法以物地，相其宜而为之种。凡粪种……坟壤用

---

① 高耀亭：《马王堆一号汉墓随葬品中供食用的兽类》，《文物》1973年第9期。
② 中国科学院动物研究所脊椎动物分类区系研究室、北京师范大学生物系：《动物骨骼鉴定报告》，《长沙马王堆一号汉墓出土动植物标本的研究》，第64—65页。
③ 〔唐〕徐坚等：《初学记》，中华书局1962年1月版，第442页。
④ 〔北魏〕贾思勰原著，缪启愉校释，缪桂龙参校：《齐民要术校释》，农业出版社1982年11月版，第83—84页。

麋，渴泽用鹿。

对于"土化之法"，郑玄注："土化之法，化之使美，若氾胜之术也。"①《汉官旧仪》卷下有上林苑中组织人力收集鹿粪的记载：

> 武帝时，使上林苑中官奴婢，及天下贫民赀不满五千，徙置苑中养鹿。因收抚鹿矢，人日五钱，到元帝时七十亿万，以给军击西域。②

这些史料都体现了西汉时期的历史，值得我们注意。

虽然学者多肯定中国养鹿有悠久的历史，但是所举例证往往还是这种在苑囿中大规模纵养的史例。③ 这种方式，与《论衡》所谓"圈中之鹿"可能有所不同。

现在看来，西汉初期长沙地方尚不具备较大规模畜养鹿的条件，当时贵族用鹿的来路，可能主要还是野生资源。从这一认识出发，可以利用有关鹿的资料，了解当时长沙地方的总体生态环境。

野生鹿群应当是以草木茂盛的林区作为基本生存环境的。《史记》卷四四《魏世家》写道："秦七攻魏，五入囿中，边城尽拔，文台堕，垂都焚，林木伐，麋鹿尽。"④ "林木伐"则"麋鹿尽"，体现了麋鹿以"林木"分布集中的环境为生存条件的现实。《淮南子·道应》也说：

> 石上不生五谷，秃山不游麋鹿，无所阴蔽隐也。⑤

---

① 〔清〕孙诒让撰，王文锦、陈玉霞点校：《周礼正义》，第1181—1182页。
② 〔清〕孙星衍等辑：《汉宫六种》，中华书局1990年9月版，第51页。
③ 谢成侠：《养鹿简史》，《中国养牛羊史（附养鹿简史）》，农业出版社1985年2月版，第205—219页。
④ 《史记》，第1860页。
⑤ 刘文典撰，冯逸、乔华点校：《淮南鸿烈集解》，中华书局1989年5月版，第416页。王念孙《读书杂志》卷九《淮南内篇杂志》第十二"阴蔽隐"条写道："'隐'字盖'蔽'字之注而误入正文者。《广雅》：'蔽，隐也。'《文子》无'隐'字，是其证。"江苏古籍出版社1985年7月版，第878页。

《论衡·书解》也写道：

> 土山无麋鹿，泻土无五谷，人无文德，不为圣贤。①

麋鹿之游，甚至被作为荒芜苍凉的标志。《史记》卷八七《李斯列传》记载，李斯感叹秦王朝的政治危局：

> 今反者已有天下之半矣，而心尚未寤也，而以赵高为佐，吾必见寇至咸阳，麋鹿游于朝也。②

《史记》卷一一八《淮南衡山列传》中也可以看到这样的说法："子胥谏吴王，吴王不用，乃曰：'臣今见麋鹿游姑苏之台也。'"③

鹿的生存，会严重毁坏农田作物，因而构成农耕生产发展的一种危害。《三国志》卷二四《魏书·高柔传》写道："是时，杀禁地鹿者身死，财产没官，有能觉告者厚加赏赐。"于是，高柔上疏说：

> 圣王之御世，莫不以广农为务，俭用为资。夫农广则谷积，用俭则财畜，畜财积谷而有忧患之虞者，未之有也。古者，一夫不耕，或为之饥；一妇不织，或为之寒。中间已来，百姓供给众役，亲田者既减，加顷复有猎禁，群鹿犯暴，残食生苗，处处为害，所伤不赀。民虽障防，力不能御。至如荥阳左右，周数百里，岁略不收，元元之命，实可矜伤。方今天下生财者甚少，而麋鹿之损者甚多。卒有兵戎之役，凶年之灾，将无以待之。惟陛下览先圣之所念，愍稼穑之艰难，宽放民间，使得捕鹿，遂除其禁，则众庶久济，莫不悦豫矣。

又裴松之注引《魏名臣奏》载高柔上疏，则又有更有意思的内容：

> 臣深思陛下所以不早取此鹿者，诚欲使极蕃息，然后大取以为军

---

① 黄晖撰：《论衡校释》（附刘盼遂集解），中华书局1990年2月版，第1150页。
② 《史记》，第2560—2561页。
③ 同上书，第3085页。

国之用。然臣窃以为今鹿但有日耗，终无从得多也。何以知之？今禁地广轮且千余里，臣下计无虑其中有虎大小六百头，狼有五百头，狐万头。使大虎一头三日食一鹿，一虎一岁百二十鹿，是为六百头虎一岁食七万二千鹿也。使十狼日共食一鹿，是为五百头狼一岁共食万八千头鹿。鹿子始生，未能善走，使十狐一日共食一子，比至健走一月之间，是为万狐一月共食鹿子三万头也。大凡一岁所食十二万头。其雕鹗所害，臣置不计。以此推之，终无从得多，不如早取之为便也。①

高柔的言论，体现出较早的关于生态平衡的认识，在动物学史上和生态学史上都有值得重视的意义。按照高柔的估算，"禁地"有虎600头，狼500头，狐10000头，它们所食用的鹿，一年竟然多达120000头。他所说的"禁地"中鹿作为虎、狼、狐食用对象的情形，说明在苑囿这样的自然保护区，鹿是生存数量最多的动物。在尚未垦辟或者农耕开发程度不高的地区，情况应当也是如此。

高柔的建议，反映了三国时期中原的情形。他估测"禁地"中虎狼狐鹿的生存数量，很可能有主观臆断的成分，但是仍然可以作为我们在分析西汉初年长沙地区自然生态时的参考。

---

① 《三国志》，第688—689页。

"煮鹤"故事与汉代文物实证

鹤因身形、音声、腾飞之状与其他禽鸟相异,成为清高的象征。鹤又以"寿"受到尊崇。后来又有"仙鹤"称谓。上古时代鹤的有些品质即已被神化,然而历史资料提供的线索,告知我们鹤又有在社会生活中与人特别亲近的历史表现。鹤曾经作为尊贵者的宠物,也为清雅之士所"纵养",亦充实和活跃了皇家苑囿的生态构成。然而汉代文物资料中又有以鹤为食物原料的例证。马王堆汉墓的发现,充实了我们对于人与自然的关系史的认识。

1. "好鹤"、"友鹤"情致

《左传》闵公二年记载了一则与"鹤"有关的著名故事:"冬十二月,狄人伐卫。卫懿公好鹤,鹤有乘轩者。将战,国人受甲者皆曰:'使鹤!鹤实有禄位,余焉能战?'公与石祁子玦,与宁庄子矢,使守,曰:'以此赞国,择利而为之。'与夫人绣衣,曰:'听于二子!'渠孔御戎,子伯为右;黄夷前驱,孔婴齐殿。及狄人战于荥泽,卫师败绩,遂灭卫。卫侯不去其旗,是以甚败。狄人因史华龙滑与礼孔以逐卫人。二人曰:'我,大史也,实掌其祭,不先,国不可得也。'乃先之。至,则告守曰:'不可待也。'夜与国人出。狄入卫,遂从之,又败诸河。"[1]

卫懿公因为"好鹤",竟导致亡国。后人就此多有议论。《魏书》卷六七《崔光传》载崔光上表言:"卫侯好鹤","身死国灭,可为寒心!"[2] 宋吕祖谦《左氏博议》卷九"卫懿公好鹤"条说:"卫懿公以鹤亡其国。

---

[1] 《十三经注疏》,第1787页。
[2] 《魏书》,中华书局1974年6月版,第1498页。

玩一禽之微，而失一国之心，人未尝不抚卷而切笑者。"① "鹤之为禽，载于《易》，播于《诗》，杂出于诗人墨客之咏。为人之所贵重，非凡禽比也。懿公乘之以轩，而举国疾之，视犹鸱枭。然岂人之憎爱遽变于前耶？罪在于处非其据而已。以鹤之素为人所贵，一非其据，已为人疾恶如此。苟他禽而处非其据，则人疾恶之者复如何耶？吾于是乎有感。"②

卫懿公"好鹤"故事，《太平御览》卷三八九《人事部》列入"嗜好"类中。③ 宋王观国《学林》卷五也置于"好癖"题下，以为"凡人有所好癖者，鲜有不为物所役"的典型例证。④ 似乎是说卫懿公心态异常。但是吕祖谦所谓"为人之所贵重，非凡禽比也"，却指出了普通人的共同心理：对鹤的喜爱和亲好。

汉代社会生活中可以看到鹤与人类相亲近的诸多表现。汉代画象中有纵养禽鸟的画面。⑤ 成都双羊山出土的一件汉画象砖，画面中心似乎就是鹤。以"友鹤"或者"鹤友"为别号或者命名书斋和著作者，多见于文化史的记录。这一情感倾向，在汉代已经开始有所表现。"友鹤"行为和情致，体现出古代文人清高的品性和雅逸的追求，同时也反映了人与动物的关系，又可以间接体现人对于自然的情感，人对于生态环境的理念。⑥

---

① 吕祖谦随即又写道："吾以为懿公未易轻也。世徒见丹其颠，素其羽，二足而六翮者，谓之鹤耳，抑不知浮华之士，高自标置而实无所有者，外貌虽人，其中亦何异于鹤哉？稷下之盛，列第相望，大冠长剑，褒衣博带，谈天雕龙之辨，蜂起泉涌，禹行舜趋者，肩相摩于道，然擢筋之难，松柏之囚，曾无窥左足而先应者，是亦懿公之鹤。鸿都之兴，鸟迹虫篆，自衒鬻者日至，受爵拜官，光宠赫然，若可以润色皇猷，及黄巾之起，天下震动，未闻有画半策，杖一戈，佐国家之急，是亦懿公之鹤也。永嘉之季，清言者满朝，一觞一咏，傲睨万物，旷怀雅量，独立风尘之表，神峰挺拔，珠璧相照，而五胡之乱，屠之不啻如机上肉，是亦懿公之鹤也。普通之际，朝谈释而暮言老，环坐听讲，迭问更难，国殆成俗，一旦侯景逼台城，士大夫习于骄惰，至不能跨马，束手就戮，莫敢枝梧，是亦懿公之鹤也。是数国者平居暇日，所尊用之人玩其辞藻，望其威仪，接其议论，挹其风度，可嘉可仰，可慕可亲，卒然临之以患难，则异于懿公之鹤者几希！岂可独轻懿公之鹤哉？所用非所养，所养非所用。使亲者处其安，而使疎者处其危。使贵者受其利，而使贱者受其害。未有不蹈懿公之祸者也。"《东莱先生左氏博议》卷九，中华书局1985年1月影印《丛书集成初编》本，第84—85页。

② 文渊阁《四库全书》本。

③ 《太平御览》，中华书局用上海涵芬楼影印宋本1960年2月复制重印本，第1797页。

④ 文渊阁《四库全书》本。

⑤ 参看王子今《汉代纵养禽鸟的风俗》，《博物》1984年第2期。

⑥ 参看王子今《古代文人的友鹤情致》，《寻根》2006年第3期。

2. 煮鹤烧琴："杀风景"批判

唐诗中可见"煮鹤烧琴"的说法。如韦鹏翼《戏题盱眙壁》诗："岂肯闲寻竹径行，却嫌丝管好蛙声。自从煮鹤烧琴后，背却青山卧月明。"①据说李商隐在被称作"盖以文滑稽者"②的游戏文字《杂纂》中，曾经说到诸种"杀风景"的行为：

> 清泉濯足，花上晒裈，背山起楼，烧琴煮鹤，对花啜茶，松下喝道。③

元代学者陆友仁《研北杂志》写道："李商隐《杂纂》一卷，盖唐人酒令所用，其书有数十条，各数事。其'杀风景'一条有十三事。如'背山起楼'、'烹琴煮鹤'皆在焉。"④"烧琴煮鹤"作"烹琴煮鹤"。对于"杀风景"之"杀"的读音，有不同的意见，后来也有把"杀风景"写作"煞风景"的。

大致从唐代起，"煮鹤"长期以来被看作以极粗暴之形式反文化的行为的一种代号。

宋人笔下更屡见"煮鹤"字句。无名氏《沁园春·寿长斋友人》也说到"煮鹤炮龙烙凤麟"。⑤苏轼又曾说到"烹鹤"。他的《乔将行烹鹅鹿出刀剑以饮客以诗戏之》中写道："破匣哀鸣出素虬，倦看鸜鹆听呦呦。明朝只恐兼烹鹤，此去还须却佩牛。便可先呼报恩子，不妨仍带醉乡侯。他年万骑归应好，奈有移文在故丘。"⑥又如邵雍《古琴吟》："长随书与棋，贫亦久藏之。碧玉琢为轸，黄金拍作徽。典多因待客，弹少为求

---

① 〔宋〕洪迈：《万首唐人绝句诗》卷五五，明嘉靖刻本。
② 〔明〕蔡绦：《西清诗话》卷上，明钞本。
③ 〔宋〕魏庆之：《诗人玉屑》卷一六，文渊阁《四库全书》本。
④ 〔元〕陆友仁：《研北杂志》卷下，民国《景明宝颜堂秘籍》本。
⑤ 类似意境，又见王岱《杜于皇》"铩鸾煮鹤醴龙网麟"文字。〔清〕王岱：《了庵诗文集》文集卷一五，清乾隆刻本。
⑥ 〔宋〕苏轼：《苏文忠公全集·东坡集》卷七，明成化本。

知。近日僮奴恶，须防煮鹤时。"①

我们还看到，宋人的"煮鹤"，其实往往有退出优雅意境，自拒高等文化生活的某种自嘲之意，诙谐幽默的倾向是不可否认的。

苏轼《杂书琴事》写道："卫懿公好鹤，以亡其国。房次律好琴，得罪至死。乃知烧煮之士，亦自有理。"② 则从另一视角讨论"烧煮"行为，认为是对甚至导致亡国的"好鹤"的极端嗜爱的一种纠改，其用意也未可以小智慧视之。明人董纪的《煮鹤》诗："山人偶劈琴，寂寞九皋音。借问缠腰想，何如食肉心。青田真易写，赤壁梦难寻。恐袭乘轩弊，防微意亦深。"③ 即借取了东坡意境。

宋人孙奕《示儿编》卷一〇有"杀风景"条。其中写道："'杀风景'，或谓'背山起楼、烧琴煮鹤'之类为'杀风景'。以诗观之，虽杜韩老仙亦或未免。退之'若要添风月，应除数百竿'，直与王子猷背驰。借曰'得人嫌处只缘多'犹云可也。如子美'砍却月中桂，清光应更多'，无乃太甚乎。曰：'非也。'此足以见诗人意到处，便有焚山者，不改菽粟手段。"④ 论者也指出从诗句中看，"杀风景"者，其实往往"诗人意到处""亦或未免"的情形。明人镏绩《霏雪录》卷下也表露了大致相同的意见："唐李义山以'劈琴煮鹤'为杀风景。曹子建《七启》：'搴芳莲之巢龟。'龟与鹤，亦可谓杀风景矣。至于张协《七命》：'丹穴之雏。'斯不止于杀风景而已。《记》曰：'不麛不卵，而凤凰至。'近世规丹穴之肉者多矣，凤之不至，宜哉！"⑤

"烧琴煮鹤"又写作"焚琴煮鹤"。宋人洪适《满江红》有"吹竹弹丝谁不爱，焚琴煮鹤何人肯"句。⑥ 宋人李彭《老坡自海外归为书简寂观云卿合榜今为煞风景者毁之》诗："笔底飓风吹海波，榜悬郁郁照岩阿。

---

① 〔宋〕邵雍：《击壤集》卷一一，《四部丛刊》景明成化本。
② 《说郛》卷一〇〇。〔宋〕曾慥《类说》卷五七引《志林》。文渊阁《四库全书》本。
③ 《西郊笑端集》卷一，文渊阁《四库全书》本。
④ 元刘氏学礼堂刻本。
⑤ 明弘治刻本。
⑥ 〔宋〕洪适《满江红》："春色匆匆，三分过，二分光景。吾老矣，坡轮西下，可堪弄影。曲水流觞时节好，茂林修竹池台永。望前村，绿柳荫茆檐，云封岭。蜂蝶闹，烟花整，百年梦，如俄顷。这回头陈迹，漫劳深省。吹竹弹丝谁不爱，焚琴煮鹤何人肯。尽三觥歌罢酒来时，风吹醒。"《盘洲文集》卷八〇，《四部丛刊》景宋刻本。

十年呵禁烦神物，奈尔焚琴煮鹤何。"① 又有写作"破琴煮鹤"者。陈德武《木兰花慢·春游》有"从兹破琴煮鹤"句。李新《与冯德夫》："后日宾客之欢，不至破琴煮鹤矣。"② 也有写作"劈琴煮鹤"、"爨琴煮鹤"的。李刘《除成都漕谢检正都司》："比既失丘山之暴暴，乃专责原隰之皇皇。琴鹤清规，或又似劈琴而煮鹤。"③ 牟巘《小舟归》："平生知旧一李友，别后长关白板扉。偶有客来孤鹤起，也无人觉小舟归。尽渠俗子频相恼，只恐仙禽未肯飞。莫笑爨琴并煮鹤，醉眠林下两忘机。"④ 元人黄溍《和吴赞府斋居十咏》有《焦桐》一篇："怜尔抱奇质，无香亦自焚。材高初偶得，音苦竟谁闻。天海空遗操，冰霜见裂纹。中厨方煮鹤，终得舍夫君。"⑤ 对"琴"与"鹤"的哀挽，读来情切意深。

明人罗伦《竹鹤轩记》写道："盘谷居士有竹鹤癖，所至种竹与居，携鹤以游。"有人以"昔卫懿公好鹤，鹤有乘轩者，卒亡其国"的故事批评他的这种癖好。居士回答说："凡物，好之而不忘，则癖。仁者乐山，忘其山也。知者乐水，忘其水也。若人之见也，樵者亦乐山，渔者亦乐水乎。""今夫鹤，俯而饮，仰而啄，招之而来，放之而去，忘其鹤也。""吾以一老颓乎二物之间，方其境与神会，心与物冥，天地吾不知其大，日月吾不知其明，鬼神吾不知其幽，千驷万钟吾不知其富，布褐蓬茅吾不知其贫，心腹肾肠耳目鼻口吾不知其为我也，而况于二物乎！吾将烧竹煮鹤而游于无何之乡矣。吾何癖！吾何癖！"⑥ 作者宣称以"忘其鹤"为深心高远的文化意境，竟然以"烧竹煮鹤"为标识。明人程敏政《琴鹤东人为广人何式之赋》也写道："小揽山中盛丘壑，竭有幽人恣行乐。坐间时弄七弦琴，到处还随九皋鹤。春波澹荡风日清，耳畔忽闻环佩声。古人虽往古音在，坐使一川鱼鸟惊。石径盘回绝尘侣，砂顶昂藏缟衣举。幽人鼓掌一和之，万里闲云自容与。君不见，蜀川太守报政成，一鹤一琴随马行。又不见，义山诗人杀风景，煮鹤烧琴对佳境。幽人不求禄二千，幽人

---

① 《日涉园集》卷一〇〇，民国《豫章丛书》本。
② 《跨鳌集》卷二七，文渊阁《四库全书》本。
③ 《四六标准》卷八，《四部丛刊续编》景宋本。
④ 《牟氏陵阳集》卷五，民国《吴兴丛书》本。
⑤ 《金华黄先生文集》卷二，元钞本。此诗又收入元萨都剌《萨天锡诗集》，《四部丛刊》景明弘治本，以为萨都剌作，末句"中厨"作"中官"。
⑥ 《一峰文集》卷四，明嘉靖刻本。

不赋西昆篇。祗与双清作东道,见者一任称何仙。燕歌赵舞人争爱,毕竟谁宾复谁介?何如琴鹤共平生,清誉长传岭南界。"① 作者对人生理想有自己的表述,而"一鹤一琴随马行"与"煮鹤烧琴对佳境"对举,是可以发人深思的。所谓"一鹤一琴随马行"是说赵抃故事。《宋史》卷三一六《赵抃传》:"神宗立,召知谏院。故事,近臣还自成都者,将大用,必更省府,不为谏官。大臣以为疑,帝曰:'吾赖其言耳,苟欲用之,无伤也。'及谢,帝曰:'闻卿匹马入蜀,以一琴一鹤自随,为政简易,亦称是乎?'未几,擢参知政事。"②

"煮鹤"不仅仅是表现背离文化、破坏文化、摧残文化的一种象征符号,其实也曾经是一种社会生活的现实。"鹤"不仅在人们的精神生活中充当过清雅的伴侣,在实际物质生活中竟然也曾经作为烹调原料出现。

《天中记》卷五八有这样的内容,涉及以"鹤"为原料的食品"鹤羹":

> 鹤羹。《离骚》曰:缘鹤饰玉,后帝具飨。古帝谓殷汤也。言伊尹始仕,缘烹鹤鸟之羹,修饰玉鼎以事殷汤,汤贤之,遂以为相也。③

一代名相伊尹,竟然是因向殷汤奉上"鹤羹"而得到信用的。

宋人邹浩《嘲仲益》诗有"剖琴如剖薪,烹鹤如烹鱼;珠玉抵飞鸟,镈钟委洪炉"句,据诗前小序,称此是戏言。④ 而元人姚燧《道中即事十九首》之十则明确写道:"烹鹤烧琴不是空。"⑤ 而戴良《李帅家烹鹤见饷》:

> 千年端有化胎无,一旦烹来野鸟如。身死独遗沙苑箭,魂归应诧漆楼书。茅君入帐名空在,卫国乘轩事已虚。惭愧主人情意厚,搜罗异味及巢居。

---

① 《篁墩文集》卷六六,明正德二年刻本。
② 《宋史》,中华书局1977年11月版,第10323页。
③ 文渊阁《四库全书》本。
④ 《道乡集》卷四,明成化六年刻本。
⑤ 《牧庵集》卷三四,清《武英殿聚珍版丛书》本。

则"烹鹤"是确定无疑的事实。同卷《出游联句》："门羡登龙荣,席矜烹鹤宠。"①"登龙""门"和"烹鹤""席"对仗,可以发人深思。

其实,与"煮鹤"、"烹鹤"类似的行为,可以在历史文献中发现更早的记载。《太平御览》卷九一六引《汉书》说到王莽使用鹤的骨髓的故事。《四库全书》本写作:"王莽以鹤髓渍谷种学仙。"上海涵芬楼影印宋本则作:"王莽常以鹤髓渍谷种学仙。"②鹤以其仙风道骨,竟然引致杀身悲剧。

年代更久远的传说,则有周穆王"饮白鹤之血"故事。《北堂书钞》卷一六"饮白鹤之血"条引《穆天子传》曰:"天子乃遂东南翔行,驰驱千里,至于巨蒐之人囗奴乃献白鹄之血以饮天子,因其牛羊之湩以洗天子之足。"注曰:"所以饮血,益人气力。湩,乳也。令肌肤滑补。"③题称"白鹤之血",正文则作"白鹄之血"。④《太平御览》卷三七二引《穆天子传》曰:"至于巨蒐氏,巨蒐之人乃献白鹤之血以饮天子,且具牛马之湩以洗天子之足。"《太平御览》卷九一六引《穆天子传》也说:"至于巨蒐氏,巨蒐之人乃献白鹤之血以饮天子。"⑤可见应以"白鹤之血"为是。

3. "熬䳽"与"熬䲹":马王堆的发现

古人"煮鹤"、"烹鹤"的实例,其实也是存在的。在汉代考古资料中,就确实可以看到若干有关遗存。马王堆一号汉墓出土系在330号竹笥上的木牌,写有"熬䲹笥"字样。"䲹"即"䳽",就是"鹤"。《集韵·铎韵》:"鹤,鸟名,或作'䳽'。"马王堆三号汉墓出土同类木牌也有书写"熬䲹笥"者。发掘报告写道:"出土时脱落,与实物对照,应属东109笥。"而《遣策》中"熬䲹一笥"(136)当即指此。报告执笔者又指

---

① 《九灵山房集》卷一七,《四部丛刊》景明正统本。
② 《太平御览》,第4060页。
③ 文渊阁《四库全书》本。
④ 《北堂书钞》光绪十四年南海孔氏刊本"饮白鹤之血"条,据《穆天子传》。严氏校云:"《御览》三百七十二,九百十九,皆引作'鹤'。今本作'鹄'。今案平津馆本校注云:'鹤''鹄'古通用。"中国书店1989年7月影印版,第38页。
⑤ 《太平御览》,第1717—1718、4061页。

出，"鷸"就是"鹤"。①《史记》卷六《秦始皇本纪》："卒屯留，蒲鷸反。"司马贞《索隐》："'鷸'，古'鹤'字。"②据《干禄字书·入声》和《龙龛手鉴·鸟部》，"鹤"是"鹤"的俗字。

马王堆一号汉墓出土系在283号竹笥上的木牌，题写"敖鹄笥"。③与283号竹笥木牌及330号竹笥木牌对应的内容，《遣策》作"敖鹄一笥"（71）及"敖鷸一笥"（72）。"鹄"即"鹄"，也是"鹤"的异写。《集韵》卷一〇《铎韵》："鹤鸖鵠鹄……鸟名。《说文》：'鸣九皋，声闻于天。'或作'鸖鵠鹄'。"④《庄子·天运》："鹄不日浴而白。"陆德明《释文》："'鹄'，本又作'鹤'，同。"⑤李商隐《圣女祠》："寡鹄迷苍壑，羁凤怨翠梧。"据《李商隐诗歌集解》校记："'寡鹄'，《英华》作'辽鹤'。"⑥

马王堆一号汉墓283号竹笥及330号竹笥发现的动物骨骼鉴定报告，确定其动物个体是鹤（*Grus* SP.）。可知"出土骨骼内，共有鹤2只"。鉴定者指出，"出土骨骼的主要特征均与鹤科鸟类一致"。"鼻骨前背突起与前颌骨额突清晰分开，与灰鹤近似，与白枕鹤不同"，"但出土头骨的颧突特别短而钝，与灰鹤和白枕鹤均不相同。究属何种，尚难确定"。⑦然而，马王堆汉墓的发现，确实可以作为"煮鹤"、"烹鹤"的实证。由此可以推知古代有关"鹤羹"的传说，也并非没有根据的虚言。

通过"煮鹤"、"烹鹤"由食物史的实践到被看作否定文化、背弃文明的一种行为象征，也许可以看到人与自然关系的某种进步。

---

① 湖南省博物馆、湖南省文物考古研究所：《长沙马王堆二、三号汉墓》第一卷《田野考古发掘报告》，文物出版社2004年7月版，第192页。
② 《史记》，第225页。
③ 湖南省博物馆、中国科学院考古研究所：《长沙马王堆一号汉墓》，文物出版社1973年10月版，上册第115页。
④ 文渊阁《四库全书》本。
⑤ 〔清〕郭庆藩辑，王孝鱼整理：《庄子集释》，中华书局1961年7月版，第522、524页。
⑥ 刘学锴、余恕诚：《李商隐诗歌集解》，中华书局1988年12月版，第1684页。
⑦ 中国科学院动物研究所脊椎动物分类区系研究室、北京师范大学生物系：《动物骨骼鉴定报告》，《长沙马王堆一号汉墓出土动植物标本的研究》，第67—68页。

长沙五一广场出土待事掾王纯白事木牍研究

长沙市文物考古研究所《湖南长沙五一广场东汉简牍发掘简报》公布了一批重要的东汉简牍。其中以"待事掾王纯叩头死罪白"起始的一件木牍文书值得研究者重视。

长沙五一广场简牍的发现，有益于相关行政史现象早期渊源的追溯。

1. "白事"文书名义

这件木牍两面书写，计228字。编号为J1③：169。《发掘简报》列为"例七"，执笔者释文如下：

  待事掾王纯叩头死罪白。男子黄倗前贼杀男子左建亡，与杀人宿命贼郭幽等俱强盗女子王绫牛，发觉。纯逐捕倗、幽，倗、幽不就捕，各拔刀戟□□□□刺击。纯格杀

  倗、幽。到今年二月不处日，纯使之醴陵追故市亭长庆陆，不在，倗同产兄宗、宗弟禹将二男子不处姓名，各掺兵，之纯门司候纯。三月不处日，宗、禹复之纯门。今月十三日，（J1③：169A）

  禹于纯对门李平舍欲徼杀纯，平于道中告语纯。纯使弟子便归家取刀矛自持。

  禹度平后落去。倗、禹仇怨。奉公，纯孤单，妻子羸弱，恐为宗、禹所贼害。唯明廷财省，严部吏考实宗、禹与二男子，谋议形执。纯愚戆惶恐叩头死罪死罪。

  今为言，今开（第二次书写，系草体批示）

四月廿二日白（J1③：169B）

《发掘简报》写道："按：此例所见为治安案情报告，书于木牍正反两面，形式与内容皆完整。""发件人为临湘县待曹掾王纯，述男子黄倜杀死被害男子左建后逃亡，又与杀人惯犯郭幽合伙抢夺女子王绥的牛，事发。王纯率人追捕二犯，二犯拒捕反抗被击杀。次年二月某日，王纯出差到醴陵县不在家时，黄倜大哥黄宗、宗弟黄禹偕不知姓名二男子携带武器在王纯家门口守候。三月某日又再次出现。至四月十三日，黄禹改在王纯对门李平家附近守候，企图遮杀王纯，此时李平即在路途中将此事告知王纯，王纯即唤弟之子回家拿武器来自备防卫，禹随之离开。为此，王纯即写此报告，望县廷裁量，派更多官员参与调查，分析形势，采取对策。"①

据《长沙五一广场东汉简牍选释》，个别释文有所订正。编为一三九号木牍（CWJ1③：169）：

A面：
待事掾王纯叩头死罪白。男子黄倜前贼杀男子左建，亡。与杀人宿命贼郭幽等俱

强盗女子王绥牛，发觉。纯逐捕倜、幽，倜、幽不就捕，各拔刀、戟□□□□刺击。纯格杀

倜、幽。到今年二月不处日，纯使之醴陵追逐故市亭长庆睦，不在。倜同产兄宗、宗弟禹

将二男子不处姓名，各撜（操）兵之纯门，司（伺）候纯。三月不处日，宗、禹复之纯门。今月十三日，

B面：
禹于纯倜对门李平舍欲徼杀纯。平于道中告语纯，纯使弟子便归家取刀矛自捄（救）。

禹瘦（度）平后落去。倜、禹仇怨奉公，纯孤单，妻子羸（赢）弱，恐为宗、禹所贼害。唯

明廷财（裁）省严部吏考实宗、禹与二男子，谋议刑埶。纯愚

---

① 长沙市文物考古研究所：《湖南长沙五一广场东汉简牍发掘简报》，《文物》2013年第6期。

戆惶恐叩头死罪死罪。

今为言，今开。　　　　四月廿二日白。①

文书以"待事掾王纯叩头死罪白"起始，以"纯愚戆惶恐叩头死罪死罪四月廿二日白"结束，应当是行政机构中以下对上通常禀报业务、陈说事状、提出建言的"白事"文书。

《三国志》卷六《魏书·董卓传》裴松之注引《英雄记》曰："卓欲震威，侍御史扰龙宗诣卓白事，不解剑，立挝杀之，京师震动。"② 此"白事"是口头报告。③ 书面报告亦称"白事"，如《三国志》卷一五《魏书·梁习传》："初，济阴王思与习俱为西曹令史。思因直日白事，失太祖指。太祖大怒，教召主者，将加重辟。时思近出，习代往对，已被收执矣，思乃驰还，自陈己罪，罪应受死。太祖叹习之不言，思之识分，曰：'何意吾军中有二义士乎？'"曹操不知道"白事"失指者谁，应是以文书"白事"。《三国志》卷一五《魏书·贾逵传》裴松之注引《魏略》曰："太祖欲征吴而大霖雨，三军多不愿行。太祖知其然，恐外有谏者，教曰：'今孤戒严，未知所之，有谏者死。'逵受教，谓其同寮三主簿曰：'今实不可出，而教如此，不可不谏也。'乃建谏草以示三人，三人不获已，皆署名，入白事。太祖怒，收逵等。当送狱，取造意者，逵即言'我造意'，遂走诣狱。"④ 曹操追查"造意者"，应当也是只看到四人共同署名的"白事"文书。书面报告本身即上呈文书也称作"白事"。《三国志》卷六《魏书·袁绍传》裴松之注引《典略》曰："（袁绍）私使主簿耿苞密白曰：'赤德衰尽，袁为黄胤，宜顺天意。'绍以苞密白事示军府

---

① 长沙市文物考古研究所、清华大学出土文献研究与保护中心、中国文化遗产研究院、湖南大学岳麓书院：《长沙五一广场东汉简牍选释》，中西书局2015年12月版，第217页。

② 《三国志》，第175页。

③ 类似情形又有《三国志》卷八《魏书·公孙瓒传》裴注引《典略》曰："瓒性辩慧，每白事不肯假人，常总说数曹事，无有忘误，太守奇其才。"第240页。《后汉书》卷七三《公孙瓒传》李贤注引《典略》曰："瓒性辩慧，每白事，常兼数曹，无有忘误。"第2358页。《续汉书·五行志五》："永康元年八月，巴郡言黄龙见。时吏傅坚以郡欲上言，内白事以为走卒戏语，不可。"《后汉书》，第3344页。

④ 《三国志》，第481页。

将吏。"① 又如《三国志》卷二八《魏书·锺会传》裴松之注引《世语》曰："会善效人书，于剑阁要（邓）艾章表白事，皆易其言，令辞指悖傲，多自矜伐。"② 有人认为，"白事"应为动词，口头、书面陈述，俱称"白事"。《三国志》两条材料，似乎前一条是"所白事"的省称，而后一条邓艾章表白事，还是动词。此说不可从。"白"是动词，"白事"是动宾词组。表示动作的词或词组转化为名词的例证甚多。人们常用的"报告"，就既是动词，也是名词。③ 汉代前后出现的类似情形有"启事"，三民书局《大词典》的解释就是：

> 1 陈述事情的原委。《三国志·魏志·董卓传》"召呼三台尚书以下自诣'卓'府启事。"2 陈述事情原委的书函或奏章。《晋书·山涛传》"'涛'再居选职十有余年，每一官缺，辄启拟数人，诏旨有所向，然后显奏，……'涛'所奏甄拔人物，各为题目，时称'山公'启事。"3 今称广告、公告为启事。④

"启事"和"白事"语义非常接近。《释名·释书契》"启白"连说："笏，忽也。君有教命，及所启白，则书其上，备忽忘也。"⑤ "教"、"命"与"启"、"白"，原为动词，都转化为名词。前引《三国志》卷六《魏书·袁绍传》裴松之注引《典略》"（耿）苞密白事"，《三国志》卷二八《锺会传》裴松之注引《世语》"（邓）艾章表白事"，《三国志》卷三七《蜀书·庞统传》裴松之注引《江表传》"闻此人密有白事"，《三国志》卷四七《吴书·吴主传》裴松之注引《魏略》"近得守将周泰、全琮等白事"，"白事"均可以理解为表示文书的名词。

---

① 《三国志》，第195页。《后汉书》卷七四上《袁绍传》作："主簿耿包密白绍曰：'赤德衰尽，袁为黄胤，宜顺天意，以从民心。'绍以包白事示军府僚属。"第2390页。

② 《三国志》，第793页；又如《三国志》卷三七《蜀书·庞统传》裴松之注引《江表传》曰："先主与统从容宴语，问曰：'卿为周公瑾功曹，孤到吴，闻此人密有白事，劝仲谋相留，有之乎？在君为君，卿其无隐。'统对曰：'有之。'"第954页。《三国志》卷四七《吴书·吴主传》裴松之注引《魏略》："近得守将周泰、全琮等白事……"第1128页。

③ 《现代汉语词典》："【报告】①把事情或意见正式告诉上级或群众……②用口头或书面的形式向上级或群众所做的正式陈述……"商务印书馆2003年1月版，第47页。

④ 三民书局大辞典编纂委员会：《大辞典》，三民书局2000年6月版，第1937页。

⑤ 任继昉纂：《释名汇校》，齐鲁书社2006年11月版，第325页。

"白事"很早就被确定为文书形式。《山堂考索》前集卷二一《文章门》"文章缘起类"写道："梁太常卿任昉彦升集六经，素有歌、诗、诔、箴、铭之类，此等自秦汉以来圣君贤士沿著为文章名之始，故因暇录之，凡八十五题，抑以新好事者之目云耳。""白事"与"封事"、"移书"并列，正是其中一"题"。其文曰："白事。汉孔融主簿作白事书。"① 可知在任昉看来，"白事书"就是"白事"。"白事"，或可理解为"白事书"的简称。下级职官向上级的"白事"，形成文书的一种重要形式。承侯旭东教授见告，"关于'白'文书，日本学者关尾史郎亦用此概念，并曾撰文讨论，认为是同一官府（如同县）内部下对上的用语，可参"。关尾史郎分析被称作"吴嘉禾六（二三七）年四月都市史唐玉白收送中外估具钱事"的文书，以为是都市史唐玉呈报金曹掾的上行文书。特别注意到此类文书的通行格式，是开头和结尾使用两个"白"字。他称此类文书为"白文书"。② 此说值得重视，只是认为"白事"只是"同一官府（如同县）内部"使用的限定性理解，似乎稍嫌狭隘。史籍所见"白事"，如前例所引，是可以超越某一官府机关"内部"的限定的，甚至可以直接送达最高执政者。

　　王纯"白事"的主题是请求追捕"宗、禹及二男子"，以求得自己和家人的安全保证。所谓"此例所见为治安案情报告"，似乎并不完全符合文书内容。

2. "追还""庆陆"

　　《发掘简报》发表释文"到今年二月不处日，纯使之醴陵追故市亭长

---

① 〔宋〕章如愚编撰：《山堂考索》，中华书局1992年10月版，第142页。
② 〔日〕關尾史郎：《"吴嘉禾六年（237）四月都市吏唐玉白收送中外估具钱事"試釈》，《東洋學報》95卷1号（2013年6月），第44—46页。据徐畅告知的信息，"与关尾史郎同时或者稍后，伊藤敏雄亦有数篇文章讨论走马楼吴简竹木牍中的类似文书，进一步认识到，这类文书以'叩头死罪白'开头，命名为'叩頭死罪白'或'白'公文木牍。五一广场简的情况类似"。参伊藤敏雄《長沙吴簡中の生口売買と"估錢"徵收をめぐって——"白"文書木牘の一例として——》，《歷史研究》第50号，2013年3月，97—128页；《長沙吴簡中の"叩頭死罪白"文書木牘小考——文書木牘と竹簡との編綴を中心に——》，《歷史研究》第51号，2014年3月，29—48页；《長沙吴簡中の"叩頭死罪白"文書》，伊藤敏雄、窪添慶文、關尾史郎編《湖南出土簡牘とその社会》，汲古書院，2015年，35—60页"。

庆陆，不在……"句，对照图版，可知"追"字后漏释一字。其字从"辵"，很可能是"还"。"王纯出差到醴陵县"，事由很可能是"追还故市亭长庆陆"。

《汉书》卷一上《高帝纪上》："韩信为治粟都尉，亦亡去，萧何追还之。"① 东汉时，"追还"似是社会习用语。《后汉书》卷一三《隗嚣传》："……嚣乃上疏谢曰：'吏人闻大兵卒至，惊恐自救，臣嚣不能禁止。兵有大利，不敢废臣子之节，亲自追还。'"② 《后汉书》卷二三《窦融传》："尽免（窦）穆等官，诸窦为郎吏者皆将家属归故郡，独留融京师。穆等西至函谷关，有诏悉复追还。"③《后汉书》卷一〇上《皇后纪·和熹邓皇后》载汉安帝元初五年（118）刘毅上书，颂扬"追还徙人，蠲除禁锢"事④，也都是同样的例证。

3. "各操兵"

《发掘简报》释文："俹同产兄宗、宗弟禹将二男子不处姓名，各掺兵，之纯门司候纯。"执笔者写道："掺，操持，《广雅·释言》：'掺，操也。'掺兵，持兵器。"⑤《汉书》卷九六下《西域传下》记载，郭钦击焉耆，"杀其老弱"，"（王）莽封钦为剗胡子"。颜师古注："剗，绝也……字本作剿，转写误耳。"⑥ 《汉书》卷九九中《王莽传中》写作"剿胡子"。⑦

细察图版，所谓"各掺兵"的"掺"，其实就是"操"字，可以直接释作"各操兵"。《史记》卷六九《苏秦列传》："赵氏自操兵。"⑧《汉书》卷一下《高帝纪下》："贾人毋得衣锦绣绮縠絺纻罽，操兵，乘骑

---

① 《汉书》，第30页。
② 《后汉书》，第527页。
③ 同上书，第808页。
④ 同上书，第426页。
⑤ 长沙市文物考古研究所：《湖南长沙五一广场东汉简牍发掘简报》，《文物》2013年第6期，第23页。
⑥ 《汉书》，第3927页。
⑦ 同上书，第4146页。
⑧ 《史记》，第2246页。

马。"颜师古注："操，持也。兵，凡兵器也。"①《汉书》卷九四下《匈奴传下》："大兴师数十万，使卫青、霍去病操兵，前后十余年。"颜师古注："操，持也。"②

与王纯"白事"所言相类同的"操兵"上门复仇的史例，有《后汉书》卷七六《循吏列传·许荆》："荆少为郡吏，兄子世尝报雠杀人，怨者操兵攻之。荆闻，乃出门逆怨者，跪而言曰：'世前无状相犯，咎皆在荆不能训导。兄既早没，一子为嗣，如令死者伤其灭绝，愿杀身代之。'怨家扶荆起，曰：'许掾郡中称贤，吾何敢相侵？'因遂委去。荆名誉益著。"③另一有参考意义的记载，即《后汉书》卷七七《酷吏列传·董宣》所见"操兵""之""门"事："累迁北海相。到官，以大姓公孙丹为五官掾。丹新造居宅，而卜工以为当有死者，丹乃令其子杀道行人，置尸舍内，以塞其咎。宣知，即收丹父子杀之。丹宗族亲党三十余人，操兵诣府，称冤叫号。宣以丹前附王莽，虑交通海贼，乃悉收系剧狱，使门下书佐水丘岑尽杀之。"④

由许荆遭遇"怨者操兵攻之"情节及公孙丹"宗族亲党三十余人，操兵诣府，称冤叫号"而"悉收系剧狱""尽杀之"事，可知此类情形有鸣冤叫屈及示威恐吓性质。

4."取刀矛自捄"

《发掘简报》释文："纯使弟子便取刀矛自持。"察看图版，所谓"自持"的"持"字形明晰，显然是"捄"字。"自持"应释作"自捄"。

"捄"即"救"。《史记》卷七三《白起王翦列传》《集解》引何晏曰："其所以终不敢复加兵于邯郸者，非但忧平原君之补袒，患诸侯之捄至也。"司马贞《索隐》："'捄'音'救'。"⑤又《史记》卷七八《春申君列传》：

---

① 《汉书》，第65页。
② 同上书，第3813页。又可参见《后汉书》卷三四《梁冀传》："使尚书令尹勋持节勒丞郎以下皆操兵守省阁。"《后汉书》卷六七《党锢列传·张俭》："外黄令毛钦操兵到门。"第1186、2210页。
③ 《后汉书》，第2472页。
④ 同上书，第2489页。
⑤ 《史记》，第2338页。

"魏之兵云翔而不敢捄。"① 也是同例。《汉书》卷五六《董仲舒传》："三王之道所祖不同，非其相反，将以捄溢扶衰，所遭之变然也。"颜师古注："'捄'，古'救'字。"《汉书》卷九七下《外戚传·孝成赵皇后》议郎耿育上疏言"匡捄销灭既往之过"，颜师古注："'捄'，古'救'字。"②

"自救"一语，则多见于秦汉文献。

5. "禹瘦平后落去"

《发掘简报》释文："禹于纯对门李平舍欲徼杀纯，平于道中告语纯。纯使弟子便归家取刀矛自持。禹度平后落去。"执笔者解释这一所谓"治安案情报告"的内容时写道："此时李平即在路途中将此事告知王纯，王纯即唤弟之子回家拿武器来自备防卫，禹随之离开。""使弟子"解释为"唤弟之子"似有不妥。"弟子"应是泛指家族中晚辈。而"禹度平后落去"解释为"禹随之离开"，"度平"二字解作"随之"，亦不确。

"度平"，思考文意，应是对将黄禹伏击"欲徼杀纯"情形"于道中告语纯"的"纯对门李平"的惩罚，很可能是暴力处置。但应当不至于严重伤残，否则可以直接治"禹"之罪，不必要再施行下文所言程序"严部吏考实宗、禹与二男子，谋议形执"。

所谓"度平"的"度"，察看字形，应即"瘦"。"瘦"之字义未得确说，但应当是对李平予以报复性伤害。

所谓"落去"，应有逃逸的涵义，不是简单的"离开"。《焦氏易林》卷四《艮·观》："衔命辱使，不堪其事。中坠落去，更为负载。"③

6. "仇怨奉公"

《发掘简报》释文："俶、禹仇怨。奉公，纯孤单，妻子羸弱，恐为宗、禹所贼害。"理解文意，"仇怨""奉公"不应分断。

---

① 《史记》，第 2388 页。
② 分别见《汉书》，第 2518、3998 页。
③ 《焦氏易林》卷四《小过·履》："衔命辱使，不堪厥事。中坠落去，更为负载。"《焦氏易林》卷四《未济·坎》："衔命辱使，不堪厥事。遂堕落去，更为欺吏。"中华书局 1985 年 1 月影印《丛书集成初编》本，第 289、299 页。

王纯以"奉公"自诩。"奉公"是东汉时期政治生活中用以对公务人员品格正面肯定的习用语。《后汉书》记录官吏行为道德使用"奉公"一语甚为频繁。甚至敦煌汉简也可见"奉公"字样（1411）。[1]

"仇怨奉公"语，明确见于东汉史籍。

据《后汉书》卷六〇下《蔡邕传下》，蔡邕得罪权臣，曾经以"仇怨奉公"治罪。"……于是下邕、质于洛阳狱，劾以仇怨奉公，议害大臣，大不敬，弃市。"[2]《资治通鉴》卷五七"汉灵帝光和元年"记述此事，胡三省注："诬邕以请托不听，志欲中伤，为仇怨奉公之吏。"[3]

所谓"仇怨奉公"，可能是行政司法定式性用语，因而为"待事掾王纯"所熟悉。由蔡邕"仇怨奉公"罪名竟致"弃市"处置，可知王纯的指控是相当严厉的。

7."唯明廷财省,严部吏……"

《发掘简报》释文："唯明廷财省，严部吏考实宗、禹与二男子，谋议形执。"文意理解也可以深入讨论。《发掘简报》写道："王纯即写此报告，望县廷裁量，派更多官员参与调查，分析形势，采取对策。"[4]

"唯明廷财省"解释为"望县廷裁量"，类似文例，亦见于长沙五一广场简牍，即《发掘简报》所列"例九"："唯明廷财，延愚戆惶恐叩头死罪死罪。"（J1③：129）可知"唯明廷财"语意本来完整。然而"财省"之说，应有更深层的涵义。《说文·目部》："省，视也。从眉省，从中。"就"省，视也"，段玉裁注："省者，察也。察者，核也。汉禁中谓之省中。师古曰：'言入此中者皆当察视，不可妄也。'《释诂》曰：'省，善也。'此引伸之义。《大传》曰：'大夫有大事省于其君。'谓君察之而得其大善也。"对于"从眉省，从中"，段玉裁注："'中'音彻，木初生也，财见也。从眉者，未形于目也。从中者，察之于微也。凡省必于微，

---

[1] 甘肃省文物考古研究所编：《敦煌汉简》，文物出版社1991年6月版，释文第273页。

[2] 《后汉书》，第2002页。

[3] 〔宋〕司马光撰，〔元〕胡三省音注：《资治通鉴》，中华书局1956年6月版，第1848页。

[4] 长沙市文物考古研究所：《湖南长沙五一广场东汉简牍发掘简报》，《文物》2013年第6期。

故引伸为减省。"① 由段说"财见也"理解"财省"文意，也许是较好的思路。

笔者曾经据前引"唯明廷财，延愚戆惶恐叩头死罪死罪"，倾向于此文书"省"字应从下读，以为"省严"连读，作"省严部吏考实……"语意也是顺畅的。当时理解"省严"，有督促检查之义。认为这一行政语汇的使用，较早见于《新唐书》卷一一八《韩思复传》。② 徐畅指出误读之疏失，她的意见是正确的。而《宋史》卷四七八《南唐李氏世家》可以看到与"严部吏……"类似的文句："臣即自严部曲，终不先有侵渔，免结衅嫌，挠干旒扆……"③

不过，现在看来，《发掘简报》"派更多官员参与调查"的说法，似乎是没有依据的。

8. "考实宗、禹及二男子谋议刑执"

《发掘简报》释文："唯明廷财省，严部吏考实宗、禹与二男子，谋议形执。""谋议"，是"考实"的对象，不宜分读。"考实""谋议"的必要，是被王纯"逐捕"时拒捕格杀的"男子黄俐"的亲属发起的三次复仇行动，"今年二月不处日"，"俐同产兄宗、宗弟禹将二男子不处姓名，各操兵之纯门司候纯；三月不处日，宗、禹复之纯门；今月十三日，禹于纯对门李平舍欲徼杀纯"，其实都没有导致实际伤害王纯或者其"妻子"的举动。从王纯"白事"文书的内容看，"男子黄俐"亲属三次复仇出动的人数，第一次四人，第二次二人，第三次一人，也是值得注意的。

笔者在 2013 年 10 月 26 日刘乐贤教授主持召开的"长沙五一广场新出汉简研讨会"上提出了这样的意见，以为发掘简报释作"形执"的"形"字，从"井"从"刀"。应当释作"刑"。因此则"分析形势，采

---

① 〔汉〕许慎撰，〔清〕段玉裁注：《说文解字注》，上海古籍出版社据经韵楼藏版1981年10月影印版，第136页。

② 王子今：《长沙五一广场出土待事掾王纯白事木牍考议》，《简牍》第9辑，上海古籍出版社2014年10月版。

③ 《宋史》，第13858页。

取对策"的说法也就不能成立。"刑埶",或可理解为问刑执法。① 现在思考,"刑"亦可读为"形"的通假字。考察东汉"形势"一语的涵义,有现今常说"形势"的语义。但是也有指暴恶之强势的。如《后汉书》卷二三《窦固传》"依倚形埶,侵陵小人"②,《后汉书》卷五四《杨震传》"今所序用无佗德,有形埶者"③,《后汉书》卷六一《周举传》"竖宦之人,亦复虚以形埶,威侮良家"④ 等。

这样理解"唯明廷财省严部吏考实宗禹与二男子谋议形埶","谋议形埶"可以连读,即"形埶"也是"宗、禹及二男子"之"形埶","谋议"与"形埶"是都需要司法人员严肃"考实"的案情主体。而"宗、禹及二男子"确实没有造成对王纯及其家属的实际伤害,只是形成严重威胁的"形埶"。

9. 关于"今为言,今开"的文序

《发掘简报》执笔者写道:"'今为言,今开'为县廷文秘人员收到报告后第二次书写的文字。今指开封当日。为言,指向县廷主管报告。开,指开封拆件。"然而释文中将"今为言,今开"置于"纯愚戆惶恐叩头死罪死罪"和"四月廿二日白"之间。这样的处理可能是不妥当的。虽然木牍上"今为言,今开"五字的位置在"四月廿二日白"同行之前,但"四月廿二日白"是王纯"白事"结尾文字,而"今为言,今开"被理解为"县廷文秘人员收到报告后第二次书写的文字",则应考虑王纯"白事"文书整体不应割裂以及书写时序等因素,"今为言,今开"适宜于放在"四月廿二日白"之后。

综合以上意见,释文应作:

---

① 当时笔者还认为,如果王纯"白事"县廷,只说"分析形势,采取对策"一类空泛之言,不涉及对"宗、禹及二男子"的惩治,对于"纯孤单,妻子赢弱,恐为宗、禹所贼害"的危险无从免除,这在逻辑上也是不合理的。现在考虑,王纯建议只言"考实"案情,在此基础上再作司法判断,也是得体的。
② 《后汉书》,第819页。
③ 同上书,第1778页。
④ 同上书,第2025页。

待事掾王纯叩头死罪白。男子黄俐前贼杀男子左建亡，与杀人宿命贼郭幽等俱强盗女子王綅牛，发觉。纯逐捕俐、幽，俐、幽不就捕，各拔刀戟□□□□刺击。纯格杀俐、幽。到今年二月不处日，纯使之醴陵追还故市亭长庆陆，不在，俐同产兄宗、宗弟禹将二男子不处姓名，各操兵，之纯门司候纯。三月不处日，宗、禹复之纯门。今月十三日，(J1③：169A)

　　禹于纯对门李平舍欲徼杀纯，平于道中告语纯。纯使弟子便归家取刀矛自捄。禹瘦平后落去。俐、禹仇怨奉公，纯孤单，妻子羸弱，恐为宗、禹所贼害。唯明廷财省，严部吏考实宗、禹与二男子谋议刑埶。纯愚戆惶恐叩头死罪死罪。

　　四月廿二日白　　今为言，今开（草书批记）(J1③：169B)

其中"各拔刀戟□□□□刺击"中四个尚未释读的字，以及"禹瘦平后落去"的"瘦"字，还需要思考其具体语义。

长沙东牌楼汉简"津卒"称谓及交通管理的军事化形式

长沙东牌楼简可见"津卒"称谓。这种以"卒"标示的身份特征值得研究者注意。同一批简中有称"津史"者。"津卒"应与"津史"存在某种关联。与"津卒"类同的"车卒"、"漕卒"、"棹卒"、"邮卒"、"驿卒"等交通实践者的人身自由和行为方式,都会因"卒"的军人身份受到限定。秦汉时期交通建设首先服务于政治和军事,一般平民只能在有限的条件下利用交通设施。社会一般成员对交通事业的参与,往往只能以"卒"的角色,通过"役"这种完全被动的形式实现。

1. "津卒"简文

2004年4月至6月出土于长沙东牌楼7号古井的东汉末期简,其中可见"津卒"字样:

出钱·雇东津卒五人四月直　☑ (130)

简文内容体现了某种以"钱"支付"雇""直"的经济关系。因为文字残缺,我们不能确切解说完整的文意。但是"津卒"称谓以"卒"标示的身份特征,却透露出比较重要的历史文化信息。

同一批简中有"津史"(78A)称谓与"捕盗史"(78A)、"金曹"(78B)等并列,整理者注释:"'津史',史籍未见,应为郡、县列曹属吏之一,专掌修治津梁道路。"① 其实,"'津史',史籍未见"之说不确。

---

① 长沙市文物考古研究所、中国文物研究所:《长沙东牌楼东汉简牍》,文物出版社2006年4月版,释文第106—107页。

《通典》卷四〇《职官二十二·秩品五·大唐官品》说到"诸仓关津史"。如果说"'津史',史籍未见",是指东汉"史籍未见",则应注意到东汉史籍出现过"津吏"。① 东牌楼东汉简整理者关于"津史""专掌修治津梁道路"的意见,可能也是未必成立的。"津史"即"津吏",应是管理津渡的官员,或者说是管理关津的官员。战国秦汉文献"津关"②或"关津"③往往连称,简牍资料亦多见相关实证。④"津吏"、"津史"之职能似与"关吏"类同,主要是检查,控制出入经过,而并非交通建设,至少不是"专掌修治津梁道路"。⑤

----

① 《后汉书》卷八二上《方术列传上·段翳》:"段翳字元章,广汉新都人也。习《易经》,明风角。时有就其学者,虽未至,必豫知其姓名。尝告守津吏曰:'某日当有诸生二人,荷担问翳舍处者,幸为告之。'后竟如其言。又有一生来学,积年,自谓略究要术,辞归乡里。翳为合膏药,并以简书封于筒中,告生曰:'有急发视之。'生到葭萌,与吏争度,津吏檛破从者头。生开筒得书,言到葭萌,与吏斗头破者,以此膏裹之。生用其言,创者即愈。生叹服,乃还卒业。"第2719页。事亦见《华阳国志》卷一〇中《广汉士女》。又《列女传》卷六《辩通传》"赵津女娟"、《吴越春秋》卷四《阖闾内传》也可见"津吏"称谓。

② 如《通典》卷一四九引孙膑曰:"败其津关,发其桥梁。"〔唐〕杜佑撰,王文锦等点校:《通典》,中华书局1988年12月版,第3810页。《史记》卷六《秦始皇本纪》引贾谊《过秦论》:"缮津关,据险塞,修甲兵而守之。"第276页。《史记》卷一一《孝景本纪》:"(四年)复置津关,用传出入。"第442页。《淮南子·兵略》:"硗路津关,大山名塞,龙蛇蟠,却笠居,羊肠道,发笱门,一人守隘,而千人弗敢过也,此谓地势。"《淮南子·修务》:"申包胥……于是乃羸粮跣走,跋涉谷行,上峭山,赴深溪,游川水,犯津关,蹠蒙笼,蹶沙石,跖达膝曾茧重胝,七日七夜,至于秦庭。"刘文典撰,冯逸、乔华点校:《淮南鸿烈集解》,中华书局1989年5月版,第504、636页。

③ 《释名·释书契》:"示,示也。过所至关津,以示之也。"任继昉纂:《释名汇校》,齐鲁书社2006年11月版,第332页。《汉书》卷九九中《王莽传中》:"吏民出入,持布钱以副符传。不持者,厨传勿舍,关津苛留。"第4122页。

④ 如居延汉简:"县河津门亭"(7.33),"门亭鄣河津金关毋苛止录复传敢言之"(36.3),"自致张掖逢过河津关如律令"(37.2),"一编县道河津金关毋苛留止如律令敢言"(43.12A),"河津金关毋苛留"(97.9),"移过所县道河津关……"(170.3A),"所县河津关遣"(192.29),"移过所河津金关毋苛留止如律令"(218.2),"乘□□过所河津"(218.78),"过所县河津请遣……"(303.12A),"谒移过所县邑门亭河津关毋苛留敢言之"(495.12,506.20A);敦煌汉简:"龙勒写大鸿胪掔令津关"(2027)。

⑤ 汉代地方政权有"道桥掾"官职。安作璋、熊铁基认为,"道桥掾"是"县属吏"中"主管交通方面的诸曹"之一,依据的是《隶续》卷一五《汉安长陈君阁道碑》。黄留珠据《耿勋碑》和《天井山记》,认为汉代郡治亦有此置,又据《隶续》卷一五《辛通达李仲曾造桥》,提出了汉代在专处降服或内附少数民族,与郡级别相当的属国,亦置此职,而在山高沟深交通不便的地区,分别设置主管筑路架桥的"道桥掾"。承徐畅提示,长沙东牌楼简也可见"道桥掾",如"久道桥等习字"文书,长沙市文物考古研究所、中国文物研究所:《长沙东牌楼东汉简牍》,文物出版社2006年4月版,第128页。

简文所见"津卒"应与"津史"存在某种关联。

2. 交通实践中"卒"的身份

"卒"的身份与交通实践相关的史例颇多。居延汉简可见"戍卒"、"隧卒"、"卒"兼任"车父"的情形：如"戍卒梁国睢阳第四车父宫南里马广"（303.6，303.1），"木中隧卒陈章车父"（E. P. T50：30），"第卅二卒王弘车父"（E. P. T57：60）等。简文又直接可见"车父卒"（484.67，E. P. T52：167）与"车父车卒"（83.5A）称谓。"车父"同时又身为"卒"，当大致与主要以转输为职任的《汉书》卷二四上《食货志上》所谓漕卒"[1]、《后汉书》卷一七《岑彭传》所谓"委输棹卒"[2]身份相近。[3]

据《史记》卷二九《河渠书》，漕渠的开通，可以"损漕省卒"。[4]也说明漕运的主体力量是士兵。

又如"邮卒"，这一称谓在正史中出现相当晚，大约宋代以后才频繁见诸文献。[5]《新唐书》卷一七四《元稹传》："徙浙东观察使。明州岁贡蚶役，邮子万人，不胜其疲。积奏罢之。"[6]宋人施宿等撰《会稽志》卷二则书"邮子"为"邮卒"："元稹长庆三年八月自同州防御使授，大和三年九月拜尚书左丞。按唐本传：自同州刺史徙观察使，明州岁贡蚶役，

---

[1] 《汉书》，第1141页。

[2] 《后汉书》，第661页。

[3] 王子今：《居延汉简所见〈车父名籍〉》，《中国历史博物馆馆刊》1992年总第18、19期；《关于居延"车父"简》，《简帛研究》第2辑，法律出版社1996年9月版。

[4] 《史记》，第1410页。

[5] 如《宋史》卷三五三《张叔夜传》："加直学士，徙济南府。山东群盗猝至，叔夜度力不敌，谓僚吏曰：'若束手以俟援兵，民无噍类，当以计缓之。使延三日，吾事济矣。'乃取旧赦贼文，俾邮卒传至郡，盗闻，果小懈。叔夜会饮谯门，示以闲暇，遣吏谕以恩旨。盗狐疑相持，至暮未决。叔夜发卒五千人，乘其惰击之。盗奔溃，追斩数千级。以功进龙图阁直学士、知青州。"第11141页。"邮卒"称谓又见于彭乘《墨客挥犀》卷五（明稗海本），洪迈《夷坚志》甲卷三"刘承节马"（清十万卷楼丛书本），余靖《武溪集》卷二〇《墓志下·太常少卿李君墓志铭》（文渊阁《四库全书》本），苏颂《苏魏公文集》卷六〇《墓志·太常少卿李君墓志铭》，彭龟年《止堂集》卷九《策问·策问十道》等（文渊阁补配文津阁《四库全书》本）。

[6] 《新唐书》，中华书局1975年2月版，第5229页。

邮卒万人，不胜其疲。積奏罢之。"①《会稽志》"邮卒"，使用的是宋时说法。然而，居延汉简已经可以看到"邮卒"称谓，如：

正月辛巳鸡后鸣九分不侵邮卒建受吞远邮
……
卒福壬午禺中当曲卒光付受降卒马印（E. P. T51：6）

居延汉简文字遗存中又有"驿卒"：

☐年黡长育受武强驿卒良☐（E. P. T49：11B）
入北第一橐书一封　（以上为第一栏）
居延丞印十二月廿六日＝食一分受武强驿卒冯斗即
弛刑张东行（E. P. T49：28）
☐□分万年驿卒徐讼行封橐一封诣大将军合檄一封付武强驿卒无印（E. P. T49：29）
正月廿五日参餔时受万年驿卒徐讼合二封武强驿佐柃惜（E. P. T49：45A）②

走马楼三国吴简中已经整理出版的竹简〔壹〕、竹简〔贰〕和竹简〔叁〕中出现"邮卒"身份的简例超过80例，又可见所谓"给驿兵"情形。③简牍资料中所见"驿卒"、"驿兵"称谓，也体现出交通通信体系的管理

---

① 《资治通鉴》卷二四〇则记述："初，国子祭酒孔戣为华州刺史，明州岁贡蚶蛤淡菜，水陆递夫劳费。戣奏疏罢之。"第7736—7737页。清人姜宸英《湛园札记》卷二："华州刺史孔戣奏罢明州贡海味淡菜蚶蛎，而《元稹传》复云：明州岁贡蚶役，邮子万人，積奏罢之。岂戣奏后已停而复贡耶？抑独贡蚶之例未停耶？元事本白乐天《元志铭》。"文渊阁《四库全书》本。

② 甘肃省文物考古研究所、甘肃省博物馆、中国文物研究所、中国社会科学院历史研究所：《居延新简：甲渠候官》，中华书局1994年12月版，第61、62页。

③ 长沙市文物考古研究所、中国文物研究所、北京大学历史学系走马楼简牍整理组：《长沙走马楼三国吴简·竹简〔壹〕》，文物出版社2003年10月版；长沙简牍博物馆、中国文物研究所、北京大学历史学系走马楼简牍整理组：《长沙走马楼三国吴简·竹简〔贰〕》，文物出版社2007年1月版；《长沙走马楼三国吴简·竹简〔叁〕》，文物出版社2008年1月版。参看王子今《走马楼简所见"邮卒"与"驿兵"》，《吴简研究》第1辑，崇文书局2004年7月版；赵宠亮：《吴简邮驿人员称谓补议》，《吴简研究》第2辑，崇文书局2006年9月版。

是军事化的。张家山汉简《二年律令》中的《行书律》规定,"十里置一邮",特殊地方"廿里一邮"或"卅里一邮","令邮人行制书、急书、复,勿令为它事"。然而由所谓"畏害及近边不可置邮者,令门亭卒、捕盗行之"①,则可知西汉早期"邮人"和"卒"身份的交错,也是常见的情形。以"邮卒"、"驿卒"传递军事情报和军事命令,应是比较完备的国家邮驿体系生成的最初背景。

3. "津"的军事化管理

而"津卒"身份,也说明了"津"日常管理的军事化形式。《艺文类聚》卷四四引《琴操》:

> 《箜篌引》者,朝鲜津卒霍子高所作也。子高晨刺舡而濯。有一狂夫,被发提壶而渡,其妻追止之,不及,堕河而死。乃号天嘘唏,鼓箜篌而歌,曲终投河而死。子高援琴,作其歌声,故曰《箜篌引》。②

"朝鲜津卒霍子高"故事所谓"子高晨刺舡而濯",《太平御览》卷三九六引《乐府解》说"子高晨起刺船""乱流而渡"。③ 似反映"津卒"致力于摆渡劳作的事实,则与"车父卒"、"车父车卒"情形相同。《文献通考》卷一三七《乐考十·丝之属·雅部》说:"竖箜篌,胡乐也。……高丽等国有竖箜篌、卧箜篌之乐。其《引》则朝鲜津卒樗里子高所作也。汉灵帝好此乐,后世教坊亦用焉。"④ "朝鲜津卒霍子高"或"朝鲜津卒樗里子高"故事的发生,应当在"汉灵帝"时代之前。

交通运输管理军事化的情形,有利于保证交通效率。但是"车卒"、"漕卒"、"棹卒"、"邮卒"、"驿卒"等交通实践者的人身自由和行为方

---

① 张家山二四七号汉墓竹简整理小组:《张家山汉墓竹简〔二四七号汉墓〕》(释文修订本),文物出版社2006年11月版,释文注释第45页。

② 《艺文类聚》,第787页。

③ 《太平御览》,中华书局用上海涵芬楼影印宋本1960年2月复制重印版,第1829页。

④ 原注:"樗里子高晨刺船,有一白首狂夫,披发提壶,乱流而渡。其妻止之,不能及,竟溺死。于是凄伤,援琴作歌而哀之,以象其声,故曰《箜篌引》。"中华书局1986年9月版,上册第1215页。

式，都会因"卒"的军人身份受到限定。

秦汉时期交通建设首先服务于政治和军事，一般平民只能在有限的条件下利用交通设施。社会一般成员对交通事业的参与，往往只能以"卒"的身份，通过"役"这种完全被动的形式实现。

4. 南海以置候"献龙眼、荔支"

《后汉书》卷四《和帝纪》记载："旧南海献龙眼、荔支，十里一置，五里一候，奔腾阻险，死者继路。时临武长汝南唐羌，县接南海，乃上书陈状。帝下诏曰：'远国珍羞，本以荐奉宗庙。苟有伤害，岂爱民之本。其敕太官勿复受献。'由是遂省焉。"李贤注引《谢承书》写道："唐羌字伯游，辟公府，补临武长。县接交州，旧献龙眼、荔支及生鲜，献之，驿马昼夜传送之，至有遭虎狼毒害，顿仆死亡不绝。道经临武，羌乃上书谏曰：'臣闻上不以滋味为德，下不以贡膳为功，故天子食太牢为尊，不以果实为珍。伏见交阯七郡献生龙眼等，鸟惊风发。南州土地，恶虫猛兽不绝于路，至于触犯死亡之害。死者不可复生，来者犹可救也。此二物升殿，未必延年益寿。'帝从之。"[①]

对于汉代远路岁贡荔枝，《三辅黄图》卷三《甘泉宫》"扶荔宫"条也有"邮传者疲毙于道，极为生民之患"的记述。[②] 汉"樱桃转舍"瓦当，或许也与此类运输活动有关。[③] 为了完成服务于皇家消费生活需要的这种特殊的运输任务，许多身份为"卒"的"邮传者"甚至"顿仆死亡不绝"。

长沙地方以空间位置关系，"津卒"这样的职任，也有可能会参与"南海献龙眼、荔支"的交通行为。

5. "关卒""税出入者"

以"卒"的身份参与交通管理，而与"津卒"相近者，又有史籍所

[①] 《后汉书》，第194—195页。
[②] 何清谷校注：《三辅黄图校释》，中华书局2005年6月版，第208页。
[③] 陈直《秦汉瓦当概述》："樱桃转舍，淳化甘泉宫遗址，石索六，七十页，孙星衍旧藏，一见。按：此为西汉传舍之瓦，樱桃为传舍之名……"《摹庐丛著七种》，齐鲁书社1981年1月版，第352页。

见"关卒"。中国古代民间商业活动发展的交通条件，因交通管理体制的特征受到一定程度的限制。"关"的设置，是交通管理军事化的典型例证。"卒"在社会交通行为中，又成为限制交通的社会角色。

史籍所见汉代征收关税最早的明确记载，是《汉书》卷六《武帝纪》所谓太初四年（前101）冬"徙弘农都尉治武关，税出入者以给关吏卒食"。① 以军事长官治关以及"关卒"身份，都说明了"关"的管理的特征。《史记》卷一二一《酷吏列传》说，汉武帝时，酷吏宁成任为关都尉，一时出入关者号曰："宁见乳虎，无值宁成之怒！"可见关吏稽查之谨严及税收之苛重。司马迁记述，"宁成家居，上欲以为郡守。御史大夫弘曰：'臣居山东为小吏时，宁成为济南都尉，其治如狼牧羊。成不可使治民。'上乃拜成为关都尉"。② 《汉书》卷九〇《酷吏传·义纵》："岁余，关吏税肆郡国出入关者，号曰：'宁见乳虎，无直宁成之怒。'其暴如此。"③ 据《汉书》卷一九下《百官公卿表下》，公孙弘任御史大夫为元朔三年至五年，即公元前126至前124年。④ 如"税肆"之说成立，则非正式的关税征收，其初始又早于太初四年"税出入者"。政府通过关税制度强行分享商运与私营运输业经济收益的具体情形，可由税率得到反映。从成书于西汉晚期至东汉初期的数学名著《九章算术》中提供的史料看，当时关税税率大约较高，有时或可至于"二而税一"，在一条运输线上往往关梁重设，税率因关梁所在和货物性质有所不同。⑤

关税税率不一，可能与中央政府对于各个地区实际控制程度不同，因

---

① 《汉书》，第202页。
② 《史记》，第3145页。
③ 《汉书》，第3653页。
④ 同上书，第772—773页。
⑤ 《九章算术·衰分》中有算题："今有甲持钱五百六十，乙持钱三百五十，丙持钱一百八十，凡三人俱出关，关税百钱。欲以钱数多少衰出之，问各几何。"答案为甲51钱，乙32钱，丙16钱，关税为出关"持钱"的9.17%。又如《九章算术·均输》中算题："今有人持金十二金出关。关税之，十分而取一。今关取金二斤，偿钱五千。问金一斤值钱几何。"关税率"十分而取一"，与前题相近。然而有些算题所反映的关税率之高则达到惊人的程度。如："今有人持米出三关，外关三而取一，中关五而取一，内关七而取一，余米五斗。问本持米几何。答曰：十斗九升八分升之三。"持米近11斗，出三关后仅"余米五斗"。又如："今有人持金出五关，前关二而税一，次关三而税一，次关四而税一，次关五而税一，次关六而税一。并五关所税，适重一斤。问本持金几何。答曰：一斤三两四铢五分铢之四。"出五关后，所缴纳税金竟然超过"本持金"的83.3%。郭书春译注：《九章算术》，辽宁教育出版社1998年7月版，第249、359页。

而经济政策也有所区别有关。① 关的意义首先在于军事政治方面的隔闭，"闭关绝约"② 以及"开关通币"③，往往首先出于军事政治需要。在秦汉大一统政体下，关仍有防制地方割据势力的作用，如《汉书》卷九四下《匈奴传下》所谓"自中国尚建关梁以制诸侯，所以绝臣下之觊欲也"④。然而关税征收至于"二而税一"，似毕竟过高，估计是特定时期特定地区的特定制度。战国时期虽然有所谓"苛关市之征"⑤、"重关市之赋"⑥ 的政策，然而我们对于当时的关税征收率尚缺乏具体、确切的认识。《三国志》卷二《魏书·文帝纪》裴松之注引《魏书》载《庚戌令》："轻关津之税，皆复什一。"⑦ 大约东汉晚期"关津之税"的税率是远远超过"什一"的。汉代对某些物资曾实行关禁或特殊关税政策。⑧《列女传》引《汉法》曰："内珠入关者死。"⑨《战国策·秦策五》记载，吕不韦决计进行政治投资，助异人归秦时，与其父曾有"珠玉之赢几倍？曰：'百倍'"⑩ 的讨论。设想关禁若开，必当征收高额关税。⑪

史籍既然有"关津之税"的说法，则"津卒"与"关卒"相类同，很可能也有承担税费征收的职能。

---

① 李剑农曾论述两汉"特殊地区之特殊赋税"，举引《汉书》卷二四下《食货志下》："汉连出兵三岁，诛羌，灭两粤，番禺以西至蜀南者置初郡十七，且以其故俗治，无赋税。"以为，"则此所谓初郡十七者，初置时根本即无租赋……其他有自秦以来征服之蛮族在今川、鄂、湘、黔边隅者，至后汉时期，犹未能与中原各郡输同等之租赋"。《先秦两汉经济史稿》，中华书局1962年8月版，第257页。
② 《史记》卷七〇《张仪列传》，第2287页。
③ 《史记》卷七六《平原君虞卿列传》，第2372页。
④ 《汉书》，第3804页。
⑤ 《荀子·富国》，〔清〕王先谦撰，沈啸寰、王星贤点校：《荀子集解》，中华书局2016年4月版，第211页。
⑥ 《商君书·垦令》，蒋鸿礼撰：《商君书锥指》，中华书局1986年4月版，第17页。
⑦ 《三国志》，第58页。
⑧ 如《史记》卷一一三《南越列传》："高后时，有司请禁南越关市铁器。（尉）佗曰：'高帝立我，使通物，今高后听谗臣，别异蛮夷，隔绝器物……'"第2969页。
⑨ 《太平御览》卷八〇三引《列女传》："珠崖令卒官，妻息送丧归。汉法：内珠入关者死。妻弃其系臂珠。男年九岁，好而取之，置其母镜奁中。母不知也。至关，吏搜得珠，问谁当坐者。前妻子初曰：初当坐之。继母请吏曰：幸无劾儿，诚不知也，妾当坐。初又曰：夫人哀初之孤，欲以活初耳。因号泣，傍人莫不酸鼻陨涕。关吏执笔不能就一字，乃曰：母子有义如此，吾宁坐之？不忍加文，又且相让，安知孰是。乃弃珠而遣之。"第3566页。
⑩ 〔汉〕刘向集录：《战国策》，上海古籍出版社1985年3月版，第275页。
⑪ 实际上珠长期是边关贸易主要转运物资之一。《汉书》卷二八下《地理志下》说，粤地"处近海，多犀、象、毒冒、珠玑、银、铜、果、布之凑，中国往商贾者多取富焉"（第1670页），南洋航路开通，也与"应募者俱入海市明珠"有关。

说长沙东牌楼简所见"津史"及其职任

长沙东牌楼东汉简可见"津史"称谓，整理者以为"'津史'，史籍未见"，应为"专掌修治津梁道路"的"郡、县列曹属吏"。其说不确。《通典》卷四〇说到"诸仓关津史"，我们还应注意到东汉史籍有"津吏"，而"史"、"吏"二字往往通假。"津史"、"津吏"之职能似与关吏同，主要是检查、控制出入经过，而并非交通建设，至少不是"专掌修治津梁道路"。

1. 东牌楼简文"津史"

长沙东牌楼东汉简可见体现"津史"身份的简文。简78，整理者定名为"某日刑案事目"者释文如下：

（正面）
1　津史唐存、捕盗史黄敷、牛者赵周索取 钱 粮 □。
2　□□人男子邓还、邓甫对斗，皆□从。
3　□□□□男子胡杲杀李□妻妾□。（78A）
　　（背面）
欲见金曹米史，勒令来。（78B）

关于"津史"，整理者注释："'津史'，史籍未见，应为郡、县列曹属吏之一，专掌修治津梁道路。"①

---

① 长沙市文物考古研究所、中国文物研究所：《长沙东牌楼东汉简牍》，文物出版社2006年4月版，第106—107页。

2. 史籍所见"津史"身份

今按:"津史"并非不见于史籍。《通典》卷四〇《职官二十二·秩品五·大唐官品》写道:

> 七品:太子亲勋翊卫府史;门下省主节;诸掌固;太史监历生;天文观生;诸仓关津史;亲王府典军下史;诸仓计史。

题注:"大唐开元二十五年制定。"其中"诸仓关津史",自然是包括"津史"的。《通典》该卷又写道:

> 右内外文武官员凡万八千八百五。文官万四千七百七十四,武官四千三十一;内官二千六百二十,外官州、县、折冲府、镇、戍、关、庙、岳、渎等万六千一百八十五。
> 内职掌:斋郎、府史、亭长、掌固、主膳、幕士、习驭、驾士、门仆、陵户、乐工、供膳、兽医、学生、执御、门事、学生、后士、鱼师、监门校尉、直屯、备身、主仗、典食、监门直长、亲事、帐内等。外职掌:州县仓督、录事、佐史、府史、典狱、门事、执刀、白直、市令、市丞、助教、津史、里正及岳庙斋郎并折冲府旅帅、队正、队副等。总三十四万九千八百六十三。内三万五千一百七十七,外三十一万四千六百八十六。
> 都计文武官及诸色胥史等,总三十六万八千六百六十八人。制为九品,各有从。自四品以下,亦分上下阶,大抵多因隋制。①

其中也说到"津史"。可见"'津史',史籍未见"之说不确。从唐代制度看,所谓"应为郡、县列曹属吏之一"的意见也存在疑问。从《通典》有关"大唐官品"的内容看,事实似乎并非如此。

---

① 〔唐〕杜佑撰,王文锦等点校:《通典》,中华书局1988年12月版,第1105—1106页。

3. 关于"津吏"

如果说"'津史',史籍未见",是指东汉"史籍未见",则应注意到东汉史籍有"津吏"。《后汉书》卷八二上《方术列传上·段翳》：

> 段翳字元章，广汉新都人也。习《易经》，明风角。时有就其学者，虽未至，必豫知其姓名。尝告守津吏曰："某日当有诸生二人，荷担问翳舍处者，幸为告之。"后竟如其言。又有一生来学，积年，自谓略究要术，辞归乡里。翳为合膏药，并以简书封于筒中，告生曰："有急发视之。"生到葭萌，与吏争度，津吏榜破从者头。生开筒得书，言到葭萌，与吏斗头破者，以此膏裹之。生用其言，创者即愈。生叹服，乃还卒业。①

《列女传》卷六《辩通·赵津女娟》："赵津女娟者，赵河津吏之女，赵简子之夫人也。初简子南击楚，与津吏期。简子至，津吏醉卧不能渡，简子欲杀之。"娟进言救父，又为简子渡，"简子归乃纳币于父母而立以为夫人"。②似乎"津吏"官职先秦时期就已出现。而《列女传》成书于西汉晚期的事实值得注意。东汉人的著作《吴越春秋》说伍子胥事迹也出现"津吏"。③《华阳国志》卷一〇中《广汉士女》"仲鱼谦冲"条写道：

> 羊荐，字仲鱼，鄀人也。父甚为交州刺史，卒官。荐迎丧，不敢取官舍一物。郡三察孝廉，公府辟，州别驾，皆不应。太守尹奉，弃刑名，行礼乐，请为功曹。刺史必欲借荐自佐，不得已，为别驾，后为太守孙宝、蔡茂、役讽功曹。当欲渡津，津吏滞，停车待之三日。将宿中亭，中有县吏，引车避之。为野王令。

---

① 《后汉书》，第 2719 页。
② 张涛：《列女传译注》，山东大学出版社 1990 年 8 月版，第 220—221 页。
③ 《吴越春秋》卷四《阖闾内传》，周生春：《吴越春秋辑校汇考》，上海古籍出版社 1997 年 7 月版，第 46 页。

据任乃强考定,"峕盖两汉间人"。① 东汉以后"津吏"又见于《晋书》卷六《元帝纪》②、《梁书》卷五五《豫章王综传》③、《魏书》卷三六《李式传》④ 等。

4."津史"与"津吏"

讨论汉代官职称谓时应当注意一个重要的事实,就是"史"、"吏"二字往往通假。朱起凤《辞通》举"吏书"通"史书"诸例,指出:"'史'即'吏'字。《汉书·贾谊传》:'不习为吏,而视已事。'贾谊《新书·保傅》篇:'不习为史,视已成事。''为史'即'为吏'也。又《游侠·陈遵传》:'为京兆史',即京兆吏。《后汉书·崔骃传》:'掾吏叩头谏。'注:'刘攽曰:案文吏当作史。'盖两字形近义通,故古多互用。"⑤ 高亨《古字通假会典》也有"史与吏"条:"《礼记·王制》:'史以狱成告于正。'《孔子家语·刑政》史作吏。《大戴礼·保傅》:'不习为吏。'《贾子新书·保傅》吏作史。《史记·张丞相列传》:'吏今行斩之。'《汉书·申屠嘉传》吏作史。《吕氏春秋·去宥》:'史搏而束缚之。'《列子·说符》史作吏。《吕氏春秋·具备》:'请近吏二人于鲁君。'《孔子家语·屈节》吏作史。"⑥ 从这一认识出发,可知"津史"就是"津吏"。有关东牌楼简所见"津史",可以联系史籍中涉及"津吏"的内容帮助理解。

《通典》有"津史"而未见"津吏"。⑦ 而《旧唐书》卷四四《职官志三·州县官员》"关令"条说到"津吏":

> 上关:令一人,从八品下。丞二人。正九品下。录事一人,有府、史、典事。津吏八人。

---

① 〔晋〕常璩撰,任乃强校注:《华阳国志校补图注》,上海古籍出版社1987年10月版,第565—566、575页。
② 《晋书》,第143页。
③ 《梁书》,中华书局1973年5月版,第824页。
④ 《魏书》,中华书局1974年8月版,第834页。
⑤ 朱起凤:《辞通》,上海古籍出版社1982年5月版,上册第241页。
⑥ 高亨:《古字通假会典》,齐鲁书社1989年7月版,第417页。
⑦ 〔唐〕杜佑撰,王文锦等点校:《通典》,第1105页。

中关：令一人，正九品下。丞一人。从九品下。录事一人，津吏六人。

下关：令一人，从九品下。津吏四人。关令各有府、史。①

《通典》无"津吏"而《旧唐书》无"津史"，可知《通典》"津史"与《旧唐书》"津吏"很可能是同一官职。如此，则"'史'即'吏'字"，"两字形近义通，故古多互用"的情形，到唐代依然存在。

5."津史"、"津吏"职任

从上述资料看，东牌楼东汉简整理者关于"津史""专掌修治津梁道路"的意见，可能也是未必成立的。整理者提出"'津史'……应为郡、县列曹属吏之一"的看法，或许与简文中和"津史"同时出现"捕盗史"以及"金曹米史"身份的情形有关。

"津史"即"津吏"，应是管理津渡的官员，或者说是管理关津的官员。从出土汉简资料看，"津关"往往连称。② 史籍亦多见有关"津关"③、"关津"④ 的记录。"津吏"、"津史"之职能似与"关

---

① 《旧唐书》，中华书局1975年5月版，第1924页。
② 如居延汉简："县河津门亭"（7.33），"门亭鄣河津金关毋苛止录复传敢言之"（36.3），"自致张掖逢过河津关如律令"（37.2），"一编县道河津金关毋苛留止如律令敢言"（43.12A），"河津金关毋苛留"（97.9），"移过所县道河津关……"（170.3A），"所县河津关遣"（192.29），"移过所河津金关毋苛留止如律令"（218.2），"乘囗囗过所县河津"（218.78），"过所县河津请遣……"（303.12A），"谒移过所县邑门亭河津关毋苛留敢言之"（495.12，506.20A），敦煌汉简："龙勒写大鸿胪挈令津关。"（2027）
③ 《史记》卷六《秦始皇本纪》引贾谊《过秦论》："秦并兼诸侯山东三十余郡，缮津关，据险塞，修甲兵而守之。"第276页。《史记》卷一一《孝景本纪》：四年后九月，"复置津关，用传出入。"第442页。《淮南子·兵略》："硤路津关，大山名塞，龙蛇蟠，却笠居，羊肠道，发笱门，一人守隘，而千人弗敢过也，此谓地势。"刘文典撰，冯逸、乔华点校：《淮南鸿烈集解》，第504页。
④ 《汉书》卷九九中《王莽传中》："吏民出入，持布钱以副符传，不持者，厨传勿舍，关津苛留。"第4122页。《三国志》卷二《魏书·文帝纪》裴松之注引《魏书》载《庚戌令》："关津所以通商旅……设禁重税，非所以便民。"《三国志》卷二八《魏书·毌丘俭传》裴注引俭、钦等表："必下诏禁绝关津，使驿书不通，擅复征调。"第58、765页。

吏"同①，主要是检查、控制出入经过津渡的人员，维护津渡通行秩序，而并非负责"津"的交通建设，至少不是"专掌修治津梁道路"。

长沙东牌楼简又可见出现"津卒"称谓的简文：

出钱·雇东津卒五人四月直　☒（130）

"津卒"身份很可能与"津史"存在某种关系。汉代文献和出土资料中所见与交通行为有关者又有"关卒"以及"邮卒"、"驿卒"、"车卒"、"漕卒"、"棹卒"等，似可反映交通条件优先服务于军事以及交通管理的军事化特征。对于相关问题，可以专文讨论。

---

① 《汉书》卷三〇《艺文志》："《关尹子》九篇。名喜，为关吏，老子过关，喜去吏而从之。"第 1730 页。可知先秦时期就有"关吏"。汉代"关吏"职务的存在，见《汉书》卷六《武帝纪》："徙弘农都尉治武关，税出入者以给关吏卒食。"第 202 页。《汉书》卷六四下《终军传》："初，军从济南当诣博士，步入关，关吏予军繻。军问：'以此何为？'吏曰：'为复传，还当以合符。'军曰：'大丈夫西游，终不复传还。'弃繻而去。军为谒者，使行郡国，建节东出关，关吏识之，曰：'此使者乃前弃繻生也。'"第 2819—2820 页。《汉书》卷七四《魏相传》："河南老弱万余人守关欲入上书，关吏以闻。"第 3134 页。《汉书》卷九〇《酷吏传·义纵》："上乃拜成为关都尉。岁余，关吏税肆郡国出入关者，号曰：'宁见乳虎，无直宁成之怒。'其暴如此。"第 3653 页。《三国志》卷一九《魏书·陈思王植传》裴注引《魏略》："初植未到关，自念有过，宜当谢帝。乃留其从官著关东，单将两三人微行，入见清河长公主，欲因主谢。而关吏以闻，帝使人逆之，不得见。"第 564 页。

蒋席·皮席·蘁席——长沙东牌楼简牍研读札记

长沙东牌楼东汉简牍有涉及"蒋"、"蘁席"、"皮席"的内容。整理者对于简文的理解有值得商榷之处。"蒋"应即"箦",指剖竹未去节所制席,属于坐卧铺垫用具。有关"蒋"、"蘁席"、"皮席"的资料,为我们认识当时"席"一类日常就座之处的敷设品的形式提供了新的信息。

1. "蒋"非"桨"

长沙东牌楼东汉简牍标号为一一〇者,整理者题名"桨等器物帐",有说明文字:"木牍。左中下部有残缺。此为正面,存文三行。背面无字。"对于简文内容的理解,有讨论的必要。

长沙市文物考古研究所、中国文物研究所编《长沙东牌楼东汉简牍》中,王素、刘涛的释文作:[①]

1 蒋十五枚   蘁席一束   苣一竉
2 皮席一枚   平于一枚   马汝桉一双
3 皮二席一枚 大酒于一枚 南山□□□

又有注释:"'蒋'应为'桨'之通假。""'蘁'应为'菅'之通假"。

---

① 长沙文物考古研究所、中国文物研究所编:《长沙东牌楼东汉简牍》,文物出版社2006年4月版,第116页。

"'苜'为'苤苜'省称，又作'苤苡'，即车前草，可入药。""'于'即'盂'"，"江陵凤凰山一〇号汉墓出土简牍有'小于一具'，'于'亦即'盂'"。①"湖北云梦大坟头汉墓出土简牍有'金小盂一'。"②"江陵凤凰一六七号汉墓出土简牍有'盂四枚'、'盆盂一枚'。"③

从简文内容看，罗列器物均为室内日常服用器物，不当出现舟船推进工具"桨"。其数量多至"十五枚"，如果作为实用的"桨"，在船两侧划水，数量也出现疑问。"'蒋'应为'桨'之通假"的说法未可信从。

2. "蒋"应即"箳"

"蒋"或许即"箳"。《广雅·释器》："箳，席也。"王念孙《广雅疏证》："箳，通作'蒋'。"《说文·竹部》："箳，剖竹未去节谓之箳。"桂馥《说文解字义证》："'剖竹未去节谓之箳'者，'未'当为'笨'，'箳'所以为席，如今织席先剖竹刮去其里。"朱骏声《说文通训定声》说："叚借为'荐'。""'箳''荐'一声之转。"④

《韩非子·十过》有关于"奢"与"俭"的讨论："奚谓耽于女乐？昔者戎王使由余聘于秦，穆公问之曰：'寡人尝闻道而未得目见之也，愿闻古之明主得国失国何常以？'由余对曰：'臣尝得闻之矣，常以俭得之，以奢失之。'穆公曰：'寡人不辱而问道于子，子以俭对寡人何也？'由余对曰：'臣闻昔者尧有天下，饭于土簋，饮于土铏，其地南至交趾，北至幽都，东西至日月之所出入者，莫不宾服。尧禅天下，虞舜受之，作为食器，斩山木而财之，削锯修之迹，流漆墨其上，输之于宫以为食器，诸侯以为益侈，国之不服者十三。舜禅天下而传之于禹，禹作为祭器，墨染其外，而朱画其内，缦帛为茵，蒋席颇缘，觞酌有采，而樽俎有饰，此弥侈矣，而国之不服者三十三。夏后氏没，殷人受之，作为大路，而建九旒，

---

① 见长江流域第二期文物考古工作人员训练班《湖北江陵凤凰山西汉墓发掘简报》，《文物》1974年第6期，第41—61页。
② 见湖北省博物馆、孝感地区文教局、云梦县文化馆汉墓发掘组《湖北云梦西汉墓发掘简报》，《文物》1973年第9期，第23—36页。
③ 见凤凰山一六七号汉墓发掘整理小组《江陵凤凰山一六七号汉墓发掘简报》，《文物》1976年第10期，第31—37、50页。
④〔清〕朱骏声编著：《说文通训定声》，中华书局1984年6月影印本，第453页。

蒋席·皮席·蒉席——长沙东牌楼简牍研读札记　65

食器雕琢，觞酌刻镂，四壁垩墀，茵席雕文，此弥侈矣，而国之不服者五十三。君子皆知文章矣，而欲服者弥少，臣故曰俭其道也。'"

由余言及禹"弥侈"作为例证之一的所谓"蒋席颇缘"，诸家注说于"蒋席"下皆写道："旧注：蒋，草名。"陈奇猷校注《韩非子集释》引顾广圻曰："《今本》'颇'作'额'，误。颇缘，谓其缘邪裂之。"① 在"蒋席"边缘用漂亮的丝织品作细致的装饰。这种边饰自然亦有增益其强度的作用，但这种加工形式的主要作用，是追求奢华。汉代相关资料中还可以看到民间日常生活中"蒋席"的制作和使用。《四部丛刊》所收宋本王褒《僮约》列数"僮"这种身份承担的多种劳作形式，其中有："雨堕无所为，当编蒋织箔。"原注："蒋……菰蒲草也。"《艺文类聚》卷三五引汉王褒《僮约》作"雨堕所无为，当编蒋织薄"。② 《太平御览》卷五九八引汉王褒《僮约》作"雨堕所无为，当编蒋织薄"。③

《太平御览》卷七〇九引王隐《晋书》写道："陶侃字士衡，亲人过侃宿时，大雪无草，侃母湛撤床杂蒋，手剉给客牛马。"原注："《晋阳秋》云：'蒋，荐也。'"④ 在"大雪无草"的艰难情势下，被迫拆散床上草席，以为牛马饲料。

显然，简文所见与"皮席"、"蒉席"并列的"蒋"，无论是草质还是竹质，都是指坐卧铺垫用具，而与"桨"无关。

3. 关于"皮席"

"皮席"应是皮质铺垫物。《周礼·春官·司几筵》写道："司几筵掌五几五席之名物，辨其用，与其位。"有关"席"使用的礼制秩序，包括"甸役，则设熊席"⑤。《吕氏春秋·分职》："卫灵公天寒凿池。宛春谏曰：'天寒起役，恐伤民。'公曰：'天寒乎？'宛春曰：'公衣狐裘，坐熊席，陬隅有灶，是以不寒。今民衣弊不补，履决不组。君则不寒矣，民则

---

① 陈奇猷：《韩非子集释》，上海人民出版社1974年7月版，上册第186页。
② 〔唐〕欧阳询撰，汪绍楹校：《艺文类聚》，第634页。
③ 《太平御览》，第2694页。《御览》误将"雨"写为"两"，卷五〇〇引文作"雨堕无所为，当编蒋织"，第2289页。
④ 同上书，第3159页。
⑤ 《十三经注疏》，第774页。

寒矣。'公曰：'善。'令罢役。"①也说到"熊席"。《太平御览》卷七〇九引《西京杂记》也记载："昭阳殿设绿熊席，毛皆长一尺余。眠而拥毛自蔽，望之者不能见也。坐则没膝。其中杂薰诸香，一坐此席，余香百日不歇。"②《说郛》卷一一一《赵飞燕外传》："婕妤奏书于后曰：'天地交畅，贵人姊及此令吉光登正位，为先人休，不堪喜豫，谨奏上二十六物以贺：金屑组文茵一铺，沈水香莲心椀一面，五色同心大结一盘，鸳鸯万金锦一匹，琉璃屏风一张，枕前不夜珠一枚，含香绿毛狸藉一铺，通香虎皮檀象一座，龙香握鱼二首，独摇宝莲一铺，七出菱花镜一奁，精金驱环四指，若亡绛绡单衣一袭，香文罗手藉三幅，七回光雄肪发泽一盘，紫金被褥香炉三枚，文犀辟毒箸二双，碧玉膏奁一合。使侍儿郭语琼拜上。'"③其中"含香绿毛狸藉一铺"也是"皮席"。《初学记》卷二五引《晋东宫旧事》写道："太子有独坐龙须席、赤皮席、花席、经席。"④《太平御览》卷一〇引《天文要集》也说："北斗之旁有气，往往而黑，状似禽兽，大如皮席，不出三日必雨。"⑤都明确说到"皮席"。

《说苑》卷一〇写道："虎豹为猛，人尚食其肉，席其皮。"⑥说明猎杀野生动物往往以其皮为席。《释名·释床帐》："貂席，连貂皮以为席也。"⑦《后汉书》卷五一《李恂传》："（恂）拜兖州刺史，以清约率下，常席羊皮，服布被。"⑧可知羊皮席是价格较低、质量较次的"皮席"。

4. "皮二席"、"重席"说

简文说到"皮席一枚"，同时又说到"皮二席一枚"。那么，什么是

---

① 陈奇猷校释：《吕氏春秋校释》，学林出版社1984年4月版，第1659—1660页。
② 《太平御览》，第3160页。
③ 文渊阁《四库全书》本。
④ 〔唐〕徐坚等：《初学记》，中华书局1962年1月版，第1977页。
⑤ 《太平御览》，第52页。
⑥ 〔汉〕刘向撰，赵善诒疏证：《说苑疏证》，华东师范大学出版社1985年2月版，第300页。这种情形历代都相当普遍。《大金集礼》卷二二《别庙·孝成旧庙》说到使用"虎皮席"的制度，清末抄本。
⑦ 任继昉纂：《释名汇校》，第318页。
⑧ 《后汉书》，第1683页。

"皮二席"呢？

所谓"皮二席"者，有可能是有关古人服用形式的文献记录中可以看到的"重席"。

《左传》襄公二十三年："季氏饮大夫酒，臧纥为客，既献，臧孙命北面重席，新樽絜之。"①日本学者竹添进一郎《左氏会笺》："臧纥以重席待悼子，明其为卿之适，从卿礼也。"②杨伯峻注："重席，二层席。古代席地坐，席之层次，依其位之高低。《仪礼·乡饮酒礼》云：'公三重，大夫再重。'则重席，大夫之坐。"③《仪礼·乡射礼》："大夫辞加席，主人对，不去加席。"郑玄注："'辞'之者，谦不以己尊加贤者也；'不去'者，大夫再重席，正也。宾一重席。"④又《礼记·曲礼上》："若非饮食之客，则布席。席间函丈。主人跪正席，客跪抚席而辞，客彻重席，主人固辞，客践席乃坐。"对于所谓"客彻重席"，郑玄解释说："'彻'，去也；'去重席'，谦也。"⑤《尚书·顾命》："狄设黼扆缀衣，牖间南向，敷重篾席，黼纯，华玉仍几。西序东向，敷重厎席，缀纯，文贝仍几。东序西向，敷重丰席，画纯，雕玉仍几。西夹南向，敷重笋席，玄纷纯，漆仍几。"⑥又说到"重篾席"、"重厎席"、"重丰席"、"重笋席"。

清代学者王夫之《诗经稗疏》卷三写道："按'重席'者，席上加席，一筵而二席也。"⑦元人敖继公《仪礼集说》卷六解释"司宫兼卷重席设于宾左东上"："谓'兼卷'，谓以两席相重而并卷之也。其卷亦自末，执时兼卷，是设时亦兼布之矣。此固异于设加席之法，亦以其二席之长短同，故得由便为之尔。"⑧清人盛世佐《仪礼集编》卷一一解释"司宫兼卷重席设于宾左东上"，引张氏说："'重席'，但一种席重设之。"⑨

---

① 《十三经注疏》，第1977页。
② 《左氏会笺》卷一七，富山房明治四十四年十一月版。
③ 杨伯峻：《春秋左传注》（修订本），中华书局1990年版，第1079页。
④ 《十三经注疏》，第995页。
⑤ 同上书，第1239页。
⑥ 同上书，第238页。
⑦ 文渊阁《四库全书》本。
⑧ 清通志堂经解本。
⑨ 文渊阁《四库全书》本。

《韩非子·外储说左下》："孟献伯相鲁，堂下生藿藜，门外长荆棘，食不二味，坐不重席，晋无衣帛之妾，居不粟马，出不从车。"①《吕氏春秋·先己》也有"处不重席，食不贰味，琴瑟不张，钟鼓不修"这样的文字。② 所谓"坐不重席"、"处不重席"，是自谦自俭的表现。《太平御览》卷七〇九引《益部耆旧传》曰："张充为州治中从事，刺史每自坐高床，为从事设单席于地。"③ "单席"，是与"重席"不同的待遇。"坐不重席"、"处不重席"，使用的应当是"单席"。

"重席"使用体现尊贵地位的实例，有《太平御览》卷七〇九引谢承《后汉书》："殷亮为博士讲学，大夫诸儒论胜者赐席，亮重八九席。帝曰：'学不当如是也！'"④ 又有《后汉书》卷七九上《儒林列传上·戴凭》记录的故事："正旦朝贺，百僚毕会，帝令群臣能说经者更相难诘，义有不通，辄夺其席以益通者，凭遂重坐五十余席。故京师为之语曰：'解经不穷戴侍中。'"⑤《太平御览》卷七〇九引《汉书仪》曰："祭天紫坛绀席登地，用六彩席六重。"⑥ 殷亮"重八九席"，戴凭"重坐五十余席"，更是"重席"至于极端的例子。

5. 关于"蒵席"

简文"蒵席一束"，"'蒵'应为'菅'之通假"的解释，应当说是可以成立的。

《说文·艸部》："蒵，香艸也，出吴林山。"⑦《山海经·中山经》："吴林之山，其中多蒵草。"郭璞注："亦'菅'字。"

又有一种解释，即"蒵"通"蔄"，是一种香草。唐玄应《一切经音义》卷二："蒵，《字书》：'与蔄同。'蒵，蔄也。《说文》：'蒵，香草

---

① 陈奇猷：《韩非子集释》，第711页。
② 陈奇猷校释：《吕氏春秋校释》，第145页。
③ 《太平御览》，第3161页。
④ 同上书，第3159页。
⑤ 《后汉书》，第2554页。
⑥ 《太平御览》，第3160页。
⑦ 〔汉〕许慎撰，〔清〕段玉裁注：《说文解字注》，第25页。

也。'"或据此释"蒋"为"兰草"。①

对于所谓"蒋，莆也"，或读作"蒋，兰也"，并以为《字书》引文。②

看来，"蒋席"应是编织原料比较特殊的席。《太平御览》卷七〇九《范子计然》曰："六尺兰席出河东，上价七十。"③亦反映了这种特制"席"的名贵。

从简文书写顺序看，"蒋十五枚"—"皮席一枚"—"皮二席一枚"—"蒋席一束"，大致贵重者置后。

6. "枚"、"束"、"领"："席"的计量单位

为什么与"蒋十五枚"、"皮席一枚"、"皮二席一枚"以"枚"计量不同，"蒋席"却称"束"呢？

这一情形，很可能与这种"席"质料的轻薄精致有某种关系。《太平御览》卷七〇九引王子年《拾遗录》形容"席"的质量，使用"温柔"、"细软"、"香"、"柔"、"方冬弥温"诸语④，又如："方丈山有草名濡莎，叶色如绀，茎色如漆，细软可萦，海人织以为荐席，卷之不盈一手，舒之列。"⑤"濡莎"的"莎"，其实就是"蒋席"的"蒋"字。

所谓"卷之不盈一手"，说明"席"在不使用的时候，通常都是"卷"起来放置。《诗·邶风》记录了这样的诗句："我心匪席，不可卷也。"⑥《释名·释床帐》写道："席，释也，可卷可释也。"于是秦汉时

---

① 汉语大字典编辑委员会：《汉语大字典》，四川辞书出版社、湖北辞书出版社1993年11月版，第1357页。
② 宗邦福等主编：《故训汇纂》，商务印书馆2003年7月版，第1955页。
③ 《太平御览》卷七〇九引王子年《拾遗录》："轩皇使百辟群臣受教者先列珪玉于兰蒲席上。"第3160页。
④ 如："蒌叶草高五丈，叶色如绀，叶形如半月之势，亦曰半月花，草无实。其质温柔，可以为席。""昆仑山有葭，红色，可编为席，温柔如毯毹焉。""瀛州南有金峦之馆，有青瑶几，覆以云纨之素席，用香水柔莞。""岱舆山有草名莽煌，叶圆如荷，去之十步，炙人衣服，则蕉鸟兽不敢近也。刘以为席，方冬弥温。"第3160—3161页。
⑤ 《太平御览》引王子年《拾遗录》，第3160—3161页。
⑥ 《太平御览》卷七〇九引文有注："席虽平，尚可卷。"第3158页。

人习用"席卷"之说。① 卷起来的"席",据说可以持之"如桥衡"②,以"束"称之,是合理的。而马王堆一号汉墓边箱中出土的两条竹席"原来卷成筒状",西边箱中部出土的两条草席"分别卷成筒状,并束以丝带"③,马王堆三号汉墓出土竹席标本北一八四"呈卷筒状"④,也可以帮助我们理解"蒌席一束"的大致情形。

"席"的计量单位又称"领"。《太平御览》卷七〇九引《东宫旧事》:"太子有独坐龙须席赤皮花经席一领。"⑤

而出土资料所见"席"的统计,往往仅记录数量,不言单位。如马王堆一号汉墓出土"遣策"所见"涓(滑)度席一缋掾(缘)"(二八六),"滑辟席一广四尺长丈生缯掾(缘)"(二八七),"滑辟席一缋掾(缘)"(二八八),"莞席二其一青掾(缘)一锦掾(缘)"(二八九),"坐莞席三锦掾(缘)二青掾(缘)"(二九〇),"‖右方席七其四莞"(二九一)⑥,马王堆三号汉墓出土"遣策"所见"滑辟席一广四尺长丈生缯掾(缘)"(三〇六),"滑辟席一锦掾(缘)"(三〇七),"滑度席一缋掾(缘)"(三〇八),"莞席二其一缋掾(缘)一锦掾(缘)"(三〇九),"坐莞席二锦掾(缘)"(三一〇)⑦,广西贵县罗泊湾一号汉墓出土《从器志》(M1:161)中"簟席五十六缯缘","簟长席十"等。罗泊

---

① 如"席卷三秦"(《汉书》卷一〇〇下《叙传下》,第4236页),"席卷巴、蜀"(《三国志·魏书·王朗传》裴注引《魏略》,第408页),"席卷交、广"(《三国志·吴书·孙皓传》,第1177页),"席卷三江"(《三国志·魏书·王朗传》,第413页),"席卷千里"(《史记·魏豹彭越列传》,第2595页),"席卷北庭"(《后汉书·袁安传》,第1520页),"席卷漠北"(《后汉书·文苑列传上·杜笃》,第2600页),"席卷四海"(《史记·建元以来侯者年表》,第1027页),"席卷天下"(《史记》卷六《秦始皇本纪》,第278页;《陈涉世家》,第1962页;《后汉书·冯衍传》,第966页),"席卷宇内"(《三国志·吴书·陆抗传》,第1359页)等。

② 《礼记·曲礼上》:"奉席如桥衡。"《十三经注疏》,第1239页。明人胡广等《礼记大全》卷一的解释是:"如桥之高,如衡之平,乃奉席之仪也。"文渊阁《四库全书》本。

③ 湖南省博物馆、中国科学院考古研究所:《长沙马王堆一号汉墓》,文物出版社1973年10月版,上集第121页。

④ 湖南省博物馆、湖南省文物考古研究所:《长沙马王堆二、三号汉墓》,文物出版社2004年7月版,第236页。

⑤ 《太平御览》,第3160页。又《说郛》卷五九上《元嘉起居注》"搜白席"条:"元嘉中,刘祯为御史中丞,奏风闻广州刺史韦朗于州部作搜白席三百二十领,请以事逌免朗官。"文渊阁《四库全书》本。《太平御览》卷七〇九引《宋起居注》作"白莞席",第3159页。

⑥ 湖南省博物馆、中国科学院考古研究所:《长沙马王堆一号汉墓》,上集第152页。

⑦ 湖南省博物馆、湖南省文物考古研究所:《长沙马王堆二、三号汉墓》,第68页。

湾一号墓《从器志》记录的"坐绲一囊"也值得注意。《发掘报告》认为,"绲亦作茵,《说文》'车重席也。'《韩非子》有'缦帛为茵'语。坐绲应为坐垫"。①

7. "席"与其他相关器物的组合关系

东牌楼简牍"苢一竈",注释:"'苢'为'芣苢'省称,又作'芣苡',即车前草,可入药。"其实,可以与此对应的考古资料,可能如马王堆一号汉墓"遣策"所见"蒽一笥"(一五八),"赍一笥"(一五九),"‖右方土衡赍三笥"(一六〇)②,马王堆三号汉墓"遣策"所见"无夷(芜荑)一笥"(一八四),"蒽(蕙)一钧一笥"(一八五),"蘭(赍)一笥"(一八六),"蘭(赍)十四囊"(二〇五)。马王堆一号汉墓《发掘报告》执笔者认为,"蒽乃蕙字的讹别。《广雅·释草》:'熏草,蕙草也。'""赍,即蕡。《汉晋西陲木简汇编》有《急救章》句:'赍熏脂粉膏潭箸',蕡作赍可证。《说文·艸部》:'赍,杂香草'。""土衡,即杜衡。《离骚》:'杂杜衡与芳芷',王逸注:'杜衡似葵而香,叶似马蹄,故俗云马蹄香也。'《广雅·释草》:'楚衡,杜蘅也。'"又说:"本组皆为香草。"③简文"苢一竈"的"苢",也是有特殊功能的植物。《说文·艸部》:"苢,芣苢,一名马舄。其实如李,令人宜子……《周书》所说。"《洪武正韵》卷七:"薏苡,又芣苡,亦作苢。"黄侃《说文段注小笺》卷上:"芣苢之苢古止作苢,已部苢,贾侍中说:'意苢实也。'作苢者当为借字。"④段玉裁为"蘆"字作注:"薏苢。《本艸经·艸部》:上品有薏苡人。陶隐居云:生交阯者子最大,彼土人呼为蘳珠,马援大取将还,人逸以为珍珠也。按蘳与薏双声。从艸㠯声。于力切。一部。一曰蘆英。未详。"⑤我们目前对"苢一竈"的理解,也许只能以"未详"总结。

---

① 广西壮族自治区博物馆:《广西贵县罗泊湾汉墓》,文物出版社1988年8月版,第81—82页。
② 湖南省博物馆、中国科学院考古研究所:《长沙马王堆一号汉墓》,上集第142—143页。
③ 湖南省博物馆、湖南省文物考古研究所编:《长沙马王堆二、三号汉墓》第一卷《田野考古发掘报告》,第60—61页。
④ 《黄侃文集》之《说文笺识》,中华书局2006年5月版,第169页。
⑤ 〔汉〕许慎撰,〔清〕段玉裁注:《说文解字注》,第27页。

《周礼·天官·玉府》："玉府……掌王之燕衣服、衽席、床笫。"①《晋书·石季龙载记》又说到"席库"②，可知"席"的放置有专门的秩序。而我们在简文中看到"席"和"于"等器物的组合。"'于'亦即'盂'"的说法是正确的。此简所见"平于"、"大酒于"，可与此前出土汉简资料所见"小于"、"盆盂"等对照理解。《太平御览》卷七〇九《晏子》："景公饮酒，移于晏子，晏子曰：夫铺荐陈簠有，人臣不敢与焉。又移于司马穰苴，曰：铺荐席陈簠簋者有，人臣不敢与焉。"③《说苑》卷六："晋文公入国，至于河，令弃笾豆茵席。"所谓"铺荐席陈簠簋"④，所谓"笾豆茵席"，都体现了饮餐具和"席"的特殊关系，与简文内容是一致的。

察看图版，可知"马汝桉一双"应为"马汝橰一双"。"马汝"其义未详。下文"南山□□□"语义亦未知。但是也许我们应当注意"席"与"几"的密切关系，由这一思路认识"橰"在与"席"相联系的服用器物中的作用。

---

① 《十三经注疏》，第 678 页。
② 《晋书》，第 2784 页。
③ 《太平御览》，第 3160 页。
④ 〔汉〕刘向撰，赵善诒疏证：《说苑疏证》，第 119 页。

走马楼简"折咸米"释义

长沙走马楼出土简牍提供了东汉晚期至三国孙吴时期长沙地方行政管理史的重要信息。其中有关粮食储运制度的内容，值得我们重视。例如"折咸米"简文，可以帮助我们认识当时的粮食仓储和运输形式。

1. 建安"折咸米"简

长沙走马楼简中可归入汉简的数量不多，其中可见有"建安"纪年的"折咸米"简文，值得注意。例如：

入吏所备船师梅朋建安廿五年折咸米六斛（壹·2263）
入吏番观所备船师何春建安廿七年折咸米四斛（壹·2277）[1]

关于"折咸米"，发掘者和整理者均未作解释。不过，从简文内容看，理解"折咸米"的涵义，对于我们了解当时的仓储制度，进而从更广阔层面上认识当时的社会经济生活，应当是有益的。

今疑"咸"当即"减"之民间俗字。

2. "折咸米"即"折减米"

汉时"咸"、"减"往往通用。《史记》卷一二二《酷吏列传》可见

---

[1] 王素、宋少华、罗新：《长沙走马楼简牍整理的新收获》，《文物》1999年第5期。

"减宣"①，卷三〇《平准书》亦作"减宣"②，卷一〇三《万石张叔列传》则作"咸宣"，裴骃《集解》服虔曰："音减损之减。"③《汉书》也"咸"、"减"互用。卷九〇《酷吏传·咸宣》与卷一九下《百官公卿表下》均作"咸宣"④，卷四六《万石君石奋传》同⑤，而卷二四下《食货志下》则写作"减宣"，颜师古注："减，姓也，音减省之减。"⑥可知原本应作"减"。卷五九《张汤传》、卷六〇《杜周传》也都写作"减宣"。⑦

陈直《史记新证》曾经就《史记》卷一二二《酷吏列传》"减宣者，杨人也"有如下讨论：

> 直按：汉书减宣作咸宣，居延汉简释文卷一、七十三页、有简文云：（封检）"书五封，檄三，二封王宪印，二封吕宪印，一封孙猛印，一封王疆印，一封咸宣印，一封王充印。"盖咸宣致居延都尉，或张掖太守之私函。故用名印，不用右扶风官印，减字汉书作咸是也（咸宣太初元年官右扶风，木简开始于太初三年，故云然）。⑧

其实，所谓"《汉书》'减宣'作'咸宣'"，似未察《食货志下》亦有"减宣"，而"咸"、"减"孰是孰不是，大约仍未可遽断。我们注意居延发现"一封咸宣印"文字，是因为更可证实"咸"、"减"通用之普遍。汉人文字二者相通，又可以《隶释》卷五《汉成阳令唐扶颂》与卷九《故民吴仲山碑》"感"均刻写为上"减"下"心"合字⑨作为佐证。此例早见于《隶辨》卷三，称"隶变加丶"。⑩

---

① 《史记》，第3152、3142、3143页。
② 同上书，第1433页。
③ 同上书，第2767页。
④ 《汉书》，第3661、781、783页。
⑤ 同上书，第2197页。
⑥ 同上书，第1168页。
⑦ 同上书，第2643、2645、2659页。
⑧ 陈直：《史记新证》，天津人民出版社1979年4月版，第191页。
⑨ 〔宋〕洪适撰：《隶释 隶续》，中华书局据洪氏晦木斋刻本1985年11月影印版，第60、100页。
⑩ 〔清〕顾霭吉：《隶辨》，中国书店1982年3月版，上册第468页。

出土文献资料又有睡虎地秦简《日书》甲种一例：

> 弦望及五辰不可以兴乐□，五丑不可以巫，啻以杀巫减。（二七正贰）①

整理者释"啻"为"帝"，释"减"为"咸"，则末句作"啻（帝）以杀巫减（咸）"，也是"减"、"咸"相通之例。又如马王堆汉墓出土帛书《十六经·成法》：

> 夫是故毚（谗）民皆退，贤人减（咸）起，五邪乃逃，年（佞）辩乃止。②

整理者也认为"减"即"咸"。

3. 折减：汉代习用语

"折减"，在汉代曾经是习用语。例如，《后汉书》卷六一《黄琼传》中可以看到这样的记载：

> 永建中，公卿多荐琼者，于是与会稽贺纯、广汉杨厚俱公车征。琼至纶氏，称疾不进。有司劾不敬，诏下县以礼慰遣，遂不得已。先是征聘处士多不称望，李固素慕于琼，乃以书逆遗之曰："闻已度伊、洛，近在万岁亭，岂即事有渐，将顺王命乎？盖君子谓伯夷隘，柳下惠不恭，故传曰'不夷不惠，可否之间'。盖圣贤居身之所珍也。诚遂欲枕山栖谷，拟迹巢、由，斯则可矣；若当辅政济民，今其时也。自生民以来，善政少而乱俗多，必待尧舜之君，此为志士终无时矣。常闻语曰：'峣峣者易缺，皦皦者易污。'《阳春》之曲，和者必寡，盛名之下，其实难副。近鲁阳樊君被征初至，朝廷设坛席，犹

---

① 睡虎地秦墓竹简整理小组：《睡虎地秦墓竹简》，文物出版社1990年9月版，第186页。
② 国家文物局古文献研究室：《马王堆汉墓帛书〔壹〕》，文物出版社1980年3月版，第72页。

待神明。虽无大异，而言行所守无缺。而毁谤布流，应时折减者，岂非观听望深，声名太盛乎？自顷征聘之士，胡元安、薛孟尝、朱仲昭、顾季鸿等，其功业皆无所采，是故俗论皆言处士纯盗虚声。愿先生弘此远谟，令众人叹服，一雪此言耳。"琼至，即拜议郎，稍迁尚书仆射。①

又如《三国志》卷二五《魏书·高堂隆传》：

……又，将吏奉禄，稍见折减，方之于昔，五分居一；诸受休者又绝廪赐，不应输者今皆出半：此为官入兼多于旧，其所出与参少于昔。而度支经用，更每不足，牛肉小赋，前后相继。反而推之，凡此诸费，必有所在。且夫禄赐谷帛，人主所以惠养吏民而为之司命者也，若今有废，是夺其命矣。既得之而又失之，此生怨之府也。②

以上两例"折减"，都是说减损、减少。

4. "折减"与民俗语言传统

"折减"成为民俗语言传统，沿袭年代十分久远。《清史稿》中所见"折减"文例，多直接与经济生活相关。如《清史稿》卷一一二《选举志七·捐纳》写道：

光绪初，议者谓乾隆间常例，每岁贡监封典、杂职捐收，约三百万。今捐例折减，岁入转不及百五十万。名器重，虽虚衔亦觉其荣，多费而有所不惜。名器轻，则实职不难骤获，减数而未必乐输。所得无几，所伤实多。停捐为便。③

又如《清史稿》卷一二一《食货志二·仓库》：

---

① 《后汉书》，第2032页。
② 《三国志》，第715页。
③ 《清史稿》，中华书局1977年8月版，第3237页。

十三年，内阁学士方苞上平粜仓谷三事："一，仓谷每年存七粜三，设遇价昂，必待申详定价，穷民一时不得邀惠。请令各州县酌定官价，一面开粜，一面详报。一，江淮以南地气卑湿，若通行存七粜三，恐积至数年，必有数百万霉烂之谷，有司惧罪，往往以既坏之谷抑派乡户。请饬南省各督抚，验察存仓各谷色，因地分年，酌定存粜分数；河北五省倘遇岁歉，亦不拘三七之例。一，谷之存仓有鼠耗，盘粮有折减，移动有脚价，粜籴守局有人工食用，春粜之价即稍有赢余，亦仅足充诸费。请饬监司郡守岁终稽查，但数不亏，不得借端要挟，倘逢秋籴价贱，除诸费外，果有赢余，详明上司别贮，以备歉岁之用。"下部议行。①

同一事，《清史稿》卷二九〇《方苞传》写作：

苞屡上疏言事，尝论："常平仓谷例定存七粜三。南省卑湿，存粜多寡，应因地制宜，不必囿成例。年饥米贵，有司请于大吏，定值开粜，未奉檄不敢擅。自后各州县遇谷贵，应即令定值开粜，仍详报大吏。谷存仓有鼠耗，盘量有折减，移动有运费，粜籴守局有人工食用。春粜值有余，即留充诸费。廉能之吏，遇秋籴值贱，得谷较多，应令详明别贮，备歉岁发赈。"下部议行。②

又如《清史稿》卷一二四《食货志五·钱法》：

然钞法初行，始而军饷，继而河工，搭放皆称不便，民情疑阻。直省搭收五成，以欸多抵拨既艰，搭放遂不复肯搭收。民间得钞，积为无用，京师持钞入市，非故增直，即匿货，持向官号商铺，所得皆四项大钱，不便用，故钞行而中外兵民病之。其后京师以官号七折钱发钞，直益低落，至减发亦穷应付，钞遂不能行矣。大钱当千、当五百，以折当过重最先废，当百、当五十继废，铁钱以私票梗之而亦废，乃专行当十钱。盗铸丛起，死罪日报而不为止。局钱亦渐恶，杂

---
① 《清史稿》，第3556—3557页。
② 同上书，第10270—10271页。

私铸中不复辨，奸商因之折减挑剔，任意低昂。商贩患得大钱，皆裹足，三成搭收，徒张文告，屡禁罔效。法弊而挠法者多，固未有济也。当十钱行独久，然一钱当制钱二，出国门即不通行。咸丰之季，铜苦乏，申禁铜、收铜令。同治初，铸钱所资，惟商铜、废铜，当十钱减从三钱二分。光绪九年，复减为二钱六分。①

《选举志七·捐纳》谓捐纳"折减"，《食货志二·仓库》及《方苞传》谓库粮"折减"，《食货志五·钱法》谓局钱"折减"。而以《食货志二·仓库》及《方苞传》方苞上疏所言"盘粮有折减"或"盘量有折减"与我们所讨论的走马楼简"折咸米"最为切近。

5. "盘粮有折减"与"盘量有折减"

笔者初次接触"折咸米"简文时，曾经推测"咸米"即"减米"似可理解为因故得到准许可以少上缴的租税米。那么，所谓"折咸米"，则可以解释为扣去可以少缴的数额而实缴的租税米。这一假想曾经在陈爽"象牙塔"网站讨论。现在看来，结合《清史稿》方苞事迹所见"盘粮有折减"，可以放弃前说，而将"折咸米"解释为与储粮损耗有关的纳米名目。方苞特别说"谷之存仓有鼠耗，盘粮有折减"，或"谷存仓有鼠耗，盘量有折减"，是"折减"与"鼠耗"不同，是"盘量"过程中发生的数额减损。如《荀子·修身》："良贾不为折阅不市。"杨倞注："折，损也。阅，卖也。谓损所阅卖之物价也。"卢文弨曰："按《说文》云：'阅，具数于门中也。'《史记》：'积日曰阅。'此当谓计数岁月之所得有折损耳。"② 又《汉书》卷二四下《食货志下》："均官有以考检厥实，用其本贾取之，毋令折钱。"颜师古注："折音上列反。"③《后汉书》卷三八《冯绲传》："前后所遣将帅，宦官辄陷以折耗军资，往往抵罪。"④"折"的涵义都大略相近。

---

① 《清史稿》，第3647—3648页。
② 〔清〕王先谦撰，沈啸寰、王星贤点校：《荀子集解》，第27—28页。
③ 《汉书》，第1181页。
④ 《后汉书》，第1283页。

走马楼简所见"折咸米",起初发表的两例,均为"入吏(或吏某)所备船师某某年折咸米"。可知在米粮储运过程中会发生"折咸"现象,而"船师"经管前后亦难以避免作为运输对象的米粮数额的亏减,于是有相应的管理措施。如果这一推想能够成立,那么,也可以推知"船师"称谓所指代的身份,可能并非造船的技术人员,而是驶船的技术人员。

"盘粮有折减"与"盘量有折减","盘粮"、"盘量",音同字异,应是民间俗语在史家笔下记述有所不同。

走马楼简的"入皮"记录

长沙走马楼简提供的经济史料中，有涉及政府向民间征敛皮革的内容，可以看作反映当时当地社会生活的有意义的信息。对于当时生态环境史、军事史的认识，也可以因相关资料的分析得以深化。

1. 走马楼简"入皮"简文

走马楼简多见记录"入皮"事的简文。仅《长沙走马楼三国吴简·竹简〔壹〕》所公布的内容，就有比较集中的资料。例如：

（1）平出钱二百廿一万一千七百六十五钱雇元年所调布麻水牛皮并☐（壹·1144）
（2）☐☐☐皮二☐☐（壹·1429）
（3）☐☐当麂皮十枚⊗☐（壹·1509）
（4）☐元年所☐牛皮三枚☐☐（壹·2566）

有关征收"皮"的记录，以第13盆竹简中数量最为集中，竟多至77例。如：

（5）☐☐调麂皮七枚☐（壹·7953）
（6）☐麂皮三枚⊗☐（壹·7959）
（7）入广成乡调羊皮一枚☐（壹·8141）
（8）☐皮四枚　☐（壹·8150）
（9）入平乡杷丘男子番足二年乐皮二枚⊗嘉禾二年十二月廿一

走马楼简的"入皮"记录　　81

日丞弁付库吏潘□珤受（壹·8214）

（10）入平乡三州下丘潘逐二年麂皮二枚‖X嘉禾二年十二月廿一日丞弁付库吏潘□珤受（壹·8221）

（11）入模乡二年林丘邓改口箅麂皮二枚‖X嘉禾二年十二月廿一☐（壹·8249）

（12）集凡诸乡起十二月一日讫卅日入杂皮二百卌六枚☐☐☐（壹·8259）①

（13）入模乡二年林丘邓改口箅麂皮二枚‖X嘉禾二年十二月廿日丞弁付库吏潘☐（壹·8264）

（14）入平乡巾竹丘丞直二年麂皮三枚☐嘉禾二年十二月廿一日丞弁付库吏潘□珤受（壹·8268）

（15）☐☐二年麂皮二枚‖X嘉禾二年十一月十九日付库☐（壹·8292）

（16）☐鹿皮一枚‖X嘉禾二年☐（壹·8293）

（17）入平乡巾竹丘祭直二年鹿皮一枚‖X嘉禾二年十二月☐☐（壹·8294）

（18）入平乡二年洽丘吴有麂皮五枚‖X嘉禾二年十二月廿六日丞☐（壹·8297）

（19）入广成乡调羊皮一枚‖X嘉禾二年十月十九日丞弁掾☐（壹·8298）

（20）☐☐二年鹿皮二枚‖X嘉禾二年十月五日丞弁付库吏殷☐（壹·8299）

（21）☐陶二年鹿皮一枚　☐（壹·8308）

（22）入广成乡调麂皮一鹿皮一合二枚‖X嘉☐（壹·8327）

（23）☐番☐枫皮一枚☐（壹·8330）

（24）☐鹿皮一枚☐☐（壹·8333）

（25）入中乡鹿皮三枚‖X嘉禾☐（壹·8334）

---

① 整理组注："'集'上原有墨笔点记。"长沙市文物研究所、中国文物研究所、北京大学历史学系走马楼简牍整理组编：《长沙走马楼三国吴简·竹简〔壹〕》，文物出版社2003年10月版，下册第1065页。

（26）☐丘男子吴远二年麂皮一枚‖✕嘉禾二年☐（壹·8335）

（27）入广成乡所调枫皮二枚‖✕嘉禾二年八月十☐（壹·8336）

（28）入平乡东丘大男陈困嘉禾二年麂皮一枚‖✕嘉禾二年十二月廿九日（壹·8337）

（29）入都乡允中丘男子华湛鹿皮一枚‖✕嘉禾二年九月廿六日烝弁☐（壹·8347）

（30）☐☐☐丘男子廖殷鹿皮一麂二合三枚‖✕嘉☐（壹·8348）①

（31）入☐☐☐☐嘉禾二年羊皮一枚‖✕嘉禾☐（壹·8349）

（32）☐☐三年鹿皮二枚羊皮一枚合三枚‖✕嘉禾二年☐（壹·8350）

（33）入西乡温丘男子陈让鹿皮☐（壹·8352）

（34）入都乡皮五枚　其四枚枫皮一枚鹿皮　‖✕嘉☐（壹·8353）

（35）☐☐下丘男子烝平鹿皮二麂皮二合四枚‖✕嘉禾二年九月廿一日烝弁付库☐（壹·8355）

（36）☐男子鲁奇二年调麂皮一枚‖✕嘉禾二年十☐（壹·8356）

（37）入中乡鹿皮二枚‖✕嘉禾二年十月六日☐☐（壹·8361）

（38）入中乡鹿皮二枚‖✕嘉禾二年八月四日☐下丘大男☐☐付库吏☐☐☐（壹·8363）

（39）右南乡入皮七枚　☐（壹·8364）

（40）入广成乡调枫皮一枚‖✕嘉禾二年八月十三日弹浬丘月伍李名付库吏☐（壹·8368）

（41）☐麂皮一枚鹿皮一☐（壹·8372）

（42）右都乡入皮十五枚　☐（壹·8378）

---

① 整理组注："'麂'下脱'皮'字。"《长沙走马楼三国吴简·竹简〔壹〕》，下册第1067页。

走马楼简的"入皮"记录　　83

（43）☐☐年调皮一匹☐（壹·8383）①

（44）☐皮一枚　☐（壹·8387）

（45）入南乡陷中丘男子雷踽调麂皮五枚‖※嘉禾二年十二月十七日烝弁☐（壹·8420）

（46）右平乡入皮五十八枚（壹·8423）

（47）☐皮一枚‖※嘉禾二年十一月廿二日掾黄庚付库吏☐（壹·8429）

（48）☐年鹿皮二枚‖※嘉禾二年十二月卅☐（壹·8437）

（49）入平乡嘉禾二年调枫皮四枚‖※☐（壹·8487）

（50）右东乡入皮十五枚　☐（壹·8492）②

（51）右中乡入皮卅六枚　☐（壹·8501）③

（52）入都乡皮五枚‖※嘉禾二年四月廿三日吴唐丘帅☐☐（壹·8541）

（53）入广成乡调鹿皮一枚‖※嘉禾二年八月十五日☐☐（壹·8543）

（54）☐☐皮三枚‖※嘉禾☐（壹·8555）

（55）入中乡所调嘉禾年鹿☐（壹·8563）④

（56）☐麂皮一枚‖※嘉禾元年八月八☐（壹·8564）⑤

（57）☐皮☐枚‖※嘉禾二年八月十四日☐☐（壹·8566）

（58）入中乡皮六枚‖※嘉禾二☐（壹·8572）

（59）☐皮一枚‖※嘉禾二年八月☐（壹·8575）

---

① 整理组注："按：'皮'称'枚'，'布'称'皮'。此处'皮'称'匹'，二者必有一误。"《长沙走马楼三国吴简·竹简〔壹〕》，下册第1068页。

② 整理组注"'右'上原有墨笔点记。"《长沙走马楼三国吴简·竹简〔壹〕》，下册第1071页。

③ 同上。

④ 整理组注："'嘉禾'、'年'间脱年数。"《长沙走马楼三国吴简·竹简〔壹〕》，下册第1072页。

⑤ 同上。

（60）入广成乡弹浈丘男子唐儿枫皮☐（壹·8579）

（61）☐乡二年麂皮二枚‖✕嘉禾二年八月十☐☐（壹·8583）

（62）入中乡嘉禾二年鹿☐（壹·8590）

（63）入平乡皮☐（壹·8592）

（64）入中乡枫皮☐（壹·8600）

（65）☐☐二年鹿（壹·8602）

（66）入广成乡调皮二枚☐（壹·8609）

（67）入平乡二年鹿皮一枚麂皮一枚合二枚‖✕嘉禾二年十一月廿三日寇丘☐（壹·8636）

（68）入向赏乡嘉禾元年户所出皮二枚☐（壹·8651）

（69）☐☐☐五唐丘男子吴远二年麂皮☐（壹·8658）

（70）右西乡入皮　☐（壹·8659）

（71）☐男子潘足二年枫皮四枚‖✕嘉禾二年十二月廿一日烝弁付库吏☐（壹·8668）

（72）☐☐西乡入皮六枚　☐（壹·8695）

（73）☐年鹿皮一枚‖✕嘉禾二年十月五日烝弁付库吏☐（壹·8697）

（74）☐调枫皮三枚‖✕嘉禾☐（壹·8709）

（75）入广成乡所调麂☐（壹·8714）

（76）入平乡东丘大男潘于嘉禾二年麂皮三枚‖✕嘉禾二年☐（壹·8751）

（77）右广成乡入皮九枚☐（壹·8754）

（78）☐　右☐广成乡入皮十八枚　☐（壹·8755）

（79）入平乡嘉禾二年枫皮☐（壹·8770）

（80）入广成乡调麂☐（壹·8811）

（81）入平乡二年枫皮二☐（壹·8822）

这些征收皮革的资料反映，所"入"皮的性质，或称"调"，或标示"口筭"。

"调"计16例：（1）（5）（7）（19）（22）（27）（36）（40）（43）（49）（53）（55）（66）（74）（75）（80）。特别是（1）"调布麻水牛皮付吏"说明了这种经济关系的形式。而（43）（66）直接称作"调皮"。

标示"口筭"者计2例：（11）（13）。

其余简例的性质也还可以讨论。以"皮"为"调"或者以"皮"作为"口筭"钱的实物替代，可以反映当时经济生活的一个侧面。

2. "入皮"的品类

以上"入皮"记录中，以品类来说，"皮"以鹿皮、麇皮为主，也有羊皮、牛皮：

鹿皮：22例（16）（17）（20）（21）（22）（24）（29）（30）（32）（33）（34）（35）（37）（38）（41）（48）（53）（55）（62）（65）（67）（73）；

麇皮：24例（3）（5）（6）（10）（11）（13）（14）（15）（18）（22）（26）（28）（30）（35）（36）（41）（45）（56）（61）（67）（69）（75）（76）（80）；

羊皮：4例（7）（19）（31）（32）；

牛皮：2例（1）（4）。[①]

简文又可见：

枫皮：11例（23）（27）（34）（40）（49）（60）（64）（71）（74）（79）（81）。

枫，《集韵·凡韵》："枫，木名。俗呼此木皮曰'水桴'。"《字汇·木部》："枫，柴皮，俗呼为'水桴木'。"似乎"枫皮"作"木皮"解亦确有实用价值。然而（34）简文"入都乡皮五枚，其

[①] 其中（1）为"水牛皮"。

四枚枳皮，一枚鹿皮"，可知"枳皮"无疑是兽皮。"枳皮"有可能
是"麂皮"的简写形式。整理组曾经将释文写作"枳（麂）皮"，
应当就是这样考虑的。不过，张涌泉《汉语俗字丛考》中"鹿部"
列有"麂"字：

> huán《广韵》胡官切，平桓匣。鹿一岁名。《玉篇·鹿部》：
> "麂，鹿一岁。"一说鹿三岁名。《集韵·桓韵》："麂，鹿三岁也。"
> （《汉》4727B，参《字海》1724A）①

似乎走马楼简"枳"字，或许是"麂"字的异写。不过，张涌泉又
写道：

> 按："麂"当作"麎"。"麎"从丸得声（《广韵》"丸"字亦音胡
> 官切，同一小韵又有"鸠"、"纨"、"芄"等字，亦皆从丸得声），从
> "凡"非声。查《玉篇》、《广韵》、《集韵》各书实皆作"麎"。作
> "麂"当系《汉》、《字海》传刻之误。②

这样说来，以为"枳"字或许即"麂"字的判断似乎又存在问题。也许
明确"枳"的生物学涵义，还需要进行细致的工作。不过，我们对照图
版可以发现，整理组释为"麂"字者，许多其实原本是写作"麂"字的。
除字迹细节难以辨识者外，如简（3）（11）（18）（22）（26）（56）
（67）（75）（80）等，图版都明确显示为"麂"字无疑。只有（13）
（45）两例似是"麂"字。只有（14）一例似略微体现"麎"字形式。
由于数量极少且字形并不明确，似乎难以支持文献所见"'麂'当作
'麎'"，"麂"字原本"皆作'麎'"的意见。

简文又可见另一种"皮"：

> 乐皮：1例（9）。

---

① 《汉语大字典》缩印本，四川辞书出版社、湖北辞书出版社1993年11月版，第1963页；《中华字海》，中华书局、中国友谊出版公司1994年9月版，第1724页。

② 张涌泉：《汉语俗字丛考》，中华书局2000年1月版，第1176页。

"乐皮",可能是"犖皮"。① 《说文·牛部》:"犖,驳牛也。"② 如果这一推测成立,则特别注明"犖",或许反映征调皮革对于毛色有时也有一定要求。

(12)"集凡诸乡起十二月一日讫卅日入杂皮二百卌六枚"之所谓"杂皮",大概是对不同品类的皮革的统称。

以上简例所见"麂皮"27 枚;"麇皮"57 枚;"枫皮"21 枚;"羊皮"4 枚;"牛皮"3 枚;"乐皮"2 枚。仅称"皮"者合计 194 枚,又"□皮"12 枚,与"杂皮"相和则为 452 枚。此外又有简文中数量不明者 12 例(1)(33)(55)(57)(60)(62)(63)(64)(65)(69)(70)(75)(79)(80)。其中当然可能存在重复情形,但是(12)"集凡诸乡十二月一日讫卅日入杂皮二百卌六枚"只说一个月内的"入皮"统计,其数量已经相当可观。

3."入皮"简的生态史料意义

从"麇皮"与"麂皮"收入的数量,可以推知当时长沙地方生态环境的若干特征。

(12)说"集凡诸乡十二月一日讫卅日入杂皮二百卌六枚□□",就月份明确的简文看,"入皮"确实以十二月为多。我们可以看诸月的分布:

　　四月 1 例(52);
　　八月 8 例(27)(38)(40)(53)(56)(57)(59)(61);
　　九月 2 例(29)(35);
　　十月 4 例(19)(20)(37)(73);
　　十一月 3 例(15)(47)(67);
　　十二月 11 例(9)(10)(11)(13)(14)(17)(18)(28)

---

① "乐"、"犖"有通假之例。《公羊传·闵公元年》所谓"仆人邓扈乐",《十三经注疏》,第 2243 页。《左传》庄公三十二年及《史记》卷三三《鲁周公世家》均作"圉人犖"。《十三经注疏》,第 1783 页;《史记》,第 1531 页。
② 〔汉〕许慎撰,〔清〕段玉裁注:《说文解字注》,第 51 页。

（45）（48）（71）。

十二月的11例，有可能与（12）"集凡诸乡十二月一日讫卅日入杂皮二百册六枚□□"属于同一简册。

简文"入皮"的时间分布，或许可以体现当时农作忙月和闲月的间隔。

《礼记·月令》：季春之月，"田猎罝罘、罗网、毕翳、餧兽之药，毋出九门"。孟夏之月，"毋大田猎"。仲冬之月，"山林薮泽，有能取蔬食田猎禽兽者，野虞教道之。其有相侵夺者，罪之不赦"。①《吕氏春秋》中也有大致类同的文字。

十一月"田猎禽兽"可能"有相侵夺者"，可知正是捕杀野兽最普遍的猎季。一般农家，亦可能如王褒《僮约》所说，"黏雀张乌，结网捕鱼，缴雁弹凫，登山射鹿"。走马楼简入调麂皮、鹿皮多在十二月，正与此相符合。《周礼·天官冢宰·掌皮》说："掌皮，掌秋敛皮，冬敛革，春献之。"皮革之敛，也在这一季节。郑玄又有这样的解释："皮革逾岁干久乃可用。献之，献其良者于王，以入司裘给王用。"贾公彦疏："许氏《说文》：'兽皮治去其毛曰革。''秋敛皮'者，鸟兽毛毡之时其皮善，故秋敛之。革乃须治用功深，故'冬敛'之，干久成善乃出献，故'春献之'也。"②贾说更为具体。郑玄说"皮革逾岁干久乃可用"，如果由冬至春即其所谓"逾岁"，则其说可以成立。贾说大致符合实际情形，自冬至春，已经"干久成善"，不必历年。

敦煌悬泉置遗址发现的墙壁墨书《使者和中所督察诏书四时月令五十条》中，也可以看到有关在适当时间保护野生动物的条文：

孟春月令：

·毋杀幼虫　　·谓幼少之虫不为人害者也尽九月

·毋杀𤡭　　　·谓禽兽六畜怀任（妊）有𤡭（胎）者也尽十二月常禁

---

① 《十三经注疏》，第1383页。
② 同上书，第684页。《说文·革部》："兽皮治去其毛曰革。革，更也。"〔汉〕许慎撰，〔清〕段玉裁注：《说文解字注》，第107页。

・毋矢蜚鸟　　・谓矢蜚鸟不得使长大也尽十二月常禁
　　・毋麛　　　　・谓四足之及畜幼小未安者也尽九月
　　・毋卵　　　　・谓蜚鸟及鸡□卵之属也尽九月
中春月令：
　　・毋焚山林　　・谓烧山林田猎伤害禽兽也虫草木□□四月
尽□
孟夏月令：
　　・毋大田猎　　・尽八月□□①

可见，行猎的季节以十月至十二月为主。这一情形，也与我们从走马楼简得到的有关信息大体一致。

4. "皮贾钱"

我们还可以看到如下有关"皮贾钱"的简例：

（82）右中乡入皮贾钱一万②　　　　　　（壹·58）

（83）□右东乡入皮贾□　　　　　　　　（壹·1486）

（84）入东乡所备吏朱让文入皮贾钱三千当……□
　　　　　　　　　　　　　　　　　　　（壹·1696）

（85）入西乡皮贾钱一千□　　　　　　　（壹·2725）

"贾"，似当理解为"价"。（83）从文例看，应与（82）同，"贾"字后，应是"钱"字。看来"皮"的征收，可能可以用"钱"抵代。（1）"平出钱二百廿一万一千七百六十五钱雇元年所调布麻水牛皮并□"，有可能也体现了类似的经济形式。

---

① 甘肃省文物考古研究所：《敦煌悬泉汉简释文选》，《文物》2000年第5期。
② 整理组注："'右'上原有墨笔点记。"《长沙走马楼三国吴简·竹简〔壹〕》，下册第896页。

5. 关于"治皮师"

皮革征调之后的加工利用，可以通过这样的简文得到反映：

（86）□皮师醴陵韦牛年五十五　☑　　　　　（壹·5889）
（87）治皮师吴昌黄仙年六十四　见　　　　　（壹·7466）

走马楼简涉及身份为工匠的"师"的实例很多，"治皮师"是其中之一。《考工记》"攻皮之工五"。"攻皮之工，函、鲍、韗、韦、裘。"在"鲍人之事"句下，郑玄注："鲍，书或为鞄。郑司农云：'《苍颉篇》有《鲍鞍》。'"贾公彦疏："鲍人主治皮。""《苍颉篇》有《鲍鞍》者，按《艺文志》：《苍颉》有七章。秦丞相李斯所作。《鲍鞍》是其一。篇内有治皮之事，故引为证也。"①《说文·革部》："鞄，柔革工也……《周礼》曰：柔皮之工鲍氏。'鲍'即'鞄'也。"② 对于"鲍鞍"，陆德明《经典释文》也解释说："'鲍鞍'，柔革工。""治皮"的说法，后世依然应用。如《宋史》卷四九〇《外国列传六·高昌》："北廷北山中出硇砂，山中尝有烟气涌起，无云雾，至夕光焰若炬火，照见禽鼠皆赤。采者著木底鞋取之，皮者即焦。下有穴生青泥，出穴外即变为砂石，土人取以治皮。"③ 所谓"治皮师"，应当是鞣制皮革的专职工匠。

6. 猎鹿故事

猎鹿情形，见诸史籍者，有《三国志》卷二《魏书·文帝纪》裴松之注引《典论》："少好弓马，于今不衰；逐禽辄十里，驰射常百步，日多体健，心每不厌。建安十年，始定冀州，濊、貊贡良弓，燕、代献名马。时岁之暮春，勾芒司节，和风扇物，弓燥手柔，草浅兽肥，与族兄子

---

① 《十三经注疏》，第906页。
② 《说文解字注》，第107页。
③ 《宋史》，中华书局1977年11月版，第14113页。

丹猎于邺西，终日手获獐鹿九，雉兔三十。"① 曹丕一日可以"手获獐鹿九"，其心中得意，形诸文字。从猎获物的记录中，可知鹿是当时最主要的猎杀对象。魏明帝曹叡行猎时不忍杀鹿子，也是著名的故事。《三国志》卷三《魏书·明帝纪》裴松之注引《魏末传》："帝常从文帝猎，见子母鹿。文帝射杀鹿母，使帝射鹿子，帝不从，曰：'陛下已杀其母，臣不忍复杀其子。'因涕泣。文帝即放弓箭，以此深奇之。"②

《三国志》中的猎鹿故事，又有卷一五《魏书·张既传》裴松之注引《典略》："（成公英）从行出猎，有三鹿走过前，公命英射之，三发三中，皆应弦而倒。"③ 以及卷一六《魏书·苏则传》："从行猎，槎桎拔，失鹿，帝大怒，踞胡床拔刀，悉收督吏，将斩之。"④

史籍中有的关于猎鹿的记载，竟然有公案传奇的意味。如《三国志》卷二九《方技传·管辂》裴松之注引录有关管辂的传说："随辂父在利漕时，有治下屯民捕鹿者，其晨行还，见毛血，人取鹿处来诣厩告辂，辂为卦语云：'此有盗者，是汝东巷中第三家也。汝径往门前，伺无人时，取一瓦子，密发其碓屋东头第七椽，以瓦著下，不过明日食时，自送还汝。'其夜，盗者父病头痛，壮热烦疼，然亦来诣辂卜。辂为发祟，盗者具服。辂令担皮肉藏还著故处，病当自愈。乃密教鹿主往取。又语使复往如前，举椽弃瓦。盗父病差。"⑤ 这一故事，有浓重的神秘主义色彩，然而也可以曲折反映民间多有"捕鹿"行为的情形，猎者所谋求的，是鹿的"皮肉"。而从所谓"担皮肉藏还者故处"，可以推知"皮肉"可能猎杀之后即已剥离。

《三国志》卷二四《魏书·高柔传》记载曹魏推行"杀禁地鹿者身死，财产没官，有能觉告者厚加赏赐"的制度，高柔上疏言"圣王之御世，莫不以广农为务，俭用为资"，以为"夫农广则谷积，用俭则财畜，畜财积谷而有忧患之虞者，未之有也"，强调"古者，一夫不耕，或为之饥；一妇不织，或为之寒"。他指出"猎禁"的危害："中间已来，百姓供给众役，亲田者既减，加顷复有猎禁，群鹿犯暴，残食生苗，处处为

---

① 《三国志》，第89页。
② 同上书，第91页。
③ 同上书，第475页。
④ 同上书，第493页。
⑤ 同上书，第829页。

害，所伤不赀。民虽障防，力不能御。至如荥阳左右，周数百里，岁略不收，元元之命，实可矜伤。方今天下生财者甚少，而麋鹿之损者甚多。卒有兵戎之役，凶年之灾，将无以待之。惟陛下览先圣之所念，愍稼穑之艰难，宽放民间，使得捕鹿，遂除其禁，则众庶久济，莫不悦豫矣。"又裴松之注引《魏名臣奏》载高柔上疏曰："臣深思陛下所以不早取此鹿者，诚欲使极蕃息，然后大取以为军国之用。然臣窃以为今鹿但有日耗，终无从得多也。何以知之？今禁地广轮且千余里，臣下计无虑其中有虎大小六百头，狼有五百头，狐万头。使大虎一头三日食一鹿，一虎一岁百二十鹿，是为六百头虎一岁食七万二千头鹿也。使十狼日共食一鹿，是为五百头狼一岁共食万八千头鹿。鹿子始生，未能善走，使十狐一日共食一子，比至健走一月之间，是为万狐一月共食鹿子三万头也。大凡一岁所食十二万头。其雕鹗所害，臣置不计。以此推之，终无从得多，不如早取之为便也。"[①] 高柔的言论，体现出较早的关于生态平衡的认识，在动物学史上和生态学史上都有值得重视的意义。

《三国志》卷四六《吴书·孙策传》裴松之注引《江表传》关于少年英雄孙策事迹，有这样的文字：

> 策性好猎，将步骑数出。策驱驰逐鹿，所乘马精骏，从骑绝不能及。初，吴郡太守许贡上表于汉帝曰："孙策骁雄，与项籍相似，宜加贵宠，召还京邑。若被诏不得不还，若放于外必作世患。"策候吏得贡表，以示策。策请贡相见，以责让贡。贡辞无表，策即令武士绞杀之。贡奴客潜民间，欲为贡报仇。猎日，卒有三人即贡客也。策问："尔等何人？"答云："是韩当兵，在此射鹿耳。"策曰："当兵吾皆识之，未尝见汝等。"因射一人，应弦而倒。余二人怖急，便举弓射策，中颊。后骑寻至，皆刺杀之。[②]

东吴建国史上最沉痛的悲剧——孙策之死，情节涉及"逐鹿"。而充当杀手志在复仇的许贡奴客也假称"在此射鹿"。孙策生命的最后一页，竟然与猎鹿故事有双重的关系。

---

① 《三国志》，第689页。
② 同上书，第1111页。

三国时吴地风行猎鹿，还有其他例证。《三国志》卷六五《吴书·贺邵传》记载贺邵上疏批评孙晧行政，说道："发江边戍兵以驱麋鹿，结罝山陵，芟夷林莽，殚其九野之兽，聚于重围之内，上无益时之分，下有损耗之费。"① 这种大规模猎杀麋鹿的形式，与前引《三国志》卷一六《魏书·苏则传》记载所谓"从行猎，槎桎拔，失鹿"有类似处。一谓"结罝山陵"，一则设置"槎桎"，都是围猎时"围"的形式。

长沙地方食用鹿肉久有传统。马王堆汉墓发掘获得的若干资料已经可以提供实物证明。② 三国时期食用鹿肉的记载，有《三国志》卷六三《吴书·赵达传》："尝过知故，知故为之具食。食毕，谓曰：'仓卒乏酒，又无嘉肴，无以叙意，如何？'达因取盘中只箸，再三从横之，乃言：'卿东壁下有美酒一斛，又有鹿肉三斤，何以辞无？'时坐有他宾，内得主人情，主人惭曰：'以卿善射有无，欲相试耳，竟效如此。'遂出酒酣饮。"③ 承王素先生提示，"吴简有一枚木牍上就画了一只鹿"④，鹿形体肥硕，画匠笔法熟练，可以看作反映"鹿"在三国时期长沙地方社会生活中具有重要地位的直接资料。

7. 鹿皮"军国之用"

当时使用鹿皮的记载，有《三国志》卷二《魏书·文帝纪》裴松之注引《魏书》曰："己亥，公卿朝朔旦，并引故汉太尉杨彪，待以客礼，诏曰：'夫先王制几杖之赐，所以宾礼黄耇褒崇元老也。昔孔光、卓茂皆以淑德高年，受兹嘉锡。公故汉宰臣，乃祖已来，世著名节，年过七十，行不逾矩，可谓老成人矣，所宜宠异以章旧德。其赐公延年杖及冯几；谒请之日，便使杖入，又可使著鹿皮冠。'彪辞让不听，竟著布单衣、皮弁

---

① 《三国志》，第1457页。
② 参见王子今《马王堆一号汉墓出土梅花鹿标本的生态史意义》，《古代文明》第2卷，文物出版社2003年6月版。
③ 《三国志》，第1424页。
④ 《长沙走马楼二十二号井发掘报告》附图，长沙市文物考古研究所、中国文物研究所、北京大学历史学系走马楼简牍整理组编著：《长沙走马楼三国吴简·嘉禾吏民田家莂》，文物出版社1999年9月版，上册黑白版六—4。

以见。"① 《三国志》卷四二《蜀书·谯周传》裴松之注引《晋阳秋》："（周秀）常冠鹿皮，躬耕山薮。"② 也说"鹿皮"制"冠"的功用。

史籍又可见所谓"鹿裘"。《三国志》卷五七《吴书·虞翻传》裴松之注引《翻别传》："翻初立《易注》，奏上曰：'……臣郡吏陈桃梦臣与道士相遇，放发被鹿裘，布《易》六爻，挠其三以饮臣，臣乞尽吞之。'"③

能够比较集中地说明鹿皮的主要使用价值的，是前引高柔奏疏中的话："臣深思陛下所以不早取此鹿者，诚欲使极蕃息，然后大取以为军国之用。"鹿皮可以"取以为军国之用"，这正是理解走马楼简"入皮"何以数量颇多，而且以鹿皮为主的原因的门径。

走马楼简"入皮"记录中所见牛皮、水牛皮、乐（荦）皮等，其实更容易与"军国之用"相联系。

古时取犀兕皮以为甲，而长江流域是犀兕的主要产地。《禹贡》说到扬州、荆州都有"齿、革"之贡，扬州所贡"齿、革"，孔安国解释说："齿，革牙；革，犀皮。"④ 孔颖达也说："《考工记》：'犀甲七属，兕甲六属。'《宣二年左传》云：'犀兕尚多，弃甲则那。'是甲之所用，犀革为上，革之所美，莫过于犀。知'革'是犀皮也。"荆州所贡"齿、革"，孔安国认为："土所出与扬州同。"孔颖达指出："与扬州同而扬州先齿革，此州先羽毛，盖以善者为先。由此而言之，诸州贡物多种，其次第皆以当州贵者为先也。"⑤ 注家均以"犀皮"释"革"。按照孔颖达"当州贵者为先"之说，则扬州犀皮较羽毛为贵，荆州羽毛较犀皮为贵。由此可以推知荆州犀皮出产数量可能更多。

《周礼·夏官司马·职方氏》说荆州地理条件，也说到"其利丹、银、齿、革"，"其畜宜鸟兽"。对于所谓"畜宜鸟兽"，郑玄注："鸟兽，孔雀、鸾、鸡鹔、犀、象之属。"汉儒注解以为"鸟兽"包括"犀、象之属"，是值得注意的。而《职方氏》突出强调的荆州"其利丹、银、齿、革"，郑玄

---

① 《三国志》，第78页。
② 同上书，第1033页。
③ 同上书，第1323页。
④ 《史记》卷二《夏本纪》引《禹贡》扬州"齿、革、羽、旄"，裴骃《集解》："孔安国曰：'象齿、犀皮、鸟羽、旄牛尾也。'"第58、60页。
⑤ 《尚书注疏》，《十三经注疏》，第148、149页。

注："革，犀兕革也。"① 也说明两湖地区犀的分布与中原经济生活有更密切的联系。又《逸周书·职方》所说与《周礼》略同："正南曰荆州。""其利丹、银、齿、革。""其畜宜鸟兽。"荆州"其利丹、银、齿、革"，所说"革"，也被解释为犀皮。如孔晁注："革，犀、兕革也。"②《周礼》及《逸周书》与《禹贡》有所不同，提供"齿、革"之贡的地方，独有荆州，已经不再包括扬州。这应当与荆州开发晚于扬州有关。

生态条件发生变化，犀兕资源逐渐枯竭之后，牛皮是比较理想的替代物。《说文·㺊部》："㺊，如野牛，青色。其皮坚厚，可制铠。"㺊，即兕。段玉裁注："今字兕行而㺊不行。"段玉裁还说，"野牛即今水牛，与黄牛别。古谓之野牛。《尔雅》云'似牛'者，即此也。"③《华阳国志·蜀志》："外作石犀五头以厌水精，穿石犀渠于南江，命曰犀牛里。"任乃强以为"石犀"之"犀"当作"兕"，而"兕"不过水牛而已，断言所谓李冰"作石犀五头"是"傅会"之辞："兕字造形为双巨角，明是古人初见水牛时制。其音近犀（在蜀且同音）。缘是秦汉蜀人呼之'石兕'，魏晋人转误为犀，遂并误会李冰造作之意为厌水也。犀非牛类，而蜀人恒呼'犀牛'，正缘与兕混也。"其立论基点，在于以为"蜀地古无犀牛"的认识。④ 其说并不符合历史真实。⑤ 而犀兕"似牛"的说法，则可以提示我们注意牛皮可以作为犀兕皮代用品的情形。《北堂书钞》卷一二一引孔融《肉刑论》："古圣作犀兕革铠，今有盆领铁铠，云绝圣人甚远也。"⑥ 而以牛皮作铠甲，史籍也有实例。《太平御览》卷三五五引王隐《晋书》："马隆为武威太守"，"智谋从横，出其不意，以磁石累夹道侧，贼铠不得过，隆兵着牛皮铠得过，贼以为神。"⑦

---

① 《周礼注疏》，《十三经注疏》，第862页。
② 黄怀信、张懋镕、田旭东撰，李学勤审定：《逸周书汇校集注》，上海古籍出版社1995年12月版，第987页。
③ 〔汉〕许慎撰，〔清〕段玉裁注：《说文解字注》，第458—459页。
④ 任乃强校注：《华阳国志校补图注》，上海古籍出版社1987年10月版，第136页。
⑤ 参见王子今《战国秦汉时期中国西南地区犀的分布》，《面向新世纪的中国历史地理学——2000年国际中国历史地理学术讨论会论文集》，齐鲁书社2001年10月版。
⑥ 〔唐〕虞世南编撰：《北堂书钞》，中国书店据光绪十四年南海孔氏刊本1998年7月影印版，第463页。
⑦ 《太平御览》，第1633页。卷九八八引王隐《晋书》："马隆击凉州，以磁石累道侧，贼负铁铠不得过，以为神。"第4372页。

《周礼·天官冢宰》有"司裘",有"掌皮"。"掌皮"职任,已见前引《周礼》文字。郑玄注"献其良者于王,以入司裘给王用",明确"掌皮"与"司裘"的业务关系。1975年2月,陕西岐山董家村发现一处铜器窖藏,出土青铜器37件。① 董家村铜器青铜器群的时代分属西周中、晚两个时期,是属于一个家族不同世代的器物。铭文中的器主,裘卫是最早的一代。这个家族,可以称为裘卫家族。关于裘卫的身份,李学勤指出,"'裘'的本义是皮衣,在这里是一种官名,即《周礼》的司裘"。"裘卫是西周王朝一名掌管皮裘生产的小官。"② 实际上,其职能除了"掌管皮裘生产"之外,应当也包括负责皮革的征敛。裘卫家族青铜器群的发现,是我们所知历史上最早的政府征敛皮革之经济行为的间接实证。考察有关这种经济行为的制度史,后世亦多见有关资料。③ 可见,收取民间皮革,是一种历朝长期实行的经济政策。

《太平御览》卷三五七引蔡邕《月令章句》反映了与走马楼简前后相近的时代"皮革"作为战略物资的重要意义:

审五库之量,金铁皮革。

又有注文:

去毛曰革。犀、兕、水牛之属,以为甲、楯、鼓、鞞。④

---

① 岐山县文化馆、陕西省文管会等:《陕西省岐山县董家村西周铜器窖穴发掘演示文稿》,《文物》1976年第5期。

② 李学勤:《试论董家村青铜器群》,《文物》1976年第6期;《新出青铜器研究》,文物出版社1990年6月版。

③ 例如,《新唐书》卷四八《百官志三·少府》:"诸州市牛皮角以供用,牧畜角筋脑革悉输焉。"第1266页。《宋史》卷一七六《食货志上四·常平义仓》:"今天下田税已重,固非《周礼》什一之法,更有农具、牛皮、盐曲、鞋钱之类,凡十余目,谓之杂钱。"《宋史》卷一九七《兵志十一·器甲之制》:"(熙宁七年)诏不以常制选官驰往州县根括牛皮角筋,能令数羡,次第加奖。""(元丰)六年二月,诏:熙河路守具有阙,给毡三千领、牛皮万张,运送之。"第4284、4915页。《元史》卷八九《百官志五·储政院》:"牛皮局,大使一员。至元十三年置。"第2256页。《明史》卷一五三《周忱传》:"三殿重建,诏征牛胶万觔,为采绘用。忱适赴京,言库贮牛皮,岁久朽腐,请出煎胶,俟归市皮偿库。"第4217页。

④ 《太平御览》,第1641页。

可知"皮革"所谓"军国之用"之广泛。"皮革"用作战具,史籍中例证多不胜举。如《三国志》卷二九《魏书·方技传·杜夔》裴松之注:"又患发石车,敌人之于楼边县湿牛皮,中之则堕,石不能连属而至。"① 又如《宋书》卷八七《殷琰传》:"(刘)勔乃作大虾蟆车载土,牛皮蒙之,三百人推以塞堑。"②《陈书》卷九《侯瑱传》:"以牛皮冒蒙冲小船,以触贼舰。"③ 又《南史》卷一《宋本纪上·武帝》:"修攻具成,设飞楼县梯,木幔板屋,冠以牛皮,弓矢无所用之。"《南史》卷六三《王僧辩传》:"又造二舰,一曰青龙舰,一曰白虎舰,皆衣以牛皮,并高十五丈,选其中尤勇健者乘之。"④《旧五代史》卷一二六《周书·冯道传》注引《洛阳缙绅旧闻记》:"汉祖在北京时,大聚甲兵,禁牛皮不得私贸易及民间盗用之,如有牛死,即时官纳其皮。"⑤

鹿皮则往往制为服用,其中多体现礼仪意义,两汉魏晋南北朝历史记录中可见"鹿皮冠"⑥,"鹿皮弁"⑦,"鹿皮帽"⑧,"鹿皮巾"⑨,"鹿皮襦

---

① 《三国志》,第807页。
② 《宋书》,中华书局1974年10月版,第2209页。
③ 《陈书》,中华书局1972年3月版,第156页。
④ 《南史》,中华书局1975年6月版,第10、1540页。
⑤ 《旧五代史》,中华书局1976年5月版,第1660页。又《旧五代史》卷一一二《周书·太祖本纪三》:"诏曰:'累朝已来,用兵不息,至于缮治甲胄,未免配役生灵,多取于民,助成军器。就中皮革,尤峻科刑,稍犯严条,皆抵极典,乡县以之生事,奸猾得以侵渔,宜立所规,用革前弊。应天下所纳牛皮,今将逐所纳数,三分内减二分,其一分于人户苗亩上配定。每秋夏苗共十顷纳连角皮一张,其黄牛纳干筋四两,水牛半斤,犊子皮不在纳限。牛马驴骡皮筋角,今后官中更不禁断,只不得将出化外敌境。州县先置巡检牛皮节级并停。'"第1486页。
⑥ 《汉书》卷九七下《外戚传下·孝平王皇后》颜师古注,第4010页;《汉书》卷九九下《王莽传下》颜师古引李奇曰,第4154页;《后汉书》卷六《质帝纪》李贤注引《东观记》,第277页;《后汉书》卷五四《杨修传》,第1790页;《三国志》卷二《魏书·文帝纪》裴松之注引《魏书》,第78页;《三国志》卷四二《蜀书·谯周传》裴松之注引《晋阳秋》,第1029页;《宋书》卷一八《礼志五》,第520页;《宋书》卷六六《何尚之传》,第1738页;又《南史》卷三〇《何尚之传》,第784页;《南齐书》卷三七《刘悛传》,中华书局1972年1月版,第651页;又《南史》卷三九《刘悛传》,第1004页;《南齐书》卷五一《张欣泰传》,第881页;又《南史》卷二五《张欣泰传》,第692页。
⑦ 《隋书》卷一二《礼仪志七》,第266页。
⑧ 《宋书》卷六六《何尚之传》,第1738页;《南史》卷三〇《何尚之传》,第784页。
⑨ 《梁书》卷五一《处士列传·何点》,第734页;《南史》卷三〇《何点传》,第789页;《南史》卷七六《隐逸列传下·陶弘景》,第1899页。

袴"①,"麂皮袷"② 等。而前引高柔奏疏中所谓"取以为军国之用"的具体形式似乎尚未能明确。鹿皮之强韧坚固,不能与犀、兕,甚至牛皮相比,不足以作为战时强攻之战车、战舰装甲之用。但是如蔡邕《月令章句》注所谓以"革"为"甲、楯、鼓、鞞","鼓、鞞"在战争中使用十分广泛,不可能全用"犀、兕、水牛之属",而鹿皮为"甲、楯",推想在一般情况下也是可以满足人身防护的基本要求的。后世所谓"大聚甲兵,禁牛皮不得私贸易及民间盗用之"的情形,也可以帮助我们理解取用于鹿、麂等动物的皮革作为战略物资的重要性。

《南齐书》卷二五《张敬儿传》载萧道成报沈攸之书,其中写道:"荆州物产,雍、岷、交、梁之会,自足下为牧,荐献何品?良马劲卒,彼中不无,良皮美罽,商赂所聚,前后贡奉,多少何如?"③ 可知荆州地方的"良皮",长期以来都是重要的经济物资,因作为"贡奉"之品,"商赂"之聚而受到特殊的重视。

---

① 《魏书》卷一〇〇《失韦传》,第2221页;又《北史》卷九四《室韦传》,第3129页。
② 《南史》卷五〇《刘虬传》,第1248页。
③ 《南齐书》,第471页。

走马楼许迪割米案文牍试解读

走马楼简牍资料中有编号为 J22—2540 的木牍，内容涉及吏许迪割用仓米一案的调查审理，其中又有关于当时经济生活与吏治状况以及刑讯方式等诸方面的重要信息，已经多有学者予以重视。

虽然已经有多篇论文发表了研究成果，对于这一文书的断句、释读、解义，仍然有若干问题可以继续深入探讨。而对于这一文书的性质判定，也需要做进一步的工作。

1. 释读异见

对于这一文牍的释读，已相继有多种论点发表，学者各有高见，如《长沙走马楼 J22 发掘简报》[①]、《长沙走马楼三国吴简·嘉禾吏民田家莂》附《长沙走马楼二十二号井发掘报告》[②]、胡平生《长沙走马楼三国孙吴简牍三文书考证》[③]、王素《长沙走马楼三国孙吴简牍三文书新探》[④] 等。这里采用王素释文以为讨论的基础：

  1 录事掾潘琬叩头死罪白：过四年十一月七日，被督邮敕，考实吏许迪。辄与核事吏赵谭、

  2 部典掾烝若、主者史李珠，前后穷核考问。迪辞：卖官余盐四百廿六斛一斗九升八合四勺，偏米

[①] 《文物》1999 年第 5 期。
[②] 《长沙走马楼三国吴简·嘉禾吏民田家莂》，文物出版社 1999 年 9 月版。
[③] 《文物》1999 年第 5 期。
[④] 《文物》1999 年第 9 期。

3　二千五百六十一斛六斗九升巳。二千四百卅九斛一升，付仓吏邓隆、穀荣等。余米一百一十二斛六斗八升，迪劓

4　用饮食不见。为廖直事所觉后，迪以四年六月一日，偷入所劓用米毕，付仓吏黄瑛等。

5　前录见都尉，知罪深重，诣言：不劓用米。重复实核，迪故下辞，服劓用米。审前后榜押迪，凡

6　□不加五毒，据以迪□□服辞结罪，不枉考迪。乞曹重列言府。傅前解，谨下启。琬诚

7　惶诚恐，叩头死罪死罪。

8　若（浓墨草书）二月十九日戊戌〔白〕。

不过，其中似仍有可以商榷之处。例如关于"劓用"。

2. 关于"劓用"

整篇文书中所谓"劓用"，凡出现四次，已经发表的论著对于"劓"字的释读均无疑义。今遵从谢桂华、李均明、侯旭东等学者的意见，对照图版，以为应当改释为"割"。"劓用"，应即"割用"。

"割"，通常指减损、削夺，又有以非常手段取得之义。《后汉书》卷二六《韦彪传》："农人急于务而苛吏夺其时，赋发充常调而贪吏割其财，此其巨患也。"[①]《后汉书》卷四九《王符传》："横税弱人，割夺吏禄，所恃者寡，所取者猥。"[②]《后汉书》卷七三《刘虞传》："旧幽部应接荒外，资费甚广，岁常割青、冀赋调二亿有余，以给足之。"[③] 都是东汉以来"割"字用于财政物资事务的例证。

3. 关于"廖直事"

第3—4行中二句，王素释文作："余米一百一十二斛六斗八升，迪劓

---

① 《后汉书》，第918页。
② 同上书，第1655页。
③ 同上书，第2354页。

用饮食不见。为廖直事所觉后，迪以四年六月一日，偷入所剀用米毕，付仓吏黄瑛等。"《发掘报告》、胡平生释文略同，只是将最后"等"字断入下句。所谓"廖直事"，《发掘简报》释作"廖勇事"，其说为其他学者不取。"廖直事"，胡平生解释为"值班的负责人廖某"，又说："直事，当值主事官员。《文选》左思《魏都赋》：'直事所繇，典刑所藏。'李注：'直事，若今之当直也。蔡邕《独断》曰：直事尚书一人。'"然而细察图版，"直事"前一字下部显然为"木"，其字似未可释"廖"。而"直事"称职事，似未可理解为职名。《汉书》卷九九上《王莽传上》可见"直事尚书郎"①，《后汉书》卷四三《朱晖传》可见"直事郎"②，《续汉书·五行志五》刘昭注补引《风俗通》可见"直事御史"③，《续汉书·舆服志上》可见"直事尚书"④，均不单称"直事"。又《后汉书》卷一六《邓训传》李贤注引《东观记》"时训直事"⑤，《后汉书》卷七八《宦者列传·孙程》李贤注引《东观记》"光为尚席直事通灯"⑥，《三国志》卷五九《吴书·孙和传》"直事在署者"⑦等，"直事"似可理解为"当直"、"当值"，与《朱晖传》李贤注所谓"直事郎谓署郎当次直者"相一致。⑧ 而以确定官职为称谓者多有，如张丞相、李将军；而以一定时间承担某种责任作为称谓者则罕见，如同值班官员某人未可称为"某值班"。秦汉魏晋文献亦未见"某直事"称谓。

今按居延汉简可见："☐廪直簿"（59.11），似可理解为当时有题为《廪直簿》的文书。薛英群将此列入"簿籍"文书"簿类"之中⑨，罗振玉、王国维编著《流沙坠简》有关《屯戍丛残考释·廪给类》的内容中

---

① 《汉书》，第4068页。
② 《后汉书》，第1461页。
③ 同上书，第3343页。
④ 同上书，第3649页。
⑤ 同上书，第608页。
⑥ 同上书，第2516页。
⑦ 《三国志》，第1369页。
⑧ 据《晋书》卷二四《职官志》，西晋尚书"三十四曹"和"三十五曹"中第一即"直事"曹，侍御史"十三曹"，其中也有"直事曹"。第738页。"直事"成为专门的行政机构。又《魏书》卷一一三《官氏志》可见"直事郎"、"直事令史"官职。第2992页。《周书》卷二七《宇文深传》可见"尚书直事郎中"官职。第455页。"直事"都是确定官职，非指轮值。或许以"当直"、"当次直者"解释汉魏"直事"，亦未必全符合历史真实。
⑨ 《居延汉简通论》，甘肃教育出版社1991年5月版，第450页。

列举"杂记出纳之事"简两组，一组九例，一组六例，未见《廪直簿》题名。① 陈直《居延汉简综论》中讨论"居延简所见的簿检"，所举"簿类"虽然有《直数簿》，但未见《廪直簿》。② 虽然罕见学者对于《廪直簿》的讨论，但是似未能排除简牍文书中《廪直簿》存在的可能。李均明、刘军研究简牍文书学，搜辑详备，考论精审，对于其中"簿籍类"，指出有"谷出入簿"、"粟出入簿"、"麦出入簿"、"糜出入簿"、"盐出入簿"等，分别为谷、粟、麦、糜、盐之"出纳账"。然而除所谓"谷出入簿"虽未见自题"谷出入簿"，但相应可见专署标题的简例，有"●甲渠候官神爵三年九月谷出入簿"（E.P.T52：203）以及"●第廿三隧仓建平五年十一月吏卒当食者案及谷簿"（286.7）等之外，其他所举多例，大多不仅并无自题"粟出入簿"、"麦出入簿"、"糜出入簿"、"盐出入簿"情形，亦未见相应署有此标题的简例。③ 或许其中有些可能本属于所谓《廪直簿》。联系居延所见《廪直簿》，可推知所谓"廖直"有可能为"廪直"之误释，"廪直"可接前句，即释为："……迪割用饮食，不见为廪直。事所觉后……"这里所谓"廪直"，或指《廪直簿》这一文书，或指进行"廪直"记录或登记《廪直簿》的工作。

据此则全句似应释为："余米一百一十二斛六斗八升，迪割用饮食，不见为廪直。事所觉后，迪以四年六月一日，偷入所割用米毕，付仓吏黄瑛等。"

4. 关于"罪深重"

第5行中一句，王素释文作："前录见都尉，知罪深重，诣言：不剚用米。"《发掘报告》与胡平生释文略同，只是第一字《发掘报告》释为"□"，胡平生释为"前（？）"。《发掘简报》亦释第一字为"前"。《发掘报告》、胡平生、王素所释"诣言"，《发掘简报》释作"诈言"。似以"诣言"为是。

---

① 罗振玉、王国维编著：《流沙坠简》，中华书局1993年9月版，第160—162、167—168页。

② 陈直：《居延汉简研究》，天津古籍出版社1986年5月版，第109页。

③ 李均明、刘军：《简牍文书学》，广西教育出版社1999年6月版，第317—322、181—183页。

今以为其中"深重"二字，或可分读。即释为："前录见都尉，知罪深，重诣言：不割用米。"

秦汉三国人说及罪行严重，多言"罪深"。如《汉书》卷八四《翟方进传》载王莽诏："罪深于管蔡，恶甚于禽兽。"①《续汉书·祭祀志上》刘昭注补引《东观书》录汉光武帝诏曰："惧于过差，执德不弘，信道不笃，为议者所诱进，后世知吾罪深矣。"②《后汉书》卷一七《岑彭传》："（朱）鲔曰：'大司徒被害时，鲔与其谋，又谏更始无遣萧王北伐，诚自知罪深。'"③ 又《后汉书》卷五六《陈球传》："曹节、王甫复争，以为梁后家犯恶逆，别葬懿陵，武帝黜废卫后，而以李夫人配食。今窦氏罪深，岂得合葬先帝乎？"④《三国志》卷七《魏书·吕布传》："布欲降，陈宫等自以负罪深，沮其计。"⑤ 又《三国志》卷四七《吴书·吴主传》裴松之注引《魏略》载魏三公奏："蒯通不决袭历下之策，则田横自虑，罪深变重。"⑥《吴书·诸葛瑾传》："（虞）翻与所亲书曰：'……恶积罪深，见忌殷重。'"⑦ 而前汉史籍尚未见"深重"语，且后汉以来通常"深重"多不用以形容"罪"之程度，如《后汉书》卷六六《陈蕃传》"忧责深重"⑧，《后汉书》卷一二《张步传》及《三国志》卷五八《吴书·陆逊传》"受恩深重"⑨，《三国志》卷一八《魏书·孙观传》"被创深重"⑩，又《三国志》卷二五《魏书·高堂隆传》"用法深重"⑪，《三国志》卷四六《吴书·孙讨逆传》裴松之注引《江表传》"为恶深重"⑫等。以"深重"称其罪者，仅《三国志·魏书·和洽传》一例："如言事者言，玠罪过深重，非天地所覆载。"⑬

---

① 《汉书》，第3436页。
② 《后汉书》，第3164页。
③ 同上书，第655页。
④ 同上书，第1833页。
⑤ 《三国志》，第226页。
⑥ 同上书，第1126页。
⑦ 同上书，第712页。
⑧ 《后汉书》，第2166页。
⑨ 同上书，第500页；《三国志》，第1348页。
⑩ 《三国志》，第539页。
⑪ 同上书，第712页。
⑫ 同上书，第1104页。
⑬ 同上书，第656页。

而参考刘秀"知吾罪深"、朱鲔"自知罪深"、"陈宫等自以负罪深"、虞翻自言"罪深"诸文例，联想与这些例证有类似之处的被"穷核考问"者应有的口气，或可推知许迪割米事文书中"知罪深重"之"深重"两字若分读，可能更接近原意。而牍文读为"重诣言：不割用米"，则可与下文"重复实核"、"重列言府"前后相互应合。而"重诣言"，亦符合许迪前已承认"割米"，后又试图翻案的情实。

5. 关于"审前后"

第5—6行中一句，王素释文作："迪故下辞，服割用米。审前后榜押迪……"《发掘报告》释文略同，然漏释"榜押迪"之"迪"字。《发掘简报》则释"审"为"实"。察看图版，似仍以释"审"为是。而胡平释文则"审"字接前句读，作"服割用米审"。并解释语义："许迪终于服罪承认自己粜卖官米。"①

《发掘报告》与王素将"审前后"连读，似乎基于谓审讯"考实"之"前后"的理解。其实此"前后"与文牍开头"前后穷核考问"之"前后"同义，不必前缀"审"字。

今按："审"当接前句读，作"服割用米审"。"审"在这里的涵义是确定、确实，不作审查、审问解。《战国策·秦策一》张仪说秦王语："臣闻之，弗知而言为不智，知而不言为不忠。为人臣不忠当死，言不审亦当死。虽然，臣愿悉言所闻，大王裁其罪。"《韩非子·初见秦》其文略同："臣闻不知而言不智，知而不言不忠，为人臣不忠当死，言而不当亦当死。虽然，臣愿悉言所闻，唯大王裁其罪。""不审"即"不当"，"审"、"当"均谓真实、确当。秦汉文献中多有同样的例证。《史记》卷八七《李斯列传》载赵高谓秦二世语："丞相长男李由为三川守，楚盗陈胜等皆丞相傍县之子，以故楚盗公行，过三川，城守不肯击。高闻其文书相往来，未得其审，故未敢以闻。且丞相居外，权重于陛下。"于是，"二世以为然。欲案丞相，恐其不审，乃使人案验三川守与盗通状"。②此外，《后汉书》卷四二《光武十王列传·楚王英》："制诏许太后曰：'国

---

① 胡平生：《长沙走马楼三国孙吴简牍三文书考证》，《文物》1999年第5期。
② 《史记》，第2558—2559页。

家始闻楚事，幸其不然，既知审实……'"① 又《后汉书》卷四二《光武十王列传·东平宪王苍》："臣前颇谓道路之言，疑不审实。"② 又《后汉书》卷六七《党锢列传·范滂》："其未审者，方更参实。"③ 都说"审实"。而《后汉书》卷八一《独行列传·范式》："二年之别，千里结言，尔何相信之审邪？"④《续汉书·律历志中》也说："积三十年，是非乃审。"⑤ 其中"审"字之义，也有助于许迪割米事文牍中"审"字的理解。特别是李斯事迹所谓"案丞相"，"案验三川守与盗通状"，"案"与"案验"，颇与许迪割米事相切近，其中"欲案丞相，恐其不审"语，更可与走马楼简牍"服割用米审前后榜押迪"文辞相对照。

今以为，"迪故下辞，服割用米。审前后榜押迪……""审"字当参考胡平生释文处理，而"迪"字接"故下辞"读，不从胡平生说。全句或当读作"迪故下辞，服割用米审。前后榜押迪……"

如此，则全篇释文当作：

（1）录事掾潘琬叩头死罪白：过四年十一月七日，被督邮敕，考实吏许迪。辄与核事吏赵谭、

（2）部典掾烝若、主者史李珠，前后穷核考问。迪辞：卖官余盐四百廿六斛一斗九升八合四勺，偪米

（3）二千五百六十一斛六斗九升已。二千四百卅九斛一升，付仓吏邓隆、穀荣等。余米一百一十二斛六斗八升，迪割

（4）用饮食，不见为廪直。事所觉后，迪以四年六月一日，偷入所割用米毕，付仓吏黄瑛等。

（5）前录见都尉，知罪深，重诣言：不割用米。重复实核，迪故下辞，服割用米审。前后榜押迪，凡

（6）□不加五毒，据以迪□□服辞结罪，不枉考迪。乞曹重列言府。傅前解，谨下启。琬诚

（7）惶诚恐，叩头死罪死罪。

---

① 《后汉书》，第 1430 页。
② 同上书，第 1437 页。
③ 同上书，第 2204 页。
④ 同上书，第 2676 页。
⑤ 同上书，第 3033 页。

(8) 若

二月十九日戊戌〔白〕

最后一行"若"字批文的释读，王素所说可从。① 而据图版，其字与所署日期"二月十九日戊戌"各就上下，故格式体现似应有所间隔。

6. 关于潘琬的身份职任

这一文书提供了考察当时盐价的重要信息，作为经济史资料值得学者注意。而对于其内容的认识，如果更为准确，将增益对于当时社会历史的认识。

胡平生在《长沙走马楼三国孙吴简牍三文书考证》一文中指出，"这一件文书中的潘琬，职务是'录事掾'，当为临湘县属官。《续汉书·百官志》记县官吏员有'各署诸曹掾史'。牍文之录事掾、掾事史、部典掾及主者史似皆为临湘县'各署诸曹掾史'。"王素在《长沙走马楼三国孙吴简牍三文书新探》一文中也写道，这件文书，"内记长沙郡属某县录事掾潘琬奉敕对本县吏许迪贪污官府余米大案复审经过"。

今疑"录事掾"并非职名，"掾"是潘琬的"职务"，"录事"只是临时性的工作，一如现在所说的"记录"、"记录人"、"记录者"。以为潘琬"职务是'录事掾'"的说法不准确，而称其为"某县录事掾潘琬"的说法也不准确。

对于这一文书的性质，或理解为"书信"②，或写作"考实文书"③，或谓"录事掾潘琬白为考实吏许迪剬用余米事"④。后说应注意到文书开篇"录事掾潘琬叩头死罪白"与文末"二月十九日戊戌〔白〕"，两个"白"字形成了对应关系。关注到这一点，将此文书看作潘琬向上级就此案进行的陈述，可能是适宜的。

---

① 《长沙走马楼三国孙吴简牍三文书新探》，《文物》1999 年第 9 期；《"若"即"诺"可以作为定论——长沙走马楼简牍研究辨误（三）》，《光明日报》2000 年 8 月 25 日。

② 宋少华：《大音希声——浅谈对长沙走马楼三国吴简的初步认识》，《中国书法》1998 年第 1 期。

③ 胡平生：《长沙走马楼三国孙吴简牍三文书考证》，《文物》1999 年第 5 期。

④ 王素：《长沙走马楼三国孙吴简牍三文书新探》，《文物》1999 年第 9 期。

走马楼许迪案文牍所见盐米比价及相关问题

长沙走马楼简牍可见吏许迪割用仓米一案的调查处理记录，其中涉及当时盐米比价的内容，不仅是认识当时社会经济生活的重要资料，也为盐业史研究的新认识提供了有益的条件。通过许迪割米案文牍，可知当时当地的盐价与米价大致的比率为 6∶1。这是迄今年代比较早的可以较精确地反映"盐"这种于国计民生至为重要的物资一般价格的文物实证，可以参证其他资料进行综合研究，因而特别值得珍视。

1. J22—2540 号木牍所见盐米价格信息

走马楼简牍资料中有编号为 J22—2540 的木牍，内容涉及吏许迪割用仓米一案的调查审理，其中又有关于当时经济生活与吏治状况以及刑讯方式等诸方面的重要信息，已经多有学者予以重视。

虽然已经有多篇论文发表了研究成果，对于这一文书的断句、释读、解义，仍然有若干问题可以继续深入探讨。例如，有关其中涉及"盐""米"价格比率的数据，就值得研究者充分重视。

对于这一文牍的释读，已看到多种论点发表，学者各有高见，如《长沙走马楼 J22 发掘简报》[1]、《长沙走马楼三国吴简·嘉禾吏民田家莂》附《长沙走马楼二十二号井发掘报告》[2]、胡平生《长沙走马楼三国

---

[1] 《文物》1999 年第 5 期。
[2] 《长沙走马楼三国吴简·嘉禾吏民田家莂》，文物出版社 1999 年 9 月版。

孙吴简牍三文书考证》①、王素《长沙走马楼三国孙吴简牍三文书新探》②等。对照图版，可以对释文提出新的意见。今以为全篇释文当作：

（1）录事掾潘琬叩头死罪白：过四年十一月七日，被督邮敕，考实吏许迪。辄与核事吏赵谭、

（2）部典掾烝若、主者史李珠，前后穷核考问。迪辞：卖官余盐四百廿六斛一斗九升八合四勺，偪米

（3）二千五百六十一斛六斗九升已。二千四百卌九斛一升，付仓吏邓隆、榖荣等。余米一百一十二斛六斗八升，迪割

（4）用饮食，不见为廪直。事所觉后，迪以四年六月一日，偷入所割用米毕，付仓吏黄瑛等。

（5）前录见都尉，知罪深，重诣言：不割用米。重复实核，迪故下辞，服割用米审。前后榜押迪，凡

（6）□不加五毒，据以迪□□服辞结罪，不枉考迪。乞曹重列言府。傅前解，谨下启。琬诚

（7）惶诚恐，叩头死罪死罪。

（8）若

　　　　　　　　　　　　　　　　二月十九日戊戌〔白〕

最后一行"若"字批文的释读，王素所说至确③。而据图版，其字与所署日期"二月十九日戊戌"各就上下，故格式体现似应有所间隔。④

---

① 《文物》1999年第5期。
② 《文物》1999年第9期。
③ 《长沙走马楼三国孙吴简牍三文书新探》，《文物》1999年第9期；《"若"即"诺"可以作为定论——长沙走马楼简牍研究辨误（三）》，《光明日报》2000年8月25日。
④ 王子今：《走马楼简许迪刚米事文牍释读商榷》，《郑州大学学报》2001年第4期。根据已经发表的报告和论著，整篇文书中所谓"剛用"，凡出现四次。对于"剛"字的释读，今遵从谢桂华、李均明、侯旭东等学者的意见，对照图版，以为应当改释为"割"。"剛用"，应即"割用"。"割"，即非法劫取。《后汉书》卷二六《韦彪传》："赋发充常调而贪吏割其财。"第918页。《北齐书》卷一五《尉景传》："尔割天子调。"第194页。《新唐书》卷一一八《李渤传》："聚敛之臣割下媚上。"第4283页。"割"的文意皆与走马楼简许迪案"割米"之"割"接近。

2. 胡平生考论盐米布比价

其中所谓"迪辞：卖官余盐四百廿六斛一斗九升八合四勺，偪米二千五百六十一斛六斗九升已"，提供了有关当时"盐"、"米"比价的重要资料。胡平生就此进行了细致而有意义的工作。他在《长沙走马楼三国孙吴简牍三文书考证》一文中写道：

> 根据考实文书所记许迪案盐、米折算的数据，结合走马楼简的其他资料，可对当时的物价有所了解。按照牍文官盐四百廿六斛一斗九升八合四勺，沽米二千五百六十一斛六斗九升计；按照一斗米一百六十钱、一斗米二尺布计：
> 4261.984 斗盐 = 25616.9 斗米；
> 1 斗盐 = 6.01 斗米；
> 1 斗米 = 0.17 斗盐；
> 1 斗盐 = 961.69 钱；
> 1 斗盐 = 12.02 尺布；
> （这里使用的是嘉禾四年"佃田租税券书"的数据，依《中国书法》所刊嘉禾五年的数据，1 斗米约为 1.7 尺布，1 斗米约为 112 钱）这是重要的经济史资料。

胡平生所说"《中国书法》所刊"，是指宋少华的论文《大音希声——浅谈对长沙走马楼吴简的初步认识》所附图版。[①] 而据随即出版的《长沙走马楼三国吴简·嘉禾吏民田家莂》，嘉禾四年（235）的米、布、钱的换算标准大致是：1 斗米 = 2 尺布；1 斗米 = 160 钱；1 尺布 = 0.5 斗米；1 尺布 = 80 钱；1 钱 = 0.00625 斗米；1 钱 = 0.0125 尺布。[②] 而嘉禾五年的情形较为复杂。"租税之米由仓收纳，而钱、布容于库。钱、布亦可折合为米纳于仓，折合率不一，在一定的幅度范围变动，其中布折米的变动幅度较小，而钱折米的变动幅度则较大。"嘉禾五年布折米的比率常见

[①] 《中国书法》1998 年第 1 期。
[②] 《嘉禾四年吏民田家莂解题》，《长沙走马楼三国吴简·嘉禾吏民田家莂》，第 72 页。

者为1.6尺布=1斗米及1.66尺布=1斗米两种。而比率高者达1.84尺布=1斗米，少者仅1.41尺布=1斗米。嘉禾五年钱折米的比率在50钱=1斗米至150钱=1斗米之间浮动，幅度较大。①

嘉禾五年的物价波动，或许与这一年的严重灾情有关。②

看来，直接讨论"盐"与"米"的比价，或许较为明了清晰。

如果以许迪割米案文牍提供的"4261.984斗盐=25616.9斗米"的数据为基本资料，取更为精确的计算结果，应当是：

4261.984斗盐=25616.9斗米；

1斗盐=6.01056斗米；

1斗米=0.16637斗盐；

当时当地的盐价与米价，大致的比率为6∶1。

3. 陈直的研究与虞诩守武都时史例

陈直是较早注重物价研究并且以此作为经济史研究的基础的学者。他的名著《两汉经济史料论丛》中所收论文《汉代米谷价及内郡边郡物价情况》，在讨论"汉代内郡的物价情况"时不涉及盐价。讨论"西汉边郡的物价情况"时有一例说到盐价："盐石百钱（见《御览》八百六十五引《续汉书》）。"③《太平御览》卷八六五原文："《续汉书》曰：'虞诩为武都太守，始到郡，谷石千五百，盐石八千，视事三岁，谷石八千，盐百。'"④

其事亦见于《后汉书·虞诩传》的记载：虞诩任武都太守，"诩始到郡，户裁盈万。及绥聚荒余，招还流散，二三年间，遂增至四万余户。盐米丰贱，十倍于前。"李贤注引《续汉书》说：

---

① 《嘉禾五年吏民田家莂解题》，《长沙走马楼三国吴简·嘉禾吏民田家莂》，第165页。
② 《三国志·吴书·吴主传》："（嘉禾五年）自十月不雨，至于夏。"第1141页。
③ 陈直：《两汉经济史料论丛》，陕西人民出版社1980年12月版，第281页。
④ 《太平御览》，第3838页。

诩始到，谷石千，盐石八千，见户万三千。视事三岁，米石八十，盐石四百，流人还归，郡户数万，人足家给，一郡无事。①

说虞诩方到任时，"盐"与"谷"的比价是8∶1，主持行政三年之后，物价大幅度下降，米价只有原先谷价的8%，盐价也下降了95%。这时"盐"与"谷"的比价成为5∶1。这一数据，与《太平御览》卷八六五引《续汉书》的说法有所不同。可能还是《后汉书》卷八五《虞诩传》李贤注引《续汉书》的记载更为接近事实。

虞诩主持武都郡行政，在东汉安帝时。《续汉书》的这一记载，可能是距离走马楼简许迪割米案文牍时代最为相近的一条有关盐价的明确资料了。另一值得研究者注意的事实，是武都非盐产地，在盐的产销系统中，与长沙有一定的可比性。然而武都粮产显然不及长沙，因而就盐米比价来说，武都5∶1和长沙6∶1，大约都是比较正常的。

4. 王仲荦《金泥玉屑丛考》盐价研究

关于先秦两汉盐价，王仲荦《金泥玉屑丛考》卷一有《〈管子〉物价考》，其中有"盐价"：

《管子·轻重篇甲》：十月初正，至于正月，成盐三万六千锺，乃以令使粜之，得成金万壹千余斤。
荦按：六斛四斗曰锺。

同卷又有《〈史记·货殖列传〉物价考》，其中有"盐豉价"：

櫱曲盐豉千荅，
荦按：斗六升曰荅，千荅二十万，一荅二百文。②

---

① 《后汉书》，第1869—1870页。
② 王仲荦遗著，郑宜秀整理：《金泥玉屑丛考》，中华书局1998年8月版，第3、12页。

这些与"盐"有关的物价资料，如司马迁《史记》卷一二九《货殖列传》中所承认："其大率也"①，都仅仅是约略之数，不足以作为物价史研究的确实根据。②

5. 汉简盐价史料

江陵张家山汉简《算数书》中，有涉及盐价的算题：

> **贾盐** 今有盐一石四斗五升少半升，贾取钱百五十，欲石衡（率）之，为钱几何？曰：百三钱四百卅分钱九十五。术曰：三盐之数以为法，亦三一石之升数，以钱乘之为实。③

盐价应为 103.2347 钱，而算题答案"百三钱四百卅分钱九十五"，为 103.2209 钱。虽然算题内容不可能距离现实生活过远，但是毕竟作为一种假设提出，尚未可作为认识盐业史和盐交易史的确证。

居延出土地皇三年（22）《劳边使者过界中费》简册中，也有涉及盐价的资料，如：

> 盐豉各一斗　　　直卅（E.J.T22：7）④

如果"盐豉各一斗"合计"直卅"，则价格或与张家山汉简《算数书》

---

① 《史记》，第 3274 页。
② 《史记》卷一二九《货殖列传》说，拥有"蘖曲盐豉千荅"者，"此亦比千乘之家"。裴骃《集解》引徐广曰："或作'台'，器名有瓵。孙叔然云瓵，瓦器，受斗六升合为瓵。音贻。"司马贞《索隐》："盐豉千盖。下音贻。孙炎说云'瓵，瓦器，受斗六合'，以解此'盖'，非也。案：《尚书大传》云'文皮千合'，则数两谓之合也。《三仓》云'桶，盛盐豉器，音他果反'，则盖或桶之异名耳。"《史记》，第 3273—3274 页。看来，这里所说的"盐豉"，有可能主要是说秦汉时期的主要饮食消费品"豉"。参见王子今《汉代人饮食生活中的"盐菜""酱""豉"消费》，《盐业史研究》1996 年第 1 期。
③ 江陵张家山汉简整理小组：《江陵张家山汉简〈算数书〉释文》，《文物》2000 年第 9 期。
④ 甘肃居延考古队：《居延汉代遗址的发掘和新出土的简册文物》，《文物》1978 年第 1 期，图版捌。

盐价相当，而低于虞诩主政武都时盐价。①

显然，走马楼简牍许迪割米案文牍提供的盐米比价资料，是迄今年代比较早的可以较精确地反映国计民生至为重要的物资价格的文物实证，可以参证其他资料进行综合研究，因而特别值得珍视。

6. 三国孙吴盐政形势

三国时期，曹魏集团在关中地区推行的盐政措施，史书竟然有涉及荆州地区的记载。《三国志》卷二一《魏书·卫觊传》：

> 至长安，道路不通，觊不得进，遂留镇关中。时四方大有还民，关中诸将多引为部曲，觊书与荀彧曰："关中膏腴之地，顷遭荒乱，人民流入荆州者十万余家，闻本土安宁，皆企望思归。而归者无以自业，诸将各竞招怀，以为部曲。郡县贫弱，不能与争，兵家遂强。一旦变动，必有后忧。夫盐，国之大宝也，自乱来散放，宜如旧置使者监卖，以其直益市犁牛。若有归民，以供给之。勤耕积粟，以丰殖关中。远民闻之，必日夜竞还。又使司隶校尉留治关中以为之主，则诸将日削，官民日盛，此强本弱敌之利也。"或以白太祖。太祖从之，始遣谒者仆射监盐官，司隶校尉治弘农。②

《晋书》卷二六《食货志》也有如下记载：

> 建安初，关中百姓流入荆州者十余万家，及闻本土安宁，皆企望思归，而无以自业。于是卫觊议为"盐者，国之大宝，自丧乱以来放散，今宜如旧置使者监卖，以其直益市犁牛，百姓归者以供给之。勤耕积粟，以丰殖关中，远者闻之，必多竞还。"于是魏武遣谒者仆射监盐官，移司隶校尉居弘农。流人果还，关中丰实。③

---

① 谢桂华、周年昌《秦汉物价资料辑录》引录这条简文，在"盐价"题下作"直卅"，在"豉价"题下作"直卅"，前者有误。福建人民出版社1985年9月版，第44页。
② 《三国志》，第610—611页。
③ 《晋书》，第784页。

据此则关中地区流入荆州的移民，曾经因政策的优惠，有北还的情形。曹魏政权吸引流民北归的政策，有合理的盐政措施以为财政支撑。其具体形式，是将当时盐业实际上之"放散"状态，改为"置使者监卖"。《晋书》卷二六《食货志》中还有一条关于曹魏政权加强盐政管理的资料："嘉平四年，关中饥，宣帝表徙冀州农夫五千人佃上邽，兴京兆、天水、南安盐池，以益军实。"① 又据《三国志》卷二七《魏书·徐邈传》："明帝以凉州绝远，南接蜀寇，以邈为凉州刺史，使持节领护羌校尉。至，值诸葛亮出祁山，陇右三郡反，邈辄遣参军及金城太守等击南安贼，破之。河右少雨，常苦乏谷，邈上修武威、酒泉盐池以收虏谷，又广开水田，募贫民佃之，家家丰足，仓库盈溢。乃支度州界军用之余，以市金帛犬马，通供中国之费。"②

蜀汉政权加强盐政管理的历史记录，有《三国志》卷三九《蜀书·吕乂传》：

> 初，先主定益州，置盐府校尉，较盐铁之利，后校尉王连请乂及南阳杜祺、南乡刘幹等并为典曹都尉。③

又《三国志》卷四一《蜀书·王连传》：

> 及成都既平，以连为什邡令，转在广都，所居有绩。迁司盐校尉，较盐铁之利，利入甚多，有裨国用，于是简取良才以为官属，若吕乂、杜祺、刘幹等，终皆至大官，自连所拔也。迁蜀郡太守、兴业将军，领盐府如故。④

又如《三国志》卷四三《蜀书·张嶷传》又有这样的记载：张嶷为越巂太守，"定莋、台登、卑水三县去郡三百余里，旧出盐铁及漆，而夷徼久自固食。嶷率所领夺取，署长吏焉。嶷之到定莋，定莋率豪狼岑，槃木王

---

① 《晋书》，第785页。
② 《三国志》，第739页。又《晋书》卷二六《食货志》也记载："魏明帝世徐邈为凉州，土地少雨，常苦乏谷。邈上修武威、酒泉盐池，以收虏谷。"第784页。
③ 同上书，第988页。
④ 同上书，第1009页。

舅，甚为蛮夷所信任，忿毅自侵，不自来诣。毅使壮士数十直往收致，挞而杀之，持尸还种，厚加赏赐，喻以狼岑之恶，且曰：'无得妄动，动即殄矣！'种类咸面缚谢过。毅杀牛飨宴，重申恩信，遂获盐铁，器用周赡。"①《文选》卷一三谢惠连《雪赋》李善注引《博物志》说："临邛火井，诸葛亮往视后，火转盛，以盆贮水，煮之得盐。"② 这样的传说或许也可以作为蜀地盐业受到重视的历史事实的反映。

三国吴地的食盐消费可能主要依赖海盐。③

《史记》卷一〇六《吴王濞列传》说，刘濞"煮海水为盐，以故无赋，国用富饶"④。周瑜反对屈服于曹操，对孙权陈说吴地的优势，有"煮海为盐，境内富饶"的话。⑤ 有的学者以为，"这表明盐利在东吴国力中所占据的重要地位"。⑥

然而《汉书》卷二八《地理志》载各地盐官35处，所录未能完全，严耕望曾经考补3处，并提出可能为汉置者4处⑦，杨远又考补6处（其中1处与严耕望意见相同），在总共47处盐官中，其设置位置在三国时吴地的仅有3至4处，即会稽郡海盐、南海郡番禺、苍梧郡高要⑧，以及尚可存疑的广陵国或广陵郡⑨。当然，这主要是依据西汉资料，东汉以来东南地方经济的跃进对盐业的需求应当会促进当地盐产的增长。而且，食盐产量并不一定与盐官处所的数量成正比。但是从总的形势看，吴地盐产基地分布的稀疏，对于盐运提出了极高的要求。就长沙地区来说，盐运路途之遥远给盐业管理造成的严重困难是显而易见的。而我们所看到的盐价并未高昂，可以与东汉时期内地大致持平的情形，必然是政府精心统筹、严密控制、认真经营的结果。

---

① 《三国志》，第1053页。
② 〔梁〕萧统编，〔唐〕李善注：《文选》，上海古籍出版社1986年8月版，第593页。
③ 参见王子今《两汉盐产与盐运》，《盐业史研究》1993年第3期。
④ 《史记》，第2822页。
⑤ 《三国志》卷五四《吴书·周瑜传》裴注引《江表传》，第1260页。
⑥ 齐涛：《汉唐盐政史》，山东大学出版社1994年4月版，第119页。
⑦ 严耕望：《中国地方行政制度史》甲部《秦汉地方行政制度》，《"中研院"历史语言研究所专刊》之45A，1990年，第196—198页。
⑧ 据《汉书》卷二八下《地理志下》，第1628—1629页。
⑨ 据杨远考补。杨远：《西汉盐、铁、工官的地理分布》，《香港中文大学中国文化研究所学报》第9卷上册，1978年。

据《三国志》卷五四《吴书·周瑜传》裴松之注引《江表传》，曹操乘官渡之胜的余威，下书令孙权质子，周瑜在强烈反对时列举足以与曹操抗衡的条件，提出吴地在盐的资源方面的优势："今将军承父兄余资，兼六郡之众，兵精粮多，将士用命，铸山为铜，煮海为盐，境内富饶，人不思乱，泛舟举帆，朝发夕到，士风劲勇，所向无敌，有何偪迫，而欲送质？"① 陈连庆因此指出，"东海之盐"，"是江东政权与曹氏政权角逐的经济支柱"。②

《三国志》卷四八《吴书·三嗣主传》记载：永安七年（264），"秋七月，海贼破海盐，杀司盐校尉骆秀"。③ 可知当时海盐（今浙江海盐东）有"司盐校尉"职官。这一"海盐"，或许就是《汉书》卷二八下《地理志下》所见西汉时盐官所在。其事迹见于走马楼简的孙吴名将步骘，就曾经任海盐地方行政长官"海盐长"。④ 而位于今浙江余杭东南的"盐官"县，应当是另一处盐业生产基地。据《晋书》卷二九《五行志下》："（武帝太康）七年十二月己亥，毗陵雷电，南沙司盐都尉戴亮以闻。"⑤ 又《晋书》卷七六《王允之传》有"领司盐都尉"的记录。⑥《宋书》卷三五《州郡志一·南徐州》："南沙令，本吴县司盐都尉署。吴时名沙中，吴平后，立暨阳县割属之。晋成帝咸康七年，罢盐署，立以为南沙县。"⑦ 谭其骧主编《中国历史地图集》的《三国吴·扬州》图标注在今江苏常熟。⑧ 孙皓甘露元年（265），吴王朝还曾经在东莞置司盐都尉。⑨

《三国志》卷五六《吴书·朱桓传》记载，朱桓"赤乌元年卒"，

---

① 《三国志》，第1260页。
② 陈连庆：《魏晋时期盐铁事业的恢复和发展》，《魏晋南北朝史论文集》，齐鲁书社1991年5月版，第9页；又《中国古代史研究——陈连庆教授学术论文集》，吉林文史出版社1991年12月版，第481页。
③ 《三国志》，第1161页。
④ 《三国志》卷五二《吴书·步骘传》，第1237页。又孙谊也曾经任"海盐长"。《三国志》卷五一《吴书·宗室传·孙桓》裴注引《吴书》，第1217页。
⑤ 《晋书》，第877页。
⑥ 同上书，第2002页。
⑦ 《宋书》，第1040页。
⑧ 《中国历史地图集》，地图出版社1982年10月版，第3册第26—27页。
⑨ 《宋书》卷三八《州郡志四·广州》："东官太守，何志故司盐都尉，晋成帝立为郡。"第1199页。又《太平寰宇记》卷一五七引《南越志》有孙皓甘露元年在东莞置司盐都尉之说。

"家无余财，权赐盐五千斛以周丧事"。① 这一资料可以反映吴国上层权势者对于"盐"的控制和占有，也可以说明"盐"在当时经济交易中能够作为一般等价物的地位。

7. 计量精度与盐政管理效率

在以往所见秦简和汉简资料中，食用盐的计量，通常仅仅精确到"升"，或者至于"少半升"，即 1/3 升。也有极个别的例子精确到"升"的 1/10 "龠"。例如居延汉简：

永始三年计余盐五千四百一石四斗三龠（E. P. T50：29）
出盐二升九龠（268.12）

而走马楼许迪割米案文牍则精确到"勺"：

官余盐四百廿六斛一斗九升八合四勺（J22—2540）

据说待发表的走马楼简牍资料中，还有若干则以"勺"计量的实例，甚至有精确至于"撮"的。这些简例，也应当是关于"盐"的记录。

现在已知汉代标准量器有斛、斗、升、合、龠、撮 6 个量级，可以将当时设计容积和现今实测容量列表如下。②

量名	刻 铭	原设计容积	实测容量
斛	容 10 斗	1620 立方升	20000 毫升
斗	容 10 升	162 立方升	2000 毫升
升	容 10 合	16200 立方分	200 毫升
合	容 2 龠	1620 立方分	20 毫升
龠	容 5 撮	810 立方分	10 毫升
撮	容 4 圭	162 立方分	2 毫升
圭		40.5 立方分	0.5 毫升

---

① 《三国志》，第 1315 页。
② 丘光明：《中国历代度量衡考》，科学出版社 1992 年 8 月版，第 244 页。

勺，也是容量单位，历代有所不同。《孙子算经》卷上："十撮为一抄，十抄为一勺，十勺为一合。"① 又按照南朝梁人陶弘景的说法："十撮为一勺，十勺为一合，十合为一升。"② 都说"十勺为一合"，则"勺"相当于"钥"。盐仓的出纳精确至相当于现今10毫升的单位，可见管理之严密精细。而居延汉简的"龠"，所仅见的两例，未见"升"与"钥"之间的"合"。如果"龠"就是"合"，则计量精度显然较走马楼简牍粗略。而走马楼简计量单位精确至"撮"的内容如果确实，则是以2毫升为单位的例证。

8."盐米"仓制

从走马楼许迪割米案文牍的内容看，"盐"与"米"由同一收储系统管理，甚至在同一仓中，一个官员就可以一手出盐，一手入米，通过"盐"与"米"的出纳取利，这也是值得注意的现象。

走马楼简又可见所谓"盐米"。整理者指出，走马楼简中"米"的名目多至四十一种，除了依税种分、依品质分、依产地分各有多种而外，"还有旧米、𪌉米、临米、渍米、盐米……"所举简例，有"盐米"入仓的记载。如：

> 入吏吴偃三年盐米五斛□斗五升黄龙三年正月廿一日关邸阁郭据付仓吏临贤受（9·3173）③

"盐米"的意义，我们尚未完全理解，但是显然与"盐"有关。相信随着走马楼简牍资料的陆续发表，"盐米"定名的意义，"盐米"和"盐"的关系，都可以逐渐明朗。

---

① 〔唐〕李淳风：《孙子算经》，清武英殿聚珍版丛书本。
② 〔明〕李时珍：《本草纲目序例》引陶弘景《名医别录合药分剂法则》，文渊阁《四库全书》本。
③ 王素、宋少华、罗新：《长沙走马楼简牍整理的新收获》，《文物》1999年第5期。

烝姓的源流——读《嘉禾吏民田家莂》札记

《长沙走马楼三国吴简·嘉禾吏民田家莂》问世以来，有的研究者已经就当时吏民定名的若干规律有所讨论。① 走马楼简涉及姓名的资料确实可以提供理解当时社会的重要信息，而其中有的宗姓的历史文化特征尤其值得我们注意，例如烝姓。

1. 作为长沙大姓的烝姓

《嘉禾吏民田家莂》中出现的人名，多见人们所鲜知的烝姓。

借助走马楼简整理组所作《嘉禾吏民田家莂人名索引》，可知烝姓总计凡143见。其中《嘉禾四年吏民田家莂》32见，《嘉禾五年吏民田家莂》108见，《无年份标识吏民田家莂》3见。烝姓是《嘉禾吏民田家莂》中出现最为频繁的姓。

所见烝姓143例中，14人名字不可识。其余129人中，同一年份名字重复者有10例，均见于《嘉禾五年吏民田家莂》，即：

(1) 烝角　利　丘　五·三〇〇
　　烝角　略　丘　五·六五一
(2) 烝谩　利　丘　五·三一〇
　　烝谩　桐　丘　五·五五一

---

① 高凯：《从走马楼吴简〈吏民田家莂〉看孙吴初期长沙郡民的起名风俗》，《寻根》2001年第2期。

（3）烝囷　常略丘　五·六三五
　　　烝囷　平支丘　五·一二四
（4）烝若　函　丘　五·四八一
　　　烝若　平支丘　五·一二五
（5）烝渚　刘里丘　五·八八九
　　　烝渚　林浪丘　五·三六六
（6）烝硕　平支丘　五·一二八
　　　烝硕　石下丘　五·二〇五
（7）烝尾　梦　丘　五·七七一
　　　烝尾　松田丘　五·三八八
（8）烝循　利　丘　五·三〇五
　　　烝循　杷　丘　五·四一一
（9）烝益　唅　丘　五·六六六
　　　烝益　于上丘　五·四二九
（10）烝緈　夫　丘　五·一一一
　　　烝緈　石下丘　五·二〇九

以上10组20人，每一组中的两人，由于分别隶于不同的丘，因而不可能是同一人。

不同年份名字重复者，则不能排除是同一人的可能，这种情形有9例，即：

（1）烝兼　利　丘　四·二一六
　　　烝兼　利　丘　五·三〇二
（2）烝浇　伻　丘　四·二五六
　　　烝浇　侠　丘　五·五二〇
（3）烝颉　石下丘　四·一九九
　　　烝颉　石下丘　五·二〇六
（4）烝谩　利　丘　四·二一九
　　　烝谩　利　丘　五·三一〇
　　　烝谩　桐　丘　五·五五一
（5）烝毛　平支丘　四·一四三

烝姓的源流——读《嘉禾吏民田家莂》札记

```
        烝毛              〇·二九
（6）   烝骑  利丘         四·二一八
        烝骑  利丘         五·三〇七
（7）   烝苏  昭丘         四·二九八
        烝苏  利丘         五·三〇八
（8）   烝宗  顷丘         四·三五四
        烝宗  利丘         五·三〇一
（9）   烝平  莫丘         五·五七〇
        烝平  平攴丘       〇·三
```

以上9组19人中，有可能有一人两见，重复出现的情形。但是，即使排除这种可能，在总数143例中减去9例，烝姓依然远远超过位列第二的潘姓与番姓合计之数115，仍是《嘉禾吏民田家莂》中拥有民户数量最多的姓。

如果将《嘉禾吏民田家莂》作为反映当时族姓分布信息的资料，我们有理由推定，就人口数量而言，烝姓是三国吴时长沙地区的大姓。

2. 走马楼简牍所见烝姓吏卒

烝姓未见于秦汉三国时期文献。或许是当地原住民的姓氏。

烝姓未曾见诸史籍，很可能只是黔黎细民之姓，但是就现有资料看，其中也有担任军政公职的人员。据《嘉禾吏民田家莂》，可见14例：

```
州吏  （1）  石下丘州吏烝诵（?）    四·一九八
       （2）  石下丘州吏烝□         四·二〇〇
郡吏  （3）  郡吏烝广               四·五一二
       （4）  杷丘郡吏烝信           五·四一〇
       （5）  弦丘郡吏烝□           五·四五〇
县吏  （6）  利丘县吏烝循           五·三〇五
       （7）  利丘县吏烝赟           五·三〇九
       （8）  伯丘县吏烝□           五·三四二
       （9）  杷丘县吏烝循           五·四一一
```

	（10）	东丘县吏烝宦　五·四一六
	（11）	瀱丘县吏烝承　五·九七七
军吏	（12）	略丘军吏烝仁　五·六五〇
州卒	（13）	三州丘州卒烝𪩘五·三
郡卒	（14）	常略丘郡卒烝秃五·六三四

在《嘉禾吏民田家莂》烝姓出现143例中，担任州吏、郡吏、县吏的12人，占8.39%。加上担任州卒、郡卒的2例，则共14人，占9.79%。排除143中可能的重复，则烝姓吏卒应当超过烝姓总民户的10%。

此外，《嘉禾吏民田家莂》以外的资料中，又可见1例：

军故吏烝达兄蔡年卅九　嘉禾四年□月廿八日叛走（13·7903）①

烝达的身份为"军故吏"。

烝姓多有人出任军政吏员，参与军事指挥和行政管理，可见这一族姓在当地的社会影响表现出一定的强势。

3. 烝姓·烝水·临烝与烝阳

对于烝姓的由来，现在似乎已经难以确考。

不过，我们注意到距离《嘉禾吏民田家莂》所见烝姓分布的地域不远，有江名"烝水"，又有"临烝"及"烝阳"地方行政机构建制，烝姓的形成，或许与这一情形有一定的关系。

《汉书》卷一五下《王子侯表下》："承阳侯景，长沙剌王子。闰月丁酉封，四年免。"颜师古注："承音烝。字或作丞。"②《汉书》卷九九中《王莽传中》："太保、后承承阳侯甄邯为大司马，承新公。"颜师古注：

---

① 王素、宋少华、罗新：《长沙走马楼简牍整理的新收获》，《文物》1999年第5期。"叛走"释文，据侯旭东《长沙走马楼三国吴简释文补正》，《中国文物报》1999年7月21日。

② 《汉书》，第523页。

"承阳音烝阳。"①《续汉书·郡国志四》则写道：

> 零陵郡武帝置。雒阳南三千三百里。十三城，户二十一万二千二百八十四，口百万一千五百七十八。
>
> **泉陵** **零陵**阳朔山，湘水出。 **营道**南有九疑山。 **营浦** **泠道** **洮阳** **都梁**有路山。 **夫夷**侯国（故属长沙）。 **始安**侯国。 **重安**侯国，故钟武，永建三年更名。 **湘乡** **昭阳**侯国。 **烝阳**侯国，故属长沙。

"**零陵**阳朔山，湘水出"句下，刘昭注补引罗含《湘中记》曰：

> 有营水，有洮水，有灌水，有祁水，有宜水，有春水，有烝水，有耒水，有米水，有渌水，有连水，有浏水，有沩水，有汨水，有资水，皆注湘。②

"烝阳"显然当因"烝水"之阳得名。"烝阳"句下王先谦《后汉书集解》引惠栋曰："《前志》作'承'，音'烝'。"③ 可知《汉书》的"承阳"就是《续汉书》的"烝阳"。

《三国志》卷三九《蜀书·刘巴传》记述了烝阳人刘巴的事迹："刘巴字子初，零陵烝阳人也。少知名，荆州牧刘表连辟，及举茂才，皆不就。表卒，曹公征荆州。先主奔江南，荆、楚群士从之如云，而巴北诣曹公。曹公辟为掾，使招纳长沙、零陵、桂阳。会先主略有三郡，巴不得反使，遂远适交阯，先主深以为恨。"看来长沙、零陵、桂阳往交阯的交通是便利的。裴松之注引《零陵先贤传》："巴往零陵，事不成，欲游交州，道还京师。时诸葛亮在临烝，巴与亮书曰：'乘危历险，到值思义之民，自与之众，承天之心，顺物之性，非余身谋所能劝动。若道穷数尽，将托命于沧海，不复顾荆州矣。'亮追谓曰：'刘公雄才盖世，据有荆土，莫不归德，天人去就，已可知矣。足下欲何之？'巴曰：'受命而来，不成

---

① 《汉书》，第4100页。
② 《后汉书》，第3482页。
③ 〔清〕王先谦：《后汉书集解》，中华书局1984年2月版，第1255页。

当还，此其宜也。足下何言邪！'"① 其中所谓"时诸葛亮在临烝"，"临烝"地名也值得注意。《三国志》卷三五《蜀书·诸葛亮传》也写道："曹公败于赤壁，引军归邺。先主遂收江南，以亮为军师中郎将，使督零陵、桂阳、长沙三郡，调其赋税，以充军实。"裴松之注引《零陵先贤传》："亮时住临烝。"②

《晋书》卷一五《地理志下》已经"烝阳"、"临烝"并见。"烝阳"属"衡阳郡"，"临烝"属"湘东郡"。而"衡阳郡"、"湘东郡"题下均有注文："吴置，故属长沙。"③ 似乎"临烝"建制维持更为长久，《宋书》卷三七《州郡志三》"湘州"条下写道："临烝伯相，吴属衡阳，《晋太康地志》属湘东。"④《隋书》卷三一《地理志下》"衡山郡"条下写道："衡阳，旧置湘东郡。平陈，郡废，并省临烝、新城、重安三县入焉。"⑤《新唐书》卷四一《地理志五》"衡州衡阳郡"条下写道："衡阳，紧。本临烝，武德四年置，七年省重安、新城二县入焉。开元二十年更名。"⑥ "烝阳"、"临烝"，又写作"蒸阳"、"临蒸"。⑦

"烝水"之称，仍见于明清史籍。《明史》卷四四《地理志五》"长沙府"条下："西有湘水，源出广西兴安县，流入境，合潇水、烝水北流。"又"衡州府"条下："东有湘水，又有烝水自西南流入焉，谓之烝口。"又"宝庆府"条下："邵阳……东有烝水。"⑧ 又如《清史稿》卷六八《地理志十五》"宝庆府"条下："烝水源出邪姜山，合大云水，至衡阳入湘。"又"衡州府"条下："湘水左渎自清泉入，北过府治东，北受烝水。水出邵阳东，合等江水，至陡江口，岳山水南流入焉。""柿江水、清化水，皆东北

---

① 《三国志》，第980—981页。
② 同上书，第915页。
③ 《晋书》，第457页。
④ 《宋书》，第1132页。
⑤ 《隋书》，第896页。
⑥ 《新唐书》，第1068页。
⑦ 如《晋书》卷六八《贺循传》"蒸阳令"，第1824页；《宋书》卷八四《邓琬传》"湘东郡临蒸县"，第2146页；《南齐书》卷一五《州郡志下》"湘州"条"临蒸"，第288页；《陈书》卷一〇《周铁虎传》，第169页；《南史》卷六七《周铁武传》"临蒸令"，第1631页；《北史》卷七六《周罗睺传》，第2596页；《隋书》卷六五《周罗睺传》"临蒸县侯"，第1523页等。《旧唐书》卷四〇《地理志三》所列衡州领县，也写作"临蒸"，第1613页。
⑧ 《明史》，中华书局1974年4月版，第1086、1092页。

至衡阳入烝水。"① 古之"烝水",现代地图已经标示为"蒸水"。

烝阳,在今湖南邵东东南。临烝,在今湖南衡阳。

中国古代姓氏出于地名的情形十分普遍。② 烝姓,很可能与"烝水"有关。古"烝阳"、"临烝"地方,或许是烝姓源起及密集之处。

4. 烝姓的下落

在《嘉禾吏民田家莂》户口数量首屈一指的烝姓,不知是何原因,在后世却全无踪迹,诸多姓氏学专著竟然也没有记录。

烝姓的下落,成为一个历史文化之谜。

由于历史地名"烝阳"、"承阳"以及"烝水"、"承水"的互用③,我们很自然地首先想到烝姓是否有后来演易为承姓的可能。岑仲勉校记唐人林宝撰《元和姓纂》,于卷五补"承"姓,写道:"卫大夫承成之后,见《代本》。"④ 又指出据《类稿》二九引。⑤《后汉书》卷二七《承宫传》:"承宫字少子,琅邪姑幕人也。"⑥ 臧励龢等《姓氏考略》:"承,《世本》:'卫大夫承叔成之后。'望出千乘。"⑦ 正与承宫出身地接近。其族系可能与长沙烝姓无涉。然而承姓是否有或许与烝姓有关的南出一支,现在尚未发现确证。汉印可见"承仁"、"承驦"、"承建"人名。⑧ 清人张澍《姓氏寻源》卷一九:"汉世姑幕、东莞有承姓。见《续汉书》、《搜神记》。"东莞承姓,其实见于《搜神后记》卷六记载的盗墓故事。⑨

---

① 《清史稿》,第 2189、2195 页。

② 参见高阁元《姓氏与地名》,《地名知识》1986 年第 2 期;牛汝辰、魏燕云:《源于地名的中国姓氏》,电子工业出版社 1988 年 9 月版,第 1—8 页。

③ "烝水"、"烝口"、"临烝县",《水经注·湘水》作"承水"、"承口"、"临承县",陈桥驿:《水经注校释》,杭州大学出版社 1999 年 4 月版,第 660—665 页。

④ 〔唐〕林宝撰,岑仲勉校记:《元和姓纂(附四校记)》,中华书局 1994 年 5 月版,第 637 页。

⑤ 《类稿》即章定《名贤氏族言行类稿》。

⑥ 《后汉书》,第 944 页。

⑦ 《中国人名大辞典》附,商务印书馆 1921 年 6 月版,附录,第 27 页。

⑧ 《汉印文字征》,十二·八。

⑨ 《搜神后记》卷六:"承俭者,东莞人。病亡,葬本县界,后十年,忽夜与其县令梦云:'没故民承俭,人今见劫,明府急见救。'令便敕内外装束,作百人仗,便令驰马往冢上。"遂擒获盗墓者。明津逯秘书本。

广东地方又有呈姓①，是否与烝姓有历史渊源关系，或许也值得考证。明人凌迪之《万姓统谱》说到呈姓，谓《印薮》可见西汉有呈绅。"但对呈姓的来源，各姓氏书均未作说明。"呈姓在对第三次全国人口普查资料进行的三次人口抽样统计中出现的平均频率为0.00054%。②

宋人邓名世《古今姓氏书辩证》卷一六说到成姓，以为"楚人之裔也"③。烝姓后来有没有可能融入成姓呢？又《宋书》卷九七《夷蛮传·荆雍州蛮》记载，西阳蛮成邪财起义，因功封阳城县王。④ 陈连庆讨论南北朝时期少数民族姓氏，注意到"出自俚族"的"广州陈氏"，引录《宋书》、《梁书》、《陈书》、《隋书》史料5例。⑤ 湘江流域以及与其保持密切交通关系的珠江流域的"夷蛮""俚族"中成姓和陈姓的活动，或许也可以作为我们追寻烝姓之下落的线索。

---

① 中国社会科学院语言文字应用研究所汉字整理研究室编：《姓氏人名用字分析统计》，语文出版社1991年10月版，第38、63页。

② 三次抽样统计，即1984年中国文字改革委员会汉字处对全国六大区174900人的统计，得到姓氏737个；1986年中国社会科学院遗传所对542567人的随机抽样统计，得到姓氏1058个；1989年国家语言文字工作委员会汉字处对全国六大方言区579822人的统计，得到姓氏1086个。傅永和：《姓氏典故》，辽宁教育出版社1995年1月版，第112页。

③ 文渊阁《四库全书》本。

④ 《宋书》，第2398页。

⑤ 陈连庆：《中国古代少数民族姓氏研究——秦汉魏晋南北朝少数民族姓氏研究》，吉林文史出版社1993年6月版，第261页。

"烝口仓"考

走马楼简可见"烝口仓"简文。进行相关考察，可以深化我们对于三国时期长沙地方仓制和水运体系的认识，从而增益一项利用简牍资料丰富和充实历史交通地理知识的实例。

1. "烝口仓"简例

《长沙走马楼三国吴简·竹简〔壹〕》[①]中，数见出现"烝口仓"字样的简例。例如：

(1) ☑东部烝口仓口𨺚陵备黄龙元年税复米（壹·1854）

(2) 其三斛八斗东部烝口仓吏𨺚陵备黄龙元年税耗（?）咸米（壹·1984）

(3) 其三斛一斗东部烝口仓孙陵备黄龙元年税□米[②]（壹·2188）

(4) 其三斛八斗东部烝口仓黄□□□黄龙元年折咸米☑（壹·2328）

(5) ☑ 其五斛九斗东部烝口仓吏孙陵备黄龙元年

[①] 长沙市文物研究所、中国文物研究所、北京大学历史学系走马楼简牍整理组编著，文物出版社2003年11月版。

[②] 整理组注："简末有朱笔涂痕。"长沙市文物研究所、中国文物研究所、北京大学历史学系走马楼简牍整理组编著：《长沙走马楼三国吴简·竹简〔壹〕》，下册第939页。

折咸米（壹·2339）

(6) ☐☐斗东部烝口仓吏孙陵备黄龙元年☐米（壹·2370）

(7) ☐部烝口仓☐☐（壹·2463）

(8) 若 烝口仓何☐☐（壹·4832）①

简文"烝口仓"，显然是长沙邻近地区粮运系统中的一处仓名。

2."烝水"考

《续汉书·郡国志四》"零陵郡"条下写道："**零陵**阳朔山，湘水出。"刘昭注补引罗含《湘中记》曰：

有营水，有洮水，有灌水，有祁水，有宜水，有舂水，有烝水，有耒水，有米水，有渌水，有连水，有浏水，有沩水，有汨水，有资水，皆注湘。②

"烝水"，《水经注·湘水》写作"承水"："承水出衡阳重安县西邵陵县界邪姜山，东北流至重安县，径舜庙下，庙在承水之阴。……承水又东北径重安县南，汉长沙顷王子度邑也。故零陵之锺武县，王莽更名曰锺桓也。"郦道元又特别说到"承口"：

武水入焉，水出锺武县西南表山，东流至锺武县故城南，而东北流，至重安县注于承水，至湘东临承县北，东注于湘，谓之承口。③

据陈桥驿校记：

---

① 整理组注："按：此处之'若'，应即'画诺'之'诺'。"长沙市文物研究所、中国文物研究所、北京大学历史学系走马楼简牍整理组编著：《长沙走马楼三国吴简·竹简〔壹〕》，下册第995页。

② 《后汉书》，第3483页。

③ 称"承口"者，又有《湖广通志》卷一一，文渊阁《四库全书》本。

"承水",《楚宝》卷三十八"山水"湘水引《水经注》、《奉使纪胜》引《水经注》均作"烝水"。

"临承县",《渊鉴类函》卷二十九"地部"石鼓山引《水经注》、《奉使纪胜》引《水经注》、乾隆《衡州府志》卷六"山川"引《水经注》均作"临烝县"。①

我们还看到,宋人廖行之《统县本末札子》引《水经注》亦作"临烝县"。②《唐会要》卷七一《州县改置下》:"衡州衡阳县,武德初萧锐改为临烝县,因兹不改,至贞观元年,复改为衡阳县。"③

3. 承口—烝口

此外,关于"承口",陈桥驿又写道:

"承口",乾隆《衡州府志》卷六"山川"临烝县引《水经注》作"烝口"。④

《汉书》卷一五下《王子侯表下》:"承阳侯景,长沙剌王子。闰月丁酉封,四年免。"颜师古注:"承音烝。字或作丞。"⑤《汉书》卷九九中《王莽传中》:"太保、后承承阳侯甄邯为大司马,承新公。"颜师古注:"承阳音烝阳。"⑥ 可知这里"烝"、"承"两字古来时常通用。

"烝口"又写作"蒸口"。《元和郡县图志》卷二九:"蒸水,自临蒸县北东注于湘,谓之'蒸口'。"⑦ "蒸口",又见于《湖广通志》卷一一八。

---

① 〔北魏〕郦道元著,陈桥驿校证:《水经注校证》,中华书局 2007 年 7 月版,第 839、905 页。
② 《省斋集》卷五,文渊阁《四库全书》本。
③ 〔宋〕王溥撰:《唐会要》,上海古籍出版社 1991 年 1 月版,第 1509—1510 页。
④ 〔北魏〕郦道元著,陈桥驿校证:《水经注校证》,第 905 页。
⑤ 《汉书》,第 523 页。
⑥ 同上书,第 4100 页。
⑦ 〔唐〕李吉甫撰,贺次君校:《元和郡县图志》,中华书局 1983 年 6 月版,第 705 页。

"烝口"地名又见于明清文献。《明史》卷四四《地理志五》"衡州府"条下：

> 东有湘水，又有烝水自西南流入焉，谓之烝口。①

又清人齐召南《水道提纲》卷一二：

> （湘水）又北流经衡州府治衡阳县东南境，折西北流，至东江北折，正北流，经府城东稍北，有烝水自西南经城北来会，曰烝口。烝水数源，远者出衡阳县西南界之大云山。东流过石湾浦南，东北流百余里至阴陂市南，有西来之雷公寨水，北来之烝水，合而东南流来会，又东流八十里，过府城西北，又东北至烝口入湘江。②

《嘉庆重修一统志》卷三六二《衡州府一》"烝水"条引《水经注》"至湘东临承县北，注于湘，谓之承口"。③ 然而《衡州府图》中于其处明注"烝湘合流"。而乾隆《衡州府志》卷六《山川》"临烝县"引《水经注》作"烝口"，已由陈桥驿指出。

根据以上资料，我们有理由推定，走马楼简所见"烝口仓"，应是设置在"烝口"的储运设施。其位置应在烝水"入湘江"即"烝湘合流"之处，即今湖南衡阳北。以这一判断为基础，可以对当时湘江粮运的组织和管理，有更为明晰的认识。

4."水口"置"仓"传统

"烝口仓"因位于"烝口"而定名。古仓址位于江河湖海交汇之处，有颇多历史记录。例如：

---

① 《明史》，第1088页。
② 文渊阁《四库全书》本。〔清〕许鸣盘《方舆考证》卷六二引《水道提纲》，"烝口"误作"烝国"。清济宁潘氏华鉴阁本。
③ 文渊阁《四库全书》本。

仓　名	文献出处
洛口仓	《北史》卷六〇，卷七一，卷七八，卷八三，卷八五；《隋书》卷二二，卷二四，卷四三，卷六四，卷六七，卷七〇，卷七一；《旧唐书》卷三七，卷四九，卷五三，卷五四，卷七四；《新唐书》卷三八，卷五三，卷九八
汴口仓	《宋史》卷一七五
水口仓	〔宋〕梁克家《淳熙三山志》卷七
海口仓	〔宋〕梁克家《淳熙三山志》卷六，〔元〕于钦《齐乘》卷三
汭口仓	《江西通志》卷二〇
浦口仓	《江南通志》卷一五二
新河口堡仓	《明会典》卷五九

设仓于"水口"，当是考虑到水路航运的方便。上述各仓，均设置于航路交会之处。由这些具有某种规律性的现象分析其出发点，对于认识中国古代航运史和仓储史，都是有意义的。

这是比较明确的仓名标识"某口仓"的史例。其实，并不显示于仓名的此类情形还有很多。较早的考古发现有西汉京师仓，方位即临近渭水入黄河处。附近有称"三河口"的村庄，得名原因即"过去黄河、渭河、洛河曾在此汇合"。据考察，"这里曾是西汉时漕渠连接黄河航道的一处重要码头"。① 陕西凤翔汧河码头仓储遗址获得的考古资料，也可以为参考。②

值得注意的是，走马楼简又可见所谓"员口仓"：

其十斛卒何监还员口仓七年 折 咸 米（壹·2040）

"员口仓"之"员"，或即"昌"。"昌"与"员"音同形近。《明一统志》卷六三《长沙府》："涓水，在湘潭县西南一十五里，亦名'易俗水'。源自南岳山北，合数小溪，流至本县龙口，东流入湘。"③《大清一

---

① 陕西省考古研究所：《西汉京师仓》，文物出版社1990年12月版，第2页。
② 陕西省考古研究所、宝鸡市考古工作队、凤翔县博物馆：《陕西凤翔县长青西汉汧河码头仓储建筑遗址》，《考古》2005年第7期。
③ 文渊阁《四库全书》本。

统志》卷二七六《长沙府》："涓水，在湘潭县西，一名'易俗河'。源出衡山县祝融峰之虎跑泉，流径县，西南十五里东北流入湘。《县志》：易俗河在县西二十里与青石碧泉合流入湘，旁有易俗乡，因名。"① 源于湖南双峰蒋市街，北流，在湘潭北注入湘江的涓水，其与湘水合流之处，或许就是"员口仓"或"肙口仓"的所在。

当然，因为相关资料有限，这一意见，只能作为一种推测供研究者参考。

5. 关于"东部烝口仓"之"东部"

前引简例（2）（3）（6）均可见"东部烝口仓"字样，简（1）（4）（5）以及（7）字形疑似。《水经注·湘水》在说到"临承"即"临烝"时，有这样一段文字：

> 临承，即故酃县也。县，即湘东郡治也，郡旧治在湘水东，故以名郡。魏正元二年，吴主孙亮分长沙东部立。②

这里所谓"长沙东部"，似乎有益于我们理解"东部烝口仓"之"东部"。魏高贵乡公曹髦正元二年（255）当吴会稽王孙亮五凤二年，时在简（1）（2）（3）（4）（5）（6）所见"黄龙元年"（229）26年之后。或许"东部烝口仓"之"东部"所指代的行政区域，就是《水经注·湘水》所说"魏正元二年，吴主孙亮"分立为"湘东郡"的原"长沙东部"。不过，承王素提示，我们又注意到《宋书》卷三七《州郡志三·湘州》的记载有所不同："衡阳内史，吴孙亮太平二年，分长沙西部都尉立。领县七。户五千七百四十六，口二万八千九百九十一。去州水二百二十。去京师水三千七百。"③"湘东太守，吴孙亮太平二年，分长沙东部都尉立。晋世七县，孝武太元二十年，省酃、利阳、新平三县。今领县五。户一千三百九十六，口一万七千四百五十。去州水陆七百。去京都水三千

---

① 文渊阁《四库全书》本。
② 〔北魏〕郦道元著，陈桥驿校证：《水经注校证》，第893页。
③ 《宋书》，第1130页。

六百。"当时"领县五",第一即"临烝":

> 临烝伯相,吴属衡阳,《晋太康地志》属湘东。①

"《晋太康地志》属湘东"与《水经注》"县,即湘东郡治也"的说法相合。谭其骧主编《中国历史地图集》"三国吴·荆州"图即将"临烝"标定在衡阳郡。②看来,怎样理解"东部烝口仓"之"东部",是否存在这种可能,即如谭其骧主编《中国历史地图集》"西晋·荆州"图所标示,在今湖南衡阳附近一段,衡阳郡和湘东郡并不严格以湘江水道划界③,即西晋属于湘东郡的湘江西岸衡阳地方,吴时先属长沙东部,后属湘东郡。这些问题,还需要进一步的讨论。好在我们还可以期待尚未发表的走马楼简或许能够提供新的相关信息。④

"烝口仓",以及"烝口"、"烝水"之"烝",与走马楼简牍所见人名中频繁出现的"烝"姓有关,也是值得我们注意的。关于《嘉禾吏民田家莂》所见"烝"姓,已经有初步讨论意见发表⑤,《长沙走马楼三国吴简·竹简〔壹〕》中同样多见"烝"姓。其中又有"烝"姓写作"蒸"姓的⑥,正与上文说到的"'烝口'又写作'蒸口'"的情形相合。⑦

---

① 《宋书》,第1132页。
② 谭其骧主编:《中国历史地图集》,中国地图出版社1990年2月版,第3册第28—29图。《旧唐书》卷四〇《地理志三》:"衡阳,汉蒸阳县,属长沙国。吴分蒸阳立临蒸县,吴末分长沙东界郡立湘东郡。"中华书局标点本校勘记:"分长沙东界郡,按《元和志》卷二九、古残本《寰宇记》卷一一五均作'分长沙之东部',此处'郡'字疑衍。"中华书局1975年5月版,第1613、1656页。"吴分蒸阳立临蒸县"句下吴松弟补释:"《元和志》卷二九云:本汉酃县地,吴分置临蒸县。"吴松弟编著:《两唐书地理志汇释》,安徽教育出版社2002年7月版,第297页。
③ 谭其骧主编:《中国历史地图集》,第3册第53—54图。
④ 确如王素所说,"竹简的绝大部分毕竟尚未整理,里面究竟有些什么资料,目前还不能完全断言"。《长沙走马楼三国吴简研究的回顾与展望》,《中国历史文物》2004年第1期。
⑤ 参看王子今、马振智《烝姓的源流——读〈嘉禾吏民田家莂〉札记》,《文博》2003年第3期。
⑥ "入小武陵乡嘉禾二年新调布四匹从嘉禾二年八月十二日进丘黄纯蒸金付库吏殷 连受"(壹·7701)。
⑦ 作者附记:本节写作,得到王素、罗新的指教,利用了刘聪编《长沙走马楼三国吴简·竹简〔壹〕》附录《人名索引》,谨此致谢。

走马楼舟船属具简与中国
帆船史的新认识

长沙走马楼简可见有关舟船属具的简文，对于我们认识三国时期吴地的水运形式，提供了较为具体的资料。据此考察当时湘江航行的技术水准，可以得到有价值的新的理解。

1. 走马楼简所见舟船属具

走马楼简可见起字"具"的简例，记录的内容是舟船设施。"具"可以理解为舟船属具。简文如下：

　　　　　　　　大樯一枚长七丈　大柂一枚
☐具其　上刚一枚长六丈　钉石一枚　☒嘉禾二年二月廿八日
　　　　　　　　下刚一枚长六丈　大绁一枚

给☐（壹・1384）①

对照图版，原文为：

　　　　　　　　大樯一枚长七丈　大柂一枚 ‖
☐具其　上對一枚长六丈　矴石一枚 ‖　嘉禾二年二月廿八日
　　　　　　　　下對一枚长六丈　大绁一枚 ‖

---

① 长沙市文物考古研究所、中国文物研究所、北京大学历史学系走马楼简牍整理组：《长沙走马楼三国吴简・竹简〔壹〕》，文物出版社2003年10月版，下册第922页。

给☐（壹·1384）①

释读简文，能够得到关于"樯"、"枻"、"對"、"矴石"、"绁"等舟船备具的有意义的发现。

2. 大樯

樯，船桅。在帆船时代指悬挂帆的立柱。《文选》卷一二郭璞《江赋》："舳舻相属，万里连樯。"李善注引《埤苍》："樯，帆柱也。"张铣注："樯，挂帆木也。"②

目前所知三国吴尺实物有三：1964年江西南昌坛子口1号墓出土铜尺长23.5厘米③；1978年安徽南陵麻桥乡东吴墓出土髹漆木尺长24.1厘米④；1979年江西南昌阳明路出土银乳钉竹尺长24.2厘米⑤。三者平均23.93厘米。⑥ 如此则"七丈"合16.75米。

"大樯一枚长七丈"，是有关中国早期帆船形制的珍贵资料。简文称"大樯一枚"，又"上對一枚"，"下對一枚"，可知应当是单桅单帆船。

---

① 长沙市文物考古研究所、中国文物研究所、北京大学历史学系走马楼简牍整理组：《长沙走马楼三国吴简·竹简〔壹〕》，上册第78页。
② 〔梁〕萧统编，〔唐〕李善、吕延济、刘良、张铣、吕向、李周翰注：《六臣注文选》，中华书局1987年8月版，第243页。
③ 江西省文物管理委员会：《江西南昌徐家坊六朝墓清理简报》，《考古》1965年第9期；国家计量总局主编：《中国古代度量衡图集》，文物出版社1981年10月版，图32。
④ 安徽省文物工作队：《安徽南陵县麻桥东吴墓》，《考古》1984年第11期。
⑤ 国家计量总局主编：《中国古代度量衡图集》，图31。
⑥ 参看丘光明《中国历代度量衡考》，科学出版社1992年8月版，第60页。而王国维、吴承洛、杨宽、矩斋、曾武秀、伊世同等学者所分别考订三国尺度的平均值，则为24.0186厘米。参看郭正忠《三至十四世纪中国的权衡度量》，中国社会科学出版社1993年8月版，第232页；王国维《中国历代之尺度》，《学衡》57期，1926年9月；吴承洛《中国度量衡史》，商务印书馆1937年版，修订本商务印书馆1957年版；杨宽《中国历代尺度考》，长沙商务印书馆1938年版，商务印书馆1955年版；矩斋《古尺考》，《文物参考资料》1957年第3期；曾武秀《中国历代尺度概述》，《历史研究》1964年第3期；伊世同《量天尺考》，《文物》1978年第2期。

3. 大杝

杝，即舵。或写作"柂"、"柁"。《释名·释船》："其尾曰柂。柂，拕也，在后见拕曳也。且弼正船使顺流不使他戾也。""其尾曰柂"，《太平御览》卷七七一引《释名》作"舡尾曰柂"①。《汉书》卷六《武帝纪》："舳舻千里"，颜师古注："李斐曰：'舳，船后持柂处也。'"② 据《北堂书钞》卷一三八引《孙放别传》，汉魏之际人孙放曾说："不见船柂乎，在后所以正舡也。"③ 晋人郭璞《江赋》："凌波纵柂，电往杳冥。"④《集韵·哿韵》："柂，正船木。或作杝、舵。""杝"、"柂"相通，有《集韵·支韵》为证："柂，木名，或作杝。"⑤ 更为明确的例证，有《后汉书》卷八○下《文苑列传下·赵壹》："安危亡于旦夕，肆嗜欲于目前。奚异涉海之失柂，积薪而待燃。"李贤注："柂可以正船也，音徒我反。"⑥《太平御览》卷七七一引赵壹《嫉邪赋》则作"杝"。⑦

广州东汉后期墓葬出土两件陶船模型（5062∶2 及 5080∶127），均有舵。⑧ 研究者看作"早期船舵的珍贵实物资料"，以为"反映了当时已经有相当成熟的船舵装置了"。⑨

广州出土陶船与走马楼简年代相距并不遥远，可以在研究中比照分析。此说"大杝"，或许和当时通常的舵有形制规格上的区别。

4. 上尌，下尌

"尌"，《字汇·寸部》以为"俗刚字"。走马楼简整理组释文作

---

① 《太平御览》，第 3418 页。
② 《汉书》，第 196 页。
③ 〔唐〕虞世南编撰：《北堂书钞》，中国书店据光绪十四年南海孔氏刊本 1989 年 7 月影印版，第 568 页。
④ 〔梁〕萧统编，〔唐〕李善注：《文选》卷一二，中华书局 1977 年 11 月版，第 188 页。
⑤ 文渊阁《四库全书》本。
⑥ 《后汉书》，第 2631 页。
⑦ 《太平御览》，第 3418 页。
⑧ 广州市文物管理委员会、广州市博物馆：《广州汉墓》，文物出版社 1981 年 12 月版，上册第 426—430 页。
⑨ 金秋鹏：《中国古代的造船和航海》，中国青年出版社 1985 年 11 月版，第 48—49 页。

"刚"，是有根据的。唐《段沙弥造像》又写作"尉"。推想应即樯桅上加固布质或席质风帆的上下横杠。对于汉魏帆船，我们仅看到《释名·释船》"随风张幔曰帆"以及马融《广成赋》"张云帆"等片断文字，以及《太平御览》卷七七一引康泰《吴时外国传》所说及"张七帆"的远洋航船①。

走马楼简所见"大樯"与"上尉"、"下尉"，当有助于我们增进对当时水上航行利用风力以为动力的具体形式的理解。由造船史资料可以知道，"最具有中国特色的船帆是平衡式梯形斜帆。这种帆通常用棉布或席子制成，上加横竿压条，作为横向的加强材料。这种帆升降自如，可以根据风力的大小调节面积。一旦大风袭来，无须用人上桅收帆，只要放松升降绳，帆和竹条藉自重就会自动使帆降落，很快就可作好防风准备。因为我国的船帆有横向的加强材料，所以对帆幕的强度要求不高，可用廉价的材料制成。在航行中，即使帆幕有破洞，仍然有很好的受风效果"。②

走马楼简舟船属具简所体现的舟船如果确实有多道所谓"竹条"或"横竿压条"的话，简文所谓"上尉"、"下尉"，应当即相当于这种"横向的加强材料"中最重要的最上的"横竿"和最下的"横竿"。

5. 矴石

矴石，即石锚。《三国志》卷五五《吴书·董袭传》："建安十三年，（孙）权讨黄祖。祖横两蒙冲挟守沔口，以栟闾大绁系石为矴，上有千人，以弩交射，飞矢雨下，军不得前。"说到"以栟闾大绁系石为矴"。③"矴"或写作"碇"。韩愈《唐正议大夫尚书左丞孔公墓志铭》："蕃舶之至泊步，有下碇之税。"马其昶注："碇，锤舟石，与矴同。"④《集韵·径韵》："矴，锤舟石也。或从定。"《太平广记》卷一九引前蜀杜光庭《神仙感遇传·韩滉》："有客商李顺泊船于京口堰下，夜深矴断，漂船不

---

① 《太平御览》，第3419页。
② 彭德清主编：《中国船谱》，经济导报社经导出版有限公司、人民交通出版社1988年12月版，第64页。
③ 《三国志》，第1291页。
④ 〔唐〕韩愈撰，马其昶、马茂元校注：《韩昌黎文集校注》，上海古籍出版社1986年12月版，第531页。

知所止。"① 是"碇"、"矴"均指锚。整理组释作"钉石",似应修正。上文说到的广州东汉后期墓中出土陶制舟船模型有锚即"船碇"的装置。② 有的研究者分析所附"船碇"的形制,认为"这实际上是一种木石结合碇",并且重视其构造"有两个爪"的特征,指出:"用爪的抓力泊船,较单靠碇石重量泊船则是泊船原理的质的飞跃。"③ 孙机使用"矴"字,指出,"此矴正视为十字形,侧视为Y字形,沉入水下,已能较好地扣底抓沙。"④

我们虽然不能从走马楼简的文字探知所说"矴石"的具体形式,但是时代相距不远的广州东汉后期船舶模型锚的构造,却可以提供推测这种"矴石"形制的必要的认识基础。

《新唐书》卷一三〇《杨玚传》:"在官清白,吏请立石纪德,玚曰:'事益于人,书名史氏足矣。若碑颂者,徒遗后人作碇石耳。'"⑤ 又《新唐书》卷一六三《孔戣传》:"蕃舶泊步有下碇税。"⑥ 也都说到"碇"的使用。

6. 大绁

绁,绳索。又写作"緤"。《说文·糸部》:"绁,系也。从糸,世声。《春秋传》曰:'臣负羁绁。'"⑦ 《释名·释车》:"绁,制也,牵制之也。"⑧

三国吴地称舟船专用缆绳为"绁"。前引《三国志》卷五五《吴书·董袭传》说建安十三年孙权讨黄祖事,"(黄祖)以栟间大绁系石为矴",

---

① 文渊阁《四库全书》本。
② 广州市文物管理委员会、广州市博物馆:《广州汉墓》,上册第428—430页。
③ 席龙飞:《中国造船史》,湖北教育出版社2000年1月版,第94—95页。
④ 孙机:《汉代物质文化资料图说》,文物出版社1991年9月版,第122页。
⑤ 《新唐书》,第4496页。
⑥ 同上书,第5006页。
⑦ 段玉裁《说文解字注》补一"犬"字,作:"绁,犬系也。"注文称:"'犬'字各本所无,今补。《少仪》:犬则执绁,牛则执纼,马则执靮。注曰:绁、纼、靮,皆所以系制之者。按许此篆次于牛系、牛觢之后,其为用《少仪》显然也。"段注以"犬系"释"绁",又强加于许慎,其说似未可从。第658页。
⑧ 任继昉纂:《释名汇校》,第425页。

以致军不得前，"（董）袭与凌统俱为前部，各将敢死百人，人被两铠，乘大舸船，突入蒙冲里。袭身以刀断两绁，蒙冲乃横流，大兵遂进。祖便开门走，兵追斩之。明日大会，权举觞属袭曰：'今日之会，断绁之功也。'"①
又《三国志》卷五七《吴书·吾粲传》："黄武元年，与吕范、贺齐等俱以舟师拒魏将曹休于洞口。值天大风，诸船绠绁断绝，漂没着岸，为魏军所获，或覆没沉溺，其大船尚存者，水中生人皆攀缘号呼，他吏士恐船倾没，皆以戈矛撞击不受。粲与黄渊独令船人以承取之，左右以为船重必败，粲曰：'船败，当俱死耳！人穷，奈何弃之。'粲、渊所活者百余人。"②

由"绠绁断绝"的危害，体现出"绁"的重要作用。

7. 舟船规格推测

简文"大樯""长七丈"，"上尉"、"下尉"各"长六丈"，比例与中国传统帆船结构相符合。船帆横竿长至六丈，根据三国吴尺实物资料换算，可知帆宽约14.36米。

中国古代帆船主桅长度约等于或小于船长，主帆宽度有的超过船宽2倍。③ 如此则可推知走马楼简1384说到的运船规模，大致为长度超过16.75米，宽度则大约为7.2米。又知帆的总面积（以平方米计）与船的满载排水量（以吨计）有一定的经验比例关系，中国帆船一般在2:1和3:1之间。④ 那么，从"大樯"长七丈而帆高六丈左右，即使用四角形方帆的认识基点出发，则帆的总面积约为206.21平方米。就是说，走马楼简提供的有关这艘运船尺度的资料，反映当时湘江水运已经使用排水量70吨至100吨的船舶。而这艘船的满载排水量，甚至有可能达到103吨。

广州东汉后期墓出土陶船模型看不到立帆的设置，按照船上所立船工俑身材比例推计，所表现的实际船长也可能达到15米左右，与我们推定的走马楼简1384说到的运船长度差别并不很大。然而其宽度，则显然不如后者。后者或许更典型地体现出能够确保船舶稳性的所谓"短而广"

---

① 《三国志》，第1291页。
② 同上书，第1339页。
③ 石阶池：《帆船》，《中国大百科全书·交通》，中国大百科全书出版社1986年6月版，第112页。
④ 同上。

的特点。① 可能正如发掘报告整理者所指出的,"此船从它的整体结构式样看来,是一艘内河运输使用的简易货船,即粤地所称的'货艇'"。② 而走马楼简1384说到的运船,形制显然要优越得多。其承载量,自然也应当能够适应较大规模粮运的需要。

许多资料表明,"汉代确实已有帆船"。③ 正如孙机所说,汉代已经能够制造通航印支半岛甚至远达印度洋的大海船,"这种船上应装风帆。《释名》中已经提到'随风张幔'的帆和挂帆用的桅。④ 但其形象资料尚未发现。"⑤ 走马楼简1384的内容,提供了包括悬挂和加固船帆的"樯"和"對"的规格等重要信息,可以看作具体反映中国早期帆船实际形制的最早的考古资料,因而特别值得考古学者、交通史学者和造船史学者重视。

走马楼简又可见"船十一梗所用前已列言☒"⑥（壹·2512）简文,可以在考察当时船队规模时参考。而简文"督军粮都尉移楼船仓书掾吴邦吏□□□☒"（壹·2057）所见"楼船仓"名,则暗示当时造船业的最高成就,应有更大规模的船舶型式作为代表。⑦

---

① 《释名·释船》:"三百斛曰'舠'。舠,貂也。貂,短也,江南所名短而广,安不倾危者也。"任继昉纂:《释名汇校》,第436页。

② 广州市文物管理委员会、广州市博物馆:《广州汉墓》,上册第430页。

③ 张泽咸、郭松义:《中国航运史》,文津出版社1997年8月版,第29页。

④ 《释名·释船》:"其前立柱曰'桅'。桅,巍也。巍巍高貌也。""帆,泛也,随风张幔曰'帆'。使舟疾汎汎然也。""'桅',卢文弨、疏证本校作'桅'。"任继昉纂:《释名汇校》,第429、432页。

⑤ 孙机:《汉代物质文化资料图说》,第122页。

⑥ 整理组注:"'梗'为'艘'之别体。"《长沙走马楼三国吴简·竹简〔壹〕》,下册第946、936页。

⑦ 关于三国时期的"楼船",《三国志》卷一六《魏书·杜畿传》可见:"帝征吴,以（杜）畿为尚书仆射,统留事。其后帝幸许昌,畿复居守。受诏作御楼船,于陶河试船,遇风没。帝为之流涕。诏曰:'昔冥勤其官而水死,稷勤百谷而山死。故尚书仆射杜畿,于孟津试船,遂至覆没,忠之至也。朕甚愍焉。'追赠太仆,谥曰戴侯。"第497页。又《三国志》卷四〇《蜀书·刘封传》裴松之注引《魏略》:"（申）仪与孟达不和,数上言达有贰心于蜀,及达反,仪绝蜀道,使救不到。达死后,仪诣宛见司马宣王,宣王劝使来朝。仪至京师,诏转拜仪楼船将军,在礼请中。"第994页。至于孙吴楼船,更有多例,如《三国志》卷五五《吴书·董袭传》:"曹公出濡须,（董）袭从（孙）权赴之,使袭督五楼船住濡须口。夜卒暴风,五楼船倾覆,左右散走舸,乞使袭出。袭怒曰:'受将军任,在此备贼,何等委去也,敢复言此者斩!'于是莫敢干。其夜船败,袭死。权改服临殡,供给甚厚。"第1291页。《三国志》卷五七《吴书·虞翻传》:"（孙）权于楼船会群臣饮,（于）禁闻乐流涕。"第1320页。《三国志》卷六〇《吴书·钟离牧传》裴松之注引《会稽典录》:"（钟离）牧父绪,楼船都尉。"第1392页。

有学者将三国时期造船技术的发展看作"中国水运事业步入繁荣期的前奏"[1]，通过对走马楼三国吴简造船史料的分析，可以使得我们的相关知识更为真切，更为具体。

---

[1] 房仲甫、李二和：《中国水运史（古代部分）》，新华出版社2003年1月版，第106—109页。

长沙走马楼竹简"地僦钱"的市场史考察

长沙走马楼竹简中有关"僦钱"和"地僦钱"的文书，提供了认识三国孙吴长沙地区社会生活的重要信息。"僦钱"应是"地僦钱"的简称，其全称可能原本是"食地僦钱"。"地僦钱"的征收，明显与市场经济生活有关。对缴纳"地僦钱"者进行分析，可以发现在城镇中参与"市"的经济生活的女性比农耕生活中的女性要活跃得多，也有较明显的经济自主权。还应当注意到，在与"市"有关的经济生活中，吏卒大概有更多的便利条件。这很可能与他们经常往来于城乡之间有关。在走马楼简提供的资料中，还可以看到一种与"市"有密切关系的征收名目，即"市租钱"。"市租钱"应是商业经营税。其征收，在王莽时代是利润的10%。还有一种说法，就是"市租，谓所卖之物出税"，即按经营额"出税"。至于走马楼简反映的三国孙吴长沙地区"市租钱"的真实的征收率，我们现在还不清楚。

1. "僦钱"和"地僦钱"

长沙走马楼竹简已经发表的内容中，可以看到涉及"僦钱"、"地僦钱"的文书。作为有价值的经济史料，研究尚限于初步探讨。如果我们进而对其中反映当时社会生活、城乡关系、产业结构和市场管理形式的信息进行讨论，也是有意义的。

长沙走马楼竹简中所见"僦钱"、"地僦钱"，已经有学者进行了初步研究。宋超所录相关简文凡39例，其中"僦钱"27例，"地僦钱"12例。① 失录6条，所录文字亦存在阙误，谨将校订后的简文条列如下：

（1）大男张顺僦钱月五百　大男乐□僦钱月五百　大男冀士僦钱月五百（壹·4346）

（2）得□□收责□□僦钱宜□属领所部吏（壹·4348）

（3）大男赵□僦钱月五百　大男杨樊僦钱月五百　大男王而僦钱月五百（壹·4362）

（4）大男□□僦钱月五百　大男潘□僦钱月五百　大男□求僦钱月五百（壹·4375）

（5）大男王钱僦钱月五百　大男周德僦钱月五百　大男丁终僦钱月五百（壹·4387）

（6）郡士马伯僦钱月五百　郡士朱主僦钱月五百　郡士王彻僦钱月五百（壹·4390）

（7）大男荣阔僦钱月五百　大男史侯僦钱月五百　大男赵阿僦钱月五百（壹·4401）

（8）大男陈□僦钱月五百　大男□□僦钱月五百　大男董厚僦钱月五百（壹·4449）

（9）☑僦钱月五百　大女黄□僦钱月五百　大女□□僦钱月五百（壹·4450）

（10）大男张用僦钱月五百　大男赵马僦钱月五百　□部司马郑陵僦钱月五百（壹·4461）

（11）右卅五户月收僦钱二万二千五百（壹·4462）

（12）☑□马僦钱月五百　大女黄石僦钱月五百　大女尹汝僦钱月五百（壹·4465）

（13）☑……僦钱月五百　大女李汝僦钱月五百（壹·4474）

（14）☑□谷僦钱月五百　大男张□僦钱月五百　郡士杜黑僦钱月五百（壹·4490）

---

① 宋超：《吴简所见"何黑钱"、"僦钱"与"地僦钱"》，《吴简研究》第1辑，崇文书局2004年7月版。"地僦钱"编号（28）至（39），共12例，而作者称"十一见"，似是将（31）"地就钱"一例未列入。

（15）右七户月收僦钱五百合三千五百右前复被□□（壹·4491）①

（16）郡士刘岑僦钱月五百　郡士韩主僦钱月五百　大女黄汝僦钱月☒（壹·4549）

（17）右□□□□□僦钱□二万三千五百（壹·4550）②

（18）郡士张□僦钱月五百　大女王汝僦钱月五百　大女郑汝僦钱月五百（壹·4601）

（19）大男张士僦钱月五百　大男李自僦钱月五百　大男卫朱僦钱月五百（壹·4603）

（20）右六十人僦钱月三千……钱起七月一日讫九月卅日（壹·4608）

（21）☒就昌僦钱月五百　大男董直僦钱月五百（壹·4623）

（22）☒　大女黄汝僦钱月五百（壹·4642）

（23）大男陈顿僦钱月五百　大男☒（壹·4727）

（24）大男□虎僦钱月五百　郡士☒（壹·4728）

（25）☒僦钱月五百大男冀才僦钱月五百（壹·4740）

（26）☒毛金僦钱月五百　☒（壹·4773）

（27）郡士钱曼僦钱月五百　☒（壹·4823）

（28）☒僦钱月五百　大男吴而僦钱月五百（壹·4916）

"僦钱"又有写作"就钱"者，如：

（29）八月九月十月就钱五十三万□千□百料校不见☒（壹·9263）

又有出现"地僦钱"字样的简文：

---

① 整理组注："'右'上原有墨笔点记。"长沙市文物考古研究所、中国文物研究所、北京大学历史系走马楼简牍整理组编著：《长沙走马楼三国吴简·竹简〔壹〕》，文物出版社2003年10月版，下册第988页。

② 整理组注："'右'上原有墨笔点记。"长沙市文物考古研究所、中国文物研究所、北京大学历史系走马楼简牍整理组编著：《长沙走马楼三国吴简·竹简〔壹〕》，下册第989页。

(30) 临湘言部吏潘羿收责食地僦钱起正月一日讫三月卅日□有人悉毕□☑（壹·4345）

(31) ☑……月地僦钱……（壹·4347）

(32) 领九月地僦钱二万三千五　百（壹·4350）

(33) 领四月地僦钱二万三千五百（壹·4351）

(34) 临湘谨列起四月一日讫六月卅日地僦钱□簿（壹·4352）

(35) 临湘谨列邑下居民收地僦钱人名为簿（壹·4357）

(36) 领□月地僦钱二万三千五百（壹·4369）

(37) 府前言绞促市吏□书收责地僦钱有人言靖叩头叩头死罪死罪案文书辄绞促□（壹·4397）

(38) 月廿日收责□地僦钱悉毕就留……（壹·4411）

(39) 二月领地僦钱二万三千五百☑（壹·4430）

(40) ☑□地僦钱人名钱数□□（壹·4431）

(41) ☑三月簿领地僦钱合七万五百（壹·4432）

(42) □前言绞促临湘□□所领地僦钱三月一日（壹·4486）

(43) 所领地僦钱三□□□□言□叩头叩头死罪（壹·4532）

(44) 领九月地僦钱二万三☑（壹·8724）

"地僦钱"又写作"地就钱"，如：

(45) □中部督邮书掾□□临湘……责地就钱□月五（壹·4359）

简（1）（3）至（29），应是如简（35）所说"列邑下居民收地僦钱人名为簿"形成的文书，其题名似应为简（34）所见"地僦钱□簿"。其内容，即简（40）所说"地僦钱人名钱数"。可见，"僦钱"、"就钱"，也就是"地僦钱"、"地就钱"。①

---

① 宋超已经正确地指出，"吴简中的'僦钱'，应是'地僦钱'的简称"。《吴简所见"何黑钱"、"僦钱"与"地僦钱"》，《吴简研究》第1辑。

简（2）"得□□收责□□僦钱宜□属领所部吏"与简（30）"临湘言部吏潘羚收责食地僦钱起正月一日讫三月卅日□有人悉毕☑"对照，推测简（2）"收责□□僦钱"应当就是"收责食地僦钱"。简（38）"收责□地僦钱"，可能也应当是"收责食地僦钱"。

2. "地僦钱"与"邑下居民"生活

从简（20）（29）（30）（34）简文内容看，地僦钱应是按季度统计，很可能也是按季度征收。也不排除按月征收的可能，如简（11）"右卅五户月收僦钱二万二千五百"即其例。而简（32）（33）（36）（44）"领某月地僦钱"及简（39）（41）"某月领地僦钱"所反映的是怎样一种经济行为，我们现在还并不十分清楚。

"僦钱"和"地僦钱"的征收额度，均为"月五百"。有学者指出，征收数额"如此整齐划一"，"似乎有其特别的涵义"。对于简（37），论者认为"长沙郡曾督促'市吏'行文临湘'收责地僦钱'，表明'地僦钱'的征收与'市'有极大的关联"。[①]

从简（29）"八月九月十月就钱五十三万□千□百"看，地僦钱的总额是很高的。[②] 即使按简（32）（33）（36）（39）（44？）"月地僦钱二万三千五百"的情形看，以"僦钱月五百"计，被征收地僦钱的民户应为47户。"八月九月十月就钱五十三万□千□百"，则款额相当大。按照"僦钱月五百"计算，则"八月九月十月就钱"户1500钱，征收户数有3种可能。

户　数	僦钱月五百	八月九月十月就钱
355	177500	532500
357	178500	535500
359	179500	538500

---

① 宋超：《吴简所见"何黑钱"、"僦钱"与"地僦钱"》，《吴简研究》第1辑。
② 宋超说，"每月可达二万三千五百的'地僦钱'，应是临湘侯步骘'衣食租税'的一个组成部分"。《吴简所见"何黑钱"、"僦钱"与"地僦钱"》，《吴简研究》第1辑，第247页。这一分析，对每月征收"地僦钱"的数额似估计过低。"月地僦钱二万三千五百"，也许只是总额中的一部分。

所涉及的户数达到如此数额，如果就临湘一县而言，是相当惊人的。

如（35）"临湘谨列邑下居民收地僦钱人名为簿"所说，这些缴纳"地僦钱"的民户，应当是"邑下居民"。简（3）可见"大男杨樊僦钱月五百"，我们又看到：

入邑下复民杨樊租钱四千（壹·5328）

此"杨樊"如果和（3）所见"大男杨樊"是同一人，则恰好证实了"地僦钱"和"邑下居民"的关系。

不过，我们又看到，和简（8）"大男董厚僦钱月五百"体现出对应关系的简例，有：

宜阳里户人公乘董厚年五十六（壹·9157）

从这条简文看，董厚似乎又不是"邑下居民"。

通过简1295"入南乡宜阳里调布一匹𣲵嘉禾元年九月十四日大男□□"，可知宜阳里在南乡。据侯旭东经考证所复原的临湘地区乡和乡的关系，南乡紧靠都乡即临湘侯国境。①则董厚应是因居地临近城镇而得以在"市"中谋取利益者。其身份，应是农人。董厚的行为，反映了当时城乡关系的一个侧面。

我们还发现，这些地僦钱的交纳者中，有些身份不是一般的"大男"、"大女"。如：

（6）郡士马伯僦钱月五百　郡士朱主僦钱月五百　郡士王彻僦钱月五百（壹·4390）

（14）□□谷僦钱月五百　大男张□僦钱月五百　郡士杜黑僦钱月五百（壹·4490）

（16）郡士刘岑僦钱月五百　郡士韩主僦钱月五百　大女黄汝僦钱月□（壹·4549）

---

① 侯旭东：《长沙走马楼三国吴简所见"乡"与"乡吏"》，《吴简研究》第1辑。

（18）郡士张□僦钱月五百……（壹·4601）

（27）郡士钱曼僦钱月五百☒（壹·4823）

在一枚简中，"郡士"或与"大女"并列。这里所谓"郡士"，和"吏"的身份，应当有接近之处。此外，又有（10）"……□部司马郑陵僦钱月五百"（壹·4461），简文中与"大男"并列。"□部司马郑陵"应是"军吏"。"吏"以城乡交替生活的经历和相应的社会关系，在城镇中的"市"参与经营，应当是很自然的。"市"因此实现着交通城乡的作用。

还应当注意，所谓"邑下居民"中，至少有一定数量在当时还并不能完全脱离农耕生产。有城市史研究者指出，汉代城市居民中，"尚包括一定数量的耕者"。颜回所谓"郭内之田四十亩，足以为桑麻"①，苏秦所谓"且使我有雒阳负郭田二顷，吾岂能佩六国相印乎"② 所体现的耕作者居住在城郭之内的情形，在汉代依然存在。1955年洛阳发掘的汉代河南县城，城内东区的东汉房基中，发现为数不少的铁制农具。这一现象，"正标识着城市内部耕者的存在，至少也可表明一般的手工业者还不能完全脱离农业生产。③ 这种情况在边远地区的县城之中表现得更为明显"。"在内地城市中，负郭之田亦是大量存在的，且多为膏腴之地，时有'带郭千亩亩钟之田'的说法④。武帝时，田蚡曾'请魏其（长安）城南田'⑤。耕种这些负郭之田的耕者，大多居于城内。东汉初，伏湛曾对刘秀说过：'今所过县邑，尤为困乏。种麦之家，多在城郭，闻官军将至，当已收之矣。'"⑥

在我们讨论的"邑下居民"中，应当也存在论者指出的"与农耕有直接关系的人占很大比重"⑦ 的情形。

---

① 《庄子·让王》，〔清〕郭庆藩辑：《庄子集释》，第985页。
② 《史记》卷六九《苏秦列传》，第2262页。
③ 原注：郭宝钧：《洛阳西郊汉代居住遗址》，《考古通讯》1956年第1期。
④ 原注：《汉书·食货志》。今按：应出《史记》卷一二九《货殖列传》。
⑤ 原注：《史记·魏其武安侯列传》。
⑥ 原注：《后汉书·伏湛传》。
⑦ 周长山：《汉代城市史》，人民出版社2001年10月版，第126—127页。

3."地僦钱"透露的社会史信息

在简（1）（3）至（29）的记录中，列有可辨识性别者47人次，其中男性（大男，郡士，□部司马）38人次，女性（大女）9人次。女性占总数的19.15%。女性和男性的性别比为1∶4.22。这与《嘉禾吏民田家莂》中的相关数据比较，差别比较大。

	女性人数	男性人数	女性占总人数百分比（%）	女性和男性性别比
《嘉禾吏民田家莂》	87	1613	5.06	1∶18.77
竹简"地僦钱"资料	9	38	19.15	1∶4.22

缴纳地僦钱的民户中，女性户主的比率较《嘉禾吏民田家莂》中的相关数据明显要高，反映在城镇中参与"市"的经济生活的女性比农耕生活中的女性要活跃得多。以"大女"的名义缴纳"地僦钱"，说明她们也有较明显的经济自主权。这一发现，可以充实我们的社会史知识。

在《嘉禾吏民田家莂》中，吏卒占户主总数的比率为12.44%。而在我们所看到的"列邑下居民收地僦钱人名为簿"及"地僦钱□簿"一类文书遗存中，所见"僦钱"缴纳人其身份为"郡士"及"□部司马"者9人，有身份标示的总数为47人，"郡士"和"□部司马"竟然占户主总数的19.15%，远远高于《嘉禾吏民田家莂》中吏卒占户主总数的比率。这似乎暗示我们，在与"市"有关的经济生活中，吏卒大概有更多的便利条件。这很可能与他们经常往来城乡之间的生活方式有一定的关系。

4."地僦钱"与"市租钱"

在走马楼简簿记资料中，还有一种很可能与"市"有密切关系的征收名目，即"市租钱"。

走马楼简"租钱"一类数量颇多。其中又可见"市租钱"、"酒租钱"、"米租钱"、"陶租钱"等。① "市租钱"可见：

(46) ……市租钱六百卅米嘉禾二年☑（壹·1395）

(47) 右都乡入市租钱九千☑（壹·1422）②

(48) 承十二月旦簿余嘉禾二年市租钱十万七千二百（壹·5242）

(49) ☑□市租钱三千二百（壹·5271）

(50) 其七万一千三百二年市租钱（壹·5317）

(51) 承二月旦簿余嘉禾二年市租钱一千八百（壹·5332）

(52) 承正月旦簿余嘉禾二年市租钱三千二百（壹·5376）

(53) ……千二百六十市租租钱（壹·5451）③

(54) 领三月市租钱十一万二千七百 ☑（壹·9280）

简（48）（51）（52）内容相类。而简（48）余额颇多，引人注目。简（54）"领三月市租钱十一万二千七百"是一个月的"市租钱"，就多达112700。这一现象应当怎样理解，可能还需要认真分析。

还有一个重要的问题，这就是"地僦钱"既然被看作与"市"有关的款项，那么，与"市租钱"是什么关系呢？

宋超研究"地僦钱"的涵义，注意到《宋书·前废帝纪》载大明八年（464）六月辛未诏"关市僦税"语④及《梁书·武帝纪下》载大同七年（541）十一月丁丑诏"豪家富室，多占取公田，贵价僦税"语⑤。论者以为，"《宋书》所谓'僦税'，虽然我们不清楚其征收的范围与数额，但因其与'关市'相联，可能是一种与货物流通有关的税赋"。吴简有"府前言绞促市吏□书收责地僦钱"，长沙郡曾督促"市吏"行文临湘"收责地僦钱"，"表明'地僦钱'的征收与'市'有极大的关联"。至于

---

① "陶租钱"又写作"绚租钱"。
② 整理组注："'右'上原有墨笔点记。"长沙市文物考古研究所、中国文物研究所、北京大学历史系走马楼简牍整理组编者：《长沙走马楼三国吴简·竹简〔壹〕》，下册第923页。
③ 整理组注："衍一'租'字。"同上书，《长沙走马楼三国吴简·竹简〔壹〕》，下册第1008页。
④ 《宋书》卷七，第142页。
⑤ 《梁书》卷三，第86页。

《梁书》中的"僦税",宋超以为"其意甚明","'豪家富室'将多占的公田以'贵价'租赁与'贫民',以收取'僦税',以至梁武帝下诏'自今公田悉不得假与豪家'。此处的'僦税',或可直称为'地僦税'? 不过,'豪家富室'以将公田'贵价僦税'以与贫民,尽管我们同样不清楚'僦税'的收取方式与具体数额,但作为耕田,以土地面积的大小与肥沃贫瘠程度不同作为定税标准当是无疑的,显然不可能出现如同吴简中'僦钱'统一为'月五百'的情况。当然,这种情况并不妨碍我们将'地僦钱'理解为'租赁'具有某种用途、且面积基本相同的'地'的'僦钱'。仅在这一意义上讲,吴简中的'僦钱'或'地僦钱',与《梁书》中所谓'僦税'的性质是相同的,都是'租赁'土地的费用,不过《梁书》中征收'僦税'的'公田'是用于耕作;而吴简中以'地僦钱'(包括'僦钱')所'租赁'的'地',不仅面积基本相同,而且更可能是用于商业性经营的'土地'"。[①]"僦钱"或"地僦钱",是使用者向土地主人缴纳的地面的租金,这样的理解是正确的。

至于"市租钱",应是在"市"从事经济活动向政府缴纳的商业经营税。即如《管子·治国》之"关市之租",《商君书·外内》之"市利之租"[②],《史记》卷一〇二《张释之冯唐列传》之"军市租"。[③] 黄今言讨论秦汉城区市场管理时称之为"市税(市租)",定义为"通常是在流通领域所征课的一种税收",指出:"当时规定,凡在市场上经商的人,皆需交纳市税。"[④]《汉书》卷八六《何武传》:"武弟显家有市籍,租常不入,县数负其课。"[⑤] 所谓"租常不入"的"租",也是这种"市税"或"市租钱"。古代文献中明确称为"市租"的,又有《晏子春秋·内篇杂下·景公以晏子食不足致千金而晏子固不受第十八》:"使吏致千金与市租,请以奉宾客。"[⑥]《史记》卷八一《廉颇蔺相如列传》:"(李牧)以便

---

① 宋超:《吴简所见"何黑钱"、"僦钱"与"地僦钱"》,《吴简研究》第1辑,第245—246页。
② 蒋鸿礼撰:《商君书锥指》,中华书局1986年4月,第128页。
③《史记》,第2758页。
④ 黄今言:《秦汉城区市场的建置与组织管理》,《秦汉经济史论考》,中国社会科学出版社2000年8月版,第99页。
⑤《汉书》,第3482页。
⑥ 吴则虞撰:《晏子春秋集释》,中华书局1962年1月版,第411页。

宜置吏，市租皆输入莫府，为士卒费。日击数牛飨士。"①《史记》卷五二《齐悼襄王世家》："齐临菑十万户，市租千金，人众殷富，巨于长安。"司马贞《索隐》："市租，谓所卖之物出税。"②《说苑·尊贤》："桓公赐之齐国市租一年而国不治。"《新序·杂事》：晋平公曰："吾门下食客者三千余人，朝食不足，暮收市租；暮食不足，朝收市租。吾尚可谓不好士乎？"③《晋书》卷二四《职官志》说"侍御史"官署："及江左初，省课第曹，置库曹，掌厩牧牛马市租。后分曹，置外左库、内左库云。"④

《后汉书》卷四《和帝纪》记载，永元六年（94），"三月庚寅，诏流民所过郡国皆实禀之，其有贩卖者勿出租税"。⑤ "贩卖者"应出"租税"，就是"市租"。甘肃武威磨咀子汉墓1981年出土《王杖诏令册》有如下简文：

年六十以上毋子男为鲲女子年六十以上毋子男为寡贾市毋租比山东复复（143正面）
得出入官府节弟行驰道中列肆贾市毋租比山东复（152正面）⑥

高年鳏寡享受的社会福利待遇，包括"贾市毋租"，"列肆贾市毋租"。"贾市"和"列肆贾市"应当出的"租"，当然就是"市租"。

关于"市租钱"的征收率，《汉书》卷二四下《食货志下》记载王莽诏令："工匠医巫卜祝及它方技商贩贾人坐肆列里区谒舍，皆各自占所为于其在所之县官。除其本，计其利，十一分之，而以其一为贡。敢不自占，自占不以实者，尽没入所采取，而作县官一岁。"颜师古注引如淳曰："居处所在为区。谒舍，今之客舍也。"⑦ "市租钱"的征收，是利润的10%。这一政策，和司马贞《索隐》所谓"市租，谓所卖之物出税"

---

① 《史记》，第2449页。
② 同上书，第2008页。
③ 《韩诗外传》卷六作"朝食不足，夕收市赋；暮食不足，朝收市赋"。《说苑·尊贤》谓赵简子语，作"朝食不足，暮收市征；暮食不足，朝收市征"。〔汉〕刘向撰，赵善诒疏证：《说苑疏证》，华东师范大学出版社1985年2月版，第176页。
④ 《晋书》，第738页。
⑤ 《后汉书》，第178页。
⑥ 李均明、何双全编：《散见简牍合辑》，文物出版社1990年7月版，第15—16页。
⑦ 《汉书》，第1181页。

即按经营额"出税"不同。至于走马楼简反映的三国孙吴长沙地区"市租钱"的真实的征收率,我们现在还不清楚。

上文说到据简(30)"临湘言部吏潘羿收责食地僦钱起正月一日讫三月卅日☐有人悉毕☐",可推测简(2)"收责☐☐僦钱"应当就是"收责食地僦钱"。简(38)"收责☐地僦钱",可能也应当是"收责食地僦钱"。则"地僦钱"可能全称原本应为"食地僦钱",那么,这一项目,应是以临湘侯步骘"食地"的"僦税"为名义征收的。这应当就是"食地僦钱"或"地僦钱"与"市租钱"的区别。

试释走马楼《嘉禾吏民田家莂》"余力田"与"余力火种田"

关于走马楼简牍所提供的涉及当时田制的资料，现在尚存在若干有待于进一步深入研究的课题。如所谓"余力田"和"余力火种田"的性质，就需要认真讨论以求其确解。

1. "田家'行有余力'而自行开垦的荒地"说及相关辨议

所谓"余力田"和"余力火种田"的性质，对于认识当时的土地制度和赋税制度其实十分重要。《嘉禾吏民田家莂》的整理者说："田家向官府佃租的田地主要有两种，一种是'二年常限田'，一种是'余力田'。"余力田，"文书中多写作'余力火种田'"。也就是说，对于所谓"余力田"和"余力火种田"的性质的理解，涉及认识当时土地关系的一个极重要的方面。

《嘉禾吏民田家莂》的整理者对于"余力田"和"余力火种田"有这样的解释："余力田，大概是田家'行有余力'而自行开垦的荒地，文书中多写作'余力火种田'。"就嘉禾四年（235）的征收定额来说，"余力田征收租米，熟田每亩收租米四斗五升六合，旱田免收租米。但在有些券书中见到，在此数之外，还要每斛另加五升。余力田旱熟田亩收布与收钱的定额都与常限田相同"。也就是说，嘉禾四年"熟田每亩收布二尺，旱田每亩收布六寸六分；熟田每亩收钱七十钱,旱田每亩收钱三十七钱"①,嘉禾五年(236)"常限田与余力田旱田皆不收布,与四年旱田亩收布六寸六分异","常限田与余力田旱田皆不收钱,与四年旱田亩收三十七钱异"。此外,"五年余力田熟田亩收米四斗,与四年亩收米四斗五升六合异"。②

对于所谓"余力田,大概是田家'行有余力'而自行开垦的荒地"的解释,其实还需要讨论。高敏指出,"不能说'余力田'都是佃田者自己开垦的荒田。有时甚至可以用余力田取代二年常限田中的定收田,如5.194简、5.197简及5.337简所载,均以余力田数充常限田中的定收田数,就是例证。因此,不能说余力田是'田家"行有余力"而自行开垦的荒地'"。③他所说"以余力田数充常限田中的定收田数"的例证,对于简文的理解还可以商榷,但是"不能说'余力田'都是佃田者自己开垦的荒地"的看法却是正确的。

"行有余力",语出《论语·学而》:"行有余力,则以学文。"④ 不过,此所谓"余力"与田制的内容似乎没有直接的关系。而另一种"余力"则与土地制度有关,值得我们在讨论"余力田"时参考。

2. "余夫"与"余夫""受田"

《孟子·滕文公上》说到一种社会身份"余夫":"卿以下必有圭田,圭田五十亩。余夫二十五亩。"赵岐注:"余夫者,一家一人受田,其余老小尚有余力者,受二十五亩,半于圭田,谓之'余夫'也。"⑤ 在解释"余夫田"时,使用了"余力"的说法,特别值得我们注意。《孟子集注》引程子曰:"一夫上父母,下妻子,以五口八口为率,受田百亩。如有弟,是'余夫'也。年十六,别受田二十五亩,俟其壮而有室,然后

---

① 《嘉禾四年吏民田家莂解题》,长沙市文物考古研究所、中国文物研究所、北京大学历史学系走马楼简牍整理组编著:《长沙走马楼三国吴简·嘉禾吏民田家莂》,文物出版社1999年9月版,上册第71页。

② 同上书,上册第165页。

③ 高敏:《〈吏民田家莂〉中所见"余力田"、"常限"田等名称的涵义试析——读长沙走马楼简牍札记之三》,《郑州大学学报》(社会科学版)2000年第5期。

④ 《十三经注疏》,第2458页。

⑤ 同上书,第2706页。

更受百亩之田。"

《公羊传·宣公十五年》何休注："一夫一妇受田百亩以养父母妻子，五口为一家……多于五口，名曰'余夫'。余夫以率受田二十五亩。"①

《周礼·地官·遂人》说，"辨其野之土，上地、中地、下地，以颁田里：上地，夫一廛，田百亩，莱五十亩，余夫亦如之；中地，夫一廛，田百亩，莱百亩，余夫亦如之；下地，夫一廛，田百亩，莱二百亩，余夫亦如之。"郑司农解释说："户计一夫一妇而赋之田，其一户有数口者，余夫亦受此田也。"②

《周礼·地官·载师》贾公彦疏："六乡七万五千家，家以七夫为计，余子弟多。三十壮有室，其合受地，亦与正夫同。故《遂人》云，夫一廛，田百亩，余壮亦如之。是其余众男为余夫，亦以口受田，如正夫之比类若然。案《孟子》云，圭田五十亩，余夫二十五亩。彼余夫与正夫不同者，彼余夫是年二十九已下，未有妻，受口田故二十五亩。若三十有妻，则受夫田百亩。故郑注《内则》云，三十受田给征役。《乡大夫》注亦云，有夫有妇乃成家。何休亦云，一夫一妇受井田百亩。"③

《汉书》卷二四上《食货志上》："农民户人已受田，其家众男为余夫，亦以口受田如比。"颜师古注："比，例也。"④

3."余子""未任役者"

《庄子·秋水》有"余子"之称。成玄英解说以为"弱龄未壮，谓之'余子'"。陆德明《释文》："未应丁夫为余子。"⑤《汉书》卷二四上《食货志上》："是月，余子亦在于序室。"颜师古注："苏林曰：'余子，庶子也。或曰，未任役为余子。'师古曰：'未任役者是也。幼童皆当受业，岂论嫡庶乎？'"⑥ 于是"余子"也被解释为平民家庭中服役正卒以外的子弟。《周礼·地官·小司徒》："大故，致余子。"郑玄注引郑司农

---

① 《十三经注疏》，第 2287 页。
② 同上书，第 740 页。
③ 同上书，第 725 页。
④ 《汉书》，第 1120 页。
⑤ 〔清〕郭庆藩辑：《庄子集释》，第 605 页。
⑥ 《汉书》，第 1122 页。

的说法:"国有大事,当征召会聚百姓,则小司徒召聚之。余子谓羡也。"孙诒让《正义》:"云'大故,致余子'者,谓国被灾寇,则发六乡之余子羡卒,以备守事及追胥也。余羡既发,则正卒亦发可知。"① 王引之《经义述闻·周官上》说,此所谓"余子","《孟子·滕文公篇》所谓'余夫'也"。② 《逸周书·籴匡解》和《尚书大传·略说》也都说到"余子"。现在看来,"弱龄未壮"与"未应丁夫",似乎并没有直接的矛盾。

余夫,是户人以外的"其家众男","其余众男",又称"余子"、"余子弟"、"余壮"。"余夫"与"正夫"形成对应的关系。

4."火种"或即"伙种"、"夥种"

余夫,很可能主要是指家中的未婚男子、未成年男子,即贾公彦所谓"彼余夫是年二十九已下,未有妻"。在这种情况下,所受田只能与父兄合种,"若三十有妻,则受夫田百亩"。这种合作经营农耕,共同承担的关系,疑心就是《嘉禾吏民田家莂》中所见"火种"。"火种"有可能就是"伙种"、"夥种"。《长沙走马楼二十二号井发掘报告》在介绍"关于户口簿籍内容的简牍"时所举例九简文如下:

> 广成乡劝农掾区光言:被书条列州吏父兄子弟伙处人名年纪为簿。辄隐核乡界,州吏七人,父兄子弟合廿三人。其四人刑踵聋颐病,一人夜病物故,四人真身已逸及随本主在官,十二人细小,一人限田,一人先出给县吏。隐核人名年纪相应,无有遗脱。若后为他官所觉,光自坐。嘉禾四年八月廿六日,破莂保据。③

侯旭东改释为:

> 1 广成乡劝农掾区光言:被书条列州吏父兄子弟伏处、人名、年

---

① 〔清〕孙诒让:《周礼正义》,中华书局1987年12月版,第784页。
② 清道光刻本。
③ 长沙市文物考古研究所、中国文物研究所、北京大学历史学系走马楼简牍整理组编著:《长沙走马楼三国吴简·嘉禾吏民田家莂》,上册第32页。

纪为簿。辄隐核乡

　　2 界, 州吏七人, 父兄子弟合廿三人。其四人刑、踵、聋、欧病; 一人被病物故; 四人其①身已送及,

　　3 随本主在官; 十二人细小; 一人限佃; 一人先出给县吏。隐核人名、年纪相应, 无有遗脱,

　　4 若后为他官所觉, 光自坐。嘉禾四年八月廿六日破莂保据。②

侯说多有新意。特别是"限田"应作"限佃", 确凿无疑。"伙处"改释"伏处"的原因之一, 据说是"伙"字后出, 当时"伙"字通作"火"。今按: 细察图版, 其字释义似仍可存疑。如果"州吏父兄子弟伙处人名年纪"原释文不误, 则所谓"伙处", 或可帮助我们理解"火种"的意义。

所谓"年二十九已下"以及"三十"的具体年齿界定, 当然只是注经者一说, 未必完全符合走马楼书写时代的制度。

5. "火种田"、"旱田"、"火耕"说异言

高敏说, "'余力田'与'余力火种田'是有区别的, 不能完全等同"。"'余力火种田'中的定收熟田, 亩收米的数量较'余力田'中的定收熟田多'斛加五升'。"这一发现是有重要意义的。只是我们目前还难以明确解释其"区别"。高敏认为, "可以认定'火种田'基本上是旱田的代名词, 其所以用'火种田'命名, 可能同这种旱田宜于采用火耕的方法进行耕作有关"。这一结论显然值得商榷。高敏所举三例, 表明"火种田""有旱田和定收田之分, 但是旱田多而定收田少", 定收田分别只占佃田总数的2/25, 6/25, 3/32, "可见基本上仍然是旱田"。③

但是, "基本上是旱田", 而并非全部是旱田, 恐怕不能说"火种田"就是"旱田"的代名词。而且如高敏所说, "'余力火种田'中的定收熟

---

　　① 侯旭东注: "其"字原释为"真", 请教谢桂华与李均明教授, 前者释为"负", 后者释作"算"。

　　② 侯旭东:《三国吴简两文书初探》,《历史研究》2001年第4期。

　　③ 高敏:《〈吏民田家莂〉中所见"余力田"、"常限"田等名称的涵义试析——读长沙走马楼简牍札记之三》,《郑州大学学报》(社会科学版) 2000年第5期。

田，亩收米的数量较'余力田'中的定收熟田多'斛加五升'"。"余力火种田"中明确有"熟田"，按照一般理解，"熟田"可能是水田，则与"宜于采用火耕的方法进行耕作"的说法相矛盾。假若不考虑"熟田"的定义，如果"火种田""是旱田的代名词"，则"余力火种田"较"余力田"每亩多收"斛加五升"，岂不意味着旱田竟然要比非旱田（只能是水田）负担更多的征收额？这也是令人难以理解的。[1]

---

[1] 附记：本节写作，得到侯旭东的热诚帮助，谨此致谢。

走马楼竹简女子名字分析

走马楼简牍多有反映当时下层社会生活景况的资料。文书遗存保留的有关人员姓名的记录，也透露了若干社会文化信息。以姓名为线索的讨论，已经有初步成果发表。① 分析人名的特点，对于认识当时的社会有较大价值。② 而中国古代的女子人名，又自有其特点。比如，有研究者曾经指出，在中国传统社会，"妇女起名比较单调，因而也就比较集中"。③ 本文拟就2003年10月面世的《长沙走马楼三国吴简·竹简〔壹〕》④ 中10545枚竹简所见女子名字进行探讨，期望对认识当时社会的性别关系有所帮助。

1."妇人无名"和"妇人无姓"

走马楼简牍存在女性没有名字的情形，比较明显的例证有：

囗囗男弟 客 年十盲右目　　客 弟小女年五岁（壹·4199）

---

① 高凯：《从走马楼吴简〈吏民田家莂〉看孙吴初期长沙郡民的起名风俗》，《寻根》2001年第2期；王子今、范培松：《愬姓的源流——读〈嘉禾吏民田家莂〉札记》，《文博》2003年第3期。

② 李学勤：《先秦人名的几个问题》，《历史研究》1991年第5期，收入《当代学者自选文库：李学勤卷》，安徽教育出版社1999年5月版。

③ 中国社会科学院语言文字应用研究所汉字整理研究室在分析"重名和性别的关系"时指出，1949年9月30日以前的情形表明，女性人名的重名频度较高。"解放后，这种状况已经有了变化。"中国社会科学院语言文字应用研究所汉字整理研究室编：《姓氏人名用字分析统计》，语文出版社1991年10月版，第659页。

④ 长沙市文物研究所、中国文物研究所、北京大学历史学系走马楼简牍整理组编著：《长沙走马楼三国吴简·竹简〔壹〕》，文物出版社2003年10月版。

整理组注:"'弟小女'下脱人名。"①

与其他简例对比,此间"⬚客弟小女"可能确是脱写人名。但是也有这位5岁女童确实没有名字的可能。

古来多有"妇人无名"的认识。

《太平御览》卷三六二引《秦记》说十六国时事,涉及"名"所以"事尊""接卑"的意义:

> 妇人无名,故贱于丈夫。野人无名,故贱于学士。②

此说后人有所引用③,可知"妇人无名"现象受到关注。

宋叶梦得撰《石林燕语》卷四:"古者妇人无名,以姓为名,或系之字,则如仲子、季姜之类;或系之谥,则如戴妫、成风之类,各不同。周人称'王姬'、'伯姬',盖周姬姓,故云。而后世相承,遂以'姬'为妇人通称。以戚夫人为戚姬,虞美人为虞姬。自汉以来失之。政和间,改公主而下名曰'帝姬'、'族姬',此亦沿习熟惯而不悟。国姓自当为嬴,余尝以白蔡鲁公,惮于改作而止。"④

宋赵彦卫撰《云麓漫钞》卷一○也说:"古人多言'阿'字,如秦皇阿房宫,汉武阿娇金屋。晋尤甚,阿戎、阿连等语极多。唐人号武后为'阿武婆'。妇人无名,第以姓加'阿'字。今之官府妇人供状,皆云阿王、阿张,盖是承袭之旧云。"⑤

不过,从走马楼简提供的信息看,除前引简4199一例外,当时并非"妇人无名",而是在据整理组所谓"按户籍格式"⑥书写的内容中,却

---

① 长沙市文物研究所、中国文物研究所、北京大学历史学系走马楼简牍整理组编著:《长沙走马楼三国吴简·竹简〔壹〕》,下册第982页。

② 《太平御览》,第1670页。

③ 宋祝穆撰《古今事文类聚》后集卷二引录这一说法,据《太平御览》载《秦记》。明陈耀文撰《天中记》卷二四引此语,谓出《御览》《秦记》。文渊阁《四库全书》本。

④ 本条之下有清人胡珽按语:"古妇人之名,见于《大戴礼·帝系》篇。皇甫谧《帝王世纪》、陆龟蒙《小名录》等书,所载甚多,不能备录,不尽以姓以谥也。况孔子之母名徵在,有确然。"明正德杨武刻本。

⑤ 清咸丰涉闻梓旧本。

⑥ 长沙市文物研究所、中国文物研究所、北京大学历史学系走马楼简牍整理组编著:《长沙走马楼三国吴简·竹简〔壹〕》,下册第1116页。

多是有名无姓的。女子大约只是作为"户人",或者单独发生经济交往时,在有关文书中才记录其姓。刘聪为《长沙走马楼三国吴简•竹简〔壹〕》编制"人名索引",录有 1688 个人名,"包括姓字清楚、名字不清楚的姓名,不包括姓字不清楚、名字清楚的姓名"。① 其中明确可知为女性者,只有"大女"47 人②,"老女"3 人,合计 50 人,仅占总数的 2.962%。也就是说,女子姓名显示,大多只书名,不书姓,或说只书"名字",不书"姓字"。通常以"母"、"妻"、"小妻"、"子女"、"户下婢"出现时,都不书"姓字"。③

这一"妇人无姓"的情形,或许与"妇人无名"同样,也反映了其社会地位"贱于丈夫"的事实。

2. 关于以"汝"、"姑"、"女"为名字

对于走马楼竹简中可以明确为女性者的身份资料,"名字不清楚的姓名"计 280 人次,"名字清楚的姓名"出现 1042 人次。以这 1042 条资料编制《走马楼竹简女子人名用字频度表》,可以为我们分析当时女性名字提供方便。④ 特别是使用数量最多的人名用字,或许可以体现值得重视的文化信息。

走马楼竹简中女性人名用字中出现频度最高的是"汝"。可见 142 人次,频度为 13.628%。⑤

"汝",本义是"女"。《经籍纂诂•语韵》已有例证:"《书•尧典》:'汝陟帝位',《史记•五帝纪》作'女登帝位'。'汝作秩宗',《周礼•春官•序官》司农注作'女作秩宗'。《益稷》:'汝翼',《史记•夏本纪》作'女辅之';'汝无面从',作'女无面谀'。"《小尔雅•广诂》:

---

① 长沙市文物研究所、中国文物研究所、北京大学历史学系走马楼简牍整理组编著:《长沙走马楼三国吴简•竹简〔壹〕》,下册第 1122 页。
② 又有简 4450 可见"☑僦钱月五百 大女黄□僦钱月五百 大女□□僦钱月五百"简文,"大女□□"虽然"姓字不清楚",然而原文录有其姓,这里也一并计入。
③ 承侯旭东提示,后两者似与前三类不同。吴简中子女无论男女均不书"姓",户下奴与婢一样,历来不书"姓"。
④ 此表编制,参考了中国社会科学院语言文字应用研究所汉字整理研究室编《姓氏人名用字分析统计》一书中"表二"15 种"人名用字频度表"的形式。
⑤ 《嘉禾吏民田家莂》中有"悉汝"一例。出土编号 444,年代编号 4.353。

"而，汝也。"胡承珙《义证》："'汝'，本作'女'。"①

走马楼简女性名字中"姑"的出现频率也相当高，凡67见，频度达到6.430%。②

"姑"，是特定的亲属称谓，但是同时也可以作为女子的通称。《吕氏春秋·先识》："爱近姑以息"，毕沅《校正》引《尸子》注："姑，妇也。"《尸子》卷下："弃黎老之言而用姑息之谋"③，汪继培《辑注》引《升庵外集》注："姑，妇女也。"

以"女"为名字，在走马楼简中有7例，频度为0.672%。

用"汝"、"姑"、"女"为名字者，共计216见，频度为20.729%。这类名字是最普遍多见者，然而其字之本义，只是妇女而已。也就是说，作为名主的代号，只是标明了其性别。从这一现象看，前引"古者妇人无名"的说法，也许是有一定道理的。

古来有"妇人名不出阃"④、"妇人名不出壶"⑤ 的说法。或说"古者妇人不识厅屏，笑言不闻于邻里，名不出其境，而善行止于阃以内"⑥，"女子者不越酒浆菽醢之间而已矣，身不逾阈以内，名不出巷里而遥"⑦。虽然这些说法都发表于宋以后，成为社会性别关系进入一个历史特定时期的标志，但是长期以来传统社会以男子为中心的特点，使得"妇人名"在社会关系中的实用意义受到轻视的现象早已形成。走马楼竹简所见下层社会女子大量以女性通称"汝"、"姑"、"女"作为名字，可以作为这一情形的说明。

---

① 嘉庆十七年阮氏原刻本，光绪六年淮南书局补刻本。
② 《嘉禾吏民田家莂》中可见3例：廖姑，出土编号1421，年代编号5.833；李姑，出土编号423，年代编号5.923；李姑，出土编号1494，年代编号5.1013。
③ 陈奇猷校释：《吕氏春秋校释》，学林出版社1984年4月版，第945—946页。
④ 〔宋〕吕祖谦：《鄱阳王安母程氏墓志铭》，《东莱集》卷一三，民国续金华丛书本；魏了翁：《太孺人赐冠帔黎氏墓志铭》，《鹤山集》卷七〇，文渊阁《四库全书》本。
⑤ 〔元〕王沂：《李仁妻贞节妇诗序》，《伊滨集》卷一七，文渊阁《四库全书》本。宋人吕祖谦前已有"司家政者名不出壶"之说。《袝韩氏志》，《东莱集》卷一〇，民国续金华丛书本。
⑥ 〔元〕戴良：《卫节妇坟记》，《九灵山房集》卷一四，《四部丛刊》景明正统本。
⑦ 〔明〕刘宗周：《陈太母徐安人七十寿序》，《刘蕺山集》卷一〇，文渊阁《四库全书》本。

3."妾"和"婢"：女子贱名

已经有学者注意到走马楼简所见名字中多见"妾"字。

《嘉禾吏民田家莂》中女子以"妾"为名者23例。① 高敏曾经指出，《嘉禾吏民田家莂》中妇女多以"妾"为名。② 高凯也曾著文提示"'大女'名中多有'妾'字"。不过，他认为，以"妾"为名，"应说明这些'大女'是已婚妇女，而且丈夫必然是已死亡者"。③ 又说，"其家男子死亡或者残疾而以'大女'为户主者，'大女'名中均有'妾'字"。④ 这样的认识或许还可以商榷。其实，女子未必成为"户人"就必须改名。我们也看不到在通常情况下丈夫"男子死亡或者残疾"则妻子改名的实例。

走马楼竹简所见有"户人大女"名"妾"者7例⑤，"户人老女"名"妾"者1例⑥，然而显然并非"户人"的女子以"妾"为名者，则有：

(1)"祖母妾"1例⑦；

---

① 利妾，出土编号536，年代编号4.94；唐妾，出土编号836，年代编号4.135；张妾，出土编号328，年代编号4.261；张妾，出土编号794，年代编号4.346；郭妾，出土编号839，年代编号4.439；朱妾，出土编号490，年代编号5.36；谢妾，出土编号607，年代编号5.73；五妾，出土编号237，年代编号5.75；刘妾，出土编号1，年代编号5.104；杨妾，出土编号235，年代编号5.131；蔡妾，出土编号1439+1995，年代编号5.140；文妾，出土编号1341，年代编号5.144；黄妾，出土编号300，年代编号5.289；郑妾，出土编号1236，年代编号5.338；黄妾，出土编号40，年代编号5.367；黄妾，出土编号62，年代编号5.368；唐妾，出土编号129，年代编号5.384；刘妾，出土编号788，年代编号5.572；刘妾，出土编号1903+1811+1728，年代编号5.625；李妾，出土编号97，年代编号5.714；黄妾，出土编号70，年代编号5.723；□妾，出土编号58，年代编号5.758；周妾，出土编号4，年代编号5.966。
② 高敏：《从嘉禾年间〈吏民田家莂〉看长沙郡一带的民情风俗与社会经济状况》，《中州学刊》2000年第5期。
③ 高凯：《从走马楼吴简看孙吴时期长沙郡的人口性比例问题》，《史学月刊》2003年第8期。
④ 高凯：《从走马楼吴简〈吏民田家莂〉看孙吴初期长沙郡民的起名风俗》，《寻根》2001年第2期。
⑤ 壹·3318，3405，5249，5508，8399，8517，9006。
⑥ 壹·10111。
⑦ 壹·9238。

（2）"母大女妾"38例①；

（3）"母妾"4例②；

（4）"妻大女妾"16例③；

（5）"妻妾"8例④；

（6）"小妻大女妾"1例⑤；

（7）"寡嫂大女妾"1例⑥；

其中（1）（2）（3）中名"妾"的女子，有可能曾经在其子未成年时有"户人"身份，当然仅仅是有这种可能。但是她们不再作为"户人"时仍然名"妾"，说明当时女子不会因身份变化而轻易改名。（4）（5）（6）（7）则都是作为"户人"的亲属列入名籍的。她们家庭的男性户主即"户人"显然都健在。也就是说，不能说其"丈夫必然是已死亡者"。

女子以"妾"为名，大约定名时就是如此。走马楼竹简所见名"妾"的"老女"有相当年迈的，如：

厚母大女妾年一百一岁（壹·9009）

名叫"厚"的"户人"的母亲"妾"，已经101岁。但是，走马楼竹简中又有这样的例证：

㴋女弟妾年六岁（壹·9064）
□子女妾年四岁（壹·7393）

"户人""㴋"的妹妹"妾"只有6岁。"户人""□"的女儿不过4岁，

---

① 壹·2908，3033，3310，4466，5299，5534，5618，7364，8462，8693，8903，8956，9009，9050，9052，9099，9126，9149，9152，9261，9299，9328，9333，9359，9363，9368，9490，9779，10091，10148，10190，10297，10313，10347，10411，10479，10502，10525。

② 壹·4216，5165，7680，7704。

③ 壹·938，2971，2981，3355，3930，4018，4070，5320，7376，7797，9032，9073，10066，10087，10093，10252。

④ 壹·4145，5179，6106，6666，6674，6701，6755，7602。

⑤ 壹·10242。

⑥ 壹·10268。

然而也以"妾"为名。

看来，以为以"妾"为名者必然是"已婚妇女"的推论，确实是不符合历史真实的。自然，形成这一认识的因素之一，是资料条件的限制。

"妾"字的本义，是女子贱称。《说文·辛部》："妾，有辠女子给事之得接于君者。"①《礼记·曲礼下》"有妾"，郑玄注："妾，贱者。"②《周礼·天官·大宰》："以九职任万民……八曰臣妾。"郑玄注："臣妾，男女贫贱之称。"③《诗·小雅·正月》"并其臣仆"，郑玄笺："人之尊卑有十等"，孔颖达疏："妾，是贱者之定名。"④

走马楼竹简所见女子以"妾"为名者，数量之多，仅次于"汝"，凡88例，频度为8.445%。"妾"，不过是女子取用的贱名，如同"婢"一样。

《嘉禾吏民田家莂》可见"李婢"姓名。⑤ 走马楼竹简所见女子以"婢"为名者，有52例，频度为4.990%。

《说文·女部》："婢，女之卑者也。"段玉裁注："《内则》'父母有婢子'，郑曰：'所通贱人之子。'是婢为贱人也。而《曲礼》'自世妇以下，自称曰婢子'，《左传》秦穆姬言'晋君朝以入，则婢子夕以死'，是贵者以'婢子'自谦。'婢'亦称'婢子'，与《内则》'婢子'不同也。郑注《曲礼》曰：'婢之言卑也。'"⑥ 除了《说文·女部》和《礼记·曲礼下》郑玄注以外，以"卑"释"婢"的，还有《左传》僖公二十二年"寡君之使婢子侍执巾栉"，杜预注："婢子，妇人之卑称也。"⑦《史记·晋世家》"秦使婢子侍"，裴骃《集解》引服虔曰："婢子，妇人之卑称也。"⑧《广韵·纸韵》："婢，女之下也。"《资治通鉴·晋纪二十五》"又使视诸婢媵"，胡三省注："卑女为婢。婢，女之下者。"⑨ 可见"婢"的这一字义沿用相当

---

① 〔汉〕许慎：《说文解字》，中华书局1963年12月影印本，第58页。
② 《十三经注疏》，第1261页。
③ 同上书，第647页。
④ 同上书，第442页。
⑤ 出土编号2250，年代编号5.284。
⑥ 〔汉〕许慎撰，〔清〕段玉裁注：《说文解字注》，上海古籍出版社1983年10月版，第616页。
⑦ 《十三经注疏》，第1813页。
⑧ 《史记》卷三九，第1655页。
⑨ 《资治通鉴》，第3257页。

长久。

"婢"用作人名，自然也有"自谦"的涵义。但是其基本的字义是"卑"，这是应当明确的。

走马楼竹简中女子人名用字"妾"和"婢"合计共140例，用字频度占总数1042例的13.436%，这一现象，是可以从一个侧面反映当时妇女的地位的。

4. 妇德的标志——"贞"和"思"

在走马楼竹简所见女子人名用字中，"贞"字出现次数位列第十，计10例，频度为0.960%。

"贞"作为对妇女的道德要求，在秦始皇时代已经见于官方宣传。[①]《列女传·贞顺·鲁寡陶婴》：

> 陶婴者，鲁陶门之女也。少寡，养幼孤，无强昆弟，纺绩为产。鲁人或闻其义，将求焉。婴闻之，恐不得免，作歌，明己之不更二也。其歌曰："悲黄鹄之早寡兮，七年不双。宛颈独宿兮，不与众同。夜半悲鸣兮，想其故雄。天命早寡兮，独宿何伤。寡妇念此兮，泣下数行。呜呼哀哉兮，死者不可忘。飞鸟尚然兮，况于贞良。虽有贤雄兮，终不重行。"鲁人闻之曰："斯女不可得已。"遂不敢复求。婴寡，终身不改。君子谓陶婴贞壹而思。《诗》云："心之忧矣，我歌且谣。"此之谓也。
>
> 颂曰：陶婴少寡，纺绩养子，或欲取焉，乃自修理，作歌自明，求者乃止，君子称扬，以为女纪。[②]

[①] 《史记》卷六《秦始皇本纪》载琅邪刻石："皇帝之明，临察四方。尊卑贵贱，不逾次行。奸邪不容，皆务贞良。细大尽力，莫敢怠荒。远迩辟隐，专务肃庄。端直敦忠，事业有常。"（第245页）又会稽刻石明确说到"宣省习俗"事："皇帝并宇，兼听万事，远近毕清。运理群物，考验事实，各载其名。贵贱并通，善否陈前，靡有隐情。饰省宣义，有子而嫁，倍死不贞。防隔内外，禁止淫泆，男女絜诚。夫为寄豭，杀之无罪，男秉义程。妻为逃嫁，子不得母，咸化廉清。大治濯俗，天下承风，蒙被休经。皆遵度轨，和安敦勉，莫不顺令。黔首修絜，人乐同则，嘉保太平。后敬奉法，常治无极，舆舟不倾。"（第262页）

[②] 张涛：《列女传译注》，山东大学出版社1990年8月版，第158页。标点有改动。

陶婴之歌所谓"贞良",反映"贞"的意识已经深入于女子精神之中。汉代妇女人名用"贞"字,已有学者指出"贾长儿之妻名贞(《汉书·史皇孙王夫人传》),史良娣之母名贞君(《汉书·史良娣传》)"等例,以为以"尚贞操"命名。①

所谓"君子谓陶婴贞壹而思",以"贞壹而思"四字,将"贞"和"思"合构,似乎形成了一个道德组合。而"思",在走马楼竹简所见女子人名用字中出现次数位列第三,仅次于"汝"和"妾"。共出现76例,频度为7.294%。

"思"字的解释有多种。一般直接的理解是计虑心念。但是"思"字其实原本有道德层面的意义。《书·洪范》"五曰'思'",孔安国传:"思,心虑所行。"②《说文·思部》:"思,睿也。"③《集韵·祭韵》:"叡,《说文》:'叡,深明也,通也。'古作睿。"汉代以来多把"思"作为一种智慧和道德双重兼备的要求。《说苑·建本》:"思虑者,智之道也。"④《论衡·卜筮》:"思虑者,己之神也。"⑤《汉书》卷二七中之上《五行志中之上》:"经曰:'羞用五事。五事:一曰貌,二曰言,三曰视,四曰听,五曰思。貌曰恭,言曰从,视曰明,听曰聪,思曰睿。恭作肃,从作艾,明作悊,聪作谋,睿作圣。'"⑥ 对于"思"和"睿",颜师古注引应劭的解释是"思,思虑","睿,通也,古文作'睿'"。又卷二七下之上《五行志下之上》又说:"传曰:'思心之不睿,是谓不圣。'"⑦ 所谓"君子谓陶婴贞壹而思",明确将"思"作为女子道德标准之一。

"贞"和"思"作为女子人名用字,在走马楼竹简中合计86例,频度高达8.253%。

其他可以感觉到道德意义的人名用字,走马楼竹简女子名字中还有

---

① 张孟伦:《汉魏人名考》,兰州大学出版社1988年9月版,第70页。
② 《十三经注疏》,第190页。
③ [汉]许慎:《说文解字》,第216页。
④ [汉]刘向撰,赵善诒疏证:《说苑疏证》,华东师范大学出版社1985年2月版,第64页。
⑤ 黄晖撰:《论衡校释》(附刘盼遂集解),中华书局1990年2月版,第1000页。
⑥ 《汉书》,第1351页。
⑦ 同上书,第1441页。

"端"2例,"慈"1例,"敦"1例,"廉"1例,"昚"1例①,"壹"1例等。"从"字出现凡4例,或许也可以与女德相联系。

有学者分析,现代女子起名有这样的特点:"常取表现妇女道德的字。如淑、静、雅、贞、洁、娴、婧、婉、琴等等,这些字表示的是文雅、和顺、安静、有才的意思。"② 所举字例是否都是"表现妇女道德的字",尚可商榷。然而所指出的女子人名取用与"妇女道德"有关的字的情形,从走马楼竹简的资料看,历史已经相当久远了。

5. 人名用字和妇女社会生产职任的关联

人名用字可以体现与经济生活有关的信息。高凯对《嘉禾吏民田家莂》的研究,已经发现"吏民名字多有与钱、布、粮等字眼相关者",如糜、麦、谷、粟、囷、仓、困、困、肥、市、斗、斛、钟、买、布、帛、金、银、饶、裕、富、寿、浇、租等。③ 其中困、肥、寿、饶等字是否与"钱、布、粮等""相关",似乎还可以讨论。走马楼竹简中的女子人名用字,也多有体现出经济色彩者,如:"金"17例,"银"4例,"钱"2例等。命名为"泉"的1例,或许也与"钱"有关。

从"贝"的字作为女子人名,也是耐人寻味的。例如,走马楼竹简可见:"财"3例,"贵"3例,"卖"2例,"赞"2例,"贷"1例,"贡"1例,"买"1例,"貣"1例,"责"1例等。"訾"作为人名也有1例,其字义与"资"的关系,也是大家所熟知的。这些迹象,寄托着命名者财富增殖的祈望,或许也可以理解为妇女参与财务经营和管理的反映。

男耕女织的分工很早就已经大体明确。汉代"织女"神话的风行,体现出"女织"这一社会生产职任的确定。所谓"一女不织,或受之

---

① "昚",即"慎"。
② 中国社会科学院语言文字应用研究所汉字整理研究室:《人名用字和性别的关系》,《姓氏人名用字分析统计》,第455页。
③ 高凯:《从走马楼吴简〈吏民田家莂〉看孙吴初期长沙郡民的起名风俗》,《寻根》2001年第2期。

寒"①，"一女不织，或受其寒"，都说明了这一事实。《三国志》卷六五《吴书·华核传》记载华核上疏："今吏士之家，少无子女，多者三四，少者一二，通令户有一女，十万家则十万人，人织绩一岁一束，则十万束矣。使四疆之内同心戮力，数年之间，布帛必积。恣民五色，惟所服用，但禁绮绣无益之饰。且美貌者不待华采以崇好，艳姿者不待文绮以致爱，五采之饰，足以丽矣。"② 其说或许可以在认识三国吴地纺织业成就中妇女作用时以为参考。

走马楼竹简中可以体现"女织"的女子人名用字，首先可以看到"桑"1例，"帛"1例，"麻"1例等。又多有从"糸"的字作为女子人名，如：

"糸"8例；"絮"5例；"紫"4例③；"罗"3例④；"绩"2例⑤；"绮"2例；"丝"2例；"纯"1例⑥；"绯"1例⑦；"绐"1例⑧；"纪"1例⑨；"绞"1例⑩；"绢"1例；"纟枲"1例⑪；"练"1

---

① 《汉书》卷二四上《食货志上》，第1128页。
② 《三国志》卷六五《吴书·华核传》，第1469页。
③ 《说文解字·糸部》："紫，帛青赤色。"第274页。《释名·释采帛》："紫，疵也，非正色。五色之疵瑕以惑人者也。"任继昉纂：《释名汇校》，第225页。
④ 《淮南子·齐俗》："弱緆罗纨"，《淮南鸿烈集解》，第345页。高诱注："罗，縠也。"《释名·释采帛》："罗，文疏罗也。"任继昉纂：《释名汇校》，第232页。
⑤ 《说文解字·糸部》："绩，缉也。"第277页。《尔雅·释诂上》："绩，继也。"
⑥ 《说文解字·糸部》："纯，丝也。"第271页。《仪礼·士冠礼》"纯衣"，郑玄注："纯衣，丝衣也。"《十三经注疏》，第958页。
⑦ 《说文解字·糸部》："绯，帛赤色也。"第278页。《集韵·微韵》："绯，赤练。"《玉篇·糸部》："绯，绛练也。"《重修玉篇》，文渊阁《四库全书》本。
⑧ 朱骏声《说文通训定声·临部》："绐……此字当训'相续'也，故从糸，与'缉'略同。"中华书局1984年6月影印本，第111页。
⑨ 《礼记·礼器》"众之纪也"，郑玄注："纪，丝缕之数有纪。"《十三经注疏》，第1434页。《说文解字·糸部》："纪，丝别也。"第271页。《诗·大雅·棫朴》"纲纪四方"，孔颖达疏引《说文》："纪，别丝也。"《十三经注疏》，第514页。段玉裁《说文解字注》："别丝者，一丝必有其首，别之是为纪。"第645页。
⑩ 《礼记·杂记上》"大夫不揄绞"，郑玄注："采青黄之间曰'绞'。"《十三经注疏》，第1552页。《释名·释丧制》："绞带，绞麻缌为带也。"任继昉纂：《释名汇校》，第473页。
⑪ 《集韵·脂韵》："纟枲，一曰十丝。"

例〞；"络"1例①；"绵"1例；"素"1例②；"细"1例③；"缘"1例④；"约"1例⑤；"缯"1例；"纸"1例⑥。

以上合计42例。共涉及23字，在走马楼竹简人名用字总数390字中，占5.897%。这一现象，作为妇女在当时重要产业纺织业中重要作用的反映，显然有值得关注的意义。

当然，生活在农业社会的基层，女子的生产职任不可能与农耕完全无关。走马楼简牍中一些女子担当"户人"的责任，说明她们也是田间农作的主力。⑦ 与田事有关的女子名字，则有："麦"5例；"米"2例；"禾"1例；"豆"3例；"囷"1例；"仓"3例；"佃"1例；"甽"1例；"田"1例；"园"1例；"稠"1例⑧；"秨"1例⑨等。

6. "女性的特征"及其他信息

有学者在分析现代女性人名用字的特点时，指出："在我们民族的传统中，男子和女子的名字一般是要有区别的。特别是女子的名字，总要反映出女性的特征来。"研究者又分别指出如下现象：（1）"常取表现美貌的字。如姗、姣、娟、娥、婵、嫦、婍、婉、妙、媛、婷、妍、嫣、娜、

---

① 《说文·糸部》："络，絮也。一曰麻未沤也。"段玉裁注："未沤者曰'络'，犹生丝之未湅也。"《说文解字注》，第659页。
② 《说文·糸部》："素，白致缯也。"段玉裁注："素，缯之白而细者也。"段玉裁《说文解字注》，第662页。《礼记·杂记下》"纯以素"，郑玄注："素，生帛也。"《十三经注疏》，第1569页。
③ 《说文解字·糸部》："细，微也。"第272页。朱骏声《说文通训定声·坤部》："细者，丝之微也。"第836页。
④ 《尔雅·释器》："缘，谓之纯。"《方言》卷四："悬裧谓之缘。"《说文解字·糸部》："缘，衣纯也。"第275页。《礼记·深衣》"纯袂缘，纯边"，郑玄注："缘，緆也。"《十三经注疏》，第1664页。
⑤ 《说文解字·糸部》："约，缠束也。"第272页。《仪礼·既夕礼记》"约绥约辔"，郑玄注："约，绳也。"《十三经注疏》，第1162页。
⑥ 《说文解字·糸部》："纸，絮一苫也。"第276页。
⑦ 承侯旭东提示，《嘉禾吏民田家莂》中有大女"佃田"的记载，亦可证明这一事实。
⑧ 《说文·禾部》："稠，多也。"段玉裁注："本谓禾也，引申为凡多之称。"段玉裁《说文解字注》，第321页。
⑨ 《说文解字·禾部》："秨，禾摇皃。"第145页。《集韵·莫韵》："秨，禾稼也。"

娇、媚、丽、美、艳、彩、仙、俊等等，这些字都是形容容貌、姿态的美好。"（2）"有时借用他物来形容美貌。如用花草的名称或开花的状态形容：兰、桂、梅、萍、芝、莲、菊、蓉、莉、薇、苹、桃、柳、芸、荷、蕾、蓓、蕊、菲、玫、茜、英、秀、华、芳、荣、花、芬、香、馨等等。"（3）"或用自然界的季节、美好的景物来形容：春、秋、霞、月、雪等等。"（4）"或用美丽的鸟儿来形容：凤、燕、雁、莺、鹭等等。"（5）"常取表示珍贵的字。如玉、珍、玲、琼、宝、翠、珠、碧、瑞、莹、瑛、珊、琦、瑜、琳、璇、玮、珏、璐等等。这些字男子也用，但女子用得更多些。"①

这里指出的特征，确实表现出传统的力量。

从走马楼竹简提供的资料看，（1）中所举字例，简文所见女子人名已有"媚"1例，"妙"1例，"彩"1例，"仙"1例。当然，其中"媚"是否"表现美貌"，尚有疑问。② 又有"姓"1例③，"曼"1例，似乎也可看作"表现美貌的字"。"尧"1例，或许通于"娆"。④ （2）中所举字例，走马楼竹简可见"兰"1例，"华"5例，"荣"1例，"香"1例。"华"字出现最多，反映了汉代以来女子人名习用此字的情形。张孟伦分

---

① 中国社会科学院语言文字应用研究所汉字整理研究室：《人名用字和性别的关系》，《姓氏人名用字分析统计》，第455页。

② 《说文·女部》："媚，说也。"段玉裁注："'说'，今'悦'字也。《大雅》毛传曰：'媚，爱也。'"段玉裁《说文解字注》，第617页。睡虎地秦简《日书》甲种"·衣"题下说到"媚人"情形。睡虎地秦简《日书》甲种又有"妇不媚于君"句（一四背伍）。"衣良日"题下又说到"丁丑材衣，媚人"（一一三背至一一四背）。睡虎地秦简《日书》乙种亦可见："丁巳生，谷，媚人。"（二四六）"媚人"，有学者译作"惹人喜爱"（吴小强：《秦简日书集释》，岳麓书社2000年7月版，第43页）。其实，《日书》此所谓"媚人"，不是一般的"惹人喜爱"，当特指性爱关系，与汉代所谓"妇人媚道"（《汉书》卷九七上《外戚传上·孝武陈皇后》，第3948页；《周礼·天官·内宰》郑玄注）及"媚惑"（《后汉书》卷三四《梁冀传》，第1180页）之术类近。春秋时已有以"媚人"为名号者。《左传》成公二年："齐侯使宾媚人赂以纪甗、玉磬与地。不可，则听客之所为。宾媚人致赂。晋人不可。"《十三经注疏》，第1895页。

③ 《说文解字·女部》："姓，姿姓，姿也。""姿，态也。"第264、263页。《释名·释姿容》："姿，资也。资，取也，形貌之禀，取为资本也。"任继昉纂：《释名汇注校》，第122页。《慧琳音义》卷一七"姿艳"注引《苍颉篇》："容媚也。"徐时仪校注：《一切经音义三种校本合刊》，上海古籍出版社2008年12月版，第791页。

④ 张孟伦《汉魏人名考》写道："娆，妍媚美丽的意思。东汉宋子侯有一首乐府诗，吟咏一个年轻美貌的女郎董娇饶（又作娆），首在春景妩媚中，便逗引出盛年人合欢的影子（见《玉台新咏》、《乐府诗集》）。"兰州大学出版社1988年9月版，第68—69页。

析汉魏女子名字,曾经说道:"美观文饰曰华,故以华命名,其颜容艳美,足可倾城倾国。然汉有长御倚华(《汉书·戾太子传》),贵人曹华(《汉书·曹后传》),而南阳且有阴丽华。刘秀闻阴丽华美而心悦,至叹曰:'娶妻当得阴丽华'(《后汉书·阴后纪》)。"① 其他若干从艸的字,如"苦"4例②,"茛"3例③,"萌"3例④,"药"2例⑤,"薄"1例⑥,"蔡"1例⑦,"草"1例,"董"1例⑧,"茑"1例,"葵"1例,"茑"1例⑨,"蒲"1例⑩,"苏"1例,"叶"1例,或许也可以一并如是理解。"杨"1例,当与桂、梅、桃、柳等类同。通过人名采用草木名的情形,我们可以了解当时民间的植物学知识,以及人们爱重自然的情感。(3)走马楼竹简可见"秋"1例。(4)一类,则有"燕"3例,又有"鸢"1例,也值得注意。(5)"取表示珍贵的字",走马楼竹简资料可见"宝"1例,"珠"1例。⑪又有"珵"1例,字亦从玉。

走马楼竹简所见女子人名用字中多见从水的字,也应当引起人们关注。除上文讨论过的"汝"142例外,又如:"湘"3例,"洎"2例,"泠"2例,"泊"1例,"澈"1例,"浩"1例,"湖"1例,"派"1

---

① 张孟伦:《汉魏人名考》,第69页。
② 《礼记·内则》"包苦实蓼",郑玄注:"苦,苦荼也。"《十三经注疏》,第1464页。
③ 《说文解字·艸部》:"茛,艸也。"第17页。《急就篇》卷四"雷矢藋菌茛兔卢",颜师古注:"茛,草也……又可以染黄而作金色。"
④ 《说文·艸部》:"萌,艸芽也。"段玉裁注:"萌,艸木芽也。"段玉裁《说文解字注》,第37页。
⑤ 《淮南子·修务》"身若秋药被风",高诱注:"药,白芷,香草也。"《淮南鸿烈集解》,第640页。
⑥ 《淮南子·主术》"入榛薄险阻也",高诱注:"深草为薄。"《淮南鸿烈集解》,第278页。《说文解字·艸部》:"薄,林薄也。"徐锴《系传》:"木曰林,艸曰薄。"第23页。
⑦ 《说文·艸部》:"蔡,艸也。"段玉裁注:"蔡,艸丰也。"段玉裁《说文解字注》,第40页。
⑧ 《玉篇·艸部》:"董,藕根。"《重修玉篇》,文渊阁《四库全书》本。
⑨ 《说文·艸部》:"茑,寄生也。从艸,鸟声。《诗》曰:'茑与女萝。'"段玉裁注:"茑,寄生艸也。"段玉裁《说文解字注》,第31页。
⑩ 《说文解字·艸部》:"蒲,水艸也。"第17页。《诗·王风·扬之水》"不流束蒲",郑玄笺:"蒲,蒲柳。"《十三经注疏》,第331页。
⑪ 张孟伦《汉魏人名考》说:"珠玉光润滑泽,明丽动人。故称女子为珠娘(《闽小记》),美貌为玉面(《公羊传》宣12)。汉女子以珠玉为名的,则有彭宠之女彭珠(《后汉书·彭宠传》),繇氏之女繇玉(《后汉书·申屠蟠传》),宫人赵玉(《后汉书·邓后纪》)。"第69页。

例,"潘"1例,"沙"1例,"潭"1例,"演"1例,"沅"1例,"沄"1例,"泽"1例等。出现频度也相当高。① 这一情形,或许与地处水乡的地理背景有关,然而也是在分析女子人名用字的规律时不宜忽视的。

走马楼竹简提供的有关女子名字的资料中,从辵的字亦多见。如:"连"5例,"还"2例,"进"2例,"逢"1例,"迷"1例,"述"1例,"送"1例,"巡"1例,"这"1例等。又如"足"1例,"转"1例,以及"来"3例,"止"2例等,也与行止等交通行为有一定关系。此外,"车"1例,"驰"1例,"骑"1例等,都体现等级较高的交通形式,作为一般平民女子名字,也都值得我们深思。

张孟伦《汉魏人名考》有"几种特殊的女子名字"一节,其中说到人名用字"姜":"姜,自春秋以来既为贵族妇女之通称,时至汉、魏,则不但有上蔡令甄逸(魏文帝岳父)之长女名姜(《魏志·后妃传》注引《魏书》《续后汉书·曹丕甄后传》),而且民间女子,也有名姜的(《魏志·周宣传》)。至于慈爱温仁,抚养前妻四子的汉中李穆姜;起兵抗乱而代丈夫被杀的犍为赵媛姜(《后汉书·列女传》);则更是'才行尤高秀者'。"② 走马楼竹简所见女子人名,也有两例名"姜"的,同样是"民间女子"以"姜"字命名的例证。

7. 附议:男人女名现象

明人余寅《同姓名录》卷四有"同女人名"一类,列举"男女同姓名者"12例:孟光、李平、徐淑、李秀、巨灵、弃、孙寿、蔡琰、曹节、王舜、王粲、薛涛。明人曹安《谰言长语》说行酒令事:"又以妇人名如男子者,予言蔡琰、薛涛、崔徽。"可见男女同名的现象很早就已经有人注意。

走马楼简牍中有男女人名用字共同的现象,有学者称之为"中性的名字"。③

---

① "郲"1例,应即"陂",也可以归为一类。
② 张孟伦:《汉魏人名考》,第71页。
③ 高凯:《从走马楼吴简〈吏民田家莂〉看孙吴初期长沙郡民的起名风俗》,《寻根》2001年第2期。

有学者讨论历史上男女名字互用的现象，称为"女子男名、男子女名"。这种现象或许对于说明古代性别关系的复杂性，有一定意义。不过，"女子男名"，许多只是使用了男女可以共享的，即所谓"中性"的字。而"男子女名"，则比较容易作出明确判断。

张孟伦对于汉魏时期"男子女名"现象，有这样的分析：

> 汉魏时代，男以女名的，则有：和陈平同为阳武户牖乡人的富户张负。负，本为妇人老宿之称。经司马贞《索隐》（《史记·陈丞相世家》），周寿昌（《汉书注校补》卷32）考证，张负之是丈夫，已是无疑。王鸣盛又坚定地指出"此张负则是男子"（《十七史商榷·张负》），就不必再说了。
>
> 再如，《汉书·郊祀志下》的丁夫人，又是一位男子，而以女性女名的。周寿昌就曾指出："案此亦如战国时善为匕首者，名为徐夫人，皆男而女名也。"（《汉书注校补》卷18）
>
> 又，《吴志·陆逊传》中所载造营府之论，而为逊所谏的暨艳，当又是个男人而女名者。[①]

走马楼竹简中有明确可知为"男子女名"的实例。如有男子名"妾"者：

> 妾妻车年十五筭一（壹·8645）

这位名"妾"的"户人"同样"是丈夫，已是无疑"。走马楼竹简又可见男子名"婢"者：

> 长子男 婢 年廿筭一　　婢男弟道……（壹·8432）

这为以"婢"命名的人，是某人的"长子男"，性别是明确的。又如：

> ☐☐丘大男区圳付主库吏殷　☐（壹·1579）

[①] 张孟伦：《汉魏人名考》，第73—74页。

姊妻大女明年廿六（壹·9077）

"区㚲"是"大男"。"姊妻大女明年廿六"简例中的"姊"，同前引"妾妻车年十五第一"中的"妾"一样，也是"丈夫"。这种男子定名时取用从女的字的情形，又有：

□户下奴□长五尺（壹·7665）

这位"户下奴"的名字残缺，但是这枚简的释文下有整理组注释："'户下奴'下上半残缺，下半从'女'。"① 可见他也取用了从女的字以为人名。"大男区㚲"、"明"的丈夫"姊"，以及这位"户下奴"，也都应当看作"男子女名"的实例。

至于当时"男子女名"这种现象发生的原因，目前似乎尚不能进行确切的说明。

本文就已经发表的走马楼竹简中有关女子名字的资料进行了初步的研究。所谓"初步"，绝不是谦辞。因为确如王素所说，"竹简的绝大部分毕竟尚未整理，里面究竟有些什么资料，目前还不能完全断言。"②

附　走马楼竹简女子人名用字频度表

序号	字头	出现次数	频度%	累计频度%
1	汝	142	13.628	13.628
2	妾	88	8.445	22.073
3	思	76	7.294	29.367
4	姑	67	6.430	35.797
5	婢	52	4.990	40.787
6	金	17	1.631	42.418
7	儿	15	1.440	43.858

---

① 长沙市文物研究所、中国文物研究所、北京大学历史学系走马楼简牍整理组编著：《长沙走马楼三国吴简·竹简〔壹〕》，下册第1053页。
② 王素：《长沙走马楼三国吴简研究的回顾与展望》，《中国历史文物》2004年第1期。

续表

序号	字头	出现次数	频度%	累计频度%
8	阿	14	1.344	45.202
9	客	12	1.152	46.354
10	贞	10	0.960	47.314
11	糸	8	0.768	48.082
12	小	8	0.768	48.850
13	女	7	0.672	49.522
14	鼠	7	0.672	50.194
15	华	5	0.480	50.674
16	连	5	0.480	51.154
17	麦	5	0.480	51.634
18	取	5	0.480	52.114
19	生	5	0.480	52.594
20	絮	5	0.480	53.074
21	从	4	0.384	53.458
22	黄	4	0.384	53.842
23	苦	4	0.384	54.226
24	陵	4	0.384	54.610
25	青	4	0.384	54.994
26	箒	4	0.384	55.378
27	易	4	0.384	55.762
28	意	4	0.384	56.146
29	银	4	0.384	56.530
30	紫	4	0.384	56.914
31	财	3	0.288	57.202
32	仓	3	0.288	57.490
33	当	3	0.288	57.778
34	豆	3	0.288	58.066
35	番	3	0.288	58.354
36	贵	3	0.288	58.642
37	见	3	0.288	58.930
38	苤	3	0.288	59.218

续表

序号	字头	出现次数	频度%	累计频度%
39	来	3	0.288	59.506
40	了	3	0.288	59.794
41	罗	3	0.288	60.082
42	萌	3	0.288	60.370
43	如	3	0.288	60.658
44	双	3	0.288	60.946
45	笋	3	0.288	61.234
46	湘	3	0.288	61.522
47	心	3	0.288	61.810
48	燕	3	0.288	62.098
49	宗	3	0.288	62.386
50	最	3	0.288	62.674
51	安	2	0.192	62.866
52	初	2	0.192	63.058
53	处	2	0.192	63.250
54	端	2	0.192	63.442
55	多	2	0.192	63.634
56	凡	2	0.192	63.826
57	非	2	0.192	64.018
58	盖	2	0.192	64.210
59	合	2	0.192	64.402
60	胡	2	0.192	64.594
61	还	2	0.192	64.786
62	绩	2	0.192	64.978
63	洎	2	0.192	65.170
64	监	2	0.192	65.362
65	姜	2	0.192	65.554
66	进	2	0.192	65.746
67	泠	2	0.192	65.938
68	卖	2	0.192	66.130
69	米	2	0.192	66.322

续表

序号	字头	出现次数	频度%	累计频度%
70	南	2	0.192	66.514
71	囊	2	0.192	66.706
72	能	2	0.192	66.898
73	牛	2	0.192	67.090
74	偶	2	0.192	67.282
75	奇	2	0.192	67.474
76	绮	2	0.192	67.666
77	钱	2	0.192	67.858
78	饶	2	0.192	68.050
79	若	2	0.192	68.242
80	石	2	0.192	68.434
81	丝	2	0.192	68.626
82	腾	2	0.192	68.818
83	土	2	0.192	69.010
84	吴	2	0.192	69.202
85	息	2	0.192	69.394
86	香	2	0.192	69.586
87	延	2	0.192	69.778
88	养	2	0.192	69.970
89	药	2	0.192	70.162
90	仪	2	0.192	70.354
91	宜	2	0.192	70.546
92	殷	2	0.192	70.738
93	员	2	0.192	70.930
94	在	2	0.192	71.122
95	赞	2	0.192	71.314
96	瞻	2	0.192	71.506
97	兆	2	0.192	71.698
98	止	2	0.192	71.890
99	主	2	0.192	72.082
100	罢	1	0.096	72.178

续表

序号	字头	出现次数	频度%	累计频度%
101	白	1	0.096	72.274
102	半	1	0.096	72.370
103	宝	1	0.096	72.466
104	鄁	1	0.096	72.562
105	毕	1	0.096	72.658
106	播	1	0.096	72.754
107	帛	1	0.096	72.850
108	泊	1	0.096	72.946
109	薄	1	0.096	73.042
110	彩	1	0.096	73.138
111	蔡	1	0.096	73.234
112	草	1	0.096	73.330
113	岑	1	0.096	73.426
114	长	1	0.096	73.522
115	车	1	0.096	73.618
116	澈	1	0.096	73.714
117	称	1	0.096	73.810
118	成	1	0.096	73.906
119	驰	1	0.096	74.002
120	赤	1	0.096	74.098
121	充	1	0.096	74.194
122	崇	1	0.096	74.290
123	稠	1	0.096	74.386
124	窗	1	0.096	74.482
125	纯	1	0.096	74.578
126	慈	1	0.096	74.674
127	聪	1	0.096	74.770
128	槑	1	0.096	74.866
129	待	1	0.096	74.962
130	贷	1	0.096	75.058
131	导	1	0.096	75.154

续表

序号	字头	出现次数	频度%	累计频度%
132	登	1	0.096	75.250
133	佃	1	0.096	75.346
134	定	1	0.096	75.442
135	东	1	0.096	75.538
136	董	1	0.096	75.634
137	芎	1	0.096	75.730
138	敦	1	0.096	75.826
139	恶	1	0.096	75.922
140	绯	1	0.096	76.018
141	分	1	0.096	76.114
142	丰	1	0.096	76.210
143	逢	1	0.096	76.306
144	挌	1	0.096	76.402
145	给	1	0.096	76.498
146	珽	1	0.096	76.594
147	耿	1	0.096	76.690
148	贡	1	0.096	76.786
149	古	1	0.096	76.882
150	规	1	0.096	76.978
151	国	1	0.096	77.074
152	浩	1	0.096	77.170
153	禾	1	0.096	77.266
154	盍	1	0.096	77.362
155	黑	1	0.096	77.458
156	侯	1	0.096	77.554
157	厚	1	0.096	77.650
158	湖	1	0.096	77.746
159	雎	1	0.096	77.842
160	吉	1	0.096	77.938
161	急	1	0.096	78.034
162	纪	1	0.096	78.130

续表

序号	字头	出现次数	频度%	累计频度%
163	忌	1	0.096	78.226
164	寄	1	0.096	78.322
165	兼	1	0.096	78.418
166	简	1	0.096	78.514
167	见	1	0.096	78.610
168	健	1	0.096	78.706
169	角	1	0.096	78.802
170	绞	1	0.096	78.898
171	节	1	0.096	78.994
172	姢	1	0.096	79.090
173	禁	1	0.096	79.186
174	惊	1	0.096	79.282
175	晶	1	0.096	79.378
176	精	1	0.096	79.474
177	宑	1	0.096	79.570
178	酒	1	0.096	79.666
179	巨	1	0.096	79.762
180	钜	1	0.096	79.858
181	绢	1	0.096	79.954
182	开	1	0.096	80.050
183	可	1	0.096	80.146
184	克	1	0.096	80.242
185	葵	1	0.096	80.338
186	兰	1	0.096	80.434
187	乐	1	0.096	80.530
188	雷	1	0.096	80.626
189	纍	1	0.096	80.722
190	历	1	0.096	80.818
191	吏	1	0.096	80.914
192	廉	1	0.096	81.010
193	练	1	0.096	81.106

续表

序号	字头	出现次数	频度%	累计频度%
194	猎	1	0.096	81.202
195	禀	1	0.096	81.298
196	领	1	0.096	81.394
197	刘	1	0.096	81.490
198	娄	1	0.096	81.586
199	痞	1	0.096	81.682
200	卵	1	0.096	81.778
201	络	1	0.096	81.874
202	麻	1	0.096	81.970
203	买	1	0.096	82.066
204	曼	1	0.096	82.162
205	毛	1	0.096	82.258
206	媚	1	0.096	82.354
207	囷	1	0.096	82.450
208	迷	1	0.096	82.546
209	靡	1	0.096	82.642
210	绵	1	0.096	82.738
211	勉	1	0.096	82.834
212	妙	1	0.096	82.930
213	民	1	0.096	83.026
214	旻	1	0.096	83.122
215	名	1	0.096	83.218
216	明	1	0.096	83.314
217	末	1	0.096	83.410
218	莫	1	0.096	83.506
219	木	1	0.096	83.602
220	乃	1	0.096	83.698
221	男	1	0.096	83.794
222	难	1	0.096	83.890
223	茑	1	0.096	83.986
224	宁	1	0.096	84.082

续表

序号	字头	出现次数	频度%	累计频度%
225	农	1	0.096	84.178
226	杷	1	0.096	84.274
227	派	1	0.096	84.370
228	潘	1	0.096	84.466
229	坤	1	0.096	84.562
230	貪	1	0.096	84.658
231	平	1	0.096	84.754
232	蒲	1	0.096	84.850
233	妻	1	0.096	84.946
234	其	1	0.096	85.042
235	骑	1	0.096	85.138
236	杞	1	0.096	85.234
237	起	1	0.096	85.330
238	刅	1	0.096	85.426
239	隂	1	0.096	85.522
240	顷	1	0.096	85.618
241	穷	1	0.096	85.714
242	秋	1	0.096	85.810
243	述	1	0.096	85.906
244	曲	1	0.096	86.002
245	屈	1	0.096	86.098
246	泉	1	0.096	86.194
247	卌	1	0.096	86.290
248	鴬	1	0.096	86.386
249	仍	1	0.096	86.482
250	荣	1	0.096	86.578
251	容	1	0.096	86.674
252	闰	1	0.096	86.770
253	仁	1	0.096	86.866
254	桑	1	0.096	86.962
255	沙	1	0.096	87.058

续表

序号	字头	出现次数	频度%	累计频度%
256	上	1	0.096	87.154
257	尚	1	0.096	87.250
258	少	1	0.096	87.346
259	摄	1	0.096	87.442
260	身	1	0.096	87.538
261	荐	1	0.096	87.634
262	甚	1	0.096	87.730
263	识	1	0.096	87.826
264	矢	1	0.096	87.922
265	使	1	0.096	88.018
266	仕	1	0.096	88.114
267	市	1	0.096	88.210
268	事	1	0.096	88.306
269	是	1	0.096	88.402
270	束	1	0.096	88.498
271	朔	1	0.096	88.594
272	巳	1	0.096	88.690
273	伺	1	0.096	88.786
274	肆	1	0.096	88.882
275	送	1	0.096	88.978
276	苏	1	0.096	89.074
277	素	1	0.096	89.170
278	孙	1	0.096	89.266
279	潭	1	0.096	89.362
280	唐	1	0.096	89.458
281	陶	1	0.096	89.554
282	惕	1	0.096	89.650
283	田	1	0.096	89.746
284	亭	1	0.096	89.842
285	通	1	0.096	89.938
286	头	1	0.096	90.034

续表

序号	字头	出现次数	频度%	累计频度%
287	秃	1	0.096	90.130
288	退	1	0.096	90.226
289	屯	1	0.096	90.322
290	乇	1	0.096	90.418
291	万	1	0.096	90.514
292	王	1	0.096	90.610
293	枉	1	0.096	90.706
294	微	1	0.096	90.802
295	尾	1	0.096	90.898
296	未	1	0.096	90.994
297	尉	1	0.096	91.090
298	文	1	0.096	91.186
299	仵	1	0.096	91.282
300	伍	1	0.096	91.378
301	武	1	0.096	91.474
302	舞	1	0.096	91.570
303	西	1	0.096	91.666
304	细	1	0.096	91.762
305	仙	1	0.096	91.858
306	县	1	0.096	91.954
307	项	1	0.096	92.050
308	谢	1	0.096	92.146
309	忻	1	0.096	92.242
310	新	1	0.096	92.338
311	兴	1	0.096	92.434
312	熊	1	0.096	92.530
313	寻	1	0.096	92.626
314	迅	1	0.096	92.722
315	胭	1	0.096	92.818
316	言	1	0.096	92.914
317	颜	1	0.096	93.010

续表

序号	字头	出现次数	频度%	累计频度%
318	演	1	0.096	93.106
319	羊	1	0.096	93.202
320	阳	1	0.096	93.298
321	杨	1	0.096	93.394
322	旸	1	0.096	93.490
323	恙	1	0.096	93.586
324	尧	1	0.096	93.682
325	要	1	0.096	93.778
326	也	1	0.096	93.874
327	野	1	0.096	93.970
328	叶	1	0.096	94.066
329	枼	1	0.096	94.162
330	衣	1	0.096	94.258
331	壹	1	0.096	94.354
332	移	1	0.096	94.450
333	颐	1	0.096	94.546
334	以	1	0.096	94.642
335	异	1	0.096	94.738
336	益	1	0.096	94.834
337	谊	1	0.096	94.930
338	翼	1	0.096	95.026
339	寅	1	0.096	95.122
340	鄞	1	0.096	95.218
341	婴	1	0.096	95.314
342	营	1	0.096	95.410
343	用	1	0.096	95.506
344	胐	1	0.096	95.602
345	佑	1	0.096	95.698
346	鱼	1	0.096	95.794
347	聿	1	0.096	95.890
348	誉	1	0.096	95.986

续表

序号	字头	出现次数	频度%	累计频度%
349	豫	1	0.096	96.082
350	元	1	0.096	96.178
351	囩	1	0.096	96.274
352	沅	1	0.096	96.370
353	原	1	0.096	96.466
354	缘	1	0.096	96.562
355	掾	1	0.096	96.658
356	约	1	0.096	96.754
357	悦	1	0.096	96.850
358	沄	1	0.096	96.946
359	韵	1	0.096	97.042
360	早	1	0.096	97.138
361	蚤	1	0.096	97.234
362	泽	1	0.096	97.330
363	责	1	0.096	97.426
364	增	1	0.096	97.522
365	缯	1	0.096	97.618
366	张	1	0.096	97.714
367	昭	1	0.096	97.810
368	诏	1	0.096	97.906
369	这	1	0.096	98.002
370	针	1	0.096	98.098
371	烝	1	0.096	98.194
372	枝	1	0.096	98.290
373	揩	1	0.096	98.386
374	执	1	0.096	98.482
375	直	1	0.096	98.578
376	旨	1	0.096	98.674
377	纸	1	0.096	98.770
378	至	1	0.096	98.866
379	志	1	0.096	98.962

续表

序号	字头	出现次数	频度%	累计频度%
380	誌	1	0.096	99.058
381	柊	1	0.096	99.154
382	州	1	0.096	99.250
383	朱	1	0.096	99.346
384	侏	1	0.096	99.442
385	珠	1	0.096	99.538
386	竺	1	0.096	99.634
387	转	1	0.096	99.730
388	訾	1	0.096	99.826
389	足	1	0.096	99.922
390	秭	1	0.096	100.018

备注：

一　字义接近，很可能是一字异写的如"早"、"蚤"，"志"、"誌"等，维持原字形。

二　序号221女子名"男"的情形值得注意。

三　应当看到，390个人名用字中，使用比较集中、频度最高的5个字（汝、妾、思、姑、婢）的覆盖率为40.787%。前14个字的覆盖率已经达到50.194%。前50个字的覆盖率达到62.674%。①

---

① 作者附记：本表由王心一制作。

走马楼简文"邮卒"、"驿兵"与邮驿的专业化

走马楼简可见"邮卒"和"驿兵"称谓。"邮卒"和"驿兵"身份的确定化,是邮驿事业专业化的表现。分析走马楼简所见"邮卒"和"驿兵",可以说明江南地区在经济进步的历史趋势中以信息传递效率保证的行政管理方式的进步。

1. 江南开发与邮驿系统建设

邮驿制度,在秦汉时期已经进入相当健全成熟的历史阶段。

东汉以来,江南经济确实得到速度明显优胜于北方的发展。正如有的学者所指出的,"从这时起,经济重心开始南移,江南经济区的重要性亦即从这时开始以日益加快的步伐迅速增长起来,而关中和华北平原两个古老的经济区则在相反地日益走向衰退和没落。这是中国历史上一个影响深远的巨大变化,尽管表面上看起来并不怎样显著。"[①] 至于汉魏之交,江南地区农耕业的发展水平和经济实力,与江北许多地区相比,已经逐渐居于优势地位。当时,江南地方的邮驿条件也得到全面发展。我们所知道的东汉江南开发故事中,就有创建邮驿体系的内容。例如,汉光武帝建武二年(26),卫飒任桂阳太守,当地民众居于深山,距离郡城有的远至千里。以往官吏往来,调发百姓乘船迎送,名为"传役"。每一吏出行,往往"徭至数家,百姓苦之"。卫飒于是"凿山通道五百余里,列亭传,置

---

① 傅筑夫:《中国封建社会经济史》第二卷,人民出版社1982年12月版,第25页。

邮驿"，果然"役省劳息，奸吏杜绝"①，民众的负担得以减轻，政府的效率也得以提高。

卫飒所经营，是僻远山区。而长沙地方的邮驿机构，形成应当早得多。已经发表的里耶秦简资料中，我们看到有反映当时邮传制度的内容。例如有这样的简文："迁陵以邮行洞庭。""迁陵"，秦汉县名。秦时迁陵县治所，据说就在出土这批简牍的龙山里耶。②"洞庭"，即洞庭郡。"以邮行"，秦汉文书习用语，睡虎地秦简《语书》："别书江陵布以邮行。"③张家山汉简《行书律》："诸狱辟书五百里以上，及郡县官相付受财物当校计者书，皆以邮行。"④ 也都说到"以邮行"。唐代学者颜师古注《汉书》，有三处对于"邮"的解释，涉及"邮"与"行书"制度的关系。卷二七中之下《五行志中之下》注："邮谓行书之舍。"卷四四《淮南王传》注："邮，行书之舍。"卷八三《薛宣传》注："邮，行书之舍，亦如今之驿及行道馆舍也。"⑤ 里耶秦简"迁陵以邮行洞庭"所谓"邮"的性质，应当也归于"驿"的系统之中。里耶秦简中还可以看到有关邮程的内容。由里耶秦简提供的邮驿史信息可以推知，长沙地方的邮驿建设，应当有良好的历史基础。

湖南长沙走马楼出土的简牍为我们了解三国时期吴国的历史，提供了丰富的资料。走马楼竹简文字中可以看到"邮卒"称谓，反映了有关当时邮驿制度的若干信息。"邮卒"应当是专事邮递业务的人员。当时，蜀国从事驿递的公务人员称作"驿人"⑥，似乎与吴国有所不同。⑦

---

① 《后汉书》卷七六《循吏列传·卫飒》，第 2459 页。
② 湖南省文物考古研究所、湘西土家族苗族自治州文物处：《湘西里耶秦代简牍选释》，《中国历史文物》2003 年第 1 期。
③ 睡虎地秦墓竹简整理小组：《睡虎地秦墓竹简》，文物出版社 1978 年 11 月版，第 16 页。
④ 张家山二四七号汉墓竹简整理小组：《张家山汉墓竹简〔二四七号汉墓〕》，文物出版社 2001 年 11 月版，第 47 页。
⑤ 《汉书》，第 1413、2142、3397 页。
⑥ 《三国志》卷五八《吴书·陆逊传》："（刘）备升马鞍山，陈兵自绕。（陆）逊督促诸军四面蹙之，土崩瓦解，死者万数。备因夜遁，驿人自担，烧铙铠断后，仅得入白帝城。"第 1347 页。
⑦ 晋代则称邮驿系统专职人员为"信人"，或简称为"信"。罗布淖尔出土晋简可见"行书兵"称谓。"行书兵"身份，应当接近走马楼简所见"邮卒"。参看王子今《邮传万里：驿站与邮递》，长春出版社 2004 年 1 月版，第 60—61 页。

2. 走马楼简文"邮卒"

走马楼竹简文字数见"邮卒"。如：

（1）入广成乡三年邮卒限米三斛胄毕‖乂 嘉☐（壹·239）

（2）右广成乡入三年邮卒 限 米 ☐（壹·244）①

（3）领二年邮卒田六顷五十亩々 收 限米二斛合为吴平斛米一千三百斛（壹·1635）

（4）入嘉禾二年邮卒限米七百九十八斛二斗八升　☐（壹·1643）②

（5）☐五十斛二斗五升邮卒黄龙三年限米（壹·1726）

（6）入黄龙三年邮卒限米八十二斛九斗　二斗三升私学黄龙三年限米（壹·1755）

（7）其二百卅六斛五升黄 龙 三年邮卒限米（壹·1762）

（8）☐还黄龙二年邮卒限米五十斛　中（壹·1818）

（9）出仓吏黄讳潘虑所领杂吴平斛米二千七十斛其二百斛邮卒黄龙三年限米（壹·1911）

（10） 入 邮卒黄龙三年限米十六斛五斗☐（壹·1942）

（11）其三百六十三斛一斗五升邮卒黄龙三年限米（壹·1995）

（12）其二百卅八斛五升邮卒黄龙三年 限 米 （壹·2036）

（13）入邮卒黄龙二年限米一斛　已中（壹·2071）③

（14）其五十斛五斗黄龙二年邮卒限米（壹·2142）

---

① 整理组注："'右'上原有墨笔题记。"长沙市文物研究所、中国文物研究所、北京大学历史学系走马楼简牍整理组编著：《长沙走马楼三国吴简·竹简〔壹〕》，文物出版社2003年10月版，下册第900页。

② 整理组注："简下部有朱笔涂痕。"《长沙走马楼三国吴简·竹简〔壹〕》，下册第927页。

③ 整理组注："简末'中'为朱笔。"《长沙走马楼三国吴简·竹简〔壹〕》，下册第936页。

走马楼简文"邮卒"、"驿兵"与邮驿的专业化　　193

(15) 其……斛邮卒黄龙□年限米（壹·2193）

(16) □邮卒嘉禾元年……二斛□斗（壹·2389）

(17) 其五十□□斛邮卒黄龙□年限米（壹·2391）

(18) 其五十八斛邮卒黄龙二年限米（壹·2403）

(19) 入□乡嘉禾二年新关邮卒限米六斛∥⋇嘉禾二年十月廿一日□丘□□（壹·2898）

(20) □　右平乡入邮卒限米六斛（壹·3045）

(21) 入平乡嘉禾二年邮卒限米六斛胄毕∥⋇嘉禾二年十月十七日桐丘监通关邸阁董□（壹·4388）

(22) 入平乡嘉禾二年邮卒即米八斛胄米毕∥□（壹·4539）

(23) 入平乡嘉禾二年邮卒限米十一斛四斗胄毕∥⋇嘉禾二年十月十五日柚丘□（壹·4545）

(24) □邮卒限米三斛五斗胄毕∥⋇嘉禾二年十月廿七日□□丘□□（壹·4762）

(25) □邮卒限米五斛胄毕∥⋇□（壹·4965）

(26) 入广成乡嘉禾二年邮卒限米廿五斛胄毕∥⋇嘉禾二年十月廿七日□山丘男子□（壹·4989）①

(27) 入平乡嘉禾二年邮卒限米三斛四斗胄□（壹·5029）

(28) 右平乡入邮卒□（壹·5134）②

(29) 入邮卒黄龙□（壹·7075）

(30) 入三州仓运黄龙二年邮卒限米十斛六斗　中（壹·9297）

(31) 入平乡嘉禾元年邮卒□□（壹·9934）

以上31例涉及"邮卒"的简文中，记录年代有：

　　黄龙二年（8）（13）（14）（18）（30）；

　　黄龙三年（6）（7）（9）（10）（11）（12）；

---

①　整理组注："'山丘'上□左半残缺，右半从'页'。"《长沙走马楼三国吴简·竹简〔壹〕》，下册第998页。

②　整理组注："'右'上原有墨笔题记。"《长沙走马楼三国吴简·竹简〔壹〕》，下册第1001页。

黄龙□年（15）（17）；
嘉禾元年（16）（19）（31）；
嘉禾二年（4）（21）（22）（23）（24）（26）（27）；
二年（2）；
三年（1）（2）。

可知在黄龙、嘉禾年间，长沙地方基层社会存在"邮卒"身份。

3."邮卒限米"与"邮卒田"

大多数相关简文都出现某年"邮卒限米"或"邮卒"某年"限米"字样，如（1）（2）（3）（4）（5）（6）（7）（8）（9）（10）（11）（12）（13）（14）（15）（17）（18）（19）（20）（21）（23）（24）（25）（26）（27）（30）。而简（22）"入平乡嘉禾二年邮卒即米八斛胄米毕⫽×□"，所谓"邮卒即米"，应当也就是"邮卒限米"。释文为"即"的字，当是"限"字左右两部分反写。

"邮卒限米"简文，体现"邮卒"身份与通常和"限米"相联系的"吏帅"、"吏帅客"、"吏"、"新吏"、"乡吏"、"郡吏子弟"、"子弟"、"吏客"、"客"、"复客"、"私学"、"叛士"、"校士"、"还民"、"新还民"、"佃吏"、"佃帅"、"佃师"、"佃卒"、"郡卒"、"卒"、"兵"等，可能有共同之处。

相关简文所见乡名，则有：

广成乡（1）（2）（26）；
平乡（20）（21）（22）（23）（27）（28）（31）；
□乡（19）。

"邮卒限米"似乎是以"乡"为单位"入"官仓的。那么，"邮卒"很有可能也应当在"乡"的机构下编列管理，而"邮卒限米"的征收，看来是由"乡"直接负责的。

此外，又如：

(32) 其五十八斛 邮☐ （壹·1881）

(33) 其二百卌六斛五升黄龙 三 年☐卒限米（壹·2232）

也都可能是有关"邮卒"的简例。(32)与前引(18)"其五十八斛邮卒黄龙二年限米"格式内容极其相似。

走马楼简有涉及"府督邮"、"关督邮"、"中部督邮"、"中部督邮书掾"、"中部劝农督邮书掾"官职的简例，罗新《吴简所见之督邮制度》一文已有详尽讨论。《续汉书·舆服志上》刘昭《注补》："东晋犹有邮驿共置，承受傍郡县文书。有邮有驿，行传以相付。县置屋二区。有承驿吏，皆条所受书，每月言上州郡。《风俗通》曰：'今吏邮书掾、府督邮，职掌此。'"① 有学者于是认为，"督邮巡行境内，督察长吏，同时也督察邮驿，这是很可能的；而邮驿设有专职官吏，也是很明显的"。②

前引(3)说到"邮卒田"："领二年邮卒田六顷五十亩々 收 限米二斛合为吴平斛米一千三百斛"，其内容尤其值得重视。

张家山汉简有《行书律》，其中规定，"十里置一邮"，特殊地方"廿里一邮"。对于"邮"的设置，律文还写道：

> 一邮十二室。长安广邮廿四室，敬（警）事邮十八室。有物故、去，辄代者有其田宅。有息，户勿减。令邮人行制书、急书，复，勿令为它事。畏害及近边不可置邮者，令门亭卒、捕盗行之。北地、上、陇西，卅里一邮；地险陕不可邮者，得进退就便处。邮各具席，设井、磨。吏有县官事而无仆者，邮为炊；有仆者，叚（假）器，皆给水浆。③

大意是说，每一邮有十二户的编制，特殊情况下则有十八室和二十四室的情形。邮人去世或离职的，接任者享有他的田地和住所。邮人家口即使增多，户数依然不减。邮人专职送递公文和紧急文书，不得以其他职事干扰

---

① 《后汉书》，第3652页。
② 安作璋、熊铁基：《秦汉官制史稿》，齐鲁书社1985年6月版，下册第106页。
③ 张家山二四七号汉墓竹简整理小组：《张家山汉墓竹简〔二四七号汉墓〕》（释文修订本），第45页。

邮递。环境险恶地方不可设置邮者，可以让门亭卒、捕盗执行邮递任务。北地郡、上郡、陇西郡，三十里一邮。地势险峻，交通不便，难以邮递的地方，可以就邻近方便地方行邮。每一邮都应有炊事条件，有方便取水的井和加工粮食的磨。管理因公事经过，没有仆人的，邮代为炊作；有仆人的，邮提供炊具，这两种情形，都由邮供给水和饮料。按照《行书律》的规定，邮人不负担徭役，没有从军的责任，家人也享受同样的优待，其所有田地，其中有一顷可以不必上缴租税。其中"有其田宅"的规定，可以与走马楼简"邮卒田"对照理解。①

4. "邮卒"称谓的最早记录

"邮卒"称谓，在史籍中出现相当晚，大约宋代以后才频繁见诸文献。②《新唐书》卷一七四《元稹传》：

> 徙浙东观察使。明州岁贡蚶，役邮子万人，不胜其疲。稹奏罢之。③

宋施宿等撰《会稽志》卷二则书"邮子"为"邮卒"：

> 元稹长庆三年八月自同州防御使授，大和三年九月拜尚书左丞。按唐本传：自同州刺史徙观察使，明州岁贡蚶，役邮卒万人，不胜其

---

① 《清史稿》卷五〇八《列女传一·杉松邮卒妇》："杉松邮卒妇，禄劝人，失其姓。康熙五十七年正月，有常应运者为乱，逼杉松，诸邮卒方耕于山，无御者。妇曰：'此可计走也。'挟钲鸣山巅，若且集众，贼引去，妇乃走告夫，州始为备。事定，知州李廷宰聚父老赉妇酒食，具鼓吹，簪胜披锦，以矜于市民。"第14055页。这一记述虽相隔年代久远，"诸邮卒方耕于山"的情形，反映"邮卒"行驿递事外，也经营农耕，与专有"邮卒田"的三国吴地"邮卒"相同。

② 如《宋史》卷三五三《张叔夜传》："加直学士，徙济南府。山东群盗猝至，叔夜度力不敌，谓僚吏曰：'若束手以俟援兵，民无噍类，当以计缓之。使延三日，吾事济矣。'乃取旧赦贼文，俾邮卒传至郡，盗闻，果小懈。叔夜会饮谯门，示以闲暇，遣吏谕以恩旨。盗狐疑相持，至暮未决。叔夜发卒五千人，乘其惰击之，盗奔溃，追斩数千级。以功进龙图阁直学士、知青州。"第11141页。

③ 《新唐书》卷一七四，第5227页。

疲。稷奏罢之。①

《会稽志》"邮卒",使用的是宋时说法。后世以数以万计的"邮卒"承担贡品转运之役的实例,又见于乾隆《江南通志》记载宋人凌策事迹:"凌策,字子奇,泾人。雍熙乙酉年进士。淳化间历广南西路转运使,入为户部判官。先是岭南输香药,用邮卒万人,肩负抵京。策请陆运至南安,泛舟而北,止役卒八百,大省转输之费。"② 光绪《重修安徽通志》也记载:"(凌策)命为广南西路转运使,入为户部判官。先是岭南输香药,邮卒万人,分铺二百,负担抵京。策请陆运至南安,泛舟而北,止役舟八百,大省转送之费。"③ 又增益了"分铺二百"细节。凌策的合理建议,与任广南西路转运使的实践有关系。

走马楼竹简所见"邮卒",是这一称谓最早出现的实例,因此对于邮驿史研究和交通史研究有重要的价值。

5. 从"轻足"到"邮卒"

云梦睡虎地秦简《田律》中有这样的规定:"雨为澍(澍),及诱(秀)粟,辄以书言澍(澍)稼、诱(秀)粟及垦(垦)田畼毋(无)稼者顷数。稼已生后而雨,亦辄言雨少多,所利顷数。早〈旱〉及暴风雨、水潦、螽(螽)蚰、群它物伤稼者,亦辄言其顷数。近县令轻足行其书,远县令邮行之,尽八月□□之。"按照睡虎地秦墓竹简整理小组的译文,就是说,下了及时雨和谷物抽穗,应即书面报告受雨、抽穗的顷数和已开垦而没有耕种的田地的顷数。禾稼生长后下了雨,也要立即报告雨量多少,和受益田地的顷数。如有旱灾、暴风雨、涝灾、蝗虫、其他害虫等

---

① 文渊阁《四库全书》本。《资治通鉴》卷二四〇则记述:"初国子祭酒孔戣为华州刺史,明州岁贡蚶蛤淡菜,水陆递夫劳费。戣奏疏罢之。"第7736—7737页。清人姜宸英《湛园札记》卷二:"华州刺史孔戣奏罢明州贡海味淡菜蚶蛎,而《元稹传》复云:明州岁贡蚶役,邮子万人,稷奏罢之。岂戣奏后已停而复贡耶?抑独贡蚶之例未停耶?元事本白乐天《元志铭》。"文渊阁《四库全书》本。

② 〔清〕赵宏恩:乾隆《江南通志》卷一四八《人物志·宦绩十·宁池二府》,文渊阁《四库全书》本。

③ 〔清〕何绍基:光绪《重修安徽通志》卷一八八《人物志·宦绩十一·宁国府》,光绪四年刻本。

灾害损伤了禾稼，也要报告受灾顷数。距离近的县，文书由走得快的人专程递送，距离远的县由驿站传送，在八月底以前【送达】。① 律文中的"轻足"，整理小组解释为"走得快的人"。②

"近县令轻足行其书，远县令邮行之"，整理小组译为"距离近的县，文书由走得快的人专程递送，距离远的县由驿站传送"。从译文字面上看，似乎这些"走得快的人"并非属于"驿站"的专职邮递人员。其实，"轻足"应当是步行驿人。"近县"由他们传送，是因为可以不必接力交递，能够直接送达。"远县"则需要经"邮"的系统线路，一个邮站一个邮站地传递。

东汉文献所见"轻足"，有《东观汉记》卷一《帝纪一·世祖光武皇帝》记载昆阳之战事：

> 帝将步骑千余，前去寻邑军，四五里而阵。寻邑遣步骑数千合战。帝奔之，斩首数十级。诸部将喜曰："刘将军平生见小敌怯，今见大敌勇甚，可怪也！"帝复进，寻邑兵却。诸部共乘之，斩首百千级，连胜。乃遂令轻足将书与城中诸将，言"宛下兵复到"，而阳坠其书。寻邑得书，读之，恐。帝遂选精兵三千人，从城西水上奔阵，寻邑兵大奔北，于是杀寻。③

这里"遂令轻足将书与城中诸将"的"轻足"，与睡虎地秦简《田律》所见"轻足"身份接近。

张家山汉简《行书律》关于"邮"的设置，一方面说"勿令为它事"，一方面又说"畏害及近边不可置邮者，令门亭卒、捕盗行

---

① 睡虎地秦墓竹简整理小组：《睡虎地秦墓竹简》，文物出版社1978年11月版，第24—26页。

② 《六韬》卷六《练士》："有逾高绝远轻足善走者，聚为一卒，名曰'寇兵之士'，言能寇暴敌兵也。"清《平津馆丛书》本。《吴子》卷下《应变》："募吾材士，与敌相当，轻足利兵，以为前行。"《续古逸丛书》景宋刻《武经七书》本。《前汉纪》卷四《高祖四》："秦失其鹿，天下争逐之，高材轻足者先得。"张烈点校：《两汉纪》，中华书局2002年6月版，第51页。《淮南子·览冥》："质壮轻足者为甲卒。"刘文典撰，冯逸、乔华点校：《淮南鸿烈集解》，中华书局1989年5月版，第208—209页。这里所说的"轻足者"，是说足力矫健，"走得快的人"，与睡虎地秦简《田律》作为身份称谓的所谓"轻足"有所不同。

③ 清《武英殿聚珍版丛书》本。

之"。前者有不再征发其他劳役的意思。后者告诉我们,"邮"的职能,在有些情况下由主管地方治安的人员兼任。事实上,后世有关"邮卒"的记载,可见负责治安的事迹。例如"邮卒巡警"故事:"汴邮卒巡警昇行,至棘野中,有早行赍轻货者,见卒来,疑有他,匿丛中。卒以枪刺中之,拽出,方知其悮。因取其资。卒繇此遂富,娶妻生女。"① 在有的时候,"邮卒"似乎取准军事化编制形式。如明代史事:"(洪武)二十四年,置永宁至沾溢邮传四十八。贵州都指挥马煜巡视,谓未有邮卒,请以戍军应役。"② 通过这些历史迹象,可以推想三国吴"邮卒"的生活景况。

6. 走马楼简所见"驿兵"、"驿马"

走马楼竹简又可见所谓"驿兵":

(34) 年六十一给驿兵（壹·8976）

又有可见"驿马"字样的简文:

(35) 临湘丞印
月日驿马来　侍吏　白解（壹·4335）

"驿马",是驿传系统通常以为主要动力的交通条件。在水驿畅通的湖湘地区,"驿马"的作用是值得注意的。与"邮卒"同样,"驿兵"称谓在文献中出现也较晚。③ 走马楼竹简所见"驿兵"简文,也是可以说明这一职任之历史存在的值得珍视的文物证据。

走马楼竹简透露的有关当时驿传形式的信息依然有限,我们尚不了解"邮卒"和"驿兵"身份和职能的实质区别。或许前者是以步行为驿递方

---

① 〔明〕徐应秋:《玉芝堂谈荟》卷一三,文渊阁《四库全书》本。
② 〔明〕王世贞:《弇山堂别集》卷二一,文渊阁《四库全书》本。
③ 正史中首见之例,即《宋史》卷四六八《宦者列传三·高居简》:"高居简字仲略,世本番禺人。以父任为入内黄门。护作温成原庙奉神物,以精办称,超转殿头,领后苑事。坐奉使梓夔路多占驿兵,降高品。"第13652页。

式，后者则骑马。或许前者是兼任的邮递者，后者则是专职驿人。或许前者是服务于地方邮驿系统，后者是朝廷直属邮政的工作人员。对于这些问题，在现今资料不足的条件下，我们还不能作出明确的论断。

走马楼简所见"小妻"与两汉三国多妻现象

长沙走马楼简可见"小妻"称谓，与史籍相关内容对照，可知在两汉三国时期，多妻是相当普遍的现象。正史的记载，大体以上层社会作为主要对象，而走马楼简则提供了反映民间社会生活的真实资料。我们对于这一阶段社会史的认识，因此得以更为全面，更为充实。

1. 汉晋"小妻"、"下妻"、"旁妻"与"妾"

汉代以至魏晋有关家族关系的历史记录中，已经多见"小妻"称谓。清人梁章钜《称谓录》卷五将"小妻"列入"妾"题下，所举实例有见于《汉书》《后汉书》及《三国志》者六则。《说文·女部》："婪，奢也，一曰小妻也。"段玉裁注："'小妻'字史多有之，见《汉书·枚乘传》《外戚传》《佞幸传》，《后书·阳球传》。汉时名之不正者。"[①]

《后汉书》卷一四《宗室四王三侯列传·赵孝王良》："（赵惠王刘）乾居父丧私娉小妻。"李贤注："小妻，妾也。"[②] 然而《晋书》卷六九《刘隗传》："丞相行参军宋挺，本扬州刺史刘陶门人，陶亡后，挺娶陶爱妾以为小妻。"[③] 所谓"娶陶爱妾以为小妻"，"小妻"与"妾"并说，其身份似乎并不完全等同。宋人车垓《内外服制通释》卷三写道："户令：

[①] 〔汉〕许慎撰，〔清〕段玉裁注：《说文解字注》，上海古籍出版社1981年10月版，第621页。

[②] 《后汉书》，第559页。刘增贵说："妾在汉代或称为傍妻、如夫人、小妻、下妻、庶妻、细君等，由这些名称即可知其次于妻。"《汉代婚姻制度》，华世出版社1980年1月版，第19页。

[③] 《晋书》，第1836页。

妻犯七出内恶疾，而夫不忍离弃者，明听娶妾，昏如妻礼。故今俗呼为'小妻'也。"① 似乎"小妻"是正式迎娶，"昏如妻礼"者，与一般的"妾"确有差异。前引刘乾"居父丧私娉小妻"，使用"娉"字②，或可为例。《礼记·内则》说："聘则为妻，奔则为妾。"③ 上层社会又有称此身份为"小夫人"的情形④，也可以在分析相关现象时参考。瞿兑之在发表于1928年的有关"下妻小妻旁妻"称谓的讨论中即指出："然《汉书》止言'下妻''小妻''旁妻'，而不言'妾'，似以非正式婚配，故云'下'，云'小'，云'旁'。盖与近代之姬妾微不同也。"⑤ 这样的观点是有一定道理的。⑥ 与"聘则为妻"不同，一般"妾"的迎入，多取"买妾"的方式。⑦ 区分"妻"与"妾"在家庭婚姻关系中的地位，可参看以下分析："妻妾的主要区别在于夫与妻或妾结合的方式和妻妾的不同身

---

① 文渊阁《四库全书》本。
② "娉"，应即后世通用之"聘"。
③ 《十三经注疏》，第1471页。《西京杂记》卷三："相如将聘茂陵人女为妾，卓文君作《白头吟》以自绝。相如乃止。"又说纳妾亦为"聘"。文渊阁《四库全书》本。然而此说未见汉代文献例证。
④ 《续汉书·百官志五》刘昭注补："胡广曰：'后汉妾数无限别，乃制设正適，曰妃，取小夫人不得过四十人。'"《后汉书》，第3627页。
⑤ 瞿兑之：《汉代风俗制度史》，上海文艺出版社1991年3月版，第195页。
⑥ 彭卫认为，"这一论断似有望文生义之嫌。在汉代，无论是娶'小妻'、'下妻'、'旁妻'抑或纳妾，都须有送聘财过程。从'下妻'等人的实际地位看，汉代也承认其所生子女的法律地位和财产继承权，只是地位较嫡子为低罢了。故此，在婚姻形成、婚姻要件等方面，汉代与宋、元、明、清及近代是相同的。"《汉代婚姻形态》，三秦出版社1988年6月版，第214—215页。现在看来，证实"在汉代，无论是娶'小妻'、'下妻'、'旁妻'抑或纳妾，都须有送聘财过程"，还需要充分的历史资料。而瞿说汉代"小妻"等"与近代之姬妾微不同"，不是说不"承认其所生子女的法律地位和财产继承权"，也不是强调"婚姻形成、婚姻要件"方面的差异，而是说"小妻"等称谓指代的社会构成，其地位低于正妻，而高于"近代之姬妾"。
⑦ 《礼记·曲礼上》："取妻不取同姓，故买妾不知其姓则卜之。"《十三经注疏》，第1241页。《韩非子·内储说下》："卫人有夫妻祷者，而祝曰：'使我无故得百束布。'其夫曰：'何少也？'对曰：'益是，子将以买妾。'"《韩非子集释》，第581页。《焦氏易林》卷四《革·未济》："顾望登台，意常欲逃。买妾丑恶，妻不安夫。"中华书局1985年1月影印《丛书集成初编》本，第232页。《论衡·诘术》："《礼》：'买妾不知其姓则卜之。'不知者，不知本姓也。夫妾必有父母家姓，然而必卜之者，父母姓转易失实，《礼》重取同姓，故必卜之。姓徒用口调谐姓族，则《礼》买妾何故卜之？"黄晖《论衡校释》，第1038页。《白虎通义·嫁娶》："不娶同姓者，重人伦，防淫泆，耻与禽兽同也。《论语》曰：'君娶于吴，为同姓，谓之吴孟子。'《曲礼》曰：'买妾不知姓则卜之。'"文渊阁《四库全书》本。可知"买妾"情形相当普遍。

分及权利。""妾是买来的①，根本不能行婚姻之礼，不能具备婚姻的种种仪式②，断不能称此种结合为婚姻，而以夫的配偶目之。""妾在家长家中实非家属中的一员。她与家长的亲属根本不发生亲属关系。不能像妻一样随着丈夫的身分而获得亲属的身分。她与他们之间没有亲属的称谓，也没有亲属的服制。"论者又进一步解释说，"除对家长，家长祖父母、父母及家长之子外，皆无服。但对家长诸人之服亦不足以证明其间有亲属关系，并无报服，此种服制纯由于分尊义重"。③

不过，《三国志》卷五《魏书·后妃传·文德郭皇后》记载："后姊子孟武还乡里，求小妻，后止之。遂敕诸家曰：'今世妇女少，当配将士，不得因缘取以为妾也。宜各自慎，无为罚首。'"④ 这里又明言"小妻"就是"妾"。⑤ 看来对于"小妻"和"妾"之定义的判断，似应避免简化、绝对化的认识。郭皇后"今世妇女少"的说法也值得注意，其中所提供的信息，与有的学者以为当时"存在着女多男少的人口性比例失调问题"的意见，似乎不尽吻合。当然，论者分析的是走马楼简显示的长沙郡状况⑥，或许与郭皇后说中原地区情形有所不同。

---

① 原注："《曲礼》云：'买妾不其姓则卜之'。《唐律疏议》云'妾通买卖'（一三，《户婚》中，'以妻为妾'条）。"

② 原注："婚姻仪式是婚姻成立的形式要件，声伯之母不曾经聘的仪式，穆姜便不承认她是娣姒，而目为妾，虽生子犹出之。（《左传》成公十一年）"

③ 瞿同祖：《中国法律与中国社会》，中华书局1981年12月版，第133页。有学者不同意这样的分析，并举史例说明"妾与妻享有某些相同的民事权益"，"妾与妻一样从亲属缘坐法"，"在刑事法上，妾为无服之卑幼"，"妾有条件地适用荫庇封赠法"，"妾侵犯夫之直系尊亲属，与妻犯同论"，"在服制上，妾须为夫及妻、夫之父母、己身之子及夫之长子、众子服；且即使在明清，嫡子、众子也须为庶母服齐衰杖期，庶子为所生母服斩衰三年"。于是以为与所谓"准婚姻关系"相对应，"妾在夫家具有'准宗亲'性质"。陶毅、明欣：《中国婚姻家庭制度史》，人民出版社1994年7月版，第291—292页。看来，对于中国传统家庭中"妾"的身份地位，还可以讨论。也许注意不同时代的差异，是必要的。

④ 《三国志》，第165页。

⑤ 赵翼《陔余丛考》卷三六"如夫人、小妻、傍妻、下妻、少妻、庶妻"条说，"'小妻'之称，前汉已有之。""小妻、傍妻、下妻、少妻、庶妻，皆妾之称也。"〔清〕赵翼著，栾保群、吕宗力校点：《陔余丛考》，河北人民出版社1990年1月版，第653—654页。

⑥ 高凯：《从走马楼吴简看孙吴时期长沙郡的人口性比例问题》，《史学月刊》2003年第8期。

2. 走马楼"小妻"简文

我们看到，长沙走马楼简中也有涉及"小妻"的内容。例如：

(1) ☑黑小妻大女☑年……☑（壹·2567）

(2) 祖小妻大女客年廿七筭一（壹·2942）

(3) ☑小妻大女思年卅一筭一☑（壹·3042）①

(4) 谢小妻大女思廿二肿两足（壹·3059）

(5) 小妻大女闰年卅三筭一（壹·3073）

(6) 开小妻大女思年卅三筭一（壹·3943）

(7) 脂小妻大女汝年廿八（壹·5488）

(8) ☑表小妻姑年卅一　见（壹·5852）

(9) 小妻姑年廿七在本县　屯将行（壹·6705）

(10) 小妻姑年卅　见（壹·7445）

(11) 女弟饶年九岁　儿小妻大女媚年八十七（壹·7758）

(12) 东男弟狗年二岁　鼠小妻囵年卅五（壹·8961）

(13) ☑小妻大女汝年廿三（壹·9033）

(14) 颜小妻大女陵年卅六（壹·9058）

(15) 僮小妻慈年卅五（壹·9443）

(16) 平小妻进年卅筭一（壹·9468）

(17) ☑小妻大女薄年卅五筭一（壹·10047）

(18) 黄小妻大女针年卅一筭一（壹·10102）

(19) 客小妻大女妾年卅筭一肿两足复（壹·10242）

(20) 兄小妻大女☑年廿二筭一（壹·10294）

(21) ☑小妻大女☑年廿一筭一（壹·10435）

---

① 整理组注："'小妻'上右半残缺，左半从'纟'。"长沙市文物研究所、中国文物研究所、北京大学历史学系走马楼简牍整理组编著：《长沙走马楼三国吴简·竹简〔壹〕》，文物出版社2003年10月版，下册第957页。

(8)(9)(10)三例,"小妻"都以"姑"为名,相关现象也体现了当时性别关系中值得重视的问题,可以另文讨论。(11)"小妻大女媚年八十七",是现在所看到的最年长的"小妻"。而以上引用的资料中,最年轻的"小妻"是(21)"□小妻大女□年廿一"。

3. "大妻"与"小妻"——"妻"与"小妻"

走马楼简中也可以看到"大妻"与"小妻"并列,或者"妻"与"小妻"并列的简文。例如:

(22)妻大女员年卅九筭一肿两足　□小妻银年□□肿□（壹·932）

(23)□妻大女董年卅四□□□　□小妻大女年□廿一（壹·4138）①

(24)□妻屯年廿雀两足　□小妻婢年十七（壹·8634）

(25)桥大妻曲年卅八　桥小妻仕年卅（壹·8925）

(24)"□小妻婢年十七",可知这位名叫"婢"的"小妻",年龄只有十七岁。此外,又如:

(26)令大妻思年卅五在本县　嘉禾三年二月五日物故（壹·8216）

这是一例没有出现"小妻"字样的简文。然而既称"大妻",自然是与"小妻"相对应。可以推知其家族成员中应当有"小妻"。此外:

(27)胤小母大女汝年五十一（壹·9344）

---

① 整理组注:"'妻'、'小妻'上均右半残缺,左半从'皮'。"长沙市文物研究所、中国文物研究所、北京大学历史学系走马楼简牍整理组编著:《长沙走马楼三国吴简·竹简〔壹〕》,下册第980页。

所谓"胤小母",推想应当是"胤"父的"小妻"。大约在"胤"父去世后,"胤"成为"户人",并非其生母的"胤"的"小妻"作为"户籍"文字中体现的"小母"依然和"胤"一起生活。

4. "大妻"、"小妻"同称为"妻"的现象

走马楼简的整理者在清理揭剥时,发现其中"出现了一些内容上彼此相关联的竹简"。他们举出三例:

一例:
　　编号 128、129、130、131 简,简文按户籍格式排列顺序为:
　　吉阳里户人公乘孙潘,年卅五,筭一(130)
　　潘妻大女蒿,年十九,筭一(131)
　　潘子女□,年五岁(128)
　　凡口三事二,筭二事,訾五十(129)

二例:
　　编号 156、157、158、159 简,简文按户籍格式排列顺序为:
　　高迁里户人公乘五将,年卅五,筭一(156)
　　将妻大女□,□卅一,筭一(157)
　　将妻大女筭,年廿五,筭一(158)
　　将子男角,年七岁(159)

三例:
　　编号 148、149、161、164 简,简文按户籍格式排列顺序为:
　　高迁里户人公乘张乔,年卅,筭一,给县吏(161)
　　乔妻大女健,年廿五,筭一(164)
　　乔子女土,年二岁(148)
　　乔兄□,年廿八,筭一,刑左足(149)[1]

按照文例,三例中的"乔兄□,年廿八","□"字,应当是"乔兄"的

---

[1] 长沙市文物研究所、中国文物研究所、北京大学历史学系走马楼简牍整理组编著:《长沙走马楼三国吴简·竹简〔壹〕》,下册第 1116 页。

名字，其文不大可能是"乔兄子"。那么，张乔"年卅"，而其兄反而"年廿八"，显然于情理不合。查"乔兄□，年廿八，筭一，刑左足"（149）简号为10400①，对照图版，"乔兄□，年廿八，筭一，刑左足"中的"廿"，其实是"卅"。也就是说，这枚简的简文，应当改释为"乔兄□，年卅八，筭一，刑左足"。

二例中"将妻大女□，□卅一，筭一"（157）以及"将妻大女筭，年廿五，筭一"（158）特别值得注意。同时并出的这两位"将妻"，按照通常情形，似乎"将妻大女□，□卅一"应当是"将大妻大女□，□卅一"，"将妻大女筭，年廿五"，则应当是"将小妻大女筭，年廿五"。这里没有"大妻"和"小妻"的区别，而同称为"妻"。也许走马楼出土竹简简文中还有同样的情形，也就是说，我们现在看到的有些"某妻某"简文，其实原本应当是"某小妻某"。也就是说，走马楼简"小妻"的真正数量，可能比我们目前所能看到的还要多一些。

5. 文献记录所见"小妻"

大致在两汉三国时期，多妻是相当普遍的现象。走马楼简所见"小妻"，即"大妻"或"正妻"之外的配偶，张家山汉简中称作"偏妻"、"下妻"。② 然而文献记录中，多见"小妻"称谓。

《汉书》卷一八《外戚恩泽侯表》记载，"（富平侯张彭祖）神爵三年，为小妻所杀"。③ 这一事件，是汉代家族关系史中出现血腥场面的相当特别的一例。因为凶杀细节不详，我们难以判断这一史料究竟是反映了"小妻"的凶悍④，还是反映了"小妻"所受压迫至深。《汉书》卷五一《枚皋传》说，"乘在梁时，取皋母为小妻。乘之东归也，皋母不肯随乘，

---

① 《长沙走马楼三国吴简·竹简〔壹〕》附录一《竹简揭剥位置示意图》"竹简整理编号与揭剥位置示意图（图二）编号对应表"中，整理号10400误写为1040。下册第1118页。

② 参看王子今《"偏妻""下妻"考——张家山汉简〈二年律令〉研读札记》，《华学》第6辑，紫禁城出版社2003年6月版。

③ 《汉书》，第692页。

④ 参看王子今《张家山汉简所见"妻悍""妻殴夫"等事论说》，《南都学坛》2002年第4期。

乘怒，分皋数千钱，留与母居"。① 从枚乘"小妻"拒绝随其东归的情节看来，"小妻"在生活中是有一定的自主性的。

《汉书》卷八一《孔光传》记录了这样一个案例：

> （孔）光久典尚书，练法令，号称详平。时定陵侯淳于长坐大逆诛，长小妻乃始等六人皆以长事未发觉时弃去，或更嫁。及长事发，丞相（翟）方进、大司空（何）武议，以为："《令》：犯法者各以法时律令论之。明有所讫也。长犯大逆时，乃始等见为长妻，已有当坐之罪，与身犯法无异。后乃弃去，于法无以解。请论。"光议以为："大逆无道，父母妻子同产无少长皆弃市，欲惩后犯法者也。夫妇之道，有义则合，无义则离。长未自知当坐大逆之法，而弃去乃始等，或更嫁，义已绝，而欲以为长妻论杀之，名不正，不当坐。"有诏光议是。②

乃始等曾经是以大逆罪处死之淳于长的"小妻"，"长事未发觉时弃去，或更嫁"，对于是否连坐发生争议。后以孔光以为"不当坐"的意见占上风。然而，无论以为应当连坐的丞相翟方进、大司空何武，还是以为不当连坐的廷尉孔光，都以为"小妻"与"妻"的法律地位是等同的，乃始等以"长妻"身份，既适合"大逆无道，父母妻子同产无少长皆弃市"的律条，也适合"夫妇之道，有义则合，无义则离"的原则。只是在案发时已经被"弃去"，"或更嫁"，夫妻之义已绝。乃始案例还告诉我们，"小妻"可以随时为丈夫"弃去"，而"弃去"之后，自有"更嫁"自由。通过乃始故事，我们还看到，淳于长能够短时间内"弃去""小妻乃始等六人"，可知当时贵族"小妻"数目之多。

《汉书》卷九三《佞幸传·淳于长》说，淳于长"多畜妻妾，淫于声色，不奉法度"。"弃去""小妻乃始等六人"情节，与"多畜妻妾"的记载相合。这位淳于长后来致罪，直接导因，竟然也与一位"小妻"有关："初，许皇后坐执左道废处长定宫，而后姊孊为龙额思侯夫人，寡居。长与孊私通，因取为小妻。许后因孊赂遗长，欲求复为婕伃。长受许

---

① 《汉书》，第2366页。
② 同上书，第3355页。

后金钱乘舆服御物前后千余万，诈许为白上，立以为左皇后。嬺每入长定宫，辄与嬺书，戏侮许后，嫚易无不言。交通书记，赂遗连年。是时，帝舅曲阳侯王根为大司马票骑将军，辅政数岁，久病，数乞骸骨。长以外亲居九卿位，次第当代根。根兄子新都侯王莽心害长宠，私闻长取许嬺，受长定宫赂遗。莽侍曲阳侯疾，因言：'长见将军久病，意喜，自以当代辅政，至对衣冠议语署置。'具言其罪过。根怒曰：'即如是，何不白也？'莽曰：'未知将军意，故未敢言。'根曰：'趣白东宫。'莽求见太后，具言长骄佚，欲代曲阳侯，对莽母上车，私与长定贵人姊通，受取其衣物。太后亦怒曰：'儿至如此！往白之帝！'莽白上，上乃免长官，遣就国。"①

许嬺作为淳于长"小妻"事，又见于《汉书》卷九七下《外戚传下·孝成许皇后》："废后姊嬺寡居，与定陵侯淳于长私通，因为之小妻。"②

《汉书》卷九九中《王莽传中》说，有人自称"汉氏刘子舆，成帝下妻子也"，颜师古注："下妻犹言小妻。"③ 西汉有关"小妻"事，又有《汉书》卷八五《谷永传》颜师古注引如淳曰"王凤上小妻弟以纳后宫"④，《后汉书》卷二三《窦融传》所说窦融"女弟为大司空王邑小妻"等。⑤《三国志》卷三《魏书·明帝纪》裴松之注引《世语》："并州刺史毕轨送汉故度辽将军范明友鲜卑奴，年三百五十岁，言语饮食如常人。奴云：'霍显，光后小妻。明友妻，光前妻女。'"⑥ 虽然出自魏晋文献，说的却是西汉故事。

东汉称"小妻"者，有《后汉书》卷五六《陈球传》："（陈）球小妻，程璜之女，璜用事宫中，所谓程大人也。"⑦ 可知身为"小妻"也有出身颇高贵者。东汉诸侯王族配偶也有"小妻"称谓，可能即所谓"名之不正者"。《后汉书》卷五〇《孝明八王列传·陈敬王羡》说，"（陈思

---

① 《汉书》，第 3731—3732 页。
② 同上书，第 3983 页。〔宋〕晁载之《续谈助》卷三引录《汉武故事》："东方朔取宛若为小妻，生子三人。""宛若"，原注："神君之姒。"清《十万卷楼丛书》本。虽然是神异故事，其中"小妻"之说是符合西汉称谓习惯的。
③ 《汉书》，第 4119 页。参看王子今《"偏妻""下妻"考——张家山汉简〈二年律令〉研读札记》，《华学》第 6 辑，紫禁城出版社 2003 年 6 月版。
④ 《汉书》，第 3452 页。
⑤ 《后汉书》，第 795 页。
⑥ 《三国志》，第 101 页。
⑦ 《后汉书》，第 1834 页。

王刘）钧取掖庭出女李娆为小妻。"卷五〇《孝明八王列传·彭城靖王恭》注引《东观记》："（刘）恭子男丁前妻物故，（刘）酺侮慢丁小妻，恭怒。"卷五〇《孝明八王列传·乐成靖王党》："（乐成靖王刘党）取故中山简王傅婢李羽生为小妻。"卷五〇《孝明八王列传·梁节王畅》载刘畅上疏："臣畅小妻三十七人，其无子者愿还本家。"① 由刘畅"小妻"多达"三十七人"，结合前引淳于长"弃去""小妻乃始等六人"事，可以了解当时贵族"多畜妻妾，淫于声色"的情形。

6. 两汉三国多妻现象

两汉时期的多妻现象，已经屡有学者关注。杨树达1933年在分析汉代婚姻礼俗的专著中即指出，"男子于正妻之外，有小妻。""有小妇。""有少妇。""有傍妻。""有妾。""有下妻。""有外妇。""有傅婢御婢。""小妻傍妻有不止一人者。""若无子买妾，盖寻常之事矣。"② 彭卫指出，在汉代，"男子广蓄妻妾是官方承认的合法行为"。"男子多妻妾主要风行于统治阶级中，平民中的富裕人家虽也偶见纳妾现象，但其数量往往很少，一般只有一人。总起来看，在人口众多的小农、小手工业者和平民当中，纳妾人家是寥寥无几的。"③ 葛剑雄也指出，两汉时期，"统治者从上到下普遍多妻"，"而且由于习俗如此，一般平民只要有能力也会多妻"。④

三国时期有关"小妻"的资料，除前引郭皇后事外，似乎以孙吴地方较为集中。《三国志》卷四八《吴书·三嗣主传·孙晧》说张俶"甚见宠爱"，"累迁为司直中郎将，封侯"，天纪元年（277）"奸情发闻，伏诛"。裴松之注引《江表传》记载，"（张）俶奢淫无厌，取小妻三十余人，擅杀无辜，众奸并发，父子俱见车裂"。⑤《三国志》卷五七《吴书·骆统传》说，骆统父亲去世后，"统母改适，为华歆小妻，统时八岁，遂与亲客归会稽。其母送之，拜辞上车，面而不顾，其母泣涕于后。

---

① 以上四条分别见《后汉书》，第1668、1671—1672、1676页。
② 杨树达：《汉代婚丧礼俗考》，上海古籍出版社2000年12月版，第44—46页。
③ 彭卫：《汉代婚姻形态》，第161—162页。
④ 葛剑雄：《中国人口史》第一卷，复旦大学出版社2002年12月版，第353页。
⑤《三国志》，第1172页。

御者曰：'夫人犹在也。'统曰：'不欲增母思，故不顾耳。'"① 骆统的母亲改嫁为"小妻"，竟不得不离开亲生子，其生活境况之困窘，可想而知。前引史例，也有"寡居"后为人"小妻"的，其情感转换时的复杂心态，也可以想见。

刘增贵注意到，"至三国时，士族门第逐渐形成，嫡庶之分益严"。这一情形可能在北方中原地区比较明显，"汉魏故事，王公群妾见于夫人，夫人不答拜"。② 而三国时期吴国地方则不同，"孙权晚年嫡庶不分，顾悌、朱据等力谏，陈寿亦讥其'闺庭错乱，遗笑古今'"。③《三国志》卷五五《吴书·陈武传》记载，陈表为陈武庶子，"兄修亡后，表母不肯事修母，表谓其母曰：'兄不幸早亡，表统家事，当奉嫡母。母若能为表屈情，承顺嫡母者，是至愿也；若母不能，直当出别居耳。'表于大义公正如此。由是二母感寤雍穆。"④ 刘增贵认为，由这一故事，"可见正嫡之重"。⑤ 其实，所谓"表母不肯事修母"，也反映吴地"小妻"的独立性和自主性之强。陈表在"大义公正"方面表现的优胜，其实可以理解为受到了中原正统礼俗的影响。

7. 走马楼简婚姻史料的意义与荆州地方的区域文化个性

正史的记载，大体以上层社会作为主要对象，而走马楼简则提供了反映民间社会生活的真实资料。走马楼简有关"小妻"的记录，体现了多妻现象涉及社会层面的普遍。

自然，这些资料有明确的地域限定，即长沙地区，是否能够借以推论其他地方特别是中原一带及整个黄河流域是类似情形，尚未可知。因为早在《周礼》成书的时代，已经有各地人口性别比例不同的说法。而荆州

---

① 《后汉书》，第1334页。
② 《晋书》卷二一《礼志下》，第661页。
③ 刘增贵语，事出《三国志》卷五二《吴书·顾雍传》裴松之注引《吴书》，第1229页；《三国志》卷五〇《吴书·妃嫔传》，第1203页。
④ 《三国志》，第1289页。
⑤ 刘增贵：《汉代婚姻制度》，第20页。

地方女多于男，是比较突出的事实，其情形仅次于幽州。①《逸周书·职方解》与《汉书》卷二八上《地理志上》陈述九州人口男女性比例与《周礼·夏官·职方氏》同。《史记》卷一二九《货殖列传》："江南卑湿，丈夫早夭。"②《汉书》卷二八下《地理志下》也有长江流域某些地区"多女而少男"的记载。③分析走马楼简涉及"小妻"的史料，不能不考虑到地域条件可能多有不同的历史文化因素。

---

① 《周礼·夏官·职方氏》："东南曰扬州……其民二男五女。""正南曰荆州……其民一男二女。""河南曰豫州……其民二男三女。""正东曰青州……其民二男二女。""河东曰兖州……其民二男三女。""正西曰雍州……其民三男二女。""东北曰幽州……其民一男三女。""河内曰冀州……其民五男三女。""正北曰并州……其民二男三女。"《十三经注疏》，第861—863页。

② 《史记》，第3268页。

③ 《汉书》，第1668页。

"寡嫂"和"孤兄子"：三国孙吴乡村家族结构考察

走马楼简牍提供了反映当时乡村社会关系的丰富史料，其中有关家族结构及其具体生活景况的资料，具有重要的价值。例如，有关"寡嫂"和"孤兄子"的内容，涉及亲族关系和道德传统，结合文献记载的相关内容，可以增进我们对当时乡村家族生活史的认识。

1. 走马楼简所见"寡嫂"

走马楼出土竹简可见"寡嫂"称谓，有关简文，可以帮助我们认识这一时期当地乡村生活的一个重要侧面。

据《长沙走马楼三国吴简·竹简〔壹〕》释文，有如下内容值得我们注意：

(1) ☒　春（？）寡嫂绮年卌（壹·241）

(2) □寡嫂□年廿六　□□□☒（壹·1409）

(3) ☒　□□寡嫂□年☒（壹·2633）

(4) 雷寡嫂大女杷年卅三筭一刑右足复（壹·2880）

(5) 蓙寡嫂大女豆年六十四（壹·3983）

(6) 胡寡嫂汝年八十五（壹·8490）

(7) 晟寡嫂村年卌二筭一（壹·8498）

(8) 寡嫂大女妾年七十六（壹·10268）

(9) 赞寡嫂大女䚘年廿二筭一（壹·10279）

整理组在《凡例》中写道:"竹简中的古字和俗别、异体等字,释文一般均改为通行繁体字。""有规律的俗别等字,处理采取统一原则。""唯竹简'叟'均作'更',而'更'均写作'㪅',字形变化较大,释文仅将'溲'、'㜪'、'鰀'、'㮙'统一改为'溲'、'嫂'、'鰀'、'㮙',而不统一改为'溲'、'嫂'、'鰀'、'艘'。"① 比较引人注目的例证,有:

船十一梗所用前已列言　☐(壹·2512)

整理组注:"'梗'为'艘'之别体。"② 简文"船十一梗"即"船十一艘",可以作为我们考察当时船队规模时的参考。③

可见,"寡㜪"就是"寡嫂",是简(1)至简(9)共同出现亲属称谓。其实,"寡嫂"写作"寡㜪",史已有例。《后汉书》卷八七《西羌传》说西羌风习:"其俗氏族无定,或以父名母姓为种号。十二世后,相与婚姻,父没则妻后母,兄亡则纳釐㜪,故国无鳏寡,种类繁炽。""釐㜪",李贤注:"寡妇曰'釐'。"④《后汉书》卷九〇《乌桓传》关于乌桓风习,也有"其俗妻后母,报寡㜪,死则归其故夫"⑤ 的记述。"嫂"皆写作"㜪"。

此外,走马楼简中,我们还看到出现"寡妇"字样的简例:

(10) 素寡妇大女思年卅六笇一八十 可 复(壹·3322)
(11) ☐☐弟寡妇秭年廿二　☐☐(壹·4176)
(12) 大 寡妇大女思年六十二(壹·7784)

(11)"弟寡妇",似乎应当理解为亡弟的妻子,具有与"寡嫂"相对应的身份。而(10)(12)只称"寡妇",其身份尚未明了。

---

① 长沙市文物研究所、中国文物研究所、北京大学历史学系走马楼简牍整理组编著:《长沙走马楼三国吴简·竹简〔壹〕》,文物出版社 2003 年 10 月版,上册第 2 页。
② 同上书,下册第 946 页。
③ 王子今:《走马楼舟船属具简与中国帆船史的新认识》,《文物》2005 年第 1 期。
④ 《后汉书》,第 2869 页。
⑤ 同上书,第 2979 页。

简文所见"寡嫂"、"弟寡妇"和"寡妇",无疑都是兄弟和其他亲属的未亡人。以上 12 例中,除(5)"蒅寡婢大女豆年六十四",(6)"胡寡婢汝年八十五",(8)"寡婢大女妾年七十六",(12)"大寡妇大女思年六十二"4 例年长外,而(3)年龄不详,其他(1)(2)(4)(7)(9)(10)(11)7 例,平均年龄只有 31.57 岁。特别是其中的(9)(11)两例,只有 22 岁。从现有资料虽然不能推定其寡居的时间,但是没有迹象表明她们是刚刚守寡。虽然我们不能确切地知道这些妇女丧夫的具体原因,然而却很容易联想到司马迁《史记》卷一二九《货殖列传》所谓"江南卑湿,丈夫早夭"。①

出现"寡嫂"、"弟寡妇"和"寡妇"的简例,应当是一种或数种记录"户"的构成形式的文书的部分内容。有的学者称这种文书为"户籍"。其典型形式,是整理组将"编号 128、129、130、131 简"相缀连,"按户籍格式"进行的排列:

> 吉阳里户人公乘孙潘,年卅五,筭一(130)
> 潘妻大女莴,年十九,筭一(131)
> 潘子女□,年五岁(128)
> 凡口三事二,筭二事,訾五十(129)②

"编号 128、129、130、131 简",整理号为 10379、10380、10381、10382。③ 前引 12 例简文在这种文书中的位置,应当与编号 131、128 简,即"潘妻大女莴,年十九,筭一"和"潘子女□,年五岁"相当。也就是说,这些"寡嫂"、"弟寡妇"和"寡妇",都是出现于"户人"某某名下的户口资料中,而使我们获得了接触机会的。然而其身份,绝对不是"户人"之"妻",她们在"户"中的地位,其实只是与"潘子女□,年五岁"类似。她们作为"户人"夫妇的附属亲族,在同一个基本家庭单

---

① 《史记》,第 3268 页。
② 长沙市文物研究所、中国文物研究所、北京大学历史学系走马楼简牍整理组编著:《长沙走马楼三国吴简·竹简〔壹〕》,附录一《竹简揭剥位置示意图》说明,下册第 1116 页。
③ 长沙市文物研究所、中国文物研究所、北京大学历史学系走马楼简牍整理组编著:《长沙走马楼三国吴简·竹简〔壹〕》,附录一《竹简揭剥位置示意图》附"竹简整理编号与揭剥位置示意图(图二)编号对照表",下册第 1118 页。

位中生活。

与（5）"蓈寡婣大女豆年六十四"内容相关，有可能原为一组"户籍"资料的简例，有：

高平里户人公乘张蓈年卌七算一（壹·3920）

与（7）"晠寡婣村年卌二算一"有关，或许可以排列为一组"户籍"资料的简文，又有：

晠母大女思年七十一（壹·7397）

有可能可与（9）"赞寡婣大女見年廿二算一"复原为一组"户籍"资料的简文，则有：

东阳里户人公乘□赞年廿一算一给县卒（壹·10308）
赞男弟□年十九算一（壹·10273）

（9）自然应当排列在"东阳里户人公乘□赞年廿一算一给县卒"简后。两者之间，至少应当有"赞妻"一条。

2. 有关"寡嫂"身份地位的文献资料

反映汉代以来"寡嫂"身份及其在家族中特殊地位的资料，在文献记录中多有遗存。

《汉书》卷九九上《王莽传上》写道，"（王莽）受礼经，师事沛郡陈参，勤身博学，被服如儒生。事母及寡嫂，养孤兄子，行甚敕备。又外交英俊，内事诸父，曲有礼意"。[①] 王莽以道德修养方面的优势争取人心，取得显著的成效。而"事母及寡嫂，养孤兄子"，是他德行表演重要的节目之一。《后汉书》卷二七《郑均传》记载，"（郑）均好义笃实，养寡嫂孤儿，恩礼敦至"。李贤注引《东观记》："（郑）均失兄，养孤兄子甚

---

① 《汉书》，第4039页。

笃,已冠娶,出令别居,并门,尽推财与之,使得一尊其母,然后随护视振给之。"① 所谓"养寡嫂孤儿",当时似乎是宣示其"礼""义"水准的重要道德标尺。

《后汉书》卷八三《逸民列传·高凤》说,"(高)凤年老,执志不倦,名声著闻。太守连召请,恐不得免,自言本巫家,不应为吏,又诈与寡嫂讼田,遂不仕。建初中,将作大匠任隗举凤直言,到公车,托病逃归。推其财产,悉与孤兄子。隐身渔钓,终于家"。② 所谓"诈与寡嫂讼田",是保持"隐身渔钓"的"逸民"身份的策略。而果然"遂不仕",说明与"寡嫂"间的财产争端,当时足以彻底败坏当事者的道德形象,从而完全断送其政治前程。

《三国志》卷二二《魏书·卢毓传》记载三国时期,卢植的儿子卢毓,"十岁而孤,遇本州乱,二兄死难。当袁绍、公孙瓒交兵,幽冀饥荒,养寡嫂孤兄子,以学行见称"。③ 蜀汉名将赵云事迹,也有与"寡嫂"相关的情节。《三国志》卷三六《蜀书·赵云传》裴松之注引《云别传》说,"从平江南,以为偏将军,领桂阳太守,代赵范。范寡嫂曰樊氏,有国色,范欲以配云。云辞曰:'相与同姓,卿兄犹我兄。'固辞不许。时有人劝云纳之,云曰:'范迫降耳,心未可测;天下女不少。'遂不取"。④ 樊氏女为寡嫂,显然是和赵范一家一同生活的。赵范以相当于走马楼简所见"户人"的身份,竟然可以主持其再次婚配。

《三国志》卷五《魏书·后妃传·文昭甄皇后》裴松之注引《魏略》:"后年十四,丧中兄俨,悲哀过制,事寡嫂谦敬,事处其劳,拊养俨子,慈爱甚笃。后母性严,待诸妇有常,后数谏母:'兄不幸早终,嫂年少守节,顾留一子,以大义言之,待之当如妇,爱之宜如女。'母感后言流涕,便令后与嫂共止,寝息坐起常相随,恩爱益密。"⑤ 这是女子"事寡嫂"的史例。

《艺文类聚》卷二一引《许逊别传》说到晋人许逊在经济上照应"寡嫂"的事迹:"(许)逊年七岁,无父,躬耕负薪以养母,尽孝敬之道。

---

① 《后汉书》,第946页。
② 同上书,第2769页。
③ 《三国志》,第650页。
④ 同上书,第949页。
⑤ 同上书,第159—160页。

与寡嫂共田桑，推让好者，自取其荒，不营荣利。母常谴之：'如此当乞食无处居！'笑应母曰：'但愿老母寿耳。'"①

所谓"事……寡嫂，养孤兄子"，"养寡嫂孤儿"，"养寡嫂孤兄子"，是相互连带的行为。《太平御览》卷五一二引《东观汉记》："郑均好义笃实，事寡嫂孤儿，恩礼甚至。"②又引《傅子》曰："傅燮字南容，奉寡嫂甚谨，食孤侄如赤子。"《太平御览》卷六八七引《东观汉记》说，"马援外类傥荡简易，而内重礼，事寡嫂，虽在闺内，必帻然后见。"③此说"事寡嫂"事，然而《后汉书》卷二四《马援传》又有马援教育兄子的著名故事：

> 初，兄子严、敦并喜讥议，而通轻侠客。援前在交阯，还书诫之曰："吾欲汝曹闻人过失，如闻父母之名，耳可得闻，口不可得言也。好论议人长短，妄是非正法，此吾所大恶也，宁死不愿闻子孙有此行也。汝曹知吾恶之甚矣，所以复言者，施衿结褵，申父母之戒，欲使汝曹不忘之耳。龙伯高敦厚周慎，口无择言，谦约节俭，廉公有威，吾爱之重之，愿汝曹效之。杜季良豪侠好义，忧人之忧，乐人之乐，清浊无所失，父丧致客，数郡毕至，吾爱之重之，不愿汝曹效也。效伯高不得，犹为谨敕之士，所谓刻鹄不成尚类鹜者也。效季良不得，陷为天下轻薄子，所谓画虎不成反类狗者也。讫今季良尚未可知，郡将下车辄切齿，州郡以为言，吾常为寒心，是以不愿子孙效也。④

"伏波将军万里还书以诫兄子"，语极恳切，足见其感情的亲近。马援"兄子"马严、马敦，当是与"寡嫂"一起，为马援多年抚养的。《晋书》卷三九《王沈传》写道："（王）沈少孤，养于从叔司空昶，事昶如父，奉继母寡嫂以孝义称。"⑤王沈敬奉"寡嫂"，而自己年少时，又是以

---

① 〔唐〕欧阳询撰，汪绍楹校：《艺文类聚》，第381页。
② 《后汉书》卷二七《郑均传》"事寡嫂孤儿"作"养寡嫂孤儿"，"恩礼甚至"作"恩礼敦至"，与《东观汉记》所说略有不同。第946页。
③ 以上分别见《太平御览》，第2334、3064页。
④ 《后汉书》卷二四，第844—845页。
⑤ 《晋书》，第1143页。

"孤兄子"身份"养于从叔司空昶"的。《三国志》卷二七《魏书·王昶传》记载,"其为兄子及子作名字,皆依谦实,以见其意,故兄子默字处静,沈字处道,其子浑字玄冲,深字道冲"。① "兄子"在"其子"之前,也是耐人寻味的。陈寿又记录了王昶"遂书戒之"的长信。我们看到,王昶其中还特别引用了"昔伏波将军马援戒其兄子言"。

3. 走马楼简"兄子"简文

走马楼出土竹简,也可以提供有关"养孤兄子"一类资料。例如在被看作"户籍"的文册中,多有"兄子"字样:

(13) ☑□兄子男絮年廿六（壹·498）

(14) 郡吏谷汉兄子□年廿九　嘉禾三年二月十九日叛走（壹·7905）

(15) 昊妻王年廿八　昊兄子黑年六（壹·8619）②

(16) ☑□□卅九刑右手□□姊子男范年七岁　秃从兄子男娄年十一閹③（壹·8939）

(17) □兄子男辩年六岁（壹·9264）

(13)(14)"兄子"前者"年廿六",后者"年廿九",都不单独立户,不知是何原因。这一情形,似与前引《后汉书》卷二七《郑均传》李贤注引《东观记》所说郑均养孤兄子"已冠娶,出令别居,并门"的情形不同。(16)"大姊子男范年七岁","秃从兄子男娄年十一",有可能是分别收养了夫妇两人一"姊子",一"从兄子"。从"年七岁"者列于前而"年十一"者居于后这一迹象分析,"范"和"娄"可能与"户人"亲疏程度有别。或许只是"秃从兄子男娄年十一"是被收养者。(16)中

---

① 《三国志》,第744页。

② 整理组注:"'年六'下似脱'岁'字。"《长沙走马楼三国吴简·竹简〔壹〕》,下册第1072页。

③ 整理组释文为:"☑□□卅九刑右手　大姊子男范年七岁　秃从兄子男娄年十一閹",对照图版,可知"刑右手"与"姊子"之间有两字未可识。《长沙走马楼三国吴简·竹简〔壹〕》,中册第714页。

所见"秃",应是名字,与下引简文类同:

宜阳里户人公乘周秃年五十七(壹·9409)

"姊",可能意同"姊"字,也有可能是人名。与下引简文同:

姊妻大女明年廿六(壹·9077)

中国社会福利史研究者曾经注意到"走马楼简中的社会福利史料",但是只讨论了政府赋役调发对于病残者的减免。[①] 其实,对于孤寡的优遇,也是相关社会文化现象中特别值得重视的。对于孤寡的社会救助,带有自发的性质。而救助对象其亲族所起的作用,体现出中国传统宗法关系维护社会稳定的有益的功能。

4. "侄"与"侄子"

走马楼简又可见"侄"或"侄子"称谓。例如:

(18)马侄子男高年七岁踵两足 高女☒(壹·3)

(19)从男弟修年六岁 妾侄子男亡年四岁(壹·16)

(20)礼侄子男鲁年五岁 鲁兄勉年八岁苦痈病(壹·20)

(21)北(?)侄子☒(壹·245)

(22)☒淮(?)侄子男☒☒(壹·642)

(23)☒侄子男☒年☒☒☒☒ ☒男弟丘年四☒(壹·762)

(24)☒☒女侄☒☒(壹·851)

---

① 王子今、刘悦斌、常宗虎:《中国社会福利史》,中国社会出版社2002年9月版,第105—109页。

"寡嫂"和"孤兄子":三国孙吴乡村家族结构考察　　221

（25）☐　始侄子士伍☐☐（壹·2525）①

（26）棠侄子男☐（壹·2573）

（27）☐☐鈜侄子☐（壹·2620）

（28）☐☐已侄子女归年三岁（壹·2660）

（29）☐侄子男☐年三岁（壹·2858）

（30）高侄子公乘恨年五岁　中（壹·2937）②

（31）素侄子小女☐年七岁（壹·2982）③

（32）☐侄子男顷年六岁（壹·2997）

（33）蔡侄子公乘☐年十八肿两足（壹·3041）④

（34）得侄子公乘秃年十五筭一（壹·3362）

（35）☐侄子公乘陵年七岁（壹·3924）⑤

（36）唐侄子公乘☐年七岁（壹·3946）

（37）☐☐年八岁　☐侄子☐年☐岁☐（壹·4146）

（38）☐年☐一　母妾年六十一　愁侄子男丁年二岁（壹·4216）

（39）☐侄子男钱钩年五岁　……（壹·4445）

（40）登侄子男由龙年十一　龙女弟☐客年十（壹·4471）

（41）苌侄子男☐☐（壹·4534）

（42）兴侄子男倾年五岁（壹·4865）

（43）洼侄子女☐年廿四筭一（壹·4978）

（44）强外侄子男斗年八岁肿两足（壹·4979）

---

①　整理组注："'始'上原有墨笔点记。"《长沙走马楼三国吴简·竹简〔壹〕》，下册第946页。
②　整理组注："简中'中'为朱笔。"《长沙走马楼三国吴简·竹简〔壹〕》，下册第955页。
③　整理组注："简中有朱笔点记。"《长沙走马楼三国吴简·竹简〔壹〕》，下册第956页。
④　整理组注："'公乘'下左半残缺，右半为'至'。"《长沙走马楼三国吴简·竹简〔壹〕》，下册第957页。
⑤　整理组注："'侄子'上下半残缺，上半从'麻'。"《长沙走马楼三国吴简·竹简〔壹〕》，下册第976页。

（45）困侄子男悬年七岁（壹·4984）

（46）□侄子男年廿筭一刑左手（壹·4986）①

（47）水侄子男史年十五（壹·5148）

（48）乘外侄子李堂年卅五（壹·5177）

（49）章男弟楝年十五在本县章侄子男□年廿七在本县（壹·5830）

（50）章侄子男世年十岁　见（壹·5838）

（51）□俗侄子怒年六十二　☑（壹·5850）

（52）倚侄子女罗年十五　见（壹·6021）

（53）冄侄子男取年廿四在本县嘉禾元年十一月十日物故（壹·6023）

（54）☑侄子野年廿聋耳（壹·6158）

（55）广男弟黄年一岁　长男侄卷年廿二踵左足（壹·7651）

（56）明侄子碓年八岁　明子男成年三岁（壹·7675）

（57）怦女弟貧年八岁　侄子男关年五岁（壹·7679）

（58）□侄子青年七岁腹心病（壹·7708）

（59）☑文侄子男□年三岁　文子女束八岁（壹·8529）②

（60）晋侄子男寻年七岁（壹·8616）

（61）喜侄子男客年七岁（壹·8653）

（62）民侄子女豆年九岁（壹·8681）

（63）☑□侄子男□年□□□☑（壹·8725）

（64）□妻姑年卅　□男侄子纠年九岁（壹·8981）

（65）子女思年六岁　锥侄子男新年八岁（壹·9078）

（66）祥侄子男举年八岁刑右足（壹·9116）

---

① 整理组释文作"□侄子□男年廿筭一刑左手"，细检图版，可知"侄子"有衍一"□"字。《长沙走马楼三国吴简·竹简〔壹〕》，下册第998页，上册第364页。

② 整理组注："'八岁'上脱'年'字。"《长沙走马楼三国吴简·竹简〔壹〕》，下册第1071页。

（67）□侄子男识年十四（壹·9171）

（68）渊（？）侄子男皮年十二腹心病（壹·9174）

（69）硕侄大男雀年卅二筭一（壹·9406）

（70）叙侄子男米年六岁（壹·10070）

（71）羊侄子男□年七岁（壹·10105）

（72）纯侄子男世年十一（壹·10131）

（73）硕侄子女县年九岁（壹·10198）

（74）□侄子女□年六岁（壹·10219）

（75）□侄子男□年十一（壹·10224）

（76）□侄子男□年廿筭一盲两目（壹·10368）

（77）鼠侄子女熊年十（壹·10406）

（78）日侄子男晶年七岁（壹·10426）

（79）□侄子男达年七岁（壹·10428）①

（80）战侄子女乡年八岁（壹·10486）

（81）□侄子男民年十一（壹·10522）

其中（49）（50）内容有联系，"章男弟楝年十五在本县章侄子男□年廿七在本县"，"章侄子男世年十岁　见"，简文显示"章"抚养着两个"侄子"。（59）简文为"☑文侄子男□年三岁　文子女束八岁"，可知"文"自有女"束"，年八岁，又有侄子"□"，年三岁，而后者名列于前，似乎在家族中地位更为重要。这使人联想到《太平御览》卷五一二所引《东观记》中所说魏谭故事："魏谭有一孤兄子，年一二岁，常自养亲。遭饥馑，分升合以相生活。谭时有一女，生裁数月，念无谷食，终不能两全，弃其女养活兄子。州郡高其义。"②（70）简号为壹·10070，内容与简壹·10093、壹·10094有关联。这3枚简可能为一组，即：

---

① 整理组注："'侄'上□上半残缺，下半从'辶'。"《长沙走马楼三国吴简·竹简〔壹〕》，下册第1109页。

② 《太平御览》，中华书局用上海涵芬楼影印宋本1960年2月复制重印版，第2330页。

> 吉阳里户人公乘殷叙年八十一（壹·10094）
> 叙妻大女妾年七十一（壹·10093）
> 叙侄子男米年六岁（壹·10070）

如果这一组合能够成立，则应注意到"户人公乘殷叙"、"叙妻大女妾"和"叙侄子男米"作为两代人，年龄相差甚大，竟至于75岁和65岁。借此或许可以分析当时乡村家族的年龄构成。

（80）简号为壹·10486，其内容与简壹·10475和壹·10485有关，其关系即如以下排列所示：

> 平阳里户人公乘刘战年五十八刑两足（壹·10475）
> 战妻大女取年卅一筭一（壹·10485）
> 战侄子女糸年八岁（壹·10486）

可知"糸"作为"取"兄弟的女儿，与"刘战"和"取"夫妇相依为命。

而（16）"……姊子男范年七岁"，如果"姊"在这里义同"姊"，则可能是"户人"姐姐的儿子。这又是另一种亲属抚养关系。而同一简例下文说"秃从兄子男娄年十一闇"，"秃"，可能是"户人"的妻子。看来，这一家庭分别收养了"户人"夫妻各自姐姐和从兄的孩子。

5."侄"：男女皆可通

对于"侄"这种亲属称谓，《尔雅·释亲》说："女子谓晜弟之子为侄。"《说文·女部》："侄，兄之女也。"朱骏声《说文通训定声》："受'侄'称者，男女皆可通，而称人'侄'者，必妇人也。"① 《仪礼·丧服》："'侄'者何也？谓吾'姑'者，吾谓之'侄'。"② 大约在晋代以后，男子也称兄弟的子女为"侄"。《颜氏家训·风操》："案《尔雅》、

---

① 〔清〕朱骏声编著：《说文通训定声》，中华书局1984年6月影印本，第620页。
② 《十三经注疏》，第1120页。

《丧服经》、《左传》,'侄'虽名通男女,并是对'姑'之称,晋世已来,始呼'叔''侄'。"①

走马楼简的年代,大体已经临近这一亲属称谓涵义发生重要转变的时期,而简文提供的资料,说明当时乡村社会中"侄"仍大体保持着传统的定义。"侄子"既与"兄子"并出,说明其指代的身份应当是并立的。而(44)(48)"外侄子"称谓的出现,或许暗示着"侄"这一亲属称谓的涵义转变正在发生。

与上文说到的(13)(14)"兄子""年廿六"、"年廿九"均不作为"户人"单独立户的情形类似,又有(69)"侄大男雀年卅二",(48)"外侄子李堂年卅五",(51)"侄子怒年六十二"的情形,(43)"侄子女□年廿四"尚未出嫁,也属异常。发生这样的现象,应当有特殊的原因。

走马楼简所见与"户人"共同生活的"侄子"远较"兄子"为多,这一现象,可能也是值得我们在研究当时社会的性别关系时有所深思的。如果讨论当时家庭中妇女地位的研究者把这一迹象看作"户人"之"妻"在重大决策中能够起一定作用的例证,应当说是可以赞同的。这一情形,或许也反映了当时长沙地区一般家庭同妻家或称外家关系的密切。

上引有关"侄子"63例中,有一些不能辨别性别。简文有性别标识者,"侄子男"37例②,加上"侄大男"(69)1例,"男侄"1例(55),以及应是男性的"侄子公乘"5例(30)(33)(34)(35)(36),合计44例;"侄子女"8例,加上"侄子小女"1例(31),合计9例。总体来看,"侄"或"侄子"中的男性相当于女性的488.89%。也就是说,在由亲族承担的社会救助系统中,男性似乎受到更充分的重视。这一情形,也是性别关系研究者应当予以关注的。

---

① 王利器:《颜氏家训集解》,中华书局1993年12月版,第82页。
② 其中依整理组释文"侄子□男"(46)1例,从简文内容看,"□"有可能是"大",则此简与(69)类同。"男"也有可能是人名,然而不大可能是"侄子女男"。经检视图版,可知应释读为"侄子男",说已在前。

6. "养寡嫂孤儿"的"礼""义"标范与"报嫂"遗俗的可能性

"养寡嫂孤儿"事迹，在儒学道德宣传中，曾经是"礼"与"义"的样板。然而，如果进行社会关系史的考察，应当分析其复杂的因素。

从宗族关系的视角分析，首先应当注意到"孤儿"在本宗族中的正式身份能够因此得以维护。其次，"养寡嫂孤儿"行为，可能也有保存家族财产的原因。

"养寡嫂"情形，在形式上容易使人联想到历史上称作"收继婚"或称作"逆缘婚"的现象。秦汉魏晋时代，在关于中原周边少数民族风俗的历史记录中，多见相应的事实。《史记》卷一一〇《匈奴列传》说匈奴风习："兄弟死，皆取其妻妻之。"① 《后汉书》卷八五《东夷列传》说夫余有"兄死妻嫂"之俗。同书卷八七《西羌传》说，西羌"兄亡则纳釐嫂"。李贤注："寡妇曰釐。"卷九〇《乌桓传》也说，乌桓有"报寡嫂，死则归其故夫"的传统②。《三国志》卷五三《吴书·薛综传》记载，薛综上疏说到交阯地方"山川长远，习俗不齐"。如：

> 交阯麋泠、九真都庞二县，皆兄死弟妻其嫂，世以此为俗，长吏恣听，不能禁制。③

《晋书》卷九七《西戎传》也记载，吐谷浑亦"兄亡，妻其诸嫂"。④ 特别是薛综上疏所说，是南边风俗，对于我们有关长沙地方民俗的讨论，有一定的参考价值。

恩格斯在讨论罗马的氏族和国家时曾经指出："妇女由于结婚而脱离她的氏族，加入新的、夫方的氏族团体，这样她便在那里占着一个完全特殊的地位。虽然她也是氏族的一员，但她并不是血缘亲属；她加入氏族的

---

① 《史记》，第2879页。
② 以上三条分别见《后汉书》，第2811、2869、2979页。
③ 《三国志》，第1251—1252页。
④ 《晋书》，第2538页。

方式，从一开始就使她不受因结婚而加入的那个氏族禁止内部通婚的一切规定的束缚；其次，她已经被接受到氏族的婚姻团体中来，可以在她的丈夫死亡时继承他的财产，即一个氏族成员的财产。为了把财产保存在氏族以内，她必须同她的第一个丈夫的同氏族人结婚而不得同别的任何人结婚，这岂不是再自然不过的事吗？"① 有学者认为，恩格斯的这段话正是"兄死弟妻其嫂"现象的"真正的经济原因"②。

《史记》卷一一○《匈奴列传》记载了汉叛降匈奴者中行说在反驳种种对匈奴文化的攻击时，对"兄弟死，尽妻其妻"风习的辩解："汉使曰：'匈奴父子乃同穹庐而卧。父死，妻其后母；兄弟死，尽取其妻妻之。……'中行说曰：'匈奴之俗……父子兄弟死，取其妻妻之，恶种姓之失也。故匈奴虽乱，必立宗种。今中国虽详不取其父兄之妻，亲属益疏则相杀，至乃易姓，皆从此类。'"③ 取兄弟之妻妻之之动机，在于"恶种姓之失也"，在于防止其"亲属益疏"，"至乃易姓"，特别是同宗族中男丁的流失。《后汉书》卷八七《西羌传》作者所谓西羌"兄亡则纳釐嫂"，因此"种类繁炽"，也说明了同样的情形。《三国志》卷三四《蜀书·二主妃子传·先主穆皇后》："（刘）焉时将子瑁自随，遂为瑁纳后。瑁死，后寡居。先主既定益州，而孙夫人还吴，群下劝先主聘后，先主疑与瑁同族，法正进曰：'论其亲疏，何与晋文之于子圉乎？'于是纳后为夫人。"裴松之注引习凿齿的批评："夫婚姻，人伦之始，王化之本，匹夫犹不可以无礼，而况人君乎？晋文废礼行权，以济其业，故子犯曰，有求于人，必先从之，将夺其国，何有于妻，非无故而违礼教者也。今先主无权事之逼，而引前失以为譬，非导其君以尧、舜之道者。先主从之，过矣。"④ 看来，刘备纳同族刘瑁妻，确有"无礼"、"违礼教"的嫌疑。有

---

① 恩格斯：《家庭、私有制和国家的起源》，《马克思恩格斯选集》，人民出版社1972年5月版，第4卷第121页。
② 李衡眉：《"妻后母、执嫂"原因探析》，《东岳论丛》1991年第3期，收入李衡眉《中国古代婚姻史论集》，吉林文史出版社1992年6月版；李衡眉《先秦史论集》，齐鲁书社1999年10月版。
③ 《史记》，第2900页。又参《汉书》卷九四上《匈奴传上》："汉使曰：'匈奴父子同穹庐卧。父死，妻其后母；兄弟死，尽妻其妻。……'中行说曰：'匈奴之俗……父兄死，则妻其妻，恶种姓之失也。故匈奴虽乱，必立宗种。今中国虽阳不取其父兄之妻，亲属益疏则相杀，至到易姓，皆从此类也。'"第3760页。
④ 《三国志》，第906页。

学者指出，此虽非"制度化的收继婚"，但确实是与收继婚"有关系的记载"。刘备曾经迟疑不决，可见"他意识上已有了坚固的伦理观念的表示"，对于他最后仍然纳穆氏为夫人，"与其说他不懂礼教，不如说他因政治上的需要不得不权宜行事"。[①] 推想民间妻寡嫂现象，可能也有因考虑多种因素而"不得不权宜行事"的情形。

有学者指出，"在人类的婚姻发展史上，几乎所有的民族都有过'妻后母、执嫂'这一婚姻形态"。"这一婚俗不仅风行于历史上的少数民族，在汉族的历史上亦屡见不鲜。"[②] 儒学经典中特别重视严格限定"嫂叔"、"叔嫂"之间关系的界限[③]，应当与此有关。不过，就现有资料而言，我们不能对走马楼竹简中有关"寡嫂"的内容作出是否"执嫂"的确定的判断。但是其中守寡女子相当年轻的情形，如前引简（9）（11）两例，只有22岁，（2）亦不过26岁，使人不能不对这种家庭的婚姻事实，产生相应的疑惑。

应当予以澄清，所谓"执嫂"，李衡眉等进行过专门讨论。而历史文献亦可见写作"报嫂"。《十六国春秋》卷一三《后赵录三·石勒下》："赵王二年，春正月，勒下书禁国人不听执嫂，及在丧婚娶。至于烧葬，令如本俗。""执嫂"的"执"字下，原注："一作报。"[④]《三国志》卷三〇《魏书·乌丸鲜卑东夷传》裴松之注引《魏书》说"乌丸"风俗："父兄死，妻后母执嫂；若无执嫂者，则己子以亲之次妻伯叔焉，死则归其故夫。"[⑤]《后汉书》卷九〇《乌桓传》："其俗妻后母，报寡嫂，死则归其故夫。"[⑥]《后汉纪》卷九《孝明皇帝纪》"永平元年四月"说羌人风习："羌之先，三苗之裔也，其俗以父名母家姓为号，出十二世相与婚

[①] 董家遵著，卞恩才整理：《中国古代婚姻史研究》，广东人民出版社1995年9月版，第36—37页。

[②] 李衡眉：《"妻后母、执嫂"原因探析》，《东岳论丛》1991年第3期，收入李衡眉《中国古代婚姻史论集》，吉林文史出版社1992年6月版，及李衡眉《先秦史论集》，齐鲁书社1999年10月版。

[③]《礼记·曲礼上》："嫂叔不通问。"《礼记·杂记下》："嫂不抚叔，叔不抚嫂。"《礼记·檀弓上》："叔嫂之无服也，盖推而远之也。"

[④] 文渊阁《四库全书》本。

[⑤]《三国志》，第832页。

[⑥]《后汉书》，第2979页。

姻，妻后母，报嫂，无鳏男寡妇，故种类繁息。"① 《广雅·释诂一》："报，淫也。"②《小尔雅·广义》："男女不以礼交谓之淫。上淫曰烝，下淫曰报。"③《左传》宣公三年："文公报郑子之妃曰陈妫，生子华、子臧。"杜预注："郑子，文公叔父子仪也。汉律：淫季父之妻曰报。"④ 王应麟《汉艺文志考证》：

> 《汉律》。不著录。
> ……淫季父之妻曰报。《左传注》。……⑤

可知"报嫂"应是正字。

---

① 张烈点校：《两汉纪》，中华书局 2002 年 6 月版，第 164 页。
② 文渊阁《四库全书》本。
③ 《说郛》卷四下，文渊阁《四库全书》本。
④ 《春秋左传集解》，上海人民出版社 1977 年 8 月版，第 548—549 页。
⑤ 〔宋〕王应麟著，张三夕、杨毅点校：《汉艺文志考证》，中华书局 2011 年 1 月版，第 231—232 页。

走马楼简牍所见"吏"在城乡联系中的特殊作用

走马楼简牍的出土，为我们认识当时的历史文化提供了全新的资料。分析走马楼简牍中的有关信息，可以帮助我们理解三国孙吴时期长沙地方的社会形态，特别是基层社会构成。而"吏"在城乡联系中的特殊作用，值得我们特别注意。

1. 秦汉以来社会生活中的"吏"和"少吏"

秦汉以来，广义的"吏"，即政府公职人员在社会生活中已经成为十分活跃的成分。秦汉时期大一统的专制主义政体得以确立之后，官僚政治作为中国传统社会的主体构架不再动摇。汉末尽管发生了空前剧烈的社会动荡，也只有远离中央政治权力辐射源的个别地方可以看到这种体制受到冲击和破坏。如张鲁"不置长吏，皆以祭酒为治"案例[1]，又如田畴"推

---

[1] 《三国志》卷八《魏书·张鲁传》："鲁遂据汉中，以鬼道教民，自号'师君'。其来学道者，初皆名'鬼卒'。受本道已信，号'祭酒'。各领部众，多者为治头大祭酒。皆教以诚信不欺诈，有病自首其过，大都与黄巾相似。诸祭酒皆作义舍，如今之亭传。又置义米肉，县于义舍，行路者量腹取足；若过多，鬼道辄病之。犯法者，三原，然后乃行刑。不置长吏，皆以祭酒为治，民夷便乐之。雄据巴、汉垂三十年。"裴注引《典略》："修法略与角同，加施静室，使病者处其中思过。又使人为奸令祭酒，祭酒主以《老子》五千文，使都习，号为奸令。为鬼吏，主为病者请祷。请祷之法，书病人姓名，说服罪之意。作三通，其一上之天，著山上，其一埋之地，其一沉之水，谓之三官手书。使病者家出米五斗以为常，故号曰五斗米师。实无益于治病，但为淫妄，然小人昏愚，竞共事之。后角被诛，修亦亡。及鲁在汉中，因其民信行修业，遂增饰之。教使作义舍，以米肉置其中以止行人；又教使自隐，有小过者，当治道百步，则罪除；又依月令，春夏禁杀；又禁酒。流移寄在其地者，不敢不奉。"第263—264页。

择其贤长者以为之主"案例。①

专制主义王朝要实现所谓"六合之内，皇帝之土"，"经理宇内"，"远迩同度"②的政治要求，无疑要依靠吏制的完备。

自秦汉时期起，中央政府已经注重从各地选用人才从事国家行政的管理，地方官吏的任免，也往往由最高统治集团决策。官员的调任迁转，不仅相对较为频繁，而且常常辗转千里，历程辽远。汉代官员已经有自称"牛马走"的习用文语。司马迁的《报任少卿书》开篇即称"太史公牛马走司马迁再拜言少卿足下"。《文选》李善注解释说，"走，犹仆也"，"自谦之辞也"。有的学者以为，"牛马走"应当就是"先马走"。钱锺书指出，"先马走"，犹如后世所谓"马前走卒"，"即同书札中自谦之称'下走'、'仆'耳"。③ "牛马走"、"先马走"，都强调其奔波劳碌。事实上，如牛马一般为君王驱役，千里奔走，不避风尘，是在专制帝国各级行政机构中服务的官员们生活方式的基本特色之一。史籍中所见官僚履历，大多历任数职，转仕于各地。和林格尔汉墓壁画体现墓主的经历，也说明了同样的事实。

行政机关特别是地方行政机关下属的基层的吏，情形又有所不同。

《汉书》卷一九上《百官公卿表上》说到"少吏"身份："县令、长，皆秦官，掌治其县。万户以上为令，秩千石至六百石。减万户为长，秩五百石至三百石。皆有丞、尉，秩四百石至二百石，是为长吏。百石以下有斗食、佐史之秩，是为少吏。大率十里一亭，亭有长。十亭一乡，乡有三老、有秩、啬夫、游徼。三老掌教化。啬夫职听讼，收赋税。游徼徼循禁贼盗。县大率方百里，其民稠则减，稀则旷，乡、亭亦如之，皆秦制也。列侯所食县曰国，皇太后、皇后、公主所食曰邑，有蛮夷曰道。凡

---

① 《三国志》卷一一《魏书·田畴传》："畴得北归，率举宗族他附从数百人……遂入徐无山中，营深险平敞地而居，躬耕以养父母。百姓归之，数年间至五千余家。畴谓其父老曰：'诸君不以畴不肖，远来相就。众成都邑，而莫相统一，恐非久安之道，愿推择其贤长者以为之主。'皆曰：'善。'同佥推畴。畴曰：'今来在此，非苟安而已，将图大事，复怨雪耻。窃恐未得其志，而轻薄之徒自相侵侮，偷快一时，无深计远虑。畴有愚计，愿与诸君共施之，可乎？'皆曰：'可。'畴乃为约束相杀伤、犯盗、诤讼之法，法重者至死，其次抵罪，二十余条。又制为婚姻嫁娶之礼，兴举学校讲授之业，班行其众，众皆便之，至道不拾遗。北边翕然服其威信，乌丸、鲜卑并各遣译使致贡遗，畴悉抚纳，令不为寇。"第341页。
② 《史记》卷六《秦始皇本纪》，第245、250页。
③ 钱锺书：《管锥编》，中华书局1979年8月版，第1册第395页。

县、道、国、邑千五百八十七，乡六千六百二十二，亭二万九千六百三十五。"①《史记》卷一二二《酷吏列传》："（宁成）好气，为少吏，必陵其长吏。"②《汉书》卷六《武帝纪》有"少吏犯禁"语，颜师古注引文颖曰："'少吏'，小吏也。"③《汉书》卷九四上《匈奴传上》有"少吏之败约"语，颜师古注："'少吏'，犹言小吏。"④ 有人不同意"少吏"即"小吏"的解释。在《〈前汉书〉卷九〇考证》中我们可以看到清代学者齐召南的说法："《宁成传》'为少吏必陵其长吏'，按：'少吏'，南本作'小吏'，非也。'少吏'自与'长吏'对言。汉制县令长及丞尉二百石以上为'长吏'，百石以下有斗食佐史之秩为'少吏'。《武纪》元光六年诏曰'少吏犯禁'即此'少吏'也。"其实，"少吏"自然是"与'长吏'对言"，然而，称"小吏"为"少吏"，也是确实的。

这些基层的小吏，可能并不是汉墓壁画题榜通常所谓"食太仓粟"者。居延汉简可以看到许多下级军吏的生活景况，但是有关地方行政机构中的下层吏人，资料是很有限的。幸有走马楼简牍为我们提供了重要的相关信息。透视有关现象，可以丰富和深化我们对孙吴长沙地区社会结构和社会生活的认识，而当时城乡关系的若干特征，也可以因此明朗。

2. 州吏・郡吏・县吏

走马楼简牍所见以"吏"为标志的任公职者的身份称谓，有州吏、郡吏、县吏、乡吏以及军吏等。⑤

以《嘉禾吏民田家莂》为例，所见"州吏"37例，编号最前列的为4.28：

> ‖下伍丘州吏严追，田三町，凡十亩，皆二年常限。旱败不收，亩收布六寸六分。凡为布六尺六寸，四年十一月九日付库吏番有。亩收钱卅七，凡为钱三百七十，四年十一月九日付库吏番有。嘉禾五年

---

① 《汉书》卷一九上，第742页。
② 《史记》，第3134页。
③ 《汉书》，第165页。
④ 同上书，第3757页。
⑤ 关于"军吏"，本文不作为讨论对象。

三月十日，田户经用曹史赵野、张惕、陈通校。①

"郡吏"59例，编号最前列的为4.9：

  ☒下伍丘郡吏周柏，田卅二町，凡一顷六十四亩，其九十六亩，皆二年常限。其八十三亩旱败不收，亩收布六寸六分。定收□□亩，亩收税米一斛二斗，为米十五斛六斗。亩收布二尺。其六十八亩余力田。其六十一亩旱败不收，亩收布六寸六分。定收七亩，亩收米四斗五升六合，为米三斛一斗九升二合，亩……。其米廿二斛七斗九升二合，四年十二月廿日付仓吏郑黑。凡为布……五尺七寸八分，四年十二月廿日付库吏潘有。其旱田亩收钱卅七，其熟田亩收钱七十。凡为钱六千七百□，四年十一月十九日付□吏潘。嘉禾五年三月十日，田户经用曹史赵野、张惕、陈通校。②

"县吏"69例，编号最前列的为4.21：

  ☒下伍丘县吏张惕，田廿五町，凡五十七亩。其六十六亩，皆二年常限。其五十六亩旱，亩收布六寸六分。定收十亩，收米一斛二斗，为米十二斛。亩收布二尺。其廿一亩余力田。其七亩旱败不收，亩收布六寸六分。定收十四亩，收米四斗五升六合，为米六斛三斗八升四合。亩收布二尺。其米十八斛三斗八升四合，四年十一月十五日付仓吏郑黑。凡为布二匹四尺三寸六分，四年十一月廿日付库吏潘有。其旱田亩收钱卅七，其熟田亩收钱七十。凡为钱五千二钱，四年十一月廿日付库吏潘有。嘉禾五年三月十日，田户经用曹史赵野、张惕、陈通 校 。③

《嘉禾吏民田家莂》未见"乡吏"之例。以上所举"州吏"、"郡吏"和

---

① 长沙市文物研究所、中国文物研究所、北京大学历史学系走马楼简牍整理组编著：《长沙走马楼三国吴简·嘉禾吏民田家莂》，文物出版社1999年9月版，上册第76页。
② 同上书，第73页。
③ 同上书，第75页。

"县吏"之例，均在下伍丘。① 结句均为"嘉禾五年三月十日，田户经用曹史赵野、张惕、陈通校"。

走马楼简牍又可见如下文例：

> 东乡劝农掾殷连被书条列州吏父兄人名年纪为簿。辄科核乡界，州吏三人，父兄二人，刑踵牧（叛）走，以下户民自代，谨列年纪以（已）审实，无有遗脱。若有他官所觉，连自坐。嘉〔禾〕四年八月廿六日，破莂保据。（J22—2543）

> 广成乡劝农掾区光言：被书条列州吏父兄子弟伙处人名年纪为簿。辄隐核乡界，州吏七人，父兄子弟合廿三人。其四人刑踵聋颐病，一人夜病物故，四人真身已逸及随本主在官，十二人细小，一人限田，一人先出给县吏。隐核人名年纪相应，无有遗脱。若后为他官所觉，光自坐。嘉禾四年八月廿六日，破莂保据。②

东乡有"州吏三人"，广成乡有"州吏七人"，前者"父兄二人"，后者"父兄子弟合廿三人"，分别按照要求"条列州吏父兄人名年纪为簿"，"条列州吏父兄子弟伙处人名年纪为簿"，"谨列年纪以（已）审实，无有遗脱"，"隐核人名年纪相应，无有遗脱"。若有不实，主管吏员要承担责任。由此可见当时"州吏"的特殊地位以及乡间"州吏"的家属们的生活景况。所谓"隐核"，大约还是说"审核"或"认真审核"。《尚书·盘庚下》："邦伯师长，百执事之人，尚皆隐哉。"孔颖达疏："隐，谓隐审也。"③《资治通鉴》卷一三五"齐高帝建元二年"："手自书籍，躬加隐校。"胡三省注："隐者，痛核其实也。"④《晋书》卷六〇《张辅传》："叙实录则隐核名检"⑤，是距离走马楼简牍年代较为相近的文献中出现"隐核"的文例。《旧唐书》卷四八《食货志上》"置摄御史，分路检括

---

① 下伍丘有州吏1人，郡吏3人，县吏1人。有吏员最集中的，可能是利丘，有州吏2人，县吏5人。
② 《长沙走马楼三国吴简·嘉禾吏民田家莂》，上册第32页。
③ 《十三经注疏》，第172页。
④ 〔宋〕司马光编著，〔元〕胡三省音注，"标点资治通鉴小组"校点：《资治通鉴》，中华书局1956年6月版，第4237页。
⑤ 《晋书》，第1640页。

隐审"① 之所谓"隐审"，应是同例。其实，"隐"通"稳"②，"隐核"就是"稳核"。③

长沙走马楼竹简已经发表的资料中，也有关于"州吏"、"郡吏"和"县吏"的内容。可见简文涉及"州吏"者27例，涉及"郡吏"者63例，涉及"县吏"者61例。又有涉及"乡吏"的简文21例。

相关简文有"给州吏"、"给郡吏"、"给县吏"、"给乡吏"者。如：

给州吏

谷阳里户人公乘郑噐年卅六筭一给州吏复（壹・3323）

☐ 其一户给州吏下品（壹・5452）

高迁里户人公乘捰聱年卅一筭一给州吏（壹・7432）

东阳里户人公乘烝谓年廿二筭一给州吏（壹・8646）

宜阳里户人公乘勇颉年卅四筭一给州吏（壹・10139）

吉阳里户人公乘箾追年廿九筭一给州吏（壹・10149）

宜都里户人公乘吴☐年十九筭一给州吏（壹・10201）

吉阳里户人公乘区张年廿八筭一给州吏（壹・10367）

给郡吏

其七户给郡吏下品（壹・5447）

☑其十二户给郡吏下品（壹・5677）

……给郡吏……（壹・7757）

☐阳里户人公乘桑鼠年廿六筭一给郡吏（壹・8127）

吉阳里户人公乘胡恕年卅四筭一给郡吏（壹・10042）

---

① 《旧唐书》，第2086页。
② 《汉书》卷五一《贾山传》说驰道制度"厚筑其外，隐以金椎"，第2328页。陈直《汉书新证》："直按：周寿昌谓隐即稳字，以金椎筑之使坚也。考全后汉文卷九十八，开通褒斜道石刻云：'益州东至京师，去就安隐（此段文字，现石刻已经漫漶，严文系根据宋代晏袤释文）。'借稳为隐，与本文同，周说是也。"天津人民出版社1979年3月版，第300—301页。
③ 《白氏长庆集》卷三八《同州奏均田》："右件地并是贞元四年检责，至今已是三十六年，其间人户逃移，田地荒废，又近河诸县每年河路吞侵沙苑侧，近日有沙砾填掩。百姓税额已定，皆是虚额。征率其间，亦有豪富兼并，广占阡陌，十分田地，才税二三。致使穷独逋亡，赋税不办，州县转破，实在于斯。臣自到州，便欲差官检量。又虑疲人烦扰，昨因农务稍暇，臣遂设法各令百姓自通手实状，又令里正书手等傍为稳审。并不遣官吏擅到村乡。百姓等皆知臣欲一例均平，所通田地略无欺隐。"文渊阁《四库全书》本。其中"稳审"与"稳核"义近。

吉阳里户人公乘逢□年卅二笇一给郡吏（壹·10169）
吉阳里户人公乘廖□年廿七笇一给郡吏（壹·10175）
□阳里户人公乘谢鼠（？）年卅三笇一给郡吏（壹·10232）
高迁里户人公乘□□年卅三笇一给郡吏（壹·10298）
高迁里户人公乘贾约年卅四笇一给郡吏（壹·10398）

给县吏

其十二户给县吏下品（壹·5467）
高迁里户人公乘□□年卅三笇一给县吏（壹·7353）
宜阳里户人公乘谢达年廿六笇一给县吏（壹·7777）
露妻笋年廿　露男弟头年廿给县吏（壹·8400）
小成里户人公乘五陵年卅六给县吏复（壹·9435）
宜阳里户人公乘谢□年廿六笇一给县吏（壹·9588）
高迁里户人公乘松枼年卅四笇一给县吏（壹·10080）
吉阳里户人公乘张惕（？）年廿八笇一给县吏（壹·10182）
高迁里户人公乘蔡婴年十七笇一给县吏（壹·10401）
高迁里户人公乘张乔年卅笇一给县吏（壹·10412）

其若干户"给州吏下品"、"给郡吏下品"、"给县吏下品"，说明了"给""吏"之户的等级。这里的"给"，应理解为供事、服役。《史记》卷五七《绛侯周勃世家》说，周勃有"常为人吹箫给丧事"的经历。① 《汉书》卷五九《张汤传》："（张安世）用善书给事尚书。"颜师古注："于尚书中给事也。给，供也。"②

文例类似的简例又有：

东阳里户人公乘□赞年廿一笇一给县卒（壹·10308）

"给县吏"和"给县卒"简文并出，体现"县吏"和"县卒"是两种身份。有的学者指出，两晋以后，以"吏"为兵的情况更为普通。如《晋

---

① 《史记》，第2065页。
② 《汉书》，第2647页。

书》卷七一《熊远传》载东晋之初，司徒吏就有二十余万①，而司徒吏早在曹魏时就是要服军役的人，虽有大丧也不能免，《三国志》卷二四《魏书·高柔传》所载可以证之。② 东晋司徒吏之多，足见吏户之从事军役者人数的增加。以致到了南朝时期，"吏"与"兵"几乎已很难区分，史籍中也往往二者互用。如《南齐书》卷二四《张瓌传》中，载张瓌"遣将吏三千人迎拒"王敦军③，此事在《南史》卷三一《张瓌传》中，作"瓌遣兵迎拒"王敦④；《晋书》卷一〇〇《王机传》载广州人反对刺史郭讷，"讷又遣机父兄时吏距之"⑤，而此事在《资治通鉴》卷八八"晋怀帝永嘉六年"中，说"郭讷遣兵拒之"，并说"将士皆机父兄时部曲"⑥，这些事实，说明"吏"与"兵"、"部曲"几乎成了同义语，可见以"吏"充兵和服军役之事又有加重。⑦ 而走马楼简体现的时代特征，似乎和后世有明显区别。不过，《三国志》卷六〇《吴书·吕岱传》："建安二十年，督孙茂等十将从取长沙三郡。又安成、攸、永新、茶陵四县吏共入阴山城，合众拒岱，岱攻围，即降，三郡克定。"⑧ 说到"县吏"攻战。又《三国志》卷四八《吴书·孙休传》说到"父兄在都，子弟给郡县吏，既出限米，军出又从"⑨，也说"郡县吏"从军事。看来，对于三国时期"吏"与"兵"的区分，还要做认真的分析。

3. 关于乡吏

走马楼竹简中没有看到"给乡吏"字样。很可能"乡吏"不安排本乡人承任。

侯旭东具体讨论走马楼简牍所见"乡吏"，指出："吴简中出现的乡

---

① 《晋书》，第1886页。
② 《三国志》，第687页。
③ 《南齐书》，第455页。
④ 《南史》，第814页。
⑤ 《晋书》，第2624页。
⑥ 《资治通鉴》，第2790页。
⑦ 高敏：《从〈嘉禾吏民田家莂〉中的"诸吏"状况看吏役制的形成与演变——读〈嘉禾吏民田家莂〉札记》，《郑州大学学报》2001年第1期。
⑧ 《三国志》，第1384页。
⑨ 同上书，第1157页。

吏有'乡劝农掾'、'乡吏'与'乡典田掾'三类。"作者举列有"乡吏"字样的简文 17 例，并且认为，这里所见"乡吏"，"似乎是专称，而不是泛指乡内的诸吏"。① 然而现在看来，简文所见"乡吏"，虽并非"泛指乡内的诸吏"，但是也很可能是乡一级机构吏人的通称。

乡吏有督促监督即简文所见"督责"乡民按照要求完事赋役的责任。② 这一行为，自然体现出行政权力。行为人当时是政权的代表。然而另一方面，如果执行不力，或者没有实现预期的目标，则要受到"鞭杖"的惩罚。"鞭杖乡吏"的简例，有：

未毕三万……鞭杖乡吏孙义各□（壹·1366）
未毕三万……鞭杖乡吏五训各卅五（壹·1373）

三国时期长官对吏员施行"鞭杖"处罚的史例，有《三国志》卷三《魏书·明帝纪》：青龙二年春二月，"癸酉，诏曰：'鞭作官刑，所以纠慢怠也，而顷多以无辜死。其减鞭杖之制，著于令。'"③《三国志》卷一五《魏书·司马朗传》："为堂阳长，其治务宽惠，不行鞭杖，而民不犯禁。"④《三国志》卷五五《吴书·黄盖传》："石城县吏，特难检御，盖乃署两掾，分主诸曹。教曰：'令长不德，徒以武功为官，不以文吏为称。今贼寇未平，有军旅之务，一以文书委付两掾，当检摄诸曹，纠摘谬误。两掾所署，事入诸出，若有奸欺，终不加以鞭杖，宜各尽心，无为众先。'初皆怖威，夙夜恭职；久之，吏以盖不视文书，渐容人事。盖亦嫌外懈怠，时有所省，各得两掾不奉法数事。乃悉请诸掾吏，赐酒食，因出事诘问。两掾辞屈，皆叩头谢罪。盖曰：'前已相敕，终不以鞭杖相加，非相欺也。'遂杀之。"⑤"鞭杖"，是"纠慢怠"，"纠摘谬误"，惩治"懈怠"的处罚形式。

这些"乡吏"面对乡民，是朝廷、帝王、国家的代表；面对郡县官

---

① 侯旭东：《长沙走马楼三国吴简所见"乡"与"乡吏"》，《吴简研究》第 1 辑，崇文书局 2004 年 7 月版。
② 简文出现"督责"字样者，有壹·5601。
③ 《三国志》，第 101 页。
④ 同上书，第 467 页。
⑤ 同上书，第 1284 页。

署和上级官僚，则又在一定程度上代表着乡民的利益。这种特殊的身份和立场，在秦末作为亭长的刘邦的事迹中有所体现。① 走马楼简所见"未毕"和"鞭杖"情节，表明他们作为联系执政集团和被统治者之间的特殊的中介的社会作用。他们是社会上层和社会下层相互衔接的中间层次，是社会管理者和被管理者彼此联系的中间环节。

据侯旭东研究，这些"乡吏"的身份，可能属于"县吏"，"吴简中的户籍类简注明居民的身份时有'真吏'（壹·9495）、'县吏'（壹·7631）、'郡吏'（壹·7638）、'给县吏'（壹·7353）、'给郡吏'（壹·10042）、'给州吏'（壹·10139）等，没有注明为'乡吏'的，乡吏可能只是表明'吏'在某乡工作，而不反映其身份。上引壹·1373：'未毕三万……鞭杖乡吏五训各卅五'，与壹·7412：'入□乡吏五训二年布三匹'中出现的乡吏五训的身份可能就是'县吏'。据壹·7980：'县吏五训兄瞻年卅　嘉禾三年十一月九日叛走☑'以及《吏民田家莂》5.524：'度丘县吏五训，田四二町，凡一顷一百廿步'云云，如果不是同名的旁人，此五训与担任乡吏的彼五训应是同一人，其身份应为县吏"。侯旭东认为，"这些人应是由县廷差遣到各乡工作，担任乡吏也是有期限的，期限满了，则改在其他部门工作。②'殷连'的名字吴简中常见，不过通常他都是担任'库吏'，负责接受百姓交纳的各种钱布，而在嘉禾四年八月，他却担任着东乡的劝农掾，据壹·1434，不知何时他还担任过桑乡的乡吏"。经分析可以知道，"殷连在嘉禾元年至三年担任库吏，负责接受百姓交纳的钱布，而从嘉禾四年到六年则改任乡吏，库吏则由他人接替"。类似的情形，又有潘琬曾任南乡劝农掾，后又任录事掾；而部吏掾烝若，后来又任模乡典田掾。③

这样看来，当时服务于基层行政机构的吏人，往往也有调任不同职务的经历。

只是这些侯说"可能属于'县吏'"的"乡吏"，他们的活动半径比我们上文说到的辗转千里，历程辽远的官员要小得多，其范围大概并不出

---

① 如《史记》卷八《高祖本纪》："高祖以亭长为县送徒郦山，徒多道亡。自度比至皆亡之，到丰西泽中，止饮，夜乃解纵所送徒。曰：'公等皆去，吾亦从此逝矣！'"第347页。
② 侯文原注："过去我以为'乡劝农掾'属于'乡吏'，现在看来这种说法需要修正。"
③ 侯旭东：《长沙走马楼三国吴简所见"乡"与"乡吏"》，《吴简研究》第1辑。

一县之境。

虽然我们应该按照简文的本来内容，理解有关吏人的身份，但是也有可能这种身份又有兼而双重的可能。例如有关"五训"的简例，"县吏五训"和"乡吏五训"可能确实说的是同一个人，作为"乡吏"，是可能属于"县吏"的"乡吏"。这一情形，是我们关于"乡吏"不任用本乡人的推测是吻合的。他在他乡任"乡吏"，依然是"县吏"的身份。

4. 居于"邑下"的"田家"

研究者注意到，县和乡都有所谓"邑下"，在简文中有所反映。

县的"邑下"应当就是通常所说的县城。"居住于临湘'邑下'，即临湘国治所的居民"①，应是指居住在城区。

而"每个乡也有一个相当于'治所'的办公地点，称为'邑下'"。②《管子·乘马》："五聚命之曰某乡，四乡命之曰方，官制也，官成而立邑。"③《释名·释州国》："邑，犹俋也，邑人聚会之称也。"④ 邑，是人口较为集中的居民点。《公羊传·桓公元年》："邑多田少称邑。"徐彦疏："言'邑多田少称邑'者，谓邑内家数多，而邑外之田顷亩少。"⑤

走马楼简牍这种所谓乡的"邑下"，或许可以理解为类似于今天的镇。

"县吏"和"乡吏"，均居住于城镇，任职于城镇。走马楼简牍大量的簿籍记录，都体现了他们所施行的城镇对乡村的领导，他们所经手的城镇对乡村的剥夺。

有意思的是，他们中的大多数人，本人又是真正的乡村人。

《嘉禾吏民田家莂》中，"身份为州吏、郡吏、县吏、军吏及州卒、郡卒的田家，也要按照规定缴纳租税。常限熟田亩收税米一斛二斗，余力熟田亩收租米四斗五升六合，标准与百姓相同；但州吏所佃'二年常限

---

① 宋超：《吴简所见"何黑钱"、"僦钱"与"地僦钱"》，《吴简研究》第 1 辑。
② 侯旭东：《长沙走马楼三国吴简所见"乡"与"乡吏"》，《吴简研究》第 1 辑。
③ 马非百：《管子轻重篇新诠》，中华书局 1979 年 12 月版，第 135 页。
④ 任继昉纂：《释名汇校》，第 89 页。
⑤ 《十三经注疏》，第 2213 页。

田'是以'租田'定额计算的,熟田亩收租米五斗八升六合(四·二三〇简利丘州吏刘露、四·二九六简弦丘州吏陈康),有的也有在总数上另外'斛加五升'的情况"。① 所谓"也要按照规定缴纳租税",所谓"标准与百姓相同",都是值得我们注意的。

高敏也曾经指出,"从所有这些郡吏、县吏来看,明显具有如下一些特征:他们都是官府土地的租佃者;其佃田数量、拥有'二年常限'田的情况及拥有'余力田'的情况,均与佃田者身份为'男子'、'大女'这些民户相同;其定收税田缴纳税米的数量,也同'男子'、'大女'一样均为每亩收米一斛二斗;郡吏、县吏之拥有'余力田'者,每亩纳米四斗五升六合和亩收布二尺,也均与佃田民户相同;其旱田、熟田之按亩收钱数量,也均与佃田民户相同。这些情况表明:郡吏、县吏租佃官府的土地以后所受到的剥削程度,基本上与佃田民户相同"。②

引起我们关注的另一事实,是这些"吏"在实践农耕生产的同时,也兼而体验着城镇生活。

《汉书》卷八六《何武传》中记载的材料,可以体现汉代"郡吏"兼营商业的经济方式:"武兄弟五人,皆为郡吏,郡县敬惮之。武弟显家有市籍,租常不入,县数负其课。市啬夫求商捕辱显家,显怒,欲以吏事中商。武曰:'以吾家租赋繇役不为众先,奉公吏不亦宜乎!'武卒白太守,召商为卒吏,州里闻之皆服焉。"③ 何武兄弟五人"皆为郡吏",其中有"有市籍",而为"市啬夫"管理者。显然经营商业。而所谓"租常不入","租赋繇役不为众先",其"租",似乎是指商业税,即如《管子·治国》所谓"关市之租"及《史记》卷一〇二《张释之冯唐列传》所谓"军市租"④ 之"市租"。

走马楼简的财务记录,可见"僦钱"和"地僦钱"的征收。有意思

---

① 整理者还指出,"而平滚丘州吏李训(四·一五八简)等数例,亩收米五斗八升五合,较常例少一合,原因不明。又,四·四〇六简新畎丘州吏雷赏,其四十亩二年常限田,'熟田,为米十八斛二斗四升',每亩收米为四斗五升六合,可能书写或统计上有错误"《嘉禾四年吏民田家莂解题》,长沙市文物考古研究所、中国文物研究所、北京大学历史学系走马楼简牍整理组编著《长沙走马楼三国吴简·嘉禾吏民田家莂》,上册第71页。

② 高敏:《从〈嘉禾吏民田家莂〉中的"诸吏"状况看吏役制的形成与演变——读〈嘉禾吏民田家莂〉札记》,《郑州大学学报》2001年第1期。

③ 《汉书》,第3482页。

④ 《史记》,第2758页。

的是，这一款项征收的额度，均为"月五百"。

有学者指出，征收数额"如此整齐划一"，"似乎有其特别的涵义"。论者又为我们指出如下简例的存在：

> 府前言绞促市吏□书收责地僦钱有人言靖叩头叩头死罪死罪案文书辄绞促□（壹·4397）

认为"长沙郡曾督促'市吏'行文临湘'收责地僦钱'，表明'地僦钱'的征收与'市'有极大的关联"。有关简例纳"僦钱"和"地僦钱"者"其居住地均无标明"。研究者分析说，这一情形"与绝大多数吴简的体例并不相符，显然这也不是一种巧合，似乎表明这些交纳'僦钱'者的居住地可能相对集中，所以无需特意标明"。其居住地，"最大可能是在所谓的'邑下'"。① 这样的意见是有道理的。

我们还发现，这些交纳者中，有些身份不是一般的"大男"、"大女"。例如有"郡士马伯"、"郡士朱主"、"郡士王彻"（壹·4390），"郡士杜黑"（壹·4490），"郡士刘岑"、"郡士韩主"（壹·4549），"郡士张□"（壹·4601），"郡士钱曼"（壹·4823）等身份出现，后续简文都是"僦钱月五百"。这里所谓"郡士"，和我们讨论的"吏"的身份，应当有接近之处。此外，又有"（上略）……□部司马郑陵僦钱月五百"（壹·4461），"□部司马郑陵"应是"军吏"。

走马楼简研究者普遍重视的一条史料，即《三国志》卷四八《吴书·孙休传》："诏曰：'诸吏家有五人，三人兼重为役，父兄在都，子弟给郡县吏，既出限米，军出又从，至于家事无经护者，朕甚愍之。其有五人三人为役，听其父兄所欲留，为留一人，除其米限，军出不从。'"② 其中说到"诸吏家""父兄在都，子弟给郡县吏"即脱离农耕生产的情状，"至于家事无经护者"，他们的生活场景发生了变化，生活方式也应当有所转换，尽管这种变化和转换有反复交替的情形。

---

① 宋超：《吴简所见"何黑钱"、"僦钱"与"地僦钱"》，《吴简研究》第1辑。
② 《三国志》，第1157页。

5. 吏：交接城镇和乡村的特殊身份

即使"乡吏"，也有在一定条件下参与都市行政事务的史例。如西汉酷吏尹赏的著名故事。《汉书》卷九〇《酷吏传·尹赏》：

> 永治、元延间，上怠于政，贵戚骄恣，红阳长仲兄弟交通轻侠，臧匿亡命。而北地大豪浩商等报怨，杀义渠长妻子六人，往来长安中。丞相御史遣掾求逐党与，诏书召捕，久之乃得。长安中奸猾浸多，闾里少年群辈杀吏，受赇报仇，相与探丸为弹，得赤丸者斫武吏，得黑丸者斫文吏，白者主治丧；城中薄暮尘起，剽劫行者，死伤横道，枹鼓不绝。赏以三辅高第选守长安令，得壹切便宜从事。赏至，修治长安狱，穿地方深各数丈，致令辟为郭，以大石覆其口，名为"虎穴"。乃部户曹掾史，与乡吏、亭长、里正、父老、伍人，杂举长安中轻薄少年恶子，无市籍商贩作务，而鲜衣凶服被铠扞持刀兵者，悉籍记之，得数百人。赏一朝会长安吏，车数百两，分行收捕，皆劾以为通行饮食群盗。赏亲阅，见十置一，其余尽以次内虎穴中，百人为辈，覆以大石。数日壹发视，皆相枕藉死，便舆出，瘗寺门桓东，楬著其姓名，百日后，乃令死者家各自发取其尸。亲属号哭，道路皆歔欷。长安中歌之曰："安所求子死？桓东少年场。生时谅不谨，枯骨后何葬？"赏所置皆其魁宿，或故吏善家子失计随轻黠愿自改者，财数十百人，皆贳其罪，诡令立功以自赎。尽力有效者，因亲用之为爪牙，追捕甚精，甘耆奸恶，甚于凡吏。赏视事数月，盗贼止，郡国亡命散走，各归其处，不敢窥长安。①

其中所谓"乃部户曹掾史，与乡吏、亭长、里正、父老、伍人，杂举长安中轻薄少年恶子，无市籍商贩作务，而鲜衣凶服被铠扞持刀兵者，悉籍记之"中，"乡吏"的作用，特别值得注意。

《史记》卷八《高祖本纪》说，刘邦少时"不事家人生产作业"，其

---

① 《汉书》，第3673—3674页。

兄刘仲"治产业"甚"力"①，可见出身应是农人。"高祖为亭长时，常告归之田。吕后与两子居田中耨。"也体现直接参与农耕生产的情形。然而司马迁又写道："高祖常繇咸阳，纵观，观秦皇帝，喟然太息曰：'嗟乎，大丈夫当如此也！'"可见这位亭长又有行历大都市的经历。刘邦和萧何这样的县中"主吏"有很深的交情，又能够得到沛县令朋友吕公的赏识，他与吕雉婚姻关系的缔结，尤其表明这种身份的"吏"在城镇生活中并没有自卑心理，可以"狎侮诸客，遂坐上坐，无所诎"，而城镇人对这位来自乡间的"无赖"，也似乎并无歧视，甚至竟"重敬之"。② 回顾亭长刘邦的故事，或许可以帮助我们理解走马楼简牍所见"吏"的心理和作为。

顾炎武《日知录》卷八《乡亭之职》写道："《汉书·百官表》：'县令、长，皆秦官，掌治其县。万户以上为令，秩千石至六百石。减万户为长，秩五百石至三百石。皆有丞、尉，秩四百石至二百石。是为长吏。百石以下，有斗食、佐史之秩，是为少吏。大率十里一亭，亭有长。十亭一乡，乡有三老、有秩、啬夫、游徼。三老掌教化，啬夫职听讼，收赋税。游徼徼循禁贼盗。县大率方百里，其民稠则减，稀则旷。乡亭亦如之。皆秦制也。'《高帝纪》：'二年二月，令举民年五十以上，有修行能帅众为善，置以为三老。乡一人。择乡三老一人为县三老，与县令、丞、尉以事相教，复、勿繇戍。'此其制不始于秦汉也，自诸侯兼并之始，而管仲、芮敖、子产之伦，所以治其国者，莫不皆然。而《周礼·地官》自州长以下，有党正、族师、闾胥、比长。自县正以下，有鄙师、酂长、里宰、邻长。则三代明王之治，亦不越乎此也。夫惟于一乡之中，官之备而法之

---

① 《史记》卷八《高祖本纪》："未央宫成。高祖大朝诸侯群臣，置酒未央前殿。高祖奉玉卮，起为太上皇寿，曰：'始大人常以臣无赖，不能治产业，不如仲力。今某之业所就孰与仲多？'殿上群臣皆呼万岁，大笑为乐。"第386页。

② 《史记》卷八《高祖本纪》："单父人吕公善沛令，避仇从之客，因家沛焉。沛中豪桀吏闻令有重客，皆往贺。萧何为主吏，主进，令诸大夫曰：'进不满千钱，坐之堂下。'高祖为亭长，素易诸吏，乃绐为谒曰'贺钱万'，实不持一钱。谒入，吕公大惊，起，迎之门。吕公者，好相人，见高祖状貌，因重敬之，引入坐。萧何曰：'刘季固多大言，少成事。'高祖因狎侮诸客，遂坐上坐，无所诎。酒阑，吕公因目固留高祖。高祖竟酒，后。吕公曰：'臣少好相人，相人多矣，无如季相。愿季自爱。臣有息女，愿为季箕帚妾。'酒罢，吕媪怒吕公曰：'公始常欲奇此女，与贵人。沛令善公，求之不与，何自妄许与刘季？'吕公曰：'此非儿女子所知也。'卒与刘季。吕公女乃吕后也，生孝惠帝、鲁元公主。"第344页。

详,然后天下之治,若网之在纲,有条而不紊。至于今日,一切荡然,无有存者,且守、令之不足任也,而多设之监司。监司之又不足任也,而重立之牧伯。积尊累重,以居乎其上,而下无与分其职者。虽得公廉勤干之吏,犹不能以为治,而况托之非人者乎!后魏太和中,给事中李冲上言:'宜准古五家立一邻长,五邻立一里长,五里立一党长,长取乡人强谨者。邻长复一夫,里长二,党长三。所复复征戍,余若民。三载无愆则陟用,陟之一等。'孝文从之。诏曰:'邻里乡党之制,所由来久。欲使风教易周,家至日见,以大督小,从近及远,如身之使手,干之总条,然后口算平均,义兴讼息。'史言立法之初,多称不便,及事既施行,计省昔十有余倍,于是海内安之。后周苏绰作六条,诏书曰:'非直州郡之官,皆须善人。爰至党族、闾里、正长之职,皆当审择,各得一乡之选,以相监统。'隋文帝师心变古,开皇十五年,始尽罢州郡乡官。而唐柳宗元之言曰:'有里胥而后有县大夫,有县大夫而后有诸侯,有诸侯而后有方伯、连帅,有方伯、连帅而后有天子。'由此论之,则天下之治始于里胥,终于天子,其灼然者矣。故自古及今,小官多者,其世盛;大官多者,其世衰。兴亡之涂,罔不由此。"

顾炎武又说:"汉时啬夫之卑,犹得以自举其职。故爰延为外黄乡啬夫,仁化大行,民但闻啬夫,不知郡县。而朱邑自舒桐乡啬夫官至大司农。病且死,属其子曰:'我故为桐乡吏,其民爱我,必葬我桐乡,后世子孙奉尝我,不如桐乡民。'及死,其子葬之桐乡西郭外,民共为起冢立祠,岁时祠祭,至今不绝。二君者,皆其县人也。必易地而官,易民而治,岂其然哉?"①

虽然顾炎武由此类史例提出不赞同"必易地而官,易民而治"的常规,但是朱邑特别强调"必葬我桐乡",看来原本并非桐乡人。也就是说,朱邑事迹,也可以从侧面验证"乡吏"不出自本乡的惯例。通过顾炎武的分析,我们更为注意的,是所谓"民但闻啬夫,不知郡县"的判断。

顾炎武充分强调了基层吏员的社会作用,甚至说:"自古及今,小官多者,其世盛;大官多者,其世衰。兴亡之涂,罔不由此。"这样的论

---

① 〔清〕顾炎武著,黄汝成集释,栾保群、吕宗力校点:《日知录集释》,上海古籍出版社2006年12月版,第470—473页。

断,应当使眼光向上的史家有所清醒。

应当注意到,在与走马楼简牍年代大致相当的历史时期,不仅"乡吏",较高等级的行政机关中"吏"的数量也是十分惊人的。《三国志》卷五六《吴书·朱治传》:"公族子弟及吴四姓多出仕郡,郡吏常以千数,治率数年一遣诣王府,所遣数百人。"① 《晋书》卷四五《刘毅传》也写道:"侨居平阳,太守杜恕请为功曹,沙汰郡吏百余人。"② 如上文所述,这一人群的社会作用,使得城乡间的人口流动和经济联系十分密切。当时尚未形成后世严格意义上的"城市",这应当也是原因之一。

---

① 《三国志》,第 1305 页。
② 《晋书》,第 1271 页。

走马楼简牍"私学"身份

走马楼简牍出现"私学"称谓，引起了研究者的兴趣。走马楼简牍所见"私学"身份虽然并不构成当时社会的主体阶层，似乎不至于影响社会生产和社会生活的主流形态，然而作为一种社会存在①，是史学工作者应当有所关注并予以合理解释的。此前已经有学者就此进行了认真的讨论。综合各种历史文化信息，通过进一步的研究，或许可以使我们对"私学"身份的认识更接近历史的真实。

1. "私学谢达"、"私学番倚"和相关争议

走马楼简牍中有关"私学"的文书，有较早发表的涉及"私学谢达"和"私学番倚"的两件。即：

(1) 私学长沙刘阳谢达年卅一居临湘
都乡立沂丘
十一月十五右郎中窦通举
(2) 南乡劝农掾番琬叩头死罪白被曹敕发遣吏陈晶所举私学番
倚诣廷言案文书倚一名文文父广奏辞本乡正户民不为遗
脱辄
操黄簿审实不应为私学乞曹列言府琬诚惶诚恐叩头死罪
死罪　　　　　　　　　　　　　　　　　　　　诣功曹

---

① 据于振波讨论"吴简中的私学"时统计，"走马楼吴简《竹简》中，与私学有关的简有101枚"。于振波：《走马楼吴简初探》，文津出版社有限公司2004年10月版，第211—213页。

十二月十五日庚午白①

《长沙走马楼 J22 发掘简报》显示的编号，（1）为 J22—2697，（2）为 J22—2659。《发掘简报》执笔者判定（1）的性质为"名刺"，又介绍说，所谓"名刺"者，"数量不多，保存较好，内容为问安、谒见、荐举、赠物等"。其说不确。（2）则被定名为"官府文书"。② 综合参考胡平生、王素、侯旭东、于振波等学者的释文，可读作：（1）私学长沙刘阳谢达年卅一，居临湘都乡立沂丘。十一月十五右郎中窦通举。（2）南乡劝农掾番琬叩头死罪白：被曹敕，发遣吏陈晶所举私学番倚诣廷言。案文书，倚一名文，文父广。奏辞：本乡正户民，不为遗脱。辄操③黄簿审实，不应为私学。乞曹列言府。琬诚惶诚恐叩头死罪死罪。诣功曹。十二月十五日庚午白。

胡平生称（1）为"举荐版"，以为"盖究其性质乃用于'举荐'"。又说，"此处之'私学'，乃'私学生'，或称'私学弟子'。此'私学'或实或虚，即有可能谢达仅仅只是窦通名义上的学生"。这里所谓"举"，被理解为"私学的学生""步入仕途"的中间程序，即"举荐"。（2）被称为"案查文书"。"'不应为私学'，这是本案查文书的结论。'不应为私学'，即否认番倚的'私学'身份，他是编入正籍的百姓，不是私学的学生。而'私学弟子'应当是不编入正籍的。他们是不'在官役者'，享受着复除'官役'或减免租税的政策优待。从牍文看，所以要做这种'正名'的工作，大概当时'举荐'的范围限定为私学生，番倚不是私学生，便失去了被举荐的资格。"④ 对于（1），王素以为应定名为"右郎中窦通举谢达为私学文书"。他认为，"'私学'属于非国家'正户'，是一种具有特殊身份

---

① 李长林：《长沙孙吴简牍考古大发现》，《历史月刊》1997 年 8 月号；宋少华：《大音希声——浅谈对长沙走马楼吴简的初步认识》，《中国书法》1998 年第 1 期。

② 长沙市文物工作队、长沙市文物考古研究所：《长沙走马楼 J22 发掘简报》，《文物》1999 年第 5 期。

③ "辄操"，侯旭东据谢桂华意见，释读为"曹穷"。侯旭东：《长沙三国吴简所见"私学"考——兼论孙吴的占募与领客制》，《简帛研究二〇〇一》，广西师范大学出版社 2001 年 9 月版，下册第 514 页。

④ 胡平生：《长沙走马楼三国孙吴简牍三文书考证》，《文物》1999 年第 5 期。

的人口"。简文"举"的涵义,"既未提到被举之人现在的专长,又未涉及被举之人此后的去向,肯定没有'举荐'的意思"。"此处之'举'","有'没入'之意"。简文"遗脱","专指逃亡户口"。王素说,"番倚不是逃亡户口,不应为私学。反过来说,番倚若是逃亡户口,就应为私学,私学本由逃亡户口产生"。在对于(2)的讨论中,王素指出,"私学作为非国家'正户'之一种,亦由逃亡户口产生。当地方豪强以逃亡户口为名,没入某人为私学,并呈上举某人为私学文书,有关部门自应根据制度严加审查。本件作为此类审查的结果,不仅要报郡功曹备案,还要转呈太守知道,也证明朝廷对私人占有国家户口十分在意"。① 学者对"私学"身份的理解,又继续有学术争论。②

侯旭东对于(1),指出,"该简的性质,胡平生认为是举荐私学谢达入仕,恐怕不妥。应是举谢达为私学。若是举私学入仕,简文还应包含其他内容,如被举者德行、学识等,不应如此简单。王素释'举'为没入,于文意多有扞格,难以信从"。"视这枚简为举谢达为私学的举状可能更准确。"论者分析(1)(2),以为:"大体勾画出了举私学的步骤,即先由举主写举状,书'私学'籍贯、年龄、现居地,呈官府;然后由县审核。所据标准有一条是清楚的:正户民不得做私学,唯遗脱可以做。审核通过则由官府备案,若有疑问,下敕到有关乡进一步取证、核查,并令当事人赴县廷取证,最后由郡府裁决。"③ 秦晖就(2)有所讨论,则否定侯说,认为:"按简文义,'私学'属于'遗脱',而'遗脱'在简文中是作为违法罪行的,即史籍所谓'逋逃'。所以简文用的是传讯疑犯的口气,而不是接见被举荐人的口气。而被传讯者所言被称为'辞'(简文中特指疑犯口供),并以'本乡正户民,不为遗脱'来自辩,显然也并非求荐,而是自诉无辜。另外简文中'吏陈晶所举私学'之'举'也显非举荐之意","此'举'盖为检举、举报之意"。他认为(2)的内容"把

---

① 王素:《长沙走马楼三国孙吴简牍三文书新探》,《文物》1999年第9期。
② 胡平生:《读长沙走马楼简牍札记(二)》,《光明日报》2000年4月7日;王素:《"私学"及"私学弟子"均由逃亡户口产生——长沙走马楼简牍研究辨误(二)》,《光明日报》2000年7月21日。
③ 侯旭东:《长沙三国吴简所见"私学"考——兼论孙吴的占募与领客制》,《简帛研究二〇〇一》,下册第516—517页。

'私学'当罪过，这不难理解"，并由此得出"乡官还要负官方文化统治杜绝异端'私学'之责"的结论。①

有关"私学谢达"和"私学番倚"的学术讨论在逐步深入，不过，各家意见未能一致。对于"私学"的身份及其社会角色，似乎都还没有得出有充分说服力的答案。

2. "举私学"正义

对于（1）（2）所见"举私学"之"举"，王素以为"没入"，"举私学"于是被理解为"'没入'为私学"。这种解释，据说据《周礼·地官·司门》："凡财物犯禁者举之。"注云："举之，没入官。"② 秦晖亦用此例。③ 王素说，"'没入'的对象，不限于财物，也包括编户齐民"。不过，以这样的解说对照文书内容，正如侯旭东所说，"于文意多有扞格"。今按"举之，没入官"者，"举"与"没入"并非同义重复，应是先"举"而后"没入"。

胡平生和侯旭东都释"举"为"举荐"之"举"。而胡平生谓"举荐""步入仕途"，侯旭东谓"举""为私学"。

对于"举私学"之"举"的理解，也许应当重视于振波在讨论中所引用的周一良的意见。

于振波写道：

> 周一良先生曾指出："魏晋南北朝文献中，'举'字又有承认其身份地位之意"，并列举魏晋时期颇受歧视的庶出子女之身份获得承认（"见举"、"收举"）或不被承认（"未举"、"未被举"）的事例。④

---

① 秦晖：《传统中华帝国的乡村基层控制：汉唐间的乡村组织》，《农民中国：历史反思与现实选择》，河南人民出版社2003年6月版，第237页。

② 《十三经注疏》，第738页。

③ 秦晖论"此'举'盖为检举、举报之意"，又提出《史记》卷八八《蒙恬传》、《汉书》卷四五《江充传》、《后汉书》卷六一《廉范传》、《三国志·吴书·顾雍传》及曹操《步战令》等例。秦晖：《传统中华帝国的乡村基层控制：汉唐间的乡村组织》，《农民中国：历史反思与现实选择》，第237页。然而所说仅"举"字一义。

④ 周一良：《〈宋书〉札记·举、收举》，《魏晋南北朝史札记》，中华书局1985年3月版，第153页。

读走马楼简牍有关"举私学"的文书,将其中的"举"理解为"承认其身份地位"可能是适宜的。被学者称作"举主"的"右郎中窦通"和"吏陈晶"的"举"的行为,应是证明并确定了"其身份地位"。

"举"有登录的意义。《左传》襄公二十七年:"仲尼使举是礼也,以为多文辞。"① 陆德明《释文》:"沈云:举谓记录之也。"《墨子·号令》:"悉举民室材木、瓦若蔺石数,署长短、小大。当举不举,吏有罪。"岑仲勉注:"此言调查民间材木、瓦石之数","举,查报也。""署,登记也"。②《墨子·杂守》:"先举县官室居、官府不急者,材之大小、长短及凡数,即急先发。"岑仲勉解释说,"举者调查登记也"。③《商君书·去强》:"举口数,生者著,死民者削。"④《汉书》卷一一《哀帝纪》:绥和二年(前7)秋,诏曰:"朕承宗庙之重,战战兢兢,惧失天心。间者日月亡光,五星失行,郡国比比地动。颍者河南、颍川郡水出,流杀人民,坏败庐舍。朕之不德,民反蒙辜,朕甚惧焉。已遣光禄大夫循行举籍,赐死者棺钱,人三千。其令水所伤县邑及他郡国灾害什四以上,民赀不满十万,皆无出今年租赋。""举籍",颜师古注:"举其名籍也。"⑤《汉书》卷一二《平帝纪》:"遣谏大夫行三辅,举籍吏民,以元寿二年仓卒时横赋敛者,偿其直。""举籍",颜师古注:"张晏曰:'举录赋敛之籍以赏之。'"⑥ 又《汉书》卷六五《东方朔传》:汉武帝时,"使太中大夫吾丘寿王与待诏能用算者二人,举籍阿城以南,盩厔以东,宜春以西,提封顷亩,及其贾直,欲除以为上林苑,属之南山"。"举籍",颜师古注:"举计其数以为簿籍也。"⑦ 又《汉书》卷六七《胡建传》:"孝武天汉中,守军正丞,贫亡车马,常步与走卒起居,所以尉荐走卒,甚得其心。"颜师古注:"尉者,自上安之也。荐者,举籍也。"⑧

---

① 《十三经注疏》,第1995页。
② 岑仲勉:《墨子城守各篇简注》,中华书局1958年6月版,第110页。
③ 对于全句的理解,岑仲勉以为,"举者调查登记也。凡数,总数也。发,征发也。先登记官吏不急需之品与夫储存材木之状况,赶紧征用之,倡之自上,斯民间不敢隐匿矣"。岑仲勉:《墨子城守各篇简注》,第147页。
④ 蒋鸿礼撰:《商君书锥指》,中华书局1986年4月,第32页。
⑤ 《汉书》,第337页。
⑥ 同上书,第349页。"赏",中华书局本校注者以为当作"偿"。
⑦ 《汉书》,第2847页。
⑧ 同上书,第2910页。

通过汉代文献多见的"举籍"一语的意义，理解"举私学"之"举"，或许可以得到启示。

不过，于振波在引录了周一良的论说之后，又以为胡平生"'举'是'举荐'之意""其说可从"。又说，"举有举荐之意，这与两汉三国时期'乡举里选'的察举制度是相符合的"。"史书中所提到的不论学官弟子还是私学弟子，往往都是通过举荐而走上仕途的。"于振波对周一良论述的理解，只限于"在这些事例中，被'举'者的身份地位明显提高了"①，似乎并没有真正理解周说"魏晋南北朝文献中，'举'字又有承认其身份地位之意"的原意。

3. 作为身份称谓的"私学"

胡平生说，关于"私学谢达"和"私学番倚"的两件文书中的"私学"，"乃'私学生'，或称'私学弟子'"。② 王素说，"走马楼简牍仅见'私学'，从未见到'私学生'及'私学弟子'"。③ 胡平生又举出走马楼简牍中出现"私学弟子"的实例：

（3）私学弟子南郡周基，年廿五，字公业，任吏，居在西部新阳县下。

嘉禾二年十一月一日监下关清公掾张闾举。④

王素纠正了简文"嘉禾二年十一月一日监下关清公掾张闾举"中"掾"字的误释，然而仍然认为："不仅'私学'是由逃亡户口产生，'私学弟子'也是由逃亡户口产生。"⑤

关于"私学"的身份，侯旭东以为，"将'私学'与'举主'的关

---

① 于振波：《走马楼吴简初探》，第218页。
② 胡平生：《长沙走马楼三国孙吴简牍三文书考证》，《文物》1999年第5期。
③ 王素：《长沙走马楼三国孙吴简牍三文书新探》，《文物》1999年第9期。
④ 胡平生：《读长沙走马楼简牍札记（二）》，《光明日报》2000年4月7日。"掾"，原释为"扬"。
⑤ 王素：《"私学"及"私学弟子"均由逃亡户口产生——长沙走马楼简牍研究辨误（二）》，《光明日报》2000年7月21日。

系视为官府所承认的带有依附倾向的私人关系，大体不误"。① 于振波则认为，"把私学说成是依附人口或脱籍逃亡者，在传世文献中没有根据，从吴简中也找不到证据"。②

侯旭东的这一意见显然是正确的，即"私学""是官方承认的固定化的称呼，且官府掌握其名籍"。讨论"私学"问题的多数学者都注意到《韩非子》与《史记》所见"私学"。侯文指出，"与孙吴的私学关系更密切的应是东汉的所谓'私学弟子'，这一称呼见于曹魏人董巴所著《汉舆服志》（《太平御览》卷六八五所引），后又为司马彪《续汉书·舆服志下》袭用。'私学弟子'应是东汉时的说法，指官学生以外的从学官问学的生徒。这里出现的'私学'犹是修饰语，而非称呼，但应是演变为称呼的基础"。③

按照侯旭东的意见，"私学弟子"身份，"指官学生以外的从学官问学的生徒"。可惜这一推想尚需论证，首先应当说明"官学生"和"从学官问学的生徒"的区别。④ 于振波则说，"看不出私学与私学弟子有什么区别，只是在吴简中，前者出现的次数远多于后者，估计前者是后者的简称"。他认为，"根据传世文献，'私学'一词是与'官学'相对而存在的。由于汉武帝以后历朝统治者对儒学的提倡，官方设立的教育机构均倡导儒家学说，私人收徒也以传授儒业为主，因此，把两汉魏晋时期的私学弟子理解为儒者以私人身份招收的学生，以及虽游学于学官但不属于正式员额的学生，当与事实相去不远"。⑤ 于说将侯文提出的概念有所扩衍，包括了"儒者以私人身份招收的学生"。

于振波制《两汉魏晋时期私人传习儒学事例表》，列有121例。论者写道，东汉以来，"儒者以私人身份聚徒讲学的风气"大盛，"有的经师著录弟子少则几十人、上百人，多则逾千人，甚至上万人"。按照《后汉

---

① 侯旭东：《长沙三国吴简所见"私学"考——兼论孙吴的占募与领客制》，《简帛研究二〇〇一》，下册第518页。
② 于振波：《走马楼吴简初探》，第219页。
③ 侯旭东：《长沙三国吴简所见"私学"考——兼论孙吴的占募与领客制》，《简帛研究二〇〇一》，下册第517页。
④ 后世有的资料，如《唐律疏议》卷二三"非私学者，谓弘文、国子、州县等学"以及"私学者即《礼》云'家有塾，遂有序'之类"的说法，似对侯说不利。
⑤ 于振波：《走马楼吴简初探》，第217—218、223页。

书》卷七九下《儒林列传下》的说法,"自光武中年以后,干戈稍戢,专事经学,自是其风世笃焉。其服儒衣,称先王,游庠序,聚横塾者,盖布之于邦域矣。若乃经生所处,不远万里之路,精庐暂建,赢粮动有千百,其耆名高义开门受徒者,编牒不下万人"。①

《太平御览》卷六八五引董巴《汉舆服志》曰:"进贤冠,古缁布冠,文儒者之服也。前高七寸,后三寸,长八寸。公侯三梁,中二千石已下至博士两梁,千石已下至小史私学弟子皆一梁。宗室刘氏亦两梁。"②《续汉书·舆服志下》"进贤冠"条:"进贤冠,古缁布冠也,文儒者之服也。前高七寸,后高三寸,长八寸。公侯三梁,中二千石以下至博士两梁,自博士以下至小史私学弟子,皆一梁。宗室刘氏亦两梁冠,示加服也。""印"条也说到"私学弟子":"佩双印,长寸二分,方六分。乘舆、诸侯王、公、列侯以白玉,中二千石以下至四百石皆以黑犀,二百石以至私学弟子皆以象牙。上合丝,乘舆以縢贯白珠,赤罽蕤,诸侯王以下以綟赤丝蕤,縢綟各如其印质。刻书文曰:'正月刚卯既决,灵殳四方,赤青白黄,四色是当。帝令祝融,以教夔龙,庶疫刚瘅,莫我敢当。疾日严卯,帝令夔化,慎尔周伏,化兹灵殳。既正既直,既觚既方,庶疫刚瘅,莫我敢当。'凡六十六字。"③元代学者陶宗仪《南村辍耕录》卷二四"刚卯"条引文作:"《后汉舆服志》:佩双印,长寸二分,方六分。乘舆、诸侯及王、公、列侯以白玉,中二千石以下至四百石皆以黑犀,三百石以至私学弟子皆以象牙。"④就"四百石"与"三百石"的等级衔接而言,可能陶宗仪引文较为准确。侯文说"曹魏人董巴所著《汉舆服志》"中的说法"后又为司马彪《续汉书·舆服志下》袭用"。其实,有关"进贤冠"的内容,两者是有区别的。前者说:"千石以下至小史私学弟子皆一梁。"后者说:"自博士以下至小史私学弟子,皆一梁。"关于"印",则"二百石以至私学弟子皆以象牙"或者"三百石以至私学弟子皆以象牙"。这样说来,"私学弟子"享有的舆服等级待遇,就

---

① 《后汉书》,第2588页。于振波:《走马楼吴简初探》,第180—198页。
② 《太平御览》,第3056页。
③ 《后汉书》,第3666、3673页。
④ 《四部丛刊》三编景元本。

"冠"而言，一说上与"千石"相同，一说上与"博士"相同；就"印"而言，据说与"二百石"或"三百石"相同。

可以推想，"儒者以私人身份招收的学生"，"著录弟子少则几十人、上百人，多则逾千人，甚至上万人"，如果这些所谓"私学的学生"、"私学生"可以享受相当于"二百石"或"三百石"、"博士"甚至"千石"的等级待遇，将会导致何等复杂的社会政治秩序，将会形成何等沉重的国家财政负担？然而如果确实如此，则可以体现出当时行政体制下的文化政策对于教育是何等的重视。

在有关"私学"的讨论中，我们应当破除"'私学'一词是与'官学'相对而存在的"这样的成见。实际上，正如侯旭东所指出的，"私学"是"可指称个人的"。① 在这个意义上说，"私学"并非"是与'官学'相对而存在的"。按照汉代用语习惯，"私学"之"私"，在这里解释为专心爱重，可能是适宜的。《战国策·秦策四》："王虽有万金，弗得私也。"高诱注："私，爱也。"② 《仪礼·燕礼》："寡君，君之私也。"郑玄注："私，谓独有恩厚也。"③ 《释名·释言语》："私，恤也，所恤念也。"④ 《离骚》："皇天无私阿兮，览民德焉错辅。"王逸注："窃爱为私。"⑤ 汉代学者对"私"的这种理解，或许接近我们所讨论的"私学"之"私"的真实涵义。

很可能，走马楼简牍资料所见"私学"称谓指代的社会身份，是民间儒学教育体制下的受教育者。其身份的确定很可能有学历和学绩的等级要求。"私学"身份的正式确认，需要经过一定等级的官吏的"举"方可登录入籍。值得注意的是，走马楼简牍中所见"举私学"者（1）"右郎中窦通"、（2）"吏陈晶"、（3）"监下关清公掾张

---

① 侯旭东：《长沙三国吴简所见"私学"考——兼论孙吴的占募与领客制》，《简帛研究二〇〇一》，下册第517页。

② 〔西汉〕刘向集录：《战国策》，上海古籍出版社1985年3月版，第239—240页。又《战国策·齐策一》："吾妻之美我者，私我也。"高诱注："私，爱。"第425页。《吕氏春秋·去私》："子，人之所私也。"高诱注："私，爱也。"《慎大》："发巨桥之粟，赋鹿台之钱，以示民无私。"高诱注："私，爱也。"许维遹撰，梁运华整理：《吕氏春秋集释》，中华书局2009年9月版，第32、357页。

③ 《十三经注疏》，第1024页。

④ 任继昉纂：《释名汇校》，第198页。

⑤ 〔宋〕洪兴祖：《楚辞补注》，中华书局1983年3月版，第23页。

阎",其品级都并不高。

《唐律疏议》卷二三《斗讼》有这样一条内容值得注意:

> 即殴伤见受业师,加凡人二等。死者,各斩。谓服膺儒业,而非私学者。
>
> 【疏】议曰:《礼》云:"凡教学之道,严师为难。师严道尊,方知敬学。"如有亲承儒教,伏膺函丈,而殴师者,加凡人二等。……注云"谓服膺儒业,而非私学者",儒业,谓经业。非私学者,谓弘文、国子、州县等学。私学者即《礼》云"家有塾,遂有序"之类。如有相犯。并同凡人。①

所谓"私学者即《礼》云'家有塾,遂有序'之类",或许可以帮助我们理解走马楼简牍所见"私学"。应当注意,这里写作"私学者"。走马楼简牍中的"私学"称谓,其实即指代"私学者"身份。

4. "儒学生员"和"幼学":明清户籍资料可参照信息

明代黄册中可见"儒学生员"身份。日本京都大学文学部藏《嘉靖泉州府永春县保甲文册》中,有如下文字:

> 一户姚希舜军籍系本都里班姚文兴户丁本县儒学生员
> 一户姚崇文军籍系本都里班姚文兴户丁系本县儒学生员②

同一页可见 12 人身份登记资料,其余 10 人都有"成丁壹丁耕田"字样,

---

① 《唐律疏议笺解》,中华书局 1996 年 6 月版,第 1576 页。据刘俊文《唐律疏议笺解》,"根据律文及疏议,学生殴受业师罪之成立,以师生俱在官学(即弘文、崇文、国子及州县等学)者为要件。如师生属于家塾、遂序等私学,则相犯者各依凡人斗殴法,不得援此律为断"。第 1581 页。

② 栾成显:《明代黄册研究》,中国社会科学出版社 1998 年 7 月版,图版十。引用者注:"梁方仲《明代黄册考》附所谓'黄册原本'照片之一。"

而与姚希舜、姚崇文不同。似乎可以推知"本县儒学生员"身份的特殊性。①

日本学习院大学东洋文化研究所藏《朝鲜庆尚道户籍大帐》,是比较完整的清代户籍资料。其中多有反映当时民间生活的社会史信息。有关社会称谓的内容即值得研究者特别关注。

如《道光五年二月庆尚道丹城县乙酉式户籍大帐》中,可见户主的不同身份,如:幼学、束伍、鳏夫②、良军官、社稷坛守护军、闲良、私奴、上纳、灯油保、业武、驿人、良人、水军、贡生、寡女、寡妇、童蒙、书写郎、院奴、禁保、唐鞋匠、巫夫等。可引录以"幼学"身份为户主的一例:

> 第三户幼学金□重年伍拾陆庚寅本金海父学生震学祖学生原大曾祖学生顺鸣外祖学生郑尚哲本晋阳妻崔氏年伍拾伍籍庆州父学生南后祖学生晋清曾祖学生思明外祖学生卞永弼本八溪母郑氏年柒拾叁癸酉子幼学在柱③年拾玖丁卯子幼学在文年拾柒乙巳奴□金□壬午户口相准

不仅户主之子十九岁的金在柱和十七岁的金在文是"幼学",年五十六的户主金□重也是"幼学"。可见"幼学"之"幼"并非年龄标志。"幼学"非"幼",只是体现一种身份。

户籍大帐详细记录"幼学"户主的家族关系和师生关系,使人联想到(2)"案文书倚一名文文父广奏辞本乡正户民不为遗脱"字样。

---

① 《明会典》卷七九《社学·事例》:"洪武八年,诏有司立社学,延师儒以教民间子弟。十六年,诏民间立社学,有司不得干预,其经断有过之人不许为师。……正统元年,令各处社学提学官及司府州县官严督勤课,不许废弛,其有俊秀向学者,许补儒学生员。成化元年,令民间子弟愿入社学者,听其贫乏,不愿者勿强。"明万历内府刻本。成书于明万历年间的刘世教《荒箸略》有"加惠寒士"条,其中写道:"这是贫生领赈。我皇上作养人才,本为他日之用。但秀才不工不商,非农非贾,青灯夜雨,常无越宿之储,破壁穷檐,止有枵雷之腹。一遇荒年,其苦万状。如内乡县儒学生员李来学,水浆不入口者三日,阖门待毙。县令以粟遗之,来学正色拒曰:'生平不谒县令,岂以荒易吾操哉!'及赈银至,乃以极贫洁行独厚给之。来学叹曰:'此圣主洪恩也,可以食矣。'寒士濒死得赈则生,不独一来学也。"《荒政丛书》卷五,清嘉庆墨海金壶本。可知"儒学生员"中,有李来学一类"生平不谒县令"的"极贫洁行"之"寒士"。

② 又有"鳏夫幼学"与"幼学鳏夫"。

③ 户籍原件在此处有一贴签,加盖印章。签上书写:"幼学金在柱改名在圭。"

《道光五年二月庆尚道丹城县乙酉式户籍大帐》中的"幼学",也是原则上享有免除军役负担的特权的。其身份特征似乎和我们所讨论的走马楼简牍所见"私学"有相像之处。通过对1825年乙酉式年大帐的分析,研究者指出,这一时期通过"冒称"和"纳粟"等方式流入这一阶层的情形增多,使得"私学"不再具有与以往"士族"相等同的地位和声誉。这里所谓"冒称",使人联想到走马楼简牍(2)所见"审实不应为私学"的情形。

有的学者分析了道光五年(1825)四十五年之后"幼学"户主数显著增多的现象。据1825年乙酉式年大帐和1870年庚午式大帐的比较,两个里的"幼学"户主数及其比率的变化如下表。

职役分类	南 里		东 里		合 计	
	1825年	1870年	1825年	1870年	1825年	1870年
幼学等	21 7.7%	67 23.4%	174 38.9%	209 45.6%	195 27.2%	276 37.1%

这两个里的"幼学"的人数及其比率也发生着变化:

职役分类	南 里		东 里		合 计	
	1825年	1870年	1825年	1870年	1825年	1870年
幼学等	38 6.3%	74 15.6%	197 23.4%	220 22.8%	235 16.3%	294 20.5%

东里"幼学"人数虽有所下降,然而两个里合计的"幼学"人数却仍在增长。

研究者指出,在这一时期,"幼学"的增加和"军役负担者"的减少是同时发生的。① 1870年东里"幼学"为户主的户数竟然占到了总户数的45.6%,实在是令人惊异的现象。了解了这一情形,自然比较容易理

---

① [日]山内民博:《学习院大学藏庆尚道安义县户籍大帐について》,[日]武田幸男编:《朝鲜后期の庆尚道における社会动态の研究——学习院大学藏朝鲜户籍大帐の基础の研究(4)》,学习院大学东洋文化研究所调查研究报告 No.51,学习院大学东洋文化研究所2002年3月版。

解执政者急切地对可疑者严肃"案查"的动机。

对于"幼学"的身份,有的研究者比较分析相关历史资料后指出,17世纪以前"幼学"承担管理职任,18世纪以后则演变分解为管理者、中间阶层和一般平民三种身份。① 有学者指出,怎样解释清代中晚期"幼学"身份群体的数量的急剧增加,是清代中晚期朝鲜地区身份史研究的最具有前沿性的课题。②

这里尽管借取了远至明清时期的资料以为助证,然而联系《嘉靖泉州府永春县保甲文册》中有关"儒学生员"以及《朝鲜庆尚道户籍大帐》中有关"幼学"的资料,或许有益于帮助我们更深入地认识和理解走马楼简牍所见"私学"身份的性质和特征。

我们看到,因"学"而得到免役等优遇者在传统中国曾经占有颇为可观的社会层面。而涉及古代社会文化构成的相关现象,比如识字者即具有初步接受传统教育之能力者所占人口比例,以及他们在社会生活中发生的作用,等等,也许都是历史研究者应当关注的问题。

走马楼简牍有关"私学"的资料,或许可以看作讨论相关问题迄今所见较早的信息。

5."学校如林,庠序盈门"现象的赋役史视角考察

王莽天凤年间,刘秀前往长安读书,专门研修儒学经典《尚书》。就读期间,因为资用不足,曾经和同学合资买驴,让从者代人载运,以运费补给开支。刘秀求学有艰苦经历,但是后来在学业上并没有什么成就。然而他却以成功的政治经营,建立了一个王朝。而一个具有特殊文化风貌的时代,也由此开始。汉光武帝刘秀与他的祖上,那位鄙视儒生,甚至

---

① [韩]崔承熙:《朝鲜后期"幼学"·"学生"の身分的意味》(1989),[日]武田幸男:《学习院大学藏の丹城县户籍大帐とその意义》转引,[日]武田幸男编:《朝鲜后期の庆尚道丹城县における社会动态の研究(Ⅰ)——学习院大学藏朝鲜户籍大帐の基础的研究(2)》,学习院大学东洋文化研究所调查研究报告No.27,学习院大学东洋文化研究所1991年3月版。

② [日]井上和枝:《最近の户籍大帐および户籍关连研究の动向》,[日]武田幸男编:《学习院大学藏朝鲜户籍大帐等目录——学习院大学藏朝鲜户籍大帐の基础的研究(5)》,学习院大学东洋文化研究所调查研究报告No.52,学习院大学东洋文化研究所2003年3月版,第55页。

"溲溺"儒冠的汉高祖刘邦不同。① 清代史学家赵翼注意到这一点,说"帝本好学问"。他的功臣集团中儒生也发挥着重要作用,甚至军事领袖也"皆有儒者气象"。"诸将之应运而兴者,亦皆多近于儒。""东汉功臣多近儒"的情形,与西汉王朝的开国功臣往往出于亡命无赖明显有别。刘秀身边的主要将领,确实多有儒学资质。赵翼所举邓禹、寇恂、冯异、贾复、耿弇、祭遵、李忠、朱佑等凡十四例,都具有一定的儒学修养。所谓"光武诸功臣,大半多习儒术"的说法,是符合实际的。②

《后汉书》卷七九上《儒林列传上》记载,"光武中兴,爱好经术",每到一地,未及下车,而先访儒问雅,对于儒学学术建设予以特殊的关心。于是"四方学士""云会京师"。③ 建武五年(29),天下未定,刘秀即"修起太学","起太学博士舍,内外讲堂",吸引诸多学士云集京师,一时形成了"诸生横巷"的文化盛况。④ 本人能通《春秋》和《尚书》的汉明帝,永平二年(59)曾经亲自到太学讲经,《后汉书》卷七九上《儒林列传上》记载当时情形:"帝正坐自讲,诸儒执经问难于前",旁听围观的群众多至以十万计。可见儒学隆赫一时的盛况。又为功臣贵族后代别立校舍,挑选其中有才能者入学,并要求近卫武士都应通《孝经》章句。永平十五年(72),汉明帝又亲御讲堂,命皇太子、诸王解说儒家经典。汉和帝曾经"数幸东观,览阅书林"。⑤ 汉顺帝永建六年(131),又重修太学,扩建二百四十房,一千八百五十室,令公卿子弟为诸生。汉质帝时,临朝执政的梁太后颁布诏书,令秩级在六百石以上的官员都遣子就学。太学生人数增加到三万多人。关于东汉洛阳人口数,学界存在不同看法。有人提出"东汉洛阳城内人口为二十万,洛阳地区人口为四十万左右"的认识⑥,这种意见大体可信。当时太学生在洛阳居民总数中所占比例是惊人的。就全国而言,有人测算,东汉后期每万人中即有太学生六

---

① 《史记》卷九七《郦生陆贾列传》:"沛公不好儒,诸客冠儒冠来者,沛公辄解其冠,溲溺其中。与人言,常大骂。"第2692页。
② 〔清〕赵翼《廿二史札记》卷四"东汉功臣多近儒"条,《廿二史札记校证》(订补本),王树民校证,中华书局1984年1月版,第89—91页。
③ 《后汉书》,第2545页。
④ 《后汉书》卷四八《翟酺传》,第1606页。
⑤ 《后汉书》,第2546页。
⑥ 方原:《东汉洛阳历史地理若干问题研究》,西北大学硕士学位论文,2008年。

人①，顶级学历的知识人在社会总人口中的比率如此之高，也是历史上罕见的。汉灵帝熹平四年（175），又诏令诸儒正定《五经》文字，刊于石碑，树立于太学之门，使天下读书人有所标范，也成为文化史上的要闻。一时"东京学者猥众"②，成为引人注目的文化景观。而各地的地方官办学校，也有空前的规模。

儒学教育的普及，形成文化史上具有鲜明时代特色的现象。而教育事业也出现新的形势，正如班固《东都赋》所说，"四海之内，学校如林，庠序盈门"。③

杨鸿年《汉魏制度丛考》在考论"博士弟子"的"待遇"时，引用了如下史籍记载：

> 《汉书·儒林传》："（公孙弘奏）为博士官置弟子五十人，复其身。"师古注曰："复音方目反。"
>
> 同传："元帝好儒，能通一经者皆复。数年，以用度不足，更为（博士弟子）设员千人。"关于复字，师古又注曰："捐其徭赋也。"④
>
> 《三国志·魏书·王肃传》注引《魏略》曰："（魏）太学始开，有弟子数百人。至太和、青龙中，中外多事，人怀避就。虽性非解学，多求诣太学。太学诸生有千数。……本亦避役，竟无能习学，冬来春去，岁岁如此。"⑤

今按，杨著引《汉书》卷八八《儒林传》颜师古注对"复"的解释"捐其徭赋也"，应为"蠲其徭赋也"⑥，即免除其徭赋。论者还写道："此外，《通鉴》卷二八汉元帝初元五年卷二九汉元帝永光三年，也有关于博士弟子复除繇役的记载，根据这些材料可见汉魏太学生都享有'复'的

---

① 郝建平：《论汉代教育对社会的影响》，《阴山学刊》1993年第3期。
② 《后汉书》，第2548页。
③ 〔梁〕萧统编，〔唐〕李善注：《文选》，上海古籍出版社1986年8月版，第38页。——引者注
④ 《汉书》卷八八《儒林传》，第3594、3596页。
⑤ 今按："岁岁如此"应为"岁岁如是"。《三国志》卷一三《魏书·王朗传》裴松之注引《魏略》，第420—421页。
⑥ 《汉书》，第3596页。

待遇。正是因为这样，所以太学生越多，国家的负担也就越重。为了财政和徭役关系，政府有时不得不限制弟子名额。此外还有些'性非解学'的人，为了避役目的，还钻营求为太学生；这种做法的坏处，刘靖曾经疏论，事见《三国志·魏书·刘馥传》。"①

阎步克认为，"汉武帝建太学，太学的博士弟子是免役的。东汉后期京师的太学生曾达三万余人，他们都应免役。地方学官的学子是否免役，由长官自行决定"。他举出的例证是："文翁在蜀郡建立学官，'招下县子弟以为学官弟子，为除更繇。'又《后汉书》卷七六《任延传》记，任延担任武威太守时，'造立校官，自掾史子孙，皆令诣学受业，复其徭役'"。②

太学弟子"复其身"的制度比较明朗，对于地方官学和民间私学的读书人是否能够享受"复"的"待遇"，存在不同的意见。

6. 私学"著录"的意义

东汉时期成书的《四民月令》，被看作反映洛阳地区农耕生活的论著。《四民月令》中有关于乡村学校的内容，说到"成童已上入大学"，"幼童入小学"的情形。根据原书本注，"幼童"是指九岁至十四岁的孩子。③《东观汉记》中，有著名学者承宫幼时艰苦求学的故事。承宫自小是孤儿，八岁时为人牧猪为生。乡里一位名叫徐子盛的读书人，为数百名学生教授儒学经典《春秋》。承宫路过其门下，听诸生讲诵，心中欣慕，久久不愿离去，因为以"弃其猪而听经"，招致雇主追寻责打。承宫为诸生所同情，于是留下来，一边为学堂打柴，一边旁听学习，后来竟然成为大儒名臣。④ 承宫的故事，可以帮助我们了解汉代乡间学校的教育形式。看来，当时上至宫廷，下至山野，儒学教育受到社会的普遍重视。

汉代童蒙教育的进步，是当时文化成就的突出内容之一。汉代童蒙教育在中国古代教育史上也有特别值得重视的地位。学习优异的孩子，得到

---

① 杨鸿年：《汉魏制度丛考》，武汉大学出版社 2005 年 5 月版，第 218—219 页。
② 阎步克：《从爵本位到官本位：秦汉官僚品位结构研究》，生活·读书·新知三联书店 2009 年 3 月版，第 198 页。
③ 石声汉校注：《四民月令校注》，中华书局 2013 年 5 月版，第 9 页。
④ 《太平御览》卷三八四《人事部·幼知上》引《东观汉记》，第 1774 页。

"圣童"、"奇童"、"神童"的称号。"神童"称谓，最早就是从东汉开始使用的。

不仅帝王亲自倡导儒家经典的认真研读，太学和郡国官学都得到空前优越的发展条件，私学之发达，也吸引各地学子不远千里问师求教。疏广"家居教授，学者自远方至"。① "赣遂耆老大儒，教授数百人。"② 申公"归鲁退居家教，终身不出门复谢宾客"，"弟子自远方至受业者千余人"。③ 班固以"传业者寖盛，支叶蕃滋"，"大师众至千余人"来总结西汉经学教育成就。④ 东汉私学更为繁盛。社会上出现了一些累世专攻一经的士大夫家族。他们世代相继，广收门徒。许多名师教授的弟子，往往多至数百人乃至数千人，甚至超过万人。《后汉书》卷七九《儒林列传》记载言及生徒人数者，有：

（刘昆）教授弟子恒五百余人。⑤

洼丹字子玉，南阳育阳人也。世传《孟氏易》。王莽时，常避世教授，专志不仕，徒众数百人。

杨政字子行，京兆人也。少好学，从代郡范升受《梁丘易》，善说经书。京师为之语曰："说经铿铿杨子行。"教授数百人。

张兴字君上，颍川鄢陵人也。习《梁丘易》以教授。建武中，举孝廉为郎，谢病去，复归聚徒。后辟司徒冯勤府，勤举为孝廉，稍迁博士。永平初，迁侍中祭酒。十年，拜太子少傅。显宗数访问经术。既而声称著闻，弟子自远至者，著录且万人……⑥

（欧阳）歙在郡，教授数百人，视事九岁，征为大司徒。坐在汝南臧罪千余万发觉下狱。诸生守阙为歙求哀者千余人，至有自髡剔者。

济阴曹曾字伯山，从歙受《尚书》，门徒三千人。

---

① 《汉书》卷七一《疏广传》，第3039页。
② 《汉书》卷八三《朱博传》，第3400页。
③ 《汉书》卷八八《儒林传·申公》，第3608页。
④ 《汉书》卷八八《儒林传》，第3620页。
⑤ 《后汉书》卷七九上《儒林列传上》："王莽以昆多聚徒众，私行大礼，有僭上心，乃系昆及家属于外黄狱。"第2550页。
⑥ 李贤注："著于籍录。"

（牟）长自为博士及在河内，诸生讲学者常有千余人，著录前后万人。

（牟）纡，又以隐居教授，门生千人。

宋登字叔阳，京兆长安人也。父由，为太尉。登少传《欧阳尚书》，教授数千人。

（孔）长彦好章句学，季彦守其家业，门徒数百人。

杨伦字仲理，陈留东昏人也。少为诸生，师事司徒丁鸿，习《古文尚书》。为郡文学掾。更历数将，志乖于时，以不能人间事，遂去职，不复应州郡命。讲授于大泽中，弟子至千余人。①

魏应字君伯，任城人也。少好学。建武初，诣博士受业，习《鲁诗》。闭门诵习，不交僚党，京师称之。后归为郡吏，举明经，除济阴王文学。以疾免官，教授山泽中，徒众常数百人。……应经明行修，弟子自远方至，著录数千人。

薛汉字公子，淮阳人也。世习《韩诗》，父子以章句著名。汉少传父业，尤善说灾异谶纬，教授常数百人。

杜抚字叔和，犍为武阳人也。少有高才。受业于薛汉，定《韩诗章句》。后归乡里教授。沈静乐道，举动必以礼。弟子千余人。

（董）钧博通古今，数言政事。永平初，为博士。时草创五郊祭祀，及宗庙礼乐，威仪章服，辄令钧参议，多见从用，当世称为通儒。累迁五官中郎将，常教授门生百余人。

丁恭字子然，山阳东缗人也。习《公羊严氏春秋》。恭学义精明，教授常数百人，州郡请召不应。建武初，为谏议大夫、博士，封关内侯。十一年，迁少府。诸生自远方至者，著录数千人，当世称为大儒。

周泽字穉都，北海安丘人也。少习《公羊严氏春秋》，隐居教授，门徒常数百人。

甄宇字长文，北海安丘人也。清静少欲。习《严氏春秋》，教授常数百人。

（甄）承尤笃学，未尝视家事，讲授常数百人。

---

① 上引内容分别见《后汉书》卷七九上《儒林列传上》，第 2550—2552、2556—2557、2663—2664 页。

（楼望）教授不倦，世称儒宗，诸生著录九千余人。年八十，永元十二年，卒于官，门生会葬者数千人，儒家以为荣。

程曾字秀升，豫章南昌人也。受业长安，习《严氏春秋》，积十余年，还家讲授。会稽顾奉等数百人常居门下。

张玄字君夏，河内河阳人也。少习《颜氏春秋》，兼通数家法。建武初，举明经，补弘农文学，迁陈仓县丞。清净无欲，专心经书，方其讲问，乃不食终日。及有难者，辄为张数家之说，令择从所安。诸儒皆伏其多通，著录千余人。

（李育）常避地教授，门徒数百。①

颖容字子严，陈国长平人也。博学多通，善《春秋左氏》，师事太尉杨赐。郡举孝廉，州辟，公车征，皆不就。初平中，避乱荆州，聚徒千余人。

谢该字文仪，南阳章陵人也。善明《春秋左氏》，为世名儒，门徒数百千人。

蔡玄字叔陵，汝南南顿人也。学通《五经》，门徒常千人，其著录者万六千人。②

《儒林列传》论曰："自光武中年以后，干戈稍戢，专事经学，自是其风世笃焉。其服儒衣，称先王，游庠序，聚横塾者，盖布之于邦域矣。若乃经生所处，不远万里之路，精庐暂建，赢粮动有千百，其耆名高义开门受徒者，编牒不下万人，皆专相传祖，莫或讹杂。"③

仅计算《后汉书》卷七九《儒林列传》列述著名儒学学者授徒人数，对于数字不确切者，以最低概数计，如"数百人"按二百人计，"数千人"以二千人计，"数百千人"以一千人计。"且万人"则以万人计，这样简略合计，总数已经达到56300人。而《儒林列传》之外的相关信息，也值得重视。如《后汉书》卷二六《伏湛传》："湛性孝友，少传父业，

---

① 《后汉书》卷四〇上《班固传》："扶风掾李育，经明行著，教授百人，客居杜陵，茅室土阶。"第1332页。

② 上引内容分别见《后汉书》卷七九下《儒林列传下》，第2571、2573、2577—2578、2580—2582、2584、2588页。

③ 《后汉书》卷七九下《儒林列传下》，第2588页。

教授数百人。"① 《后汉书》卷二六《牟融传》："牟融字子优，北海安丘人也。少博学，以大夏侯尚书教授，门徒数百人，名称州里。"② 《后汉书》卷二七《承宫传》："乡里徐子盛者，以《春秋经》授诸生数百人。"③ 《后汉书》卷三五《郑玄传》："（马）融门徒四百余人，升堂进者五十余生。""玄自游学，十余年乃归乡里。家贫，客耕东莱，学徒相随已数百千人。"④ 《后汉书》卷三七《桓荣传》："桓荣字春卿，沛郡龙亢人也。少学长安，习《欧阳尚书》，事博士九江朱普。……会朱普卒，荣奔丧九江，负土成坟，因留教授，徒众数百人。"李贤注引《谢承书》："荣门徒常四百余人。"其后人桓郁"传父业，以尚书教授，门徒常数百人"，桓焉"弟子传业者数百人"，桓典"复传其家业，以《尚书》教授颍川，门徒数百人"。⑤ 《后汉书》卷三九《周盘传》："教授门徒常千人。"⑥ 《后汉书》卷四六《郭躬传》："家世衣冠。父弘，习《小杜律》。""躬少传父业，讲授徒众常数百人。"⑦ 《后汉书》卷五一《李恂传》："李恂字叔英，安定临泾人也。少习《韩诗》，教授诸生常数百人。"⑧ 《后汉书》卷六二《锺皓传》："以诗律教授门徒千余人。"⑨ 《后汉书》卷六四《皇甫规传》："以《诗》、《易》教授，门徒三百余人，积十四年。"⑩ 《后汉书》卷六七《党锢列传·刘淑》："以公事免官，还居纶氏，教授常千人。"⑪ 《后汉书》卷六八《郭太传》："闭门教授，弟子以千数。"⑫ 《后汉书》卷七一《独行列传》："（刘茂）能习《礼经》，教授常数百人。""索卢放字君阳，东郡人也。以《尚书》教授千余人。"⑬ 《后汉书》卷八〇上《文苑列传》："夏恭字敬公，梁国蒙人也，习《韩诗》、《孟氏易》，

---

① 《后汉书》，第893页。
② 同上书，第915页。
③ 同上书，第944页。
④ 同上书，第1207页。
⑤ 同上书，第1249—1250、1254、1257—1258页。
⑥ 同上书，第1311页。
⑦ 同上书，第1543页。
⑧ 同上书，第1683页。
⑨ 同上书，第2064页。
⑩ 同上书，第2132页。
⑪ 同上书，第2190页。
⑫ 同上书，第2226页。
⑬ 同上书，第2671页。

讲授门徒常千余人。""边韶字孝先,陈留浚仪人也。以文章知名,教授数百人。"①《后汉书》卷八二上《方术列传上》:"廖扶字文起,汝南平舆人也。习《韩诗》、《欧阳尚书》,教授常数百人。"②《后汉书》卷八二下《方术列传下》:"唐檀字子产,豫章南昌人也。少游太学,习《京氏易》、《韩诗》、《颜氏春秋》,尤好灾异星占。后还乡里,教授常百余人。"③《论衡·自纪》:"书馆小僮百人以上……"④ 也都说到私学规模。

因此,当时"受教于私学者当数倍于官学"的判断⑤,应当是合理的。或说:"私学生徒数倍于太学生。""地方私学更远远超过地方官学。""大量的、面向广大百姓的教育活动,主要是在私学中进行。"⑥ 这样的认识,我们也大致同意。

姜维公在总结汉代学制时指出,"汉代官学招收的学生政府通常免除其赋役,私学则没有这个特权,私学学生除了生活费用需要自理外,还要负担国家的赋役,所以普通民众不可能脱产学习,无法进入私学接受教育"。⑦ 不同的理解见于俞启定、施克灿的论著。他们对《汉书》卷八八《儒林传》"能通一经者皆复"的解释是:"即都可以享有太学生待遇而免除徭役,不再有名额限制。"⑧ 阎步克也提出了明确与"私学""还要负担国家的赋役"的意见不同的见解。他写道:"太学的博士弟子是免役的。""地方学官的学子是否免役,由长官自行决定。那么私学呢?秦禁私学,汉初朝廷大概也不许学者脱役。但随文教兴盛,官学逐渐免役了,王朝就下令'通一经者皆复','复'即免役,这应该就包括私学弟子了。""民间通经者免役的做法虽然减少了服役者,但对帝国数千万人口

---

① 《后汉书》,第 2610、2623 页。
② 同上书,第 2719 页。
③ 同上书,第 2729 页。
④ 注释:"'僮:即'童'。"北京大学历史系《论衡》注释小组:《论衡注释》,中华书局 1979 年 10 月版,第 1670—1671 页。
⑤ 毛礼锐、沈灌群主编:《中国教育通史》第二卷,山东教育出版社 1988 年 12 月版,第 108、122 页。
⑥ 金忠明主编:《中国教育史研究·秦汉魏晋南北朝卷》,华东师范大学出版社 2009 年 12 月版,第 198 页。
⑦ 姜维公:《汉代学制研究》,中国文史出版社 2005 年 8 月版,第 211 页。
⑧ 俞启定、施克灿:《中国教育制度通史》第一卷,山东教育出版社 2000 年 7 月版,第 328 页。

来说，只是九牛一毛。汉元帝之后，'能通一经者皆复'作为惯例维持下去了，它是私学的经师及弟子可以免役的根据。"他的论说直接联系到走马楼简"私学"身份："长沙走马楼孙吴简牍中能看到很多'私学'和'私学弟子'，他们可以免役。魏晋南北朝以下，太学或国学生，地方官学生，得到官府认可的私学生，都可免役。"他举出了"得到官府认可的私学生""可免役"的例证："《三国志》卷十一《魏书·王修传》注引王隐《晋书》记载了经师王褒的学生被安丘令所役之事。其实王褒有言'卿学不足以庇身，吾德不足以荫卿'。按司马懿做安东将军时，王褒之父王仪为其司马，且为其所杀，王褒为之终身不仕西晋。地方官肯定知道王褒是罪人之后，也知道他对当局拒不合作的政治态度，故其私学未得县廷认可，或说没给予免役资格。这就是王褒'德薄不足以荫卿'的真意所在。反过来说，若这是个普通私学，不涉政治纠葛，其师长便足以'荫'其门人，许其弟子免役，使其弟子得以'学以庇身'了。当然，王褒颇有德名于时，所以他变着法儿抗争了一下，安丘县令随即妥协，'放遣诸生'了。若没有私学弟子免役的旧例，那位县令敢随便任人脱役吗？这再度显示，私学是否能得到官方承认，其学生是否可以免役，权在长官。"①

从这一视角理解"私学"所以繁盛的原因，也许是有合理性的。

7. 关于"经生""不远万里之路"

《后汉书》卷七九下《儒林列传下》论曰："自光武中年以后，干戈稍戢，专事经学，自是其风世笃焉。其服儒衣，称先王，游庠序，聚横塾者，盖布之于邦域矣。若乃经生所处，不远万里之路，精庐暂建，赢粮动有千百，其著名高义开门受徒者，编牒不下万人。"② 所谓"经生所处，不远万里之路"，体现出在交通管理方面给予"经生"们的宽松的条件。

东汉时期，学者所在，求学者往往"不远万里之路"，担负口粮前往就读者动辄千百。"负笈"千里求学，往往"自远方至"，成为社会生活中的习见现象。

---

① 阎步克：《从爵本位到官本位：秦汉官僚品位结构研究》，第198—199页。
② 《后汉书》，第2588页。

除前引张兴"声称著闻,弟子自远至者,著录且万人",魏应"经明行修,弟子自远方至,著录数千人",丁恭"诸生自远方至者,著录数千人"外,《后汉书》卷七九上《儒林列传上》又可见任安"少游太学","学终,还家教授,诸生自远而至"。孙期习《京氏易》、《古文尚书》,"远人从其学者,皆执经垄畔以追之"。① 《后汉书》卷七九下《儒林列传下》:"景鸾字汉伯,广汉梓潼人也。少随师学经,涉七州之地。"② 又如《后汉书》卷二七《赵典传》:"典少笃行隐约,博学经书,弟子自远方至。"③ 《后汉书》卷三三《郑弘传》:"弟子河内赵商等自远方至者数千。"④ 《后汉书》卷三七《丁鸿传》说,丁鸿参与"论定五经同异于北宫白虎观","使五官中郎将魏应主承制问难,侍中淳于恭奏上,帝亲称制临决。鸿以才高,论难最明,诸儒称之,帝数嗟美焉。时人叹曰:'殿中无双丁孝公。'""门下由是益盛,远方至者数千人。"⑤《后汉书》卷五三《姜肱传》:"肱博通《五经》,兼明星纬,士之远来就学者三千余人。"⑥《后汉书》卷六七《党锢列传·檀敷》:"立精舍教授,远方至者常数百人。"⑦《后汉书》卷八二上《方术列传上》:"樊英字季齐,南阳鲁阳人也。少受业三辅,习《京氏易》,兼明《五经》。又善风角、星算、《河洛》七纬,推步灾异。隐于壶山之阳,受业者四方而至。"⑧《后汉书》卷八二下《方术列传下》:"公沙穆字文义,北海胶东人也。家贫贱。自为儿童不好戏弄,长习《韩诗》、《公羊春秋》,尤锐思《河洛》推步之术。……后遂隐居东莱山,学者自远而至。""董扶字茂安,广汉绵竹人也。少游太学,与乡人任安齐名,俱事同郡杨厚,学图谶。还家讲授,弟子自远而至。"⑨《后汉书》卷八三《逸民列传》:"法真字高卿,扶风

---

① 《后汉书》,第2551、2554页。
② 同上书,第2572页。
③ 李贤注:"《谢承书》曰:'典学孔子《七经》、《河图》、《洛书》,内外艺术,靡不贯综,受业者百有余人。'"第947页。
④ 《后汉书》,第1208页。
⑤ 同上书,第1264页。
⑥ 同上书,第1749页。
⑦ 同上书,第2215页。
⑧ 同上书,第2721页。
⑨ 《后汉书》,第2730、2734页。又如:"刘根者,颍川人也。隐居嵩山中。诸好事者自远而至,就根学道。"第2746页。虽是"学道"之例,也可以为认识当时原道求学风习引作参考。

鄘人，南郡太守雄之子也。好学而无常家，博通内外图典，为关西大儒。弟子自远方至者，陈留范冉等数百人。"①

据《后汉书》记载，在路途中结束其学术生命的名儒，就有牟纡"道物故"②，任末"奔师丧，于道物故"，服虔"遭乱行客，病卒"等。③

东汉民间私学的繁荣，是引人注目的社会文化现象。解释"诸生"从学热情的由来，即他们积极求师就学的动机，也许应当考虑"私学"可以免除或减轻赋役负担的可能。而他们在交通实践方面得到比较宽松的管理形式，也特别值得我们注意。正如阎步克所说："很多私学弟子长年在外求学，'事师数十年'，不在原籍服役，朝廷也没拿他们当逃亡人口。""平民迁移，汉晋以来即有限制，但诸生四方游学，王朝不禁。""例如十六国的后秦就是如此。《晋书》卷一〇七《姚兴载记上》：'凉州胡辩，苻坚之末，东徙洛阳，讲授弟子千有余人，关中后进多赴之请业。兴敕关尉曰："诸生谘访道义，修己厉身，往来出入，勿拘常限。"'"④

---

① 《后汉书》，第2774页。
② 李贤注："在路死也。"第2557页。
③ 《后汉书》卷七九上《儒林列传上》，第2557页；《后汉书》卷七九下《儒林列传下》，第2572、2583页。王子今：《东汉的"学习型社会"》，《读书》2010年第1期。
④ 阎步克：《从爵本位到官本位：秦汉官僚品位结构研究》，第198—199页。

走马楼简载录的未成年"公乘"、"士伍"

走马楼简户籍资料中出现的未成年人使用"公乘"、"士伍"称谓的情形，应是秦汉社会爵制的后期遗音。里耶"户籍简牍"中所见"小上造"称谓，或许与此有某种渊源关系。未成年"公乘"、"士伍"的社会身份，可能与张家山汉简《二年律令·傅律》所见"小爵"有关。不同的时期，不同的地区，身份继承制度的具体情形是相当复杂的。全面理解相关制度及其所包含的文化信息，还需要进行深入的工作。进一步的学术探讨，应当有助于深化对于秦汉三国时期未成年人生活以及当时社会状况的认识。

1. "子公乘"、"弟公乘"和"子士伍"、"弟士伍"诸例

走马楼竹简提供的户籍资料中，可见"小男"、"小女"以及"子男"、"子女"称谓。所包括的人群，应即简文"其三百卅四人小口々收钱五合一千六百七十"（壹·4436）及"·其五百六十一人小口（？）收钱五合三千二百八十钱"（贰·4408）所见"小口"。①

走马楼简户籍资料中出现的身份，又有不写作"小男"、"子男"，而标明其爵名及相关等级者。除数量颇多的"户人公乘"外，又有"子公

---

① 长沙市文物考古研究所、中国文物研究所、北京大学历史学系走马楼简牍整理组编著：《长沙走马楼三国吴简·竹简〔壹〕》，文物出版社2003年10月版，上册第324页，下册第987页；长沙简牍博物馆、中国文物研究所、北京大学历史学系走马楼简牍整理组编著：《长沙走马楼三国吴简·竹简〔贰〕》，文物出版社2007年1月版，中册第390页，下册第806页。相关讨论参见王子今《走马楼竹简"小口"考绎》，《史学月刊》2008年第6期。

乘"、"弟公乘"、"侄子公乘"、"从子公乘"等，多是未成年人。如《长沙走马楼三国吴简·竹简〔壹〕》可见：

子公乘

四岁（壹·3944）；

七岁（壹·3010，3013，3014）；

八岁（壹·3324，3914，3917，3929，4035）；

十岁（壹·2561，3052，3321，3906）；

十一岁（壹·3363）；

十四岁（壹·3382）；

十五岁（壹·8573）；

弟公乘

三岁（壹·2975）；

五岁（壹·2958，3284）；

六岁（壹·10530，10534）；

七岁（壹·10512，10542）；

八岁（壹·3072，10491）；

十岁（壹·2922）；

十二岁（壹·10511）；

侄子公乘

七岁（壹·3924，3946）；

十五岁（壹·3362）；

从子公乘

？岁（壹·3054）。①

又有"子士伍"、"弟士伍"以及仅写作"士伍"而可以明确为未成年人者：

---

① 高敏分析《长沙走马楼三国吴简·竹简〔壹〕》提供的资料，注意到"民户中的未成年者，不乏拥有'公乘'爵者"，所录"民户中未成年人拥有'公乘'爵的竹简"15 例，并说明"不是同类竹简的全部"。《从〈长沙走马楼三国吴简·竹简·壹〉看孙权时期的赐爵制度实况》，《中州学刊》2005 年第 4 期。

子士伍

三岁（壹·2646）；

七岁（壹·2585）；

九岁（壹·7645）；

弟士伍

二岁（壹·2602）；

三岁（壹·2658）；

五岁（壹·7706，8944）；

十岁（壹·2603，10390）；

士伍

四岁（壹·7644）；

五岁（壹·7644）；

六岁（壹·7645）。

"士伍"或写作"仕伍"。[①]《长沙走马楼三国吴简·竹简〔贰〕》亦可见以上身份标示形式，又有"子男公乘"、"男弟公乘"、"男侄公乘"、"兄子公乘"、"妻弟公乘"、"姑弟公乘"、"孙公乘"等：

子公乘

三岁（壹·2734）；

七岁（壹·6646）；

十岁（壹·1591，1774，1938，2017）；

十一岁（壹·1780，2410）；

十二岁（壹·6773）；

十三岁（壹·1544，1719）；

十四岁（壹·6917）；

十五岁（壹·1741，1776）；

子男公乘

十二岁（壹·1858）；

十四岁（壹·7356）；

[①]《长沙走马楼三国吴简·竹简〔壹〕》。

弟公乘（男弟公乘）

六岁（壹·3381）；

七岁（壹·2038，2217，7538）；

八岁（壹·4548）；

九岁（壹·1839）；

十岁（壹·1591）；

十一岁（壹·1694，1733，1934，1976，2688，7102）；

十二岁（壹·1654，1858，1885，2272，2367，6714）；

十三岁（壹·1598，1962，2359）；

十四岁（壹·1639，6917）；

十五岁（壹·1609，1909）；

侄子公乘

四岁（壹·4176）；

十岁（壹·1807）；

十一岁（壹·1757）；

十三岁（壹·1749）；

十四岁（壹·2155）；

男侄公乘

十一岁（壹·1942）；

十五岁（壹·2078）；

兄子公乘

十五岁（壹·6742）；

妻弟公乘

十五岁（壹·6966）；

姑弟公乘

十二岁（壹·1769）；

孙公乘

十三岁（壹·2470）。

简贰·5097"☒☒公乘梨年七岁☒"，也是未成年"公乘"。"士伍"身份则除上述称谓外，又可见"子男士伍"、"男士伍"、"侄子士伍"、"侄士伍"、"兄子士伍"、"孙士伍"、"孙子士伍"等：

子士伍

一岁（壹·1848）；

二岁（壹·2045，2123，2288）；

三岁（壹·1575，1628，1684，1813，1920，2413，2664，7596）；

四岁（壹·1631，1799，1832，1843，1870，1896，1927，1974，2185）；

五岁（壹·1745，1838，1926，2124，2126）；

六岁（壹·1631，2118，2148，2495）；

七岁（壹·1649，1860，2007，2066，2098，2109，2407，2661，6737[①]，7388）；

八岁（壹·1760，1893，2290，6762）；

九岁（壹·1586，1912，2012，2293，2408，2428）；

十岁（壹·2104）；

十二岁（壹·2221）；

子男士伍

二岁（壹·2441）；

四岁（壹·2052）；

五岁（壹·1538）；

八岁（壹·1558，2063）；

男士伍

八岁（壹·2072）；

弟士伍（男弟士伍）

一岁（壹·1609，1966，2008，2081）；

二岁（壹·1607，1690，1715，1828，2103，2383）；

三岁（壹·1563，1643，1844，1918，1919，1963，1966，2118，2412，2440，2646，2685，7596）；

四岁（壹·1547，1607，1618，1620，1631，1638，1662，1721，1726，1735，1789，1865，1896，1923，2086，2101，2103，2164，2495，2550）；

---

① 简文写作"士五"。

五岁（壹·1537，1558，1752，1779，1930，1976，1979，2108，2188，2204，2355，2612，7379，7537）；

六岁（壹·1565，1619，1774，1789，1853，1965，1967，1979，2008，2053，2086，2114，2249，2366，2393，2443，3381，6701，7549，7703，7965）；

七岁（壹·1559，1586，1634，1648，1693，1716，1842，1891，1912，2435，2493）；

八岁（壹·1665，1718，1913，1994，2086，2211，2337，2392，6801，7510）；

九岁（壹·1569，1581，1615，1619，1638，1668，1813，1845，1878，2017，2019，2383，2530）；

侄子士伍

三岁（壹·1765）；

四岁（壹·1561，2323，2373，2440，2557）；

五岁（壹·1627，1744，2044，2094，2200，2291）；

七岁（壹·1601，1614，1683，2108）

八岁（壹·1559，1901，2089）；

九岁（壹·1716，2293）；

十二岁（壹·1828）；

侄士伍（男侄士伍）

七岁（壹·2120）；

八岁（壹·1845）；

兄子士伍

□岁（壹·1988）；

从弟士伍

四岁（壹·1758）；

□士伍

一岁（壹·2038）；

三岁（壹·2573）；

四岁（壹·1969，2470）；

五岁（壹·2622）；

九岁（壹·1918）；

十四岁（壹·2315）；

孙士伍

四岁（壹·1955）；

五岁（壹·1952）；

孙子士伍

七岁（壹·1640）；

十岁（壹·2104）。

"士伍"在二十等爵之外。《汉官旧仪》卷下："秦制二十爵。男子赐爵，一级以上有罪以减，年五十六免。无爵为士伍，年六十乃免老，有罪各尽其刑。"①《史记·秦本纪》："（秦昭襄王）五十年十月，武安君白起有罪，为士伍，迁阴密。"裴骃《集解》："如淳曰：'尝有爵而以罪夺爵，皆称士伍。'"②《史记·淮南衡山列传》："士五开章等七十人与棘蒲侯太子奇谋反。"裴骃《集解》引如淳曰："律'有罪失官爵称士五'者也。"③"士伍"似乎相当于军中较一般"战士"地位稍高的上等兵。④ 在汉代社会结构的等级层次中，"士伍"虽然是无爵者，但是地位高于普通"庶人"。张家山汉简《二年律令·户律》："关内侯九十五顷，大庶长九十顷，驷车庶长八十八顷，大上造八十六顷，少上造八十四顷，右更八十二顷，中更八十（310）顷，左更七十八顷，右庶长七十六顷，左庶长七十四顷，五大夫廿五顷，公乘廿顷，公大夫九顷，官大夫七顷，大夫五顷，不（311）更四顷，簪裹三顷，上造

---

① 文渊阁《四库全书》本。
② 《史记》卷五，第214、217页。又《史记·白起王翦列传》："免武安君为士伍，迁之阴密。"第2337页。〔明〕董说《七国考》卷一二"士伍"条："《史记》昭襄王五十年十月，武安君有罪为士伍，迁阴密。如淳曰：尝有爵而以罪夺爵，谓之士伍。自二级以上有刑罪则贬爵，自一级以下有刑罪则矣。"清守山阁丛书本。《焦氏易林》卷四《巽·震》："日月运行，一寒一暑。荣宠赫赫，不可得保。颠陨坠堕，更为士伍。"又《中孚·晋》："日月运行，一寒一暑。荣光赫赫，不可得保。颠踬殒坠，更为士伍。"也说到这一情形。中华书局1985年1月影印《丛书集成初编》本，第268、290页。
③ 《史记》，第3077页。
④ 《太平御览》卷三三四引《魏武军令·船战令》曰："雷鼓一通，吏士皆严。再通，士伍皆就船，整持橹棹，战士各持兵器就船，各当其所。幡鼓各随将所载船。鼓三通，大小战船以次发，左不得至右，右不得至左，前后不得易处。违令者斩。"第1536页。

二顷，公士一顷半顷，公卒、士五（伍）、庶人各一顷，司寇、隐官各五十亩。（312）"① "士五"，正与"☐☐子士五年七岁　☐"（贰·6737）②相同。有学者注意到走马楼竹简中的"士伍"，以为："汉代'士伍'，是指无爵或失去爵位的人；三国的'士伍'称谓，则是世袭兵。这里的'士伍'，书写在本来是爵位的地方，与'真吏'标注位置不同，未必就是三国时期的兵户。"③ 没有将未成年"士伍"与未成年"公乘"联系起来考虑，似有不妥。

2."小男"得爵情形

日本学者西嶋定生研究秦汉爵制，曾经注意到"对男子的赐爵，从小男之际业已开始"的情形，并以文献资料和简牍资料结合起来论证："大凡赐爵之事，并不把年少者拒之门外的。"④ 现在我们对赐爵未成年人的形式的了解，有了更好的条件。高敏指出："民户中未成年人之获得'公乘'爵者人数不少，他们之中年龄最小者五岁，最大者十三岁。⑤ 这些人如此年轻何以能获得第八级'公乘'呢？显然是其父辈因为多次获得赐爵通过爵可累计而超过'公乘'爵级时转移给其兄弟、子侄的结果。《后汉书》卷二《明帝纪》即明确规定：'其赐天下男子爵，人二级；三老、孝悌、力田、人三级；爵过公乘，得移与子、若同产、同产子……'同书卷三《章帝纪》也说：'（永平）十八年冬十月丁未，大赦天下。赐民爵，人二级；为父后及孝悌、力田，人三级……爵过公乘，得移与子若同产子。'为了防止民户因赐爵而获得免役的特权，就制定了'民爵不得过公乘'的规定。超过部分就转给其兄弟、儿子及侄子。孙吴时期在长沙郡实行赐民爵制的过程中，明显地继承了东汉明帝、章帝时的规定，但民户转移其爵级给其子弟者众多，以致民户中未成年者获得'公乘'爵

---

① 张家山二四七号汉墓竹简整理小组：《张家山汉墓竹简〔二四七号墓〕》（释文修订本），文物出版社2001年11月版，第52页。
② 《长沙走马楼三国吴简·竹简〔贰〕》，下册第854页。
③ 张荣强：《孙吴简中的户籍文书》，《历史研究》2006年第4期。
④ ［日］西嶋定生：《二十等爵制》，武尚清译，国际文化出版公司1992年8月版，第195页。
⑤ 今按：实际上最小三岁，最大十五岁。

者大有人在，实则表明三国时期的吴国'赐民爵'之滥，其本身就是毫无价值的一种表明。"①

不过，这样的分析，似未可说明未成年"士伍"密集出现的情形以及未成年"公乘"和未成年"士伍"的关系。也许导致这些现象发生的社会因素，还要更复杂一些。

走马楼简例所见涉及未成年人"公乘"、"士伍"等级的这些相关身份，与里耶简所见"小上造"可能有类似的性质。

3. 里耶秦简"小上造"

据《里耶发掘报告》介绍，里耶发现的"户籍简牍"，"文字具有秦和汉初的古隶特点"，"其内容是户籍登记"。②

其中可见"小上造"称谓，值得我们注意。例如：

1（K27）
第一栏：南阳户人荆不更蛮强
第二栏：妻曰嗛
第三栏：子小上造□
第四栏：子小女子驼
第五栏：臣曰聚
　　　　伍长

2（K1/25/50）
第一栏：南阳户人荆不更黄得
第二栏：妻曰嗛
第三栏：子小上造台
　　　　子小上造
　　　　子小上造定
第四栏：子小女虘

---

① 高敏：《从〈长沙走马楼三国吴简·竹简·壹〉看孙权时期的赐爵制度实况》，《中州学刊》2005年第4期。
② 湖南省文物考古研究所：《里耶发掘报告》，岳麓书社2007年1月版，第203、208页。

　　　　子小女移

　　　　子小女平

　　第五栏：五长

3（K43）

　　第一栏：南阳户人荆不更大□

　　　　弟不更庆

　　第二栏：妻曰嬽

　　　　庆妻规

　　第三栏：子小上造视

　　　　子小上造□

4（K28/29）

　　第一栏：南阳户人荆不更黄□

　　第二栏：妻曰负刍

　　第三栏：子小上造□

　　第四栏：子小女子女祠　毋室

5（K17）

　　第一栏：南阳户人荆不更黄□

　　　　子不更昌

　　第二栏：妻曰不实

　　第三栏：子小上造悍

　　　　子小上造

　　第四栏：子小女规

　　　　子小女移

《发掘报告》写道："第三栏为户主儿子之名，且前多冠以'小上造'，但简文中失载各人的年龄和身高，'小'是指未成年之小还是楚有爵称'小上造'不得而知。睡虎地秦简《秦律十八种·仓律》规定：'隶臣、城旦高不盈六尺五寸，隶妾、舂高不盈六尺二寸，皆为小。'即男性在6.5尺以下，女性在6.2尺以下都为'小'。居延汉简中'小'指14岁以下的未成年人。① 走马楼吴简中也把14岁以下的未成年人称为'小'。②""但简文中十数例均为'小上造'不至于都是未成年人之小,当有成年之子,故也有可能是楚有'小上造'之爵称。"又指出:"第四栏为户主女儿之名,一概称之为'子小女子'。"③ 所谓"户主女儿之名,一概称之为'子小女子'"的说法,其实并不十分准确。也有称作"子小女"的,如5号简。既然有"子小女"、"子小女子",则理应与此对应的"子小上造"不当理解为"楚有爵称'小上造'",实际上,很可能"'小'是指未成年之小"。居延汉简资料所见"小男"、"小女"④,应当是与里耶简的"小上造"、"小女子"(或"小女")相对应的。

发掘报告执笔者以为,"简文中十数例均为'小上造'不至于都是未成年人之小,当有成年之子,故也有可能是楚有'小上造'之爵称"。这种推想可能未必成立。如9号简:

第一栏:南阳户人荆不更繺喜
　　　　子不更衍
第二栏:妻大女子媯
　　　　隶大女子华
第三栏:子小上造章
　　　　子小上造
第四栏:子小女子赵
　　　　子小女子见

第一栏的"子不更衍",应当就是"成年之子"。如果这种"户籍简牍"文例严格,则第三栏不当出现"成年之子",那么"简文中十数例均为'小上造'不至于都是未成年人之小,当有成年之子"的说法,看来并不符合事实。

---

① 原注:"森鹿三著,金立新译:《论居延出土的卒家属廪名册》,载中国社会科学院历史研究所战国秦汉史研究室编:《简牍译丛》第1辑,中国社会科学出版社1983年。"
② 原注:"于振波:《'筭'与'事'——走马楼户籍简所反映的算赋和徭役》,《汉学研究》22卷2期,2004年。"
③ 《里耶发掘报告》,第208—209页。
④ 王子今:《两汉社会的"小男""小女"》,《清华大学学报》2008年第1期。

4. 张家山汉简"小爵"

张家山汉简《二年律令·傅律》中关于"小爵"的内容值得我们注意：

> 不更以下子年廿岁，大夫以上至五大夫子及小爵不更以下至上造年廿二岁，卿以上子及小爵大夫以上年廿四岁，皆傅之。公士、（364）
>
> 公卒及士五（伍）、司寇、隐官子，皆为士五（伍）。畴官各从其父畴，有学师者学之。（365）

整理小组注释："小爵，从律文看，指有爵的青年。"[1] 有的学者则释"小爵"为二十等爵中最低的四个等级。[2] 刘敏指出，"小爵是有年龄或身高规定的傅籍法律条文中的特殊名词，它不是二十等爵中一至四等爵的总称，而是未傅籍成人者占有的爵位，其存在与汉代的傅籍制度、力役制度、封爵制度和继承制度有关"。对简文则作出如下解说："具有四等不更以下爵者之子，二十岁傅籍；具有五等大夫至九等五大夫爵者之子，以及本人具有小爵不更以下至二等上造的未成年人，二十二岁傅籍；具有卿以上爵者之子，以及本人具有小爵大夫以上的未成年人，二十四岁傅籍。"[3] 所谓"小爵""指有爵的青年"的说法是不准确的，"小爵""是未傅籍成人者占有的爵位"的说法亦不严谨。似应说"小爵"是未成年人所有的爵位。《春秋繁露·爵国》："有大功德者受大爵士，功德小者受小爵士。""爵士"或作"爵土"。[4] 通常理解大小爵的区别在于级次高低，张家山汉简"小爵"简文提示学界对"小爵"涵义进行新的探索，

---

[1] 《张家山汉墓竹简〔二四七号墓〕》（释文修订本），第58—59页。

[2] 朱绍侯：《西汉初年军功爵制的等级划分——〈二年律令〉与军功爵制研究之一》，《河南大学学报》2002年第5期。

[3] 刘敏：《张家山汉简"小爵"臆释》，《中国史研究》2004年第3期；中国社会科学院简帛研究中心编：《张家山汉简〈二年律令〉研究文集》，广西师范大学出版社2007年6月版，第94—104页。

[4] 清《武英殿聚珍版丛书》本作"有大功德者受大爵士，功德小者受小爵士"。

也体现了出土文献提供历史文化信息的重要性。

里耶户籍简所见"小上造",或许可以为张家山汉简《二年律令·傅律》"小爵"的理解提供助证。其中相关信息已经告知我们,"小爵""其存在与汉代的傅籍制度、力役制度、封爵制度和继承制度有关"的判断,已经有修正的必要了。如果同意里耶户籍简属于秦代遗存的年代判定,则应当关注"小爵""其存在"可上推至秦代的事实。①

其实,不仅里耶户籍简反映秦时甚至包括战国时期的楚地可能已经有"小爵"制度,走马楼简中的有关信息,又说明这种制度甚至在三国吴地依然保留着历史遗存。

5. 身份继承与"爵位""控制"

关于《里耶发掘报告》记录"子小上造"的户籍简有这样的讨论意见:"承于振波先生分析并告知:张家山汉墓《二年律令·置后律》:'疾死置后者……不更子为上造。'② 简文中爵位为不更的户主并未去世,而且即便户主去世,也只能有后子一人为上造,不可能同为上造。据《二年律令·傅律》:'不更子以下年廿岁……皆傅之';'不为后而傅者……不更至上造子为公卒'③。简文中的'子'均为'子小上造',如果将'小'理解为未到傅籍年龄的'小',他们不得有爵位,即便到了傅籍年龄,如2号简户主有三个儿子,至少应该有两个儿子为'公卒',不可能都是'上造'。简文所记与西汉初年法律规定的情况相去甚远。秦时对爵位的控制相当严格,简文所反映的情况当不可能发生。众所周知,频繁且大规模赐爵主要发生在汉文帝以后,但是,说这批简属于汉文帝以后证据也不充分,首先,汉简名籍在使用'大'、'小'等表示年龄的名称时,

---

① 王子今:《试说里耶户籍简所见"小上造""小女子"》,《出土文献》第1辑,中西书局2010年8月版;《2007中国简帛学国际论坛论文集》,台湾大学中国文学系2011年12月。

② 原注:"张家山二四七号汉墓整理小组:《张家山汉墓竹简》,文物出版社,2001年,第182页。"今按:"张家山二四七号汉墓整理小组"应为"张家山二四七号汉墓竹简整理小组"。简文"不更子为上造",应为"不更后子为上造"。

③ 原注:"张家山二四七号汉墓整理小组:《张家山汉墓竹简》,文物出版社,2001年,第1175页。"今按:"张家山二四七号汉墓整理小组"漏排"竹简"二字,"第1175页"应为"第182页"。

一般也同时标明具体年龄，而这些简无一人标明年龄。其次，这批简的爵位也过于整齐划一，所有男子，无论是否成年，都有爵位，而且除一例爵位为大夫而外（第17号简），其余都为上造和不更，令人不解；户人爵位前的'荆'字，应该有其特定的含义，值得研究。"①

关于《里耶发掘报告》"所有男子，无论是否成年，都有爵位，而且除一例爵位为大夫而外（第17号简），其余都为上造和不更"的说法，由简1第五栏所谓"臣曰聚"可知，此说不确。上文已经说到，据简文所见"荆不更"和"荆大夫"称谓，已大致可以排除"这批简属于汉文帝以后"的可能。

关于是否必须"户主""去世"其身份方可继承，是否"即便户主去世，也只能有后子一人为上造，不可能同为上造"，走马楼简未成年"公乘"、"士伍"身份也许有益于我们的思考。

看来不同的时期，不同的地区，身份继承制度的具体情形是相当复杂的。然而，现在相关资料提供的信息，尚难以使历史景象十分明朗。显然全面理解未成年人有爵级现象及其包含的文化信息，还需要进行深入的工作。而进一步的学术探讨，是有助于深化对于秦汉三国时期未成年人生活的认识的。

---

① 《里耶发掘报告》，第209页。

关于走马楼简文"小口"

走马楼竹简所见"小口"称谓,透露出了反映赋税史、财政史乃至社会生活史的新信息,对于认识未成年人在社会结构中的地位,也是有益的。"小口"一语见于《魏志》管辂故事,可知"小口"是当时通行称谓。"大小口有差"的制度,在战国秦汉已经出现,历朝有所继承。由于资料所限,我们目前尚无法确知走马楼竹简"小口"与"大口"的年龄界定。或许可以通过走马楼竹简所见"小女"的年龄分析,获得参考信息。看来,"小女"与"大女"的年龄界点应当在十五岁左右。如果我们推想"小口"与"大口"的界定也是如此,或许不会有大的差误。这一情形,当是继承了汉代社会关于不同年龄段人群有不同的社会责任和社会权利的观念。

1. "小口"与"大小口有差"制度

《长沙走马楼三国吴简·竹简〔贰〕》中编号为4408的简文可见"小口"称谓。整理者释文:

(1) ·其五百六十一人小口(?)收钱五合三千二百八十钱

整理者注:"'口'字或释为重文号。据简文五百六十一人每人收钱五钱,合计应为二千八百五钱。"[①] 仔细观察图版,第9字不当"释为重文号",释文应作:"·其五百六十一人小口收钱五合三千二百八十钱。"

---

① 长沙简牍博物馆、中国文物研究所、北京大学历史学系走马楼简牍整理组编著:《长沙走马楼三国吴简·竹简〔贰〕》,文物出版社2007年1月版,中册第390页,下册第806页。

内容类似的简文，又见于《长沙走马楼三国吴简·竹简〔壹〕》的4436简。整理者释文：

(2) 其三百卅四人小口々收钱五合一千六百七十①

简（1）与简（2）比较，除脱写一重文号而外，文例完全一致。看来，整理者注"据简文五百六十一人每人收钱五钱，合计应为二千八百五钱"是有一定道理的。简（2）的数字即完全相合。如果不是我们于人数或钱数有误释字，那么似乎可以理解为书写者的错误。

简文所见"小口"，通过一种特殊称谓，也许透露出了反映赋税史、财政史乃至社会生活史的新信息，对于认识未成年人在社会结构中的地位，也是有益的。

汉代经济管理涉及人口时，本已有按照年龄段区分，即"大小口有差"的制度。《后汉书》卷六《顺帝纪》：

（阳嘉元年二月）丁巳，皇后谒高庙、光武庙，诏禀甘陵贫人，大小口有差。②

又如《后汉纪》卷二〇《孝质皇帝纪》"本初元年"：

三月庚申，诏曰："九江、广陵二郡，俱罹寇害，残夷最甚，民失农业，生者饥乏，死者委弃。昔之为政，一物不得其所，若已有之。今我元元婴此饥馑，方春赈贷掩骼之时，其调邻郡见谷出禀，大小口各有差。"③

这是政府救济行为。而赋税的征收也有"大小口有差"的情形。例如

---

① 长沙简牍博物馆、中国文物研究所、北京大学历史学系走马楼简牍整理组编著：《长沙走马楼三国吴简·竹简〔壹〕》，文物出版社2003年10月版，上册第324页，下册第987页。
② 《后汉书》，第259页。
③ 张烈点校：《两汉纪》，中华书局2002年6月版，第386页。〔宋〕徐天麟《东汉会要》卷三〇《民政下·荒政下》："阳嘉元年二月，禀甘陵贫人，大小口各有差。"宋宝庆二年建宁刻本。汉质帝本初元年事，则只言"禀给贫羸"。

《后汉书》卷八六《南蛮传》记载：

> 平王东迁，蛮遂侵暴上国。晋文侯辅政，乃率蔡共侯击破之。至楚武王时，蛮与罗子共败楚师，杀其将屈瑕。庄王初立，民饥兵弱，复为所寇。楚师既振，然后乃服，自是遂属于楚。鄢陵之役，蛮与恭王合兵击晋。及吴起相悼王，南并蛮越，遂有洞庭、苍梧。秦昭王使白起伐楚，略取蛮夷，始置黔中郡。汉兴，改为武陵。岁令大人输布一匹，小口二丈，是谓賨布。虽时为寇盗，而不足为郡国患。①

岁输賨布，"大人输布一匹，小口二丈"，承担的经济负担有所不同。"大人"与"小口"的比率是2：1。②

所谓"大小口有差"，东汉时又曾经体现为奖励"送生口"的赏格。《后汉书》卷八五《东夷列传·高句骊》："诏曰：'遂成等桀逆无状，当斩断葅醢，以示百姓，幸会赦令，乞罪请降。鲜卑、濊貊连年寇钞，驱略小民，动以千数，而裁送数十百人，非向化之心也。自今已后，不与县官战斗而自以亲附送生口者，皆与赎直，缣人四十匹，小口半之。'"③ "皆与赎直"之"缣人四十匹，小口半之"，也是2：1的比率。

这种"大小口有差"的制度，历朝有所继承。

《南齐书》卷三《武帝纪》："（永明六年）八月乙卯，诏'吴兴、义兴水潦，被水之乡，赐痼疾笃癃口二斛，老疾一斛，小口五斗'。"④《宋史》卷一七八《食货志上·振恤》："凡借贷者，十家为甲，甲推其人为之首；五十家则择一通晓者为社首。每年正月，告示社首，下都结甲。其有逃军及无行之人，与有税钱衣食不阙者，并不得入甲。其应入甲者，又问其愿与不愿。愿者，开具一家大小口若干，大口一石，小口减半，五岁以下不预请。甲首加请一倍。社首审订虚实，取人人手书持赴本仓，再审无弊，然后排定。"⑤《元史》卷九六《食货志四·赈恤·水旱疫疠赈贷

---

① 《后汉书》，第2831页。
② 《说文·匸部》："匹，四丈也。"《说文解字》，中华书局1963年12月版，第267页。《汉书》卷二四下《食货志下》："布帛广二尺二寸为幅，长四丈为匹。"1149页。
③ 《后汉书》，第2815页。
④ 《南齐书》，第55页。
⑤ 《宋史》，第4342页。

之制》:"(至元二十四年)七月,以粮给诸王阿只吉部贫民,大口二斗,小口一斗。"《元史》卷九六《食货志四·赈恤·京师赈粜之制》:"赈粜粮多为豪强嗜利之徒,用计巧取,弗能周及贫民。于是令有司籍两京贫乏户口之数,置半印号簿文贴,各书其姓名口数,逐月对贴以给。大口三斗,小口半之。其价视赈粜之直,三分常减其一,与赈粜并行。"①《明史》卷七八《食货志二·赋役·振米之法》:"振米之法,明初,大口六斗,小口三斗,五岁以下不与。永乐以后,减其数。"②"大口"和"小口"享受救恤的数额比,也是2:1。又《明史》卷八○《食货志四·盐法》:"初,诸王府则就近地支盐,官民户口食盐皆计口纳钞,自行关支。而官吏食盐多冒增口数,有一官支二千余斤,一吏支五百余斤者。乃限吏典不得过十口,文武官不过三十口,大口钞十二贯支盐十二斤,小口半之。"③《明史》卷八一《食货志五·钱钞》:"大口月食盐一斤,纳钞一贯,小口半之。"④盐的配给,也取2:1的比率。《清史稿》卷四七九《循吏列传四·陈崇砥》记载,"畿南久苦旱,赈难普及","(大名知府陈)崇砥议有田十亩以上者不赈;极贫,大口钱千,小口半之,壮者不给。先编保甲,造细册,不曰赈而曰贷。事毕,奏请蠲贷,民安之"。⑤所谓"大口钱千,小口半之",比率亦同。

《名臣经济录》卷二四丘濬《愍民之穷一》说到国家主持的社会救济形式:"宋崇宁元年诏诸路置安济坊。绍兴二年诏临安府置养济院。臣按前此惠民之政及于无告者,往往因事而行。其置为院场以专惠之者,始见于此我太祖开基之五年。诏天下郡县立孤老院,凡民之孤独残疾不能自生者,许入院,官为赡养。每人月米三斗,薪三十斤,冬夏布一匹,小口给三分之二。"⑥"小口"与"每人"定额的比率是3:2。《清史稿》卷二九一《许容传》记载:"乾隆元年,固原、环二县歉收,(许)容请借给贫民三月口粮,大口日三合,小口日二合。"⑦比率也是3:2。

---

① 《元史》,中华书局1976年4月版,第2474—2476页。
② 《明史》,中华书局1974年4月版,第1915页。
③ 同上书,第1946页。
④ 同上书,第1964页。
⑤ 《清史稿》,第13073页。
⑥ 文渊阁《四库全书》本。
⑦ 《清史稿》,第10299页。

《清史稿》卷三八五《彭蕴章传》："本年海运多于上年，可将兵米酌量加增。又各营养育兵及鳏寡孤独小口米不过四万余名，每名岁支一石六斗，拟请此项酌给米，毋庸折色。"① 可知清代军营"兵米"供应有"小口米"制度。不过，这一制度的具体细节我们尚不能明确。

对于"小口"的救济额度，所谓"小口半之"或者"小口给三分之二"，或许并不能充分满足实际需求。于是在行政操作中有更为宽惠的表现。如《元史》卷一三四《唐仁祖传》记载："辽阳饥，奉旨偕近侍速哥、左丞忻都往赈，忻都欲如户籍口数大小给之，仁祖曰：'不可，昔籍之小口，今已大矣，可偕以大口给之。'忻都曰：'若要善名，而陷我于恶邪！'仁祖笑曰：'吾二人善恶，众已的知，岂至是而始要名哉！我知为国恤民而已，何恤尔言。'卒以大口给之。"② 对于户籍记载的"小口"，实际上"偕以大口给之"。

所谓"户籍口数大小"，可能是长期的制度。于是有以"大小口"或"男妇大小口"总称户口数字的情形。③

现在看来，除了《后汉书》卷八六《南蛮传》有关岁输賨布，"大人输布一匹，小口二丈"的记录而外，尚少见赋税征收时推行"大小口有差"制度的其他迹象。因此走马楼竹简"小口收钱五"、"小口々收钱五"的资料十分可贵。幸运的是，我们于《长沙走马楼三国吴简·竹简〔壹〕》的4464简，又看到了体现"大口々收钱"额度的简文：

（3） 其六百八人大口々收钱廿八合一万七千廿四钱④

这样，"大口"和"小口"征收的比率为5.6∶1。

---

① 《清史稿》，第11683页。
② 《元史》，第3254页。
③ 如《太平御览》卷七八七引《晋起居注》曰："太熙元年正月，牟奴等国大小口十七万九千余人，各遣正副使诣护。东夷校尉何龛上献方物。"第3485页。《清史稿》卷七一《地理志十八·台湾》："省在福建东南五百四十里，西北距京师七千二百五十里，东界海；西界澎湖岛；南界矶头海；北界基隆城海；广百里，袤一千八百里。《一统志》载户口原额人丁一万八千八百二十七，滋生男妇大小口共一百七十八万六千八百八十三，户二十二万四千六百四十六。领府三、州一、厅三、县十一。"第2265页。
④ 长沙简牍博物馆、中国文物研究所、北京大学历史学系走马楼简牍整理组编著：《长沙走马楼三国吴简·竹简〔壹〕》，上册第327页，下册第987页。

2."小口"与"口钱"征收

我们不清楚这种形式"收钱"的正式名目。既然按"口"征收,"小口"也不能幸免,则很自然地使人联想到"口钱"。《汉书》卷七《昭帝纪》:"(元凤四年)毋收四年、五年口赋。"颜师古注:"如淳曰:'《汉仪注》:民年七岁至十四出口赋钱,人二十三。二十钱以食天子,其三钱者,武帝加口钱以补车骑马。'"①《汉书》卷八《宣帝纪》:五凤三年三月诏:"减天下口钱。"②《汉书》卷七二《贡禹传》:"(贡)禹以为古民亡赋算口钱,起武帝征伐四夷,重赋于民,民产子三岁则出口钱,故民重困,至于生子辄杀,甚可悲痛。宜令儿七岁去齿乃出口钱,年二十乃算。""天子下其议,令民产子七岁乃出口钱,自此始。"③ 可见,西汉时期,口钱的征收年龄和征收数额都是有变化的。我们在这里也无从对走马楼竹简所见"小口"论定其年龄起止。因为走马楼竹简未见这种征收形式的正式的钱名,或许也可能属于"杂钱"。

在中国传统社会,社会权利和社会义务是对应的。据如淳引《汉仪注》,"民年七岁"以下不收"口赋钱",《贡禹传》说,汉武帝至汉昭帝时代曾经有"民产子三岁则出口钱"至"令儿七岁去齿乃出口钱"的转变。居延汉简所见"使男"、"使女"与"未使男"、"未使女"的区别,也体现了相关制度。前引《宋史》卷一七八《食货志上·振恤》说,"凡借贷者,十家为甲"制度,有"开具一家大小口若干,大口一石,小口减半,五岁以下不预请"的规定。走马楼竹简所见"小口",也可能有若干岁以下不征收"小口收钱五"、"小口々收钱五"的规定,只是具体情形我们目前尚未能确知。

《长沙走马楼三国吴简·竹简〔壹〕》可见如下简例:

(4)其九千二年算钱(壹·5245)

(5)承三月旦簿余嘉禾二年算钱九千九百一十(壹·5269)

---

① 《汉书》,第229页。
② 同上书,第267页。
③ 同上书,第3079页。

整理者两处注文，均以为："'筭'上应脱'口'字。"① 这样的意见也许并不正确。《长沙走马楼三国吴简·竹简〔壹〕》中是有只说筭钱的简例的。如："其二百五十二人筭人收钱一百廿合三万二百卌"（壹·4980），"其百廿人筭人收钱百卌 ☒"（壹·9791）。也有只说口钱的，如："右入 故 郡 吏☐☐☐口钱一万。"（壹·2756）②

3. "小口"年龄界定

由于资料所限，我们目前尚无法确定走马楼竹简"小口"与"大口"的年龄界定。或许可以通过走马楼竹简所见"小女"的年龄分析，获得参考信息。与河西汉简多见"小男"、"小女"称谓不同，走马楼竹简现今所获得的资料多见"小女"，少见"小男"。这一问题可以另文讨论。《长沙走马楼三国吴简·竹简〔壹〕》可见"小女"年龄等次，自一岁至十一岁比较密集，又有十四岁（壹·10500）和十五岁（壹·3962）各一例。而"大女"多有十五岁者（壹·2873，2933，2983，2991，3325，3328），又有十四岁一例："☒☐妻大女姑年 十 四。"（壹·5495）③ 其中"妻"字引人注目。《长沙走马楼三国吴简·竹简〔贰〕》所见"小女"年龄，自二岁至十岁数量甚多，又有十五岁一例（贰·7330），十四岁三例（贰·3295，4773，6797）。④ 而"大女"有十三四岁者，如"康小妻大女端年十三"（贰·3115），"斗小妻大女物年十四"（贰·4424），身份都是"小妻"。⑤《长沙走马楼三国吴简·竹简〔壹〕》的十五岁"大女"，亦均为"某妻大女某"即已婚女子。大约一旦出嫁，即失去了"小

---

① 长沙简牍博物馆、中国文物研究所、北京大学历史学系走马楼简牍整理组编著：《长沙走马楼三国吴简·竹简〔壹〕》，文物出版社2003年10月版，上册第385、388页，下册第1004页。

② 同上书，上册第356页，中册第815页，上册第195页，下册第998、1096、951页。

③ 又有："子小女国年廿八筭一肿两足复"（壹·2941），或许"小女"身份保留至廿八岁与"肿两足"有关。

④ 又有："丘子小女☐年十九筭一"（贰·2925），也是特例。简文缺字或许有说明缘由的内容。

⑤ 参见王子今《论走马楼简所见"小妻"——兼说两汉三国社会的多妻现象》，《学术月刊》2004年第10期，收入《古史性别研究丛稿》，社会科学文献出版社2004年12月版，第254—265页。

女"身份。这样看来,"小女"与"大女"的年龄界点应当在十五岁左右。如果我们推想"小口"与"大口"的界定也是如此,或许不会有大的差误。

汉代制度,"小男"、"小女"的年龄终点正是十五岁。彭卫、杨振红指出,"据居延汉简,官方对儿童尚有特定指称。简牍文书载录的年龄分层是:大男和大女,年龄在 15 岁以上;使男和使女,年龄在 7 岁至 14 岁;未使男和未使女,年龄在 2 岁至 6 岁。又据《居延新简》收录的简文,汉代尚有'小男'和'小女'概念,分别包括使男、未使男和使女、未使女。按照政府对各个年龄层所赋予的责任,大男和大女属于成年人,小男和小女属于未成年人,这意味着汉代政府有把成人年龄提早的倾向,年龄 15 岁以上的成童不仅要承担赋役,还要承担相应的法律责任。当时流行的'年未满十五,过恶不在其身'的观念①,当与此有关"。② 其实,所谓"又据《居延新简》收录的简文,汉代尚有'小男'和'小女'概念"的说法,似并不符合事实。《居延汉简甲乙编》中已经可以看到"'小男'和'小女'概念"。例如:

永光四年正月己酉　　妻大女昭武万岁里□□年卅二
橐佗吞胡隧长张彭祖符　子大男辅年十九岁
　　　　　　　　　　子小男广宗年十二岁　　皆黑色③
　　　　　　　　　　子小女女足年九岁
　　　　　　　　　　辅妻南来年十五岁

永田英正、张春树、池田温等学者都曾提出"大男"、"大女"年龄为 15 岁以上的意见。④ 张家山汉简《二年律令》中的《金布律》出现

---

① 原注:"《后汉书·来歙列传附曾孙历》。"
② 彭卫、杨振红:《中国风俗通史·秦汉卷》,上海文艺出版社 2002 年 3 月版,第 354 页。
③ 中国社会科学院考古研究所编:《居延汉简甲乙编》,中华书局 1980 年 12 月版,下册第 18 页。
④ [日]永田英正:《居延汉简研究》,张学锋译,广西师范大学出版社 2007 年 7 月版,第 137 页;张春树:《居延汉简中所见的汉代边塞制度》,《清华学报》新 5 卷 2 期,1966 年,第 154—269 页;[日]池田温:《中国古代籍帐研究》,龚泽铣译,中华书局 2007 年 5 月版,第 35 页。

"大男"、"大女"、"使小男"、"使小女"、"未使小男"、"未使小女"的称谓，也说明了"小男"和"小女"概念应分别包括"使男"、"未使男"和"使女"、"未使女"的观点是正确的。① 走马楼竹简"大口"与"小口"的年龄如果确实以十五岁为区分，当是继承了汉代社会关于不同年龄段人群有不同的社会责任和社会权利的观念。

---

① 王子今：《两汉社会的"小男""小女"》，《清华大学学报》2008年第1期。

走马楼竹简"细小"文例

走马楼竹简行政文书中可见"细小"字样。分析简文内容，可知是体征记录，应与当时赋役管理政策有关。其关注点，主要在于未成年人。分析相关现象，有益于更方便地理解当时社会生活的具体情景。对于秦汉三国时期国家制度与社会礼俗的研究，也可以因此得到更充实的资料条件。

1."户口簿籍"中的"细小"

《长沙走马楼二十二号井发掘报告》介绍"关于户口簿籍内容的简牍"时，举列如下简文：

> 广成乡劝农掾区光言：被书条列州吏父兄子弟伏处人名年纪为簿。辄隐核乡界，州吏七人，父兄子弟合廿三人。其四人刑踵聋颐病，一人夜病物故，四人真身已逸及随本主在官，十二人细小，一人限田，一人先出给县吏。隐核人名年纪相应，无有遗脱。若后为他官所觉，光自坐。嘉禾四年八月廿六日，破莂保据。①

"十二人细小"，与"其四人刑踵聋颐病，一人夜病物故，四人真身已逸及随本主在官"，"一人限田，一人先出给县吏"并列。

《长沙走马楼三国吴简·竹简〔壹〕》未见"细小"简文。出现于《长沙走马楼三国吴简·竹简〔贰〕》和《长沙走马楼三国吴简·竹简

---

① 长沙市文物考古研究所、中国文物研究所、北京大学历史学系走马楼简牍整理组编著：《长沙走马楼三国吴简·嘉禾吏民田家莂》，文物出版社1999年9月版，上册第32页。

走马楼竹简"细小"文例　　295

〔叁〕》的简例辑录如下。

(1) 亮男弟大年十三细小（贰·6649）

(2) ·……大男成年十四细小随□属移居湘西县为口（贰·6708）

(3) ·其廿八人细小……（贰·6711）

(4) ·虚外孙子男吉年五岁细小　▪（贰·6715）

(5) ☒男弟盍年六岁细小　　中（贰·6853）

(6) □子男奴年四岁细小☒（贰·6878）

(7) ·毡子男麦年三岁细小（贰·6879）

(8) ☒岁细小□中（贰·6948）

(9) ·□男弟原年十二细小　　☒（贰·7045）

(10) ·典子男思（？）年六岁细小　　中（贰·7089）

(11) □子男甲年十岁细小□□　　▪（贰·7348）

(12) 当（？）男弟秃年十一细小　　☒（贰·7456）

(13) ☒□□□细小☒（贰·8162）

(14) ☒真身送官八人细小七人假（？）下户民以自代谨条列☒（贰·8977）

(15) 和（？）男弟苌年十三　细小　中（叁·187）

(16) ……年□一细小（叁·234）

(17) 盛男弟野年十一　细小☒（叁·281）

(18) ☒□□儿年三岁细小（叁·1462）

(19) 平子男主年八岁细小□聋两耳随□在官（叁·1605）

(20) 嵩男弟盛年七岁细小　与嵩移居湘西县烝□（叁·1631）

(21) □子男自年四岁细小以嘉禾四年五月十日被病物故　中（叁·1670）

(22) 买侄子男来年六岁　　一名□　细小（叁·1674）

(23) □子男□年一岁细小……（叁·1679）

（24）圭男弟嵩年十二细小（叁·1761）

（25）□男弟叔年十二细小（叁·1765）

（26）嵩（?）子男徐（?）年六（?）岁细小（叁·1776）

（27）嵩男弟晖年十一细小（叁·1790）

（28）曹男弟骑年十一细小（叁·1796）

（29）□子男供年十四细小（叁·1809）

（30）□侄子男聪年七岁细小（叁·1812）

（31）囷（?）子男益年九岁细小（叁·1824）

（32）□男弟囊年□□细小（叁·1826）

（33）□子男□年五岁细小（叁·1827）

（34）孙男弟若年九岁细小（叁·1875）

（35）春兄子男秋年十岁细小（叁·2015）

（36）□兄子男得年八岁细小（叁·2021）

（37）卖男弟幼年十一细小（叁·2030）

（38）□男弟头年廿短细小（叁·2941）

（39）区男弟加年十二细小（叁·2944）

（40）□子男表年卅一细小（叁·2945）

（41）丞男弟当年十二细小（叁·2946）

（42）李男弟芺年十三细小（叁·2948）

（43）仪兄子男汝年十四细小随仪在官 ᴸ名海　中（叁·2950）

（44）□子男耿年七岁细小（叁·2960）

（45）□子男奇年三岁细小 ᴸ名阳　中（叁·2962）

（46）者男弟弈年七岁细小（叁·3004）

（47）其二人老钝细小（叁·3009）

（48）□子男□年十一细小（叁·3013）

（49）□子男怒年四岁细小（叁·3018）

（50）□兄子男进年十三细小　□前在官　中（叁·3021）

（51）☒□男弟金年七岁细小（叁·3031）

（52）春男弟虎年七岁细小☐ ☒ （叁·3036）

（53）☒男弟建年七岁细小……☒ （叁·3049）

（54）客男弟高年十一细小 （叁·3054）

（55）☒男弟山年二岁细小 （叁·3056）

（56）☒男弟众年四岁细小 （叁·3067）

（57）杨男弟使年十四细小随邪在武昌 （叁·3069）

（58）☒男弟漂年七岁细小 （叁·3809）

（59）☒兄子男儿年六岁细小 （叁·3815）

（60）☒细小　☐☒ （叁·5335）

（61）鼠子男☐年☐二细小 （叁·7820)①

对于其中有年龄标示的简例进行分别的统计，可知"细小"者大致有这样的年龄分布：

年一岁：（23）
年二岁：（55）
年三岁：（7）（18）（45）
年四岁：（6）（21）（49）（56）
年五岁：（4）（33）
年六岁：（5）（10）（22）（26）（59）
年七岁：（20）（30）（44）（46）（51）（52）（53）（58）
年八岁：（19）（36）
年九岁：（31）（34）
年十岁：（11）（35）②
年十一：（12）（17）（27）（28）（37）（48）（54）③

---

① 长沙简牍博物馆、中国文物研究所、北京大学历史学系走马楼简牍整理组编著：《长沙走马楼三国吴简·竹简〔叁〕》，文物出版社 2008 年 1 月版。

② （8）"☒岁细小☐中"，其年龄应不超过"十岁"。

③ （16）"……年☐一细小"很可能是"……年十一细小"。

年十二：(9)(24)(25)(39)(41)①
年十三：(1)(15)(42)(50)
年十四：(2)(29)(43)(57)
年廿：(38)
年卅一：(40)

从"年一岁"到"年十四"，每一年龄层都有分布，另外又有两例成年人"细小"者。② 其情形可以表列于下以便分析。

年龄	1	2	3	4	5	6	7	8	9	10	11	12	13	14	20	31
人数	1	2	3	4	2	5	8	2	2	2	7	5	4	4	1	1

此外，如下简例也可能可以归入出现"细小"字样竹简一类：

杨男弟使年十四 细 ☒ （贰·7222）
□□弟 仿 年六岁 细 □　　☒ （贰·7498）

"细"字后的缺字，很可能是"小"。

正如李均明、宋少华研究走马楼竹简论著所指出的，"居民构成诸要素中，最主要的是性别（分男、女），亦见于历代人口登记之史料"。举有《尹湾汉墓简牍·集簿》及《三国志》卷四八《吴书·三嗣主传》裴松之注引《晋阳秋》载王濬受降领有户口数。走马楼竹简所见"人口统计之分男、女"，有"定见人二百五十五人：其一百卅五人男、一百廿人女"（肆·574），"右定见□百七十七人：其一百八十五人男、一百九十二人女"（肆·654）。③ 人们会注意到，所有显示性别的简例，"细小"简文资料的主体都是男性。

---

① (61)"鼠子男□ 年 □二细小"很可能是"鼠子男□ 年 十 二细小"。
② (38)(40)察看图版，都不应是误释。
③ 李均明、宋少华：《〈长沙走马楼三国吴简〉竹简〔四〕内容解析八则》，《出土文献研究》第8辑，上海古籍出版社2007年11月版。

在明确显示年龄的"细小"者中，总数53例，从"年一岁"到"年十四"计51例，占总数的96.23%。大概正是注意到这一点，有学者以为"细小"是"指年小不堪役使"。① 按照走马楼竹简的习惯文式，应作"不任役"（肆·1792）。② 走马楼竹简又见"不任调"③、"不任调役"④简例，不过，都不包括"细小"情形。事实上，（38）（40）"年廿"和"年卅一"的两例，毕竟都已经是成年男子，即使"不堪役使"，也不是因为"年小"。

彭卫、杨振红曾指出，"据居延汉简，官方对儿童尚有特定指称。简牍文书载录的年龄分层是：大男和大女，年龄在15岁以上；使男和使女，年龄在7岁至14岁；未使男和未使女，年龄在2岁至6岁。又据《居延新简》收录的简文，汉代尚有'小男'和'小女'概念，分别包括使男、未使男和使女、未使女。按照政府对各个年龄层所赋予的责任，大男和大女属于成年人，小男和小女属于未成年人，这意味着汉代政府有把成人年龄提早的倾向，年龄15岁以上的成童不仅要承担赋役，还要承担相应的法律责任。当时流行的'年未满十五，过恶不在其身'的观念⑤，当与此有关"。⑥ 也许"这意味着汉代政府有把成人年龄提早的倾向"的说法还可以讨论，然而论者关于"大男和大女属于成年人，小男和小女属于未成年人"，"'小男'和'小女'概念，分别包括使男、未使男和使女、未使女"等意见，都是值得重视的。⑦ 我们看到的走马楼竹简中涉及"细

---

① 侯旭东：《长沙走马楼三国吴简两文书初探》，《历史研究》2001年第4期。
② 李均明、宋少华：《〈长沙走马楼三国吴简〉竹简〔四〕内容解析八则》，《出土文献研究》第8辑。
③ 如壹·4233，贰·2289，叁·4301，叁·6327，肆·533。
④ 如叁·6375。
⑤ 原注："《后汉书·来歙列传附曾孙历》。"
⑥ 彭卫、杨振红：《中国风俗通史·秦汉卷》，上海文艺出版社2002年3月版，第354—355页。
⑦ 永田英正、张春树、池田温等学者都曾提出"大男"、"大女"年龄为15岁以上的意见。［日］永田英正：《居延汉简研究》，张学锋译，广西师范大学出版社2007年7月版，第137页；张春树：《居延汉简中所见的汉代边塞制度》，《清华学报》新5卷2期，1966年，第154—269页；［日］池田温：《中国古代籍帐研究》，龚泽铣译，中华书局2007年5月版，第35页。其实，所谓"又据《居延新简》收录的简文，汉代尚有'小男'和'小女'概念"的说法，似并不符合事实。《居延汉简甲乙编》中已经可以看到"'小男'和'小女'概念"。参见王子今《两汉社会的"小男""小女"》，《清华大学学报》（哲学社会科学版）2008年第1期。

小"者最集中的简例，除（38）（40）"年廿"和"年卅一"情形特殊外，都在"年十四"之前，正好是在"年未满十五"的年龄段，值得研究者注意。然而这些年龄在15岁之下的未使男和未使女，以及使男和使女，本来就不是"役使"对象，似乎"细小"字样的注明，未必与"役使"有关。

所引（1）至（61）简，大多文例相同，都是"某某人年若干'细小'"。然而也有与此不同的简例。

比如，（21）"□子男自年四岁细小以嘉禾四年五月十日被病物故 中"是死亡记录。

又如（2）"·……大男成年 十 四细小随□ 属 移居湘西县为□"以及（20）" 嵩 男弟盛年七岁细小 与嵩移居湘西县烝口"，都说到"移居"情节。（20）所谓"烝口"，或许与"烝口仓"有关。①

"移居"过程的实现，有"随"某人（2）和"与"某人（20）两种。差异的出现，或许与（2）记录的"成"已经是"大男"有关。"年十四"即成为"大男"与我们以往大男和大女年龄在15岁以上的认识不同，或许体现了局部时间空间内政策的变化。而（43）"仪兄子男汝年十四细小随仪在宫 名海 中"与（57）"杨男弟使年十四细小随邪在武昌"都是"年十四"，都使用了"随"字，而未用"与"字，或许也和当时文书定式有关。

（57）"杨男弟使年十四细小随邪在武昌"，"邪"字通"耶"，即"父"。"杨男弟使"随父亲"在武昌"，其户籍资料则在其兄长"杨"名下。这一简例，或许可以看作"邪"、"耶"称谓社会实用的最早的文物证明。

2. 在宫·送宫·诣宫·还宫

体现"细小"者境遇的另一情形，是"在宫"。

（19）"平子男主年八岁细小□聋两耳随□在宫"，（43）"仪兄子男汝年十四细小随仪在宫 名海 中"以及（50）"□兄子男进年十三细小

---

① 参见王子今《烝口仓考》，《吴简研究》第1辑，崇文书局2004年7月版。

□前在宫 中"都说到"在宫"。其他简例又有叁·190，叁·1991，叁·3035，叁·3066，叁·3106，叁·3157等。"随某某在宫"文例，则有："随父在宫"（叁·415，叁·2011）；"随本吏在宫"（叁·1771）；"随军在宫"（贰·2435）；"随本主在宫"（贰·7098，贰·8936）等。

又有所谓"送宫"。如（14）"☒真身送宫八人细小七人假（?）下户民 以 自代谨条列☒"。"诣宫"当与"送宫"有语义相近处。简例有贰·43，贰·1134，叁·494等。此外，简文所见"还宫"（贰·178，贰·4472），也值得注意。

"宫"应即"葆宫"，往往是战时拘留"质"的所在。《墨子·号令》："葆宫之墙必三重，墙之垣，守者皆累瓦釜墙上。门有吏，主者门里，筦闭，必须太守之节。葆卫必取戍卒有重厚者。请择吏之忠信者，无害可任事者。""其受构赏者令葆宫见，以与其亲。"又《墨子·杂守》："吏侍守所者财足，廉信，父母昆弟妻子有在葆宫中者，乃得为侍吏。诸吏必有质，乃得任事。"[1] 关于走马楼竹简"在宫"、"送宫"、"诣宫"、"还宫"情形，可以专文讨论。

3. 使用"小名"的可能

（22）"来年六岁一名□"，（43）"汝年十四""一名海"，（45）"奇年三岁""一名阳"，可能体现了小名和正式名字并行的情形。

汉代人用小名之例，有《史记》卷一一七《司马相如列传》司马相如少时"其亲名之曰'犬子'"。[2]

《说郛》卷七七上陆龟蒙《小名录》列有汉代用"小名"：故事："汉吕后名娥姁。""司马相如字长卿，母少，字之曰犬子。""扬雄之子小字童乌。""陈后阿娇，小字也。""魏武帝曹操字孟德，一小名阿瞒，故有《曹瞒传》。""李通字文达……小字万亿。""（臧霸）一名寇奴。""后主孙皓字符宗，一名彭祖。……或云彭祖小字也。""蜀后主禅，小字阿斗。"[3] 与走马楼吴简相近的时代似多有未成年人使用"小名"的

---

[1] 以上见岑仲勉《墨子城守各篇简注》，中华书局1958年6月版，第125、148页。
[2] 《史记》，第2999页。
[3] 〔唐〕陆龟蒙：《小名录》，明稗海本。

史例。

《三国志》卷二八《魏书·毌丘俭传》记载:"初,俭与夏侯玄、李丰等厚善。扬州刺史前将军文钦,曹爽之邑人也,骁果粗猛,数有战功,好增虏获,以徼宠赏,多不见许,怨恨日甚。俭以计厚待钦,情好欢洽。钦亦感戴,投心无贰。正元二年正月,有彗星数十丈,西北竟天,起于吴、楚之分。俭、钦喜,以为己祥。遂矫太后诏,罪状大将军司马景王,移诸郡国,举兵反。迫胁淮南将守诸别屯者,及吏民大小,皆入寿春城,为坛于城西,歃血称兵为盟,分老弱守城,俭、钦自将五六万众渡淮,西至项。俭坚守,钦在外为游兵。大将军统中外军讨之,别使诸葛诞督豫州诸军从安风津拟寿春,征东将军胡遵督青、徐诸军出于谯、宋之间,绝其归路。大将军屯汝阳,使监军王基督前锋诸军据南顿以待之。令诸军皆坚壁勿与战。俭、钦进不得斗,退恐寿春见袭,不得归,计穷不知所为。淮南将士,家皆在北,众心沮散,降者相属,惟淮南新附农民为之用。大将军遣兖州刺史邓艾督泰山诸军万余人至乐嘉,示弱以诱之,大将军寻自洙至。钦不知,果夜来欲袭艾等,会明,见大军兵马盛,乃引还。"裴松之注引《魏氏春秋》:

> 钦中子俶,小名鸯。年尚幼,勇力绝人,谓钦曰:"及其未定,击之可破也。"于是分为二队,夜夹攻军。俶率壮士先至,大呼大将军,军中震扰。钦后期不应。会明,俶退,钦亦引还。①

文钦子文俶"小名鸯",是当时通行"小名"的明确例证。"小名"又称"小字"。文俶"小名鸯"又作"小字鸯"。《后汉书》卷五八《傅燮传》:"(傅)燮慨然而叹,呼(傅)干小字曰:'别成,汝知吾必死邪?……'"②也是称"小字"之例。而《晋书》记录时人"小字"多至数十见。

从"小名"、"小字"使用的可能性出发,理解走马楼竹简"一名某"等内容,可能是有益的。

---

① 《三国志》,第763—765页。
② 《后汉书》,第1878页。

4."细小":体态状貌记录

《急就篇》卷一:"田细儿。"颜师古注:"细儿,言小儿也。"① 《南齐书》卷七《东昏侯纪》有"驱斥岷庶,巷无居人,老细奔遑,寘身无所"的说法②,"细"与"老"形成对应。(47)"其二人 老 钝 细小",也是"细小"与"老钝"对应。

"细"自然首先有"小"的涵义,不过,如果"细小"只是说"小",则"年一岁"(23),"年二岁"(55),"年三岁"(7)(18)(45),"年四岁"(6)(21)(49)(56),"年五岁"(4)(33),强调其"细小"则毫无意义。我们也无法说明此类简文与同样文辞只是不言"细小"者的区别。而(2)"·……大男成年 十 四细小"的情形也难以解释。特别是"年廿"(38)和"年卅一"(40)两例,尤其形成解说障碍。《淮南子·地形》:"沙土人细。"③《大戴礼记·易本命》:"沙土之人细。"《孔子家语》卷六《执辔》:"沙土之人细。"《太平御览》卷三六引《家语》:"实土之人细。"④《淮南子》高诱注的解释是:"细,小也。"这里所说的"小",是体态瘦小的意思。

关于走马楼竹简简文"细小"的本义,可以有瘦弱的理解。《太平御览》卷四三七引《越绝书》:"阖闾恶王子庆忌,问于伍子胥。子胥曰:'臣有所厚于国,其人细小也,曰要离。⑤ 要离的情态特征就是"细小"。《吴越春秋》卷二《阖闾内传第四》记载:"子胥乃见要离曰:'吴王闻子高义,惟一临之。'乃与子胥见吴王。王曰:'子何为者?'要离曰:'臣国东千里之人臣,细小无力,迎风则僵,负风则伏。大王有命,臣敢不尽力。'吴王心非子胥进此人,良久默然不言。要离即进曰:'大王患庆忌乎?臣能杀之。'王曰:'庆忌之勇,世所闻也。筋骨果劲,万人莫当,走追奔兽,手接飞鸟,骨腾肉飞,拊膝数百里,吾尝追之于江,

---

① 〔汉〕史游:《急救篇》,《四部丛刊》续编景明钞本。
② 《南齐书》,第107页。
③ 《淮南鸿烈集解》,第142页。
④ 《太平御览》,第170页。
⑤ 同上书,第2011页。

驷马驰不及，射之闇接矢，不可中。今子之力不如也。'要离曰：'王有意焉，臣能杀之。'"① 在吴王的眼中，要离和庆忌的体质力量，形成"细小无力"和"筋骨果劲"的对比。

《太平御览》卷三八六引《吴越春秋》："子胥与要离见于吴王。要离对曰：'臣吴国之东阡陌人，细微无力，迎风则偃，背风则仆。大王有命，臣不敢尽死。'"② 这里"细小"写作"细微"，语义则是一致的。

正史所见"细小"，均说物态或事状，似未见言人身体貌之例。如《汉书》卷二五下《郊祀志下》："此鼎细小……"③《晋书》卷一三《天文志下》："岁星形色如太白……岁星于仲夏当细小而不明，此其失常也。"④《南齐书》卷三七《到㧑传》："官钱细小者，称合铢两，销以为大。利贫良之民，塞奸巧之路。"⑤《隋书》卷六二《王韶传》："营造细小之事，出给轻微之物。"⑥ 考虑走马楼简文"细小"的涵义，应当重视《越绝书》、《吴越春秋》这种东汉时期记录长江中下游社会历史的文献。

张春树曾经指出，居延汉简有关于"体质方面的记录"其中包括"对身型之一般性总述"，有"大状"⑦、"中状"⑧ 的说法，"这大概相当于今天的'大块头'，'中等身材'之语；另外也许有'小状'（小块头）或类似之用法，但未见于已发现的简中"。⑨ 走马楼简亦可见对客居者的

---

① 明《古今逸史》本。
② 《太平御览》，第1786页。
③ 《汉书》，第1251页。《论衡·指瑞》："夫巨大之天，使细小之物……"《论衡·齐世》："有浸鬻溢美之化，无细小毫发之亏。"《论衡·定贤》："志巨大而功细小。"也都体现出汉代通常语言习惯。黄晖撰：《论衡校释》（附刘盼遂集解），中华书局1990年2月版，第750、813、1109页。
④ 《晋书》，第378页。《宋书》卷二五《天文志三》："岁星形色如太白……岁星囚于仲夏，当细小而明，此其失常也。"第721页。
⑤ 《南齐书》，第652页。《南史》卷三九《刘悛传》："官钱细小者，称合铢两，销以为大。利贫良之人，塞奸巧之路。"第1005页。
⑥ 《隋书》，第1482页。又见《北史》卷七七《柳彧传》，第2623页。
⑦ "年五十六大状黑色长须"（157.24A）。
⑧ 简文作"中壮"："年廿七八岁中壮发长五寸青黑色毋须。"（40.1）
⑨ 张春树：《居延汉简中所见的汉代人的身型与肤色》，《汉代边疆史论集》，台北：食货出版社有限公司1977年4月版，第191页。

登记"每人皆录其状"的制度,"状,外貌特征"。① 简文"细小",也是言其瘦小的与"状"类似的记录。至于(38)"囗男弟头年廿⃞短⃞ 细⃞ 小⃞","年廿"而"短细小","短"的体征,使人联想到侏儒。

---

① 李均明、宋少华:《〈长沙走马楼三国吴简〉竹简〔四〕内容解析八则》,《出土文献研究》第8辑。

走马楼竹简"邪"、"耶"称谓使用的早期实证

走马楼竹简多有富含社会史信息的资料。关于其中所使用社会称谓的考论,已经有学者予以关注。① 其中"邪"、"耶"字样的出现,可以看作这种社会称谓早期使用的实证。

1. 亲属称谓"邪"

据整理者释文,简文出现"邪"字的一枚简值得我们注意,其中所谓"邪",可能也属于亲属称谓:

（1）杨男弟使年十四细小随邪在武昌（叁·3069）②

"细小"的词义可以另文讨论,大致是说身体瘦弱。③ 年龄14岁的"杨男

---

① 已发表成果有讨论"吏"、"士"、"客"等身份定义的论文,讨论"复民"、"夷民"、"还民"语义及相关社会关系的论文,讨论"私学"、"吏帅客"、"作部工师"等特殊称谓真实性质的论文等。涉及家族结构和亲属关系之称谓的学术成果,有陈爽《走马楼吴简所见奴婢户籍及相关问题》,《吴简研究》第 1 辑,崇文书局 2004 年 7 月版;于振波《略论走马楼吴简中的"户下奴婢"》,《船山学刊》2005 年第 3 期;王子今《论走马楼简所见"小妻"——兼说两汉三国社会的多妻现象》,《学术月刊》2004 年第 10 期;《三国孙吴乡村家族中的"寡嫂"和"孤兄子"——以走马楼竹简为中心的考察》,《简牍学研究》第 4 辑,甘肃人民出版社 2004 年 12 月版。后两文修订本收入本书。

② 长沙简牍博物馆、中国文物研究所、北京大学历史学系走马楼简牍整理组编著:《长沙走马楼三国吴简·竹简〔叁〕》,文物出版社 2008 年 1 月版,下册第 789 页。

③ 王子今:《说走马楼简文"细小"》,《江汉考古》2009 年第 2 期。修订本收入本书。

弟使""随邪在武昌","使"与"邪"是怎样的关系呢？

走马楼竹简中同样反映某某"随"某某之行为关系的简例，可以看到有如下几种：

（2）·……大男成年囗四细小随囗属移居湘西县为囗（贰·6708）

（3）☒·其四人真身已送及随本（？）主在官 ♥（贰·8936）

（4）囗囗男弟年七岁 随囗在宫 中（叁·190）

（5）蜀弟薫年卌二随蜀俱叛（叁·231）

（6）☒ 囗男弟囊年十六随☒（叁·302）

（7）☒……年囗囗随父在宫（叁·415）

（8）平子男主年八岁细小囗聋两耳随囗在宫（叁·1605）

（9）右四人给僮居州曹囗囗 三人随本吏在宫 （叁·1771）

（10）春兄子男絮年廿五随春在宫（叁·1992）

（11）絮男弟智年十四随父春在宫（叁·2011）

（12）仪兄子男汝年十四细小随仪在宫 名海 中（叁·2950）

（13）囗男弟囊年十七随囗在囗俱叛 中（叁·2981）

（14）☒ 嵩子男成年十四随嵩移居湘西县（叁·3038）

（15）春兄子男絮年廿五随春在宫（叁·3066）

（16）囗囗子男囗年六岁随☒（叁·3096）

（17）囗侄子男囗年囗岁细小随囗在宫（叁·7270）

又有和"随"文义相同，而字面则作"与"的简例：

（18）囗侄子集年十一 与记俱时叛走（叁·1584）

（19）嵩男弟盛年七岁细小　与嵩移居湘西县烝口（叁·1631）①

就内容比较完整的简例看，都是"随"、"与"其尊长"移居"（2）（14）（19）、"在宫"（3）（4）（7）（8）（9）（10）（11）（12）（15）（17），以及"叛"（5）（13）（18）的记录。（1）"在武昌"的情形比较特殊，与"移居"某地不同，也与"在宫"不同，当然也绝不是"俱叛"。与（2）（4）（8）（11）（12）（14）（16）（17）②（18）（19）同样，"杨男弟使年十四"也是未成年人。

前引简例中（2）（4）（6）（8）（13）（16）（17）所"随"者身份因简文残缺或不可释读未能明确。此外则可见如下情形：

随本（？）主　　（3）
随本吏　　　　（9）
随父　　　　　（7）（11）（14）
随兄　　　　　（5）

（10）（12）（15）（17）（18）也都是"随"、"与"父辈长者。（19）则与（5）类同，是"与""兄""移居"。

分析简文内容，（1）所见"邪"既非所"随""在宫"的"本（？）主"、"本吏"，又不是"使"的兄长"扬"。这位"邪"，很可能与"扬"及"杨男弟使"同家族同姓氏。然而如果"邪"是人名用字，不应当不说明与"使"的关系。"邪"应当就是"扬"及"杨男弟使"的"父"。简文表述的行为关系与（7）（11）（14）相同，尤与（11）"絮男弟智年十四随父春在宫"文式接近，同样是某某"男弟"某某"随"其兄之外的某某如何。只是（11）言"随父春"，而（1）只是说"随邪"而已。

---

① 所谓"烝口"，或许与"烝口仓"有关。参看王子今《烝口仓考》，《吴简研究》第1辑，崇文书局2004年7月版。

② （17）"年□岁"不可能在"十一岁"以上。

"邪"在这里其实是亲属称谓用字。

（1）"杨男弟使年十四细小随邪在武昌"，"邪"字通"耶"，即"父"。"杨男弟使"随父亲"在武昌"，其户籍资料则在其兄长"杨"名下。

2. "古人称父为'耶'"的早期例证

梁章钜《称谓录》卷一《父》"子称父·耶"条写道：

> 案：古人称父为"耶"，只用"耶"字，不用"爷"字。《木兰诗》："阿爷无大儿"、"卷卷有爷名"，本当作"耶"字，俗本改作"爷"字。杜子美《兵车行》："耶娘妻子走相送。"注云：《古乐府》：'不闻耶娘哭子声。'"即是引《木兰诗》，初不作"爷"可证。又杜《北征》诗"见耶背面啼"，亦不作"爷"。《颜氏家训·文章篇》："梁世费旭诗云：'不知是耶非。'殷沄诗云：'飘飖云母舟。'简文曰：'旭既不识其父，沄又飘飖其母。'"是梁世未尝有"爷"字也。又《南史·王彧传》："彧长子绚，年五六岁，读《论语》至'周监于二代'，外祖何尚之戏之曰：'可改耶耶乎文哉。'绚应声曰：'尊者之名安可戏？岂可道草翁之风必舅。'"盖"郁"与"彧"同，舅谓尚之子偃也。①

《南史》何尚之、王绚言"耶耶"一例②，更早见于《宋书》卷八五《王景文传》而文字略异。③郑珍《亲属记》卷上"爷"条写道：

> 古《木兰诗》："军书十二卷，卷卷有爷名。"《玉篇》："爷，以遮切，俗为父爷字。"按："爷"本只作"邪"。《宋书·王彧传》："子绚六岁，读《论语》'郁郁乎文哉'。外祖何尚之戏曰：'可改邪邪乎文哉！'"以"郁"是其父嫌名也。通作"耶"。杜诗："耶娘妻

---

① 〔清〕梁章钜：《称谓录》，中华书局1996年11月版，第10—11页。
② 《南史》卷二三《王绚传》，第636页。
③ 《宋书》，第2184页。

子走相送。""耶"即"邪"字,隶形因加"父"作"爷",而以"爺"为古文。"爷"又"爹"之转声也。①

郑珍"'耶'即'邪'字隶形,因加'父'作'爷',而以'爺'为古文"的说法是有道理的。《说文·邑部》:"邪,琅邪郡也。"段玉裁注:"近人隶书从耳作耶,由牙、耳相似。"② 观察简(1)图版,"邪"字极似"耶"字。承赵宠亮提示,额济纳汉简确实曾经出现因"牙"、"耳"字形相近,"虎牙将军"被释作"虎耳将军"的情形。③ 有学者指出,"古代'邪、耶'相通","爷"字"即从'邪、耶'借用而来"。④ 其说应符合称谓史的真实。

胡士云《汉语亲属称谓研究》也说"阿爷"之称"早见于南北朝时期":

> 例如《木兰辞》:"阿耶无大儿,木兰无长兄,愿为市鞍马,从此替爷征。"再如《梁书——侯景传》:"景曰:'前世吾不复忆,惟阿爷名标。'……于是追尊其祖周为大丞相,父标为元皇帝。"《南史·侯景传》有同样的记载。⑤

袁庭栋《古人称谓》:"'爷'。汉代尚无'爷'字。从魏晋开始,称父亲为'耶',以后改作'爷',但仍可写为'耶'。《玉篇》:'爷,俗为父耶字'。在著名的古乐府《木兰诗》中,就有'军书十二卷,卷卷有爷名'、'阿爷无大儿,木兰无长兄'之称。又如《南史·王绚传》中,王称其父为'耶耶',又《侯景传》中侯景称其父亦称'阿爷'。""爷'之本义是对父亲之称,至少在南北朝时,各地就都

---

① 〔清〕郑珍:《亲属记》,中华书局1996年11月版,第529页。
② 《说文解字注》,上海古籍出版社1981年10月版,第298页。
③ 2000年出土于额济纳旗9号烽燧房舍遗址的8号简文,据整理者释文,有"拜为虎耳将军"字样。魏坚主编:《额济纳汉简》,广西师范大学出版社2005年3月版,第234页。额济纳汉简研读班《额济纳汉简释文校正》按:"'虎耳将军'《汉书》作'虎牙将军'。"孙家洲主编:《额济纳汉简释文校正》,文物出版社2007年10月版,第84页。今按:察看图版,应释作"虎牙将军"。
④ 胡士云:《说"爷"和"爹"》,《语言研究》1994年第1期。
⑤ 胡士云:《汉语亲属称谓研究》,商务印书馆2007年9月版,第274页。

呼父为'爷'了。北方，如著名的《木兰诗》中有'阿爷无大儿，木兰无长兄'，'不闻爷娘唤女声'之句；南方，侯景称他自己的'阿爷名称'（《南史·侯景传》）。"

《木兰诗》或题《木兰辞》的年代，研究者普遍以为在南北朝，不会早到遗存走马楼竹简的三国时期。

3. 戴良"阿爹"疑议

袁庭栋《古人称谓》还指出，"'爹'，与'爷'相近，也是魏晋之时才出现的对父亲的称呼，在《广雅》、《玉篇》中都有'爹'，释为'父也'。古文献中则首见于《南史·梁始兴王憺传》：'民为之歌曰：始兴王，人之爹，赴人急，如水火，何时复来哺育我？'"① 王琪《上古汉语称谓研究》在讨论"阿爹"称谓时，引据"汉戴良《失父零丁》诗"："积恶致灾天困我，今月七日失阿爹（即'爹'）……我父躯体与众异，脊背伛偻卷如裁。"以为"阿爹"应是与《乐府诗集·焦仲卿妻（古辞）》年代相当而出现。"关于词干'爹'字，袁庭栋认为产生于魏晋之时，其依据是《广雅》及《玉篇》都释'爹'为'父'（袁庭栋《古人称谓》，第128页），但由本例可以推测，'爹'在东汉时盖已有之"。②

应当看到，即使"'爹'，与'爷'相近"，仍然与"爷"、"邪"、"耶"有所不同。而题戴良《失父零丁》是否可以确定是"东汉时"文字，尤其有认真分析的必要。明代学者杨慎《谭苑醍醐》卷七"零丁"："《齐谐记》云：有《失儿女零丁》。谢承《后汉书》：戴良有《失父零丁》。零丁，今之寻人招子也。"③ 姚之骃《后汉书补逸》卷一〇《谢承后汉书第二》"戴良"条："戴良有《失父零丁》。案：良字叔鸾，汝南慎阳人，范独载其事母一节，则必幼而失父者也。此未检所出。近高宫詹士奇《天禄识余》载之，与《齐谐记》

---

① 袁庭栋：《古人称谓》，山东画报出版社2007年5月版，第118、240、119页。
② 王琪：《上古汉语称谓研究》，中华书局2008年2月版，第44—45页。今按：袁庭栋说，见《古人称谓》，第119页。
③ 文渊阁《四库全书》本。又见杨慎《丹铅续录》卷六《杂识》。

有《失儿女零丁》句并列。注云：'零丁，今之寻人招子也。'"戴良这段文字最完整者见于《太平御览》卷五九八，列于《齐谐记》引文之后。① 而《隋书》卷三三《经籍志二》说："《齐谐记》七卷，宋散骑侍郎东阳元疑撰。"《失父零丁》甚至被明人梅鼎祚编入《隋文纪》卷八，作者题"戴良，字文让"而与"字叔鸾"之说不同。严可均《全后汉文》卷六八收录《失父零丁》。严可均作者介绍写作："戴良。良字叔鸾，一云字文让。汝南慎阳人。举孝廉，再辟司空府，俱不就。案：《吴志·士燮传》：黄武五年，孙权分交阯以南为交州，戴良为刺史，盖即此。"严可均的错误是明显的，案《后汉书》卷八三《逸民列传·戴良》："戴良字叔鸾，汝南慎阳人也。曾祖父遵，字子高，平帝时，为侍御史。王莽篡位，称病归乡里。"从汉平帝时已经"为侍御史"的戴遵的生存时代推算，他的曾孙戴良绝不可能在220多年后的黄武五年（226）任交州刺史。戴良活跃于知识界的年代，在汉桓帝延熹年间。② 时距黄武五年有60多年的时差。《太平御览》引文《失父零丁》的作者即那位"字文让"的"戴良"，应当并非《后汉书》卷八三《逸民列传·戴良》记录的东汉"逸民"戴良。③ 对于姚之驷辑谢承《后汉书》"戴良"条所谓"戴良有《失父零丁》"的可靠

---

① 《太平御览》卷五九八："戴良，字文让，《失父零丁》曰：'敬白诸君行路者，敢告重罪自为积，恶致灾交天困我。今月七日失阿爹，念此酷毒可痛伤。当以重币缯用相赏，请为诸君说事状。我父躯体与众异，脊背伛偻卷如藏。唇吻参差不相值，此其庶形何能备。请复重陈其面目，鸥头鹄颈獦狗髆。眼泪鼻涕相追逐，吻中含纳无牙齿。食不能嚼左右蹉，颇似西域脊骆驼。请复重陈其形骸，为人虽长甚细材。面目芒苍如死灰，眼眶白陷如米羹杯。"第2695页。《全后汉文》卷六八引作："敬白诸君行路者，敢告重罪自为祸，积恶致灾天困我。今月七日失阿爹，念此酷毒可痛伤。当以重币用相偿，请为诸君说事状。我父躯体与众异，脊背伛偻卷如藏。唇吻参差不相值，此其庶形何能备。请复重陈其面目，鸥头鹄颈獦狗啄。眼泪鼻涕相追逐，吻中含纳无齿牙。食不能嚼左右蹉，□似西域□骆驼。请复重陈其形骸，为人虽长甚细材。面目芒苍如死灰，眼眶白陷如羹杯。"〔清〕严可均校辑：《全上古三代秦汉三国六朝文》，中华书局1958年12月版，第1697页。

② 《后汉书》卷五三《黄宪传》记载，戴良与黄宪、荀淑、袁阆、陈蕃、周举、郭林宗等同时。又有"蕃为三公"赞叹黄宪事。陈蕃为太尉，当汉桓帝延熹八年（165）。第1744页。

③ 题梁元帝撰、唐陆善经续、元叶森补《古今同姓名录》卷下有"五戴良"条："一后汉人，一吴莱州刺史（《士燮传》），一桓峤咨议，一晋临川太守上章贺成帝加元服失旨者（《起居注》），一戴渊弟之子房州刺史，晋人。"清函海本。

性，周天游已曾有详尽辨析予以否定。① 以戴良《失父零丁》为支撑的所谓"与'爷'相近"的"'爹'在东汉时盖已有之"的说法，显然是不能成立的。

4. 走马楼简"邪"的称谓史实证价值

赵翼《陔余丛考》卷三七"爷"条写道："'爷'本呼父之称。《说文》云'吴人呼父为爷'是也。"今按《说文》并无此说，应出自其他年代较晚的论著，而赵翼误记。又有字书在"爷"条下举字例出《曹全碑》。② 而《曹全碑》"弹枉纠邪"，"邪"字极似"耶"字，而全文不见"爷"字。又有研究者沿袭此说，以为东汉《曹全碑》所见"爷"字"大概是最早的记载"③，以无证有，形成了明显的疏误。

就现有资料可以作出判断，走马楼竹简（1）"杨男弟使年十四细小随邪在武昌"简文早于其他相关文献，可以看作体现"邪"、"耶"称谓社会实用的迄今所见年代最早的文物证明。

---

① 周天游《八家后汉书辑注》引孙志祖《谢氏后汉书补佚》："戴良《失父零丁》，见《御览》五百九十八卷。良字文让，亦不云出谢《书》，恐与字叔鸾者非一人。"又引黄奭《黄氏逸书考》："案姚氏此条既云未检所出，即不当采入，未可以高氏《天禄识余》为据也。姚又谓'范独载其母一节，则必幼而失父者也'，独不思良之曾祖父戴遵乎？据范《书》'遵字子高'，'家富好给'，'食客常三四百人'。夫曾祖父家富如此，则其祖其父可知。范以无事绩可纪，且失其名与字，故不载焉，可据以为失父之证。及检《御览》五百九十八云：'戴良字文让，《失父零丁》曰……'案《御览》此事前引《齐谐记》'国步山'一条，云'前后有失儿女者零丁有数十'。后即载戴良《失父零丁》事，并即《齐谐记》中语也。案此二戴良名同而字不同，则是《天禄识余》所载之戴良与《齐谐记》并列，盖是字文让之戴良，而非字叔鸾之戴良明矣。今以字文让之误作鸾叔，张冠李戴，而漫书于《后汉书补逸》之内，不亦见笑于大方哉？且《齐谐》所云语杂诙谐，事之有无不可知，何得据以为实？今姑附录于末，而考正之，以明姚氏之书不可信也。"天游按："钱锺书《管锥篇》云，所谓戴良《失父零丁》，实'俳谐之作，侪辈弄笔相戏'之文，则戴文让乃杜撰之人，本不足据。而历来多有受惑而疑其为东汉之戴良者，名家亦不例外，清严可均即言良一字文让，且抄《戴良零丁》入《全后汉文》，失考甚矣。今依黄辑例，录于此而明其伪。"上海古籍出版社1986年12月版，上册第188—189页。
② 《中文大字典》，中国文化学院出版部1968年8月版，第21册第51页。
③ 胡士云《说"爷"和"爹"》写道："《中文大字典》说东汉《曹全碑》中有'爷'字，这大概是最早的记载。"《语言研究》1994年第1期。关伟华《"娘"、"爷"称谓考》写道："东汉《曹全碑》中已有'爷'字，这大概是最早的记载。"《南京师范大学文学院学报》2008年第2期。

前引资料所见有的学者分别就"北方"、"南方"出现称父为"耶"、"爷"现象发表的见解，可以深化为以社会称谓发生为标本的区域文化研究。这样的研究，自然也可以因走马楼竹简的发现有所推进。有学者认为"爷"字作为指代"父"的称谓，来源于"鲜卑语"，"在北魏时期被借入汉语之中"。走马楼竹简的发现，提醒我们或许应当对于"汉语中的'爷'是鲜卑语借词"① 这样的认识持审慎态度。南朝梁顾野王《玉篇》卷三《父部》可见字义"俗为父"的"爷"字，这是字书中最早的关于"爷"的记录。② 这种可能体现江南之"俗"的文字学遗存，也值得注意。更早的以"耶"为"父"的资料，则有上文说到的《宋书》卷四五《王景文传》何尚之、王绚言"耶耶"事。钱大昕《廿二史考异》卷二四《宋书二·王景文传》就此写道："六朝人呼父为'耶'，梁世费昶诗云'不知是耶非'简文谓昶不识其父，见《颜氏家训》。此亦以父名戏之也。"③ 六朝人呼父为"耶"的意见，显然是值得重视的。而论述"耶"、"爷"称谓者多所引录的《木兰诗》，据说最初录于南朝陈人智匠的《古今乐录》，也是不应当忽略的情形。④

---

① 刘凤翥：《从契丹文推测汉语"爷"的来源》，《内蒙古大学学报》（人文社会科学版）1998年第4期。
② 《重修玉篇》，文渊阁《四库全书》本。
③ 〔清〕钱大昕著，方诗铭、周殿杰校点：《廿二史考异》，上海古籍出版社2004年4月版，第418页。
④ 作者附记：本节撰写，得到中国人民大学国学院赵宠亮，北京师范大学历史学院曾磊、韩帅、孙闻博、董涛、李欣的帮助。谨此致谢。

未成年劳动者"户下奴"、"户下婢"

走马楼简有涉及"户下奴"、"户下婢"的内容。理解其身份,有益于我们认识当时的社会结构和阶级关系。

陈爽《走马楼吴简所见奴婢户籍及相关问题》就此有所考察。[①]"户下奴"、"户下婢"身份有明确为未成年人者,于振波在进行"走马楼户籍简性别与年龄结构分析"时未予考虑这些资料。他说:"虽然奴婢也记在户主名下,但年龄一项,有登记身高者,有登记年龄者,标准不统一,故不取。"[②] 他在《走马楼吴简续探》中有"略论走马楼吴简中的'户下奴婢'"一卷,其中讨论了"吴简中奴婢的性别与年龄结构"[③],然而材料使用仅截止于《竹简(壹)》,有些问题,还可以进一步探讨。从未成年人生活史的角度进行分析考察,或许也会有新的发现。

1. 走马楼竹简"户下奴"、"户下婢"资料

走马楼《竹简(壹)》、《竹简(贰)》、《竹简(叁)》中有关"户下奴"的资料,可见:

(1) □户下奴目年十二(壹·2926)

(2) 孙子男□年六岁 孙户下奴土长六尺(壹·4141)

(3) ☑ 户下奴买 ☑(壹·5695)

---

① 陈爽:《走马楼吴简所见奴婢户籍及相关问题》,北京吴简研讨班编:《吴简研究》第1辑,崇文书局2004年7月版,第160—166页。
② 于振波:《走马楼吴简初探》,文津出版社有限公司2004年10月版,第105页。
③ 于振波:《走马楼吴简续探》,文津出版社有限公司2007年2月版,第116—123页。

(4) □户下奴右长六尺　户下奴进长五尺（壹·7637）①

(5) □户下奴□长五尺（壹·7665）②

(6) 温户下奴李年十四（壹·8892）

(7) 绍户下奴鼠年十四聋耳病（壹·8906）

(8) □户下奴□年十八（壹·8994）

(9) 隆户下奴谨年十三雀两足　☑（壹·9013）

(10) 颜户下奴宋年十七（壹·9059）

(11) 阳户下奴斗年六十二　（壹·9068）

(12) 隆户下奴成年廿二（壹·9092）

(13) 统户下奴听年十四（壹·9108）

(14) 彝户下奴士年六十三（壹·9134）

(15) 彝户下奴健年十四（壹·9135）

(16) 祥户下奴囊年十二害潔病（壹·9175）③

(17) ☑　户下奴□年十岁（壹·9225）

(18) □户下奴春年五十四腹心病（壹·9257）

(19) 桓户下奴平年十八苦□病（壹·9303）

(20) □户下奴有年廿四苦腹病（壹·9304）

(21) 苌户下奴有年十二（壹·9336）

(22) 宗户下奴习年十岁（壹·9367）

(23) 绍户下奴寋年十三（壹·9383）

(24) 次户下奴道长五尺（贰·1617）

(25) 司户下婢□长五尺　　司户下奴安长五尺（贰·1674）

(26) 次弟公乘材（？）年七岁　　次户下奴吉长六尺（贰·2217）

另外又有陈爽所谓"当是简牍不完整或有所省略"而造成的"简牍中那些未出现'户下'字样的'奴'"。④

---

① 整理组注："□左半残缺，右半从'攵'。"
② 整理组注："'户下奴'下□上半残缺，下半从'女'。"
③ 整理组注："'潔'应为'瘵'之通假。"
④ 陈爽：《走马楼吴简所见奴婢户籍及相关问题》，《吴简研究》第1辑，第161页。

（27）广奴德年十岁　见（壹·6621）

（28）☐奴德年九岁（叁·2318）

（29）吉奴客年卅三　客妻鼠年☐（叁·2428）

（30）横奴德年十岁（叁·2430）

另有：

☐丘谢奴关☐（叁·4134）

所见人物究竟是某丘"谢奴"还是"谢"的"奴"名叫"关"者，其实存在疑问。据《竹简（壹）》"……斛四斗䊮嘉禾年三月廿一日尽丘继仁关丞䐗纪付掾孙☐"（壹·42），可知"谢奴"是人名。文例相同的简其实很多。

关于"户下婢"身份，我们看到如下简例：

（31）☐　户下婢小长五尺（壹·499）

（32）护户下婢伺年八岁（壹·2868）

（33）李户下婢安年十二（壹·2924）

（34）☐☐户下婢泉长六尺（壹·4148）

（35）尊户下婢年廿七（壹·5307）

（36）巴女弟思年九岁　司户下婢汝长五尺（壹·7667）

（37）马户下婢心年卅（壹·8891）

（38）温户下婢钱年七十☐（壹·8894）

（39）☐户下婢易年卅七（壹·8902甲）

（40）户下婢来年卅（壹·8907）

（41）绍户下婢双年十五苦腹心病（壹·8975）

（42）颜户下婢绵年十七（壹·9036）

（43）颜户下婢汝年卅八苦腹心病（壹·9075）

（44）户下婢思年六十二踵两足（壹·9107）

（45）绍户下婢易年廿三刑左足（壹·9168）

（46）唐户下婢思年卅八（壹·9197）

（47）营户下婢意年卅九（壹·9244）

（48）祥户下婢紫年卅一盲右目（壹·9271）

（49）祚户下婢善年七十五腹心病（壹·9273）

（50）祚户下婢思年五十三（壹·9287）

（51）绍户下婢心年廿二苦腹心病（壹·9320）

（52）温户下婢☐年十六（壹·9332）

（53）☑　温户下婢财年十七　（壹·9354）

（54）绍户下婢意年十六（壹·9370）

（55）绍户下婢退年六十（壹·9372）

（56）司户下婢☐长五尺　　司户下奴 安 长五尺（贰·1674）

（57）☑下 婢 思长五尺（叁·6690）

简 56 与简 25 原本是一枚简，可以看到一位主人同时拥有一男一女未成年奴婢两人的情形。陈爽曾经指出"简牍中户下奴多于一人的有几例"①，如"温"（简 6，简 52，简 53）；"祥"（简 16，简 48）；"祚"（简 49，简 50）；"绍"（简 7，简 23，简 51，简 54，简 55）。其实，我们现在还可以看到，"户下奴"、"户下婢""多于一人"的情形还有："颜"（简 10，简 42，简 43），"彝"（简 14，简 15），"司"（简 25 及简 56），"次"（简 24，简 26）。"绍"名下还可以补入简 41、简 45 两例。这样，"绍"家有"户下奴"2 人，"户下婢"5 人，合计 7 人。② 除"祚"家和"颜"家外，大致各家都役使着未成年"户下奴"、"户下婢"。多数同时役使着成年"户下奴"、"户下婢"和未成年"户下奴"、"户下婢"。"司"家和"次"家则只看到拥有未成年"户下奴"、"户下婢"。仅有成年"户下奴"、"户下婢"的"颜"家情况比较特殊，有"年十七""户下奴"、"户下婢"

---

① 今按：应是"户下奴婢"。

② 陈爽已经指出，"考虑到此类民户简因编绳断烂次序已失，且不具乡里籍贯，有重名的可能，这些奴婢是否属于一家，尚不能作出确切结论。但我们注意到以上几家的口食数目都比较多，高于吴简中一般家庭口食数量"，如"温家口食十二人"，"祥家口食七人"，"祚家口食九人"，"绍家口食十一人"。《走马楼吴简所见奴婢户籍及相关问题》，《吴简研究》第 1 辑，第 163 页。

各一人,"年卅八""户下婢"一人。"年十七"者,进入成年阶段并不久。走马楼简整理者王素、宋少华、罗新将走马楼简中的民籍分为两类格式①,陈爽说,"与奴婢有关的内容几乎全部出在第二类",然而前引简4即被王素等列为(A)类。可能属于同样格式的还有简25(简56)。

《竹简(壹)》所见"右见师佐廿一人兄弟妻子及奴七十八人合九十九人"(壹·6708)②,陈爽据此分析,"民籍中的奴婢是否列入人口统计,在已经整理的民籍中尚无直接材料,但在另一类非民籍的师佐简,出现过类似的统计","由此推测,民籍中也应有类似的统计"。③ 这样的意见,是合理的。

2."户下"试解

对于"户下奴"、"户下婢"身份,王素、宋少华、罗新写道:"其中'户下奴'和'户下婢',值得注意。汉王褒《僮约》有'户下髯奴'之目。更见吴承汉制。"④ 关于所谓"户下",陈爽指出,"整理者注意到王褒《僮约》中曾及'户下髯奴'。检《初学记》卷十九《奴婢第六·约》载汉代买奴券文:'神爵三年正月十五日,资中男子王子泉从成都安志里女子杨惠买夫时户下髯奴便了,决卖万五千。奴从百役使,不得有二言。'⑤《僮约》尽管是游戏之作,但买奴券年月事一均备,其行文格式应

---

① 王素、宋少华、罗新:《长沙走马楼吴简整理的新收获》,《文物》1999年第5期。
② 以上简例释文,据长沙市文物考古研究所、中国文物研究所、北京大学历史学系走马楼简牍整理组编著《长沙走马楼三国吴简·竹简〔壹〕》,文物出版社2003年10月版;长沙简牍博物馆、中国文物研究所、北京大学历史学系走马楼简牍整理组编著《长沙走马楼三国吴简·竹简〔贰〕》,文物出版社2007年1月版;长沙简牍博物馆、中国文物研究所、北京大学历史学系走马楼简牍整理组编著《长沙走马楼三国吴简·竹简〔叁〕》,文物出版社2008年1月版。
③ 陈爽:《走马楼吴简所见奴婢户籍及相关问题》,《吴简研究》第1辑,第162页。
④ 王素、宋少华、罗新:《长沙走马楼吴简整理的新收获》,《文物》1999年第5期。
⑤ 原注:"王褒《僮约》,亦见于《艺文类聚》卷三五《奴·书》和《太平御览》卷五〇〇人事部,但后两书引文均不完整,券文未录入买奴年月及事由。"陈爽:《走马楼吴简所见奴婢户籍及相关问题》,《吴简研究》第1辑,第161、165页。今按:《太平御览》卷五九八《契券》引王褒《僮约》"录入买奴年月及事由"。"买夫时户下髯奴"作"买亡夫时户下髯奴",在某种意义上引文可能更为"完整"。《太平御览》卷五九八引王褒《约僮》:"神爵三年正月十五日,资中男子王子渊从成都安志里女子杨惠买亡夫时户下髯奴便,决贾万五千,奴当从百役使,不得有二言。"第2693页。

当是以当时社会上通行的买奴文书为蓝本的。吴简中'户下'的含义，当与此接近，意为奴婢附于良人户口之下。① 看来，'户下奴'和'户下婢'应当是两汉至孙吴时期私奴婢在官方或正式文书中的称谓。"②

论者以为"户下""意为奴婢附于良人户口之下"的说法，提供了一种有意义的理解。然而，对于所谓"户下"，也可以试作另外的解说。

"户下奴"、"户下婢"称谓或许可以与"灶下养"对照分析。《后汉书》卷一一《刘玄传》："其所授官爵者，皆群小贾竖，或有膳夫庖人，多著绣面衣、锦袴、檐褕、诸于，骂詈道中。长安为之语曰：'灶下养，中郎将。烂羊胃，骑都尉。烂羊头，关内侯。"③"灶下养"，即"膳夫庖人"。"户下"或与"灶下"有相近涵义，指示其劳作场所，亦说明其生存空间的位置。

《艺文类聚》卷三五引《风俗通》："南阳庞俭，少失其父，后居庐里……行求老苍头使主牛马耕种，直钱二万。有宾婚大会，奴在灶下窃言：堂上母，我妇也。婢即具白母。母使俭问，曰：是我翁也。因下堂抱其颈啼泣，遂为夫妇。"④ 与"灶下"、"户下"相对应者，是"堂上"。

"户下"与"灶下"或可理解为均指明了劳作空间。所不同的，在于"户下"所言指示的责任要宽泛得多。前引王褒《僮约》说到"户下髯奴""从百役使"，大致体现了实际情形。理解这一层意思，可以参考后世文献所谓"户下诸杂差徭"⑤，"户下诸般科役"⑥，"户下差科"⑦，"户下诸般色役"⑧ 等。

---

① 原注："另据《居延汉简甲编》1862号：'吏奴下簿，贱多所迫'。有的学者认为此处的'下簿'含义与'户下'相同。"论者提示我们参看杨作龙《汉代奴婢户籍问题商榷》，《中国史研究》1985年第2期。今按：所引简文即居延汉简495.4A"吏奴下薄贱多所迫……"属于书信文字，"薄贱"似应连读。

② 陈爽：《走马楼吴简所见奴婢户籍及相关问题》，《吴简研究》第1辑，第161页。

③ 《后汉书》，第471页。

④ 〔唐〕欧阳询撰：《艺文类聚》，汪绍楹校，第631页。

⑤ 〔宋〕欧阳修《五代史记注》卷一〇下《汉本纪》，清道光八年刻本。

⑥ 〔宋〕司马光：《乞罢保甲札子》，《温国文正公文集》卷四八，《四部丛刊》景宋绍兴本。

⑦ 〔宋〕宋祁：《乞修复陂塘古迹札》，《景文集》卷二八，《武英殿聚珍版丛书》本。

⑧ 〔宋〕苏颂：《同两制论祖无择对狱》，《苏魏公集》卷一七，文渊阁《四库全书》补配文津阁《四库全书》本。

3. 关于"长六尺"、"长五尺"

走马楼简"户下奴"、"户下婢"资料中有不具年龄,仅"登记身高"者,可能是被奴役者来到主人"户下"时尚年幼,准确年龄已不可求知。其"身高"大致都是"长六尺"、"长五尺"这样的约数。

身 高	户下奴	户下婢
长六尺	简2,简4	简34
长五尺	简4,简5,简24,简25	简31,简36,简56,简57

于振波据睡虎地秦简《秦律十八种·仓律》:"隶臣、城旦高不盈六尺五寸,隶妾、舂高不盈六尺二寸,皆为小;高五尺二寸,皆作之。"以为:"说明5.2尺以上者,便有一定的劳动能力,而男性6.5尺以上、女性6.2尺以上者,便被视为有完全责任能力。"又由《汉书》卷一上《高帝纪上》颜师古注引如淳曰"《律》:……高不满六尺二寸以下为罢癃"[①]可知,"则男性也以6.2尺作为成年的身高标准"。[②]这样的分析是有道理的。

以身高作为征役标准,较早见于《周礼·地官·乡大夫》:"国中自七尺以及六十,野自六尺以及六十有五,皆征之。"征役以尺,免役以岁。而身高"六尺",有对应年龄。历代学者就此有所解说。"贾疏云:七尺谓年二十。知者:案《韩诗传》'二十行役',与此国中七尺同,则知七尺谓年二十。六尺谓年十五,故《论语》云'可以托六尺之孤',郑注云:'六尺之孤,年十五以下。'"孙诒让《周礼正义》引惠士奇云:"《荀子·仲尼》篇曰'五尺竖子',《管子·乘马》曰'童五尺',《内则》注'成童十五以上',则六尺非童竖矣。《国策·楚策》'楚襄王使昭常守东地,悉五尺至六十,三十余万',《说苑》'齐伐莒鲁,下令丁男悉发,五尺童子皆至',是老弱皆从军矣。则六尺非童竖益明。以中人为率,八尺为长,六尺为短,七尺为中。《内经》谓丈夫三八而长极。中人

---

① 《汉书》,第37页。
② 《走马楼吴简续探》,第116页。

七尺亦其极也，故国中自七尺。野自六尺以上，不满六尺者不为夫。杞之城也，绛老与焉；清之战也，汪僮死焉，末世之法也。是以《周官》徒役，上不及老，下不及僮。"孙诒让案："惠说是也。"①

法律条文所见以身高尺寸判断是否未成年人以为定案标准，除睡虎地秦简《秦律十八种·仓律》外，又有睡虎地秦简《法律答问》："甲盗牛，盗牛时高六尺，毄（系）一岁，复丈，高六尺七寸，问甲可（何）论？当完城旦。"（6）又："甲谋遣乙盗杀人，受分十钱，问乙高未盈六尺，甲可（何）论？当磔。"（67）"甲小未盈六尺，有马一匹自牧之，今马为人败，食人稼一石，问当论不当？不当论及赏（偿）稼。"（158）"女子甲为人妻，去亡，得及自出，小未盈六尺，当论不当？已官，当论；未官，不当论。"（166）② 都指出"六尺"是是否承担法律责任的界限。其中"盗牛时高六尺，毄（系）一岁，复丈，高六尺七寸"，一年间身高增长"七寸"的情形值得注意。按照战国至秦每尺 23.1 厘米的数据③，"六尺"即 1.386 米，"六尺七寸"即 1.548 米，一年长了 16.2 厘米。

最后一例"女子甲为人妻""小未盈六尺"，是身高不足 1.386 米，未成年即"为人妻"，应是社会史学者应当关注的现象。杨树达《汉代婚丧礼俗考》关于汉代女子"婚年"，说到"女子有年十三而嫁者"，"有十四五而嫁者"，"有十六而嫁者"，"有十七八而嫁者"，"有十九而嫁者"，"古礼所称男子三十而娶，女子二十而嫁者，皆不行焉"。"故王吉深讥嫁娶太早云。"④ "至若上官安之女，六岁立为皇后以待年，则后世童养媳之俗也。"⑤

显然，走马楼简"户下奴"、"户下婢""长六尺"、"长五尺"者，都是未成年奴婢。据于振波推算，"标明身高'五尺'，约相当于现在的 1.15 米，其年龄估计在 7—8 岁"，"标明身高'六尺'，约相当于现在的

---

① 〔清〕孙诒让撰，王文锦、陈玉霞点校：《周礼正义》，中华书局 1987 年 12 月版，第 840—841 页。

② 睡虎地秦墓竹简整理小组：《睡虎地秦墓竹简》，文物出版社 1990 年 9 月版，释文第 95、109、130、132 页。

③ 丘光明编著：《中国历代度量衡考》，科学出版社 1992 年 8 月版，第 11 页。

④ 《汉书》卷九二《王吉传》："吉意以为'夫妇，人伦大纲，夭寿之萌也。世俗嫁娶太早，未知为人父母之道而有子，是以教化不明而民多夭。"第 3064 页。

⑤ 杨树达：《汉代婚丧礼俗考》，上海古籍出版社 2000 年 12 月版，第 19 页。参看王子今《汉代社会上层婚姻中的"待年"女子》，《南都学坛》2009 年第 3 期。

1.38 米，估计年龄当在 13—14 岁"。① 所作当时尺度与"约相当于现在"尺度的换算，据每尺 0.23 米的数据。然而据文物资料测定的汉代尺度，"西汉和新莽每尺平均长 23.2 和 23.09 厘米"，研究者"厘定为 23.1 厘米"。"而东汉尺的实际长度略有增长，平均每尺长 23.5 厘米。为了尊重实测数据，故东汉尺单位量值暂定为 23.5 厘米。"② 按照这一量值换算，则走马楼简"户下奴"、"户下婢""长六尺"、"长五尺"者，身高应为 1.41 米和 1.175 米。因简文身高数据只有"长六尺"、"长五尺"，据于振波估算年龄则有 9—12 岁的空缺，应知简文记录身高只是取概约尺度。

睡虎地秦简《封诊式》说到"子小男子某，高六尺五寸"（10）③，其身高为 1.37 米。居延汉简也有反映年龄和身高关系等信息的简文。④

序号	简号	简　文	年龄	身高	现今尺度（米）
1	15.5	葆鸾鸟息众里上造颜收年十二长六尺	12	6 尺	1.386
2	7.17	☐倚郎年十六长六尺	16	6 尺	1.386
3	54.19	奉世妻倚郎年十六长六尺二寸☐☐	16	6 尺 2 寸	1.426

如果序号 2 和序号 3 者"倚郎"为一人，则是女性，"年十六长六尺"与序号 1 "年十二长六尺"形成的是性别差异，也是合理的。此外，敦煌汉简亦可见："●并葆敦煌寿王里田仪年廿八岁长六尺五寸青白色右颊有黑子簪权各二　珥一具"（681）⑤，则是成年男子高"六尺五寸"（约合现今 1.502 米）的情形。

顾炎武《日知录》卷二六"《新唐书》"条写道："《张孝忠传》：'孝忠魁伟，长六尺。'《李晟传》：'长六尺。'古人以六尺为短，今以六尺为长，于他书未见。"原注："马燧、杨收《传》并云：'长六尺二寸。'《高力士传》：'长六尺五寸。'"据清人黄汝成《日知录集释》引钱大昭、

---

① 《走马楼吴简续探》，第 116 页。
② 《中国历代度量衡考》，第 55 页。
③ 《睡虎地秦墓竹简》，释文第 149 页。
④ 谢桂华、李均明、朱国炤：《居延汉简释文合校》，文物出版社 1987 年 1 月版，第 23、12、96 页。
⑤ 吴礽骧、李永良、马建华释校：《敦煌汉简释文》，甘肃人民出版社 1991 年 1 月版，第 69 页。

赵翼说："钱氏曰：'古尺短于今尺，它书已言之矣。'赵氏曰：'盖宋子京以唐尺纪之，故六尺为长身矣。'"[1] 有研究者据文物实测资料指出，"唐代一尺的量值"为"30.3厘米"[2]，则唐尺"六尺"约为现今1.818米。"古尺短于今尺"的认识，已见于明人陈士元《论语类考》卷一七《冠服考》。[3] 考察三国孙吴时代"户下奴"、"户下婢"的年龄体质，应当对尺度数据历史变化的事实有所理解。

4. 未成年"户下奴"、"户下婢"的比例

走马楼简涉及"户下奴"、"户下婢"的简例前列57例（包括4例未见"户下"字样者），考虑到重复1例，简2和简25（简56）列2人，共涉及58人，其中年龄不明者1人，"年十五"以下的未成年人28人，成年人29人。

未成年人接近成年人，占总人数的48.28%。

走马楼简"户下奴"、"户下婢"中未成年人不仅比率如此之高，其中还有病残者，如简7"户下奴鼠年十四聋耳病"，简9"户下奴谨年十三雀两足"，简16"户下奴囊年十二害潔病"。整理组以为"'潔'应为'瘵'之通假"。而"聋耳病"和"雀两足"，可能都是比较严重的终身残疾。

通过对走马楼简所见有关未成年"户下奴"、"户下婢"信息的分析，可以了解当时社会下层未成年人中被奴役者的生存状况和生活质量。而当时社会生活史的面貌，也可以得到局部的反映。

---

[1] 〔清〕顾炎武著，〔清〕黄汝成集释，栾保群、吕宗力校点：《日知录集释》，第1464页。

[2] 《中国历代度量衡考》，第88页。

[3] 文渊阁《四库全书》本。

走马楼名籍"单身"身份

走马楼简数见书写"单身"字样的名籍内容。讨论其身份特征以及在名籍中特别标示"单身"二字的缘由，或许有助于理解当时的社会关系以及相关管理制度。而三国吴地当时的政治局势，也因此可以有所反映。

1. 走马楼简文"单身 见"

走马楼名籍记录的"单身"身份，见诸如下简例：

(1) ☐十一人 各单身 ☐（壹·1404）

(2) ☐☐☐☐一人单身 见（壹·5925）

(3) 乾锻佐建宁黄☐年卅四 单身 见（壹·5963）

(4) ☐单身☐（壹·6160）

(5) ☐☐年六十 单身（壹·6434）

(6) ☐……单身 ☐（壹·6570）

(7) 觚慰佐永新雷齐年廿二 单身 ☐（壹·6601）

(8) 乾锻佐攸张元年卅一 单身 见（壹·6602）

(9) 钱佐建宁黄取年卅五 单身 见（壹·6604）

(10) 乾锻佐临湘勇頨（?）年廿 单身 见（壹·6614）

(11) 刚佐永新利班年廿 单身 ☐（壹·6615）

(12) ☐师攸利硕年卅四 单身 见（壹·6632）

（13）□锻攸张生年廿一　单身　见（壹·6641）①

（14）☑建宁黄民年廿一　单身　见（壹·6656）

（15）☑建宁年廿二　单身　见（壹·6668）

（16）□□佐醴陵□武年廿六　单身　见（壹·6687）

（17）☑下隽监军年廿四　单身（壹·6710）

（18）舼慰师醴陵侯曹年廿八　单身　见（壹·6720）

（19）舼慰佐益阳□□年十七　单身　见（壹·6724）

（20）☑珧年卅八　单身（壹·6779）

（21）鑢佐刘阳谢香年卅一　单身　见（壹·7455）

（22）乾锻佐吴昌这□年廿五　单身　见（壹·7463）

（23）□佐攸潘□……　单身　见（壹·8201）

（24）□……地儦钱月五百簿以过年□一月十被病物故妻汝单身□（贰·7612）②

（25）乾锻佐建宁黄烓年廿四单身（叁·2255）

（26）镰佐建宁黄㷾年卅五单身（叁·2285）

（27）乾锻佐粮元年卅　单身（叁·2304）③

（28）刚佐永新利玫年廿一　单身（叁·2305）

（29）乾锻佐永新□□年……　单身（叁·2317）

（30）师攸谢佳年廿一　单身（叁·2365）

（31）乾锻佐攸陈秃年廿□　单身（叁·2377）

（32）舼慰佐醴陵蔡朿年十六　单身（叁·2379）

（33）乾锻佐攸粮□年卅二　单身（叁·2384）

（34）镰佐攸利硕年卅四　单身（叁·2385）

（35）舼慰师醴陵侯曹年廿一　单身（叁·2387）

---

① 整理组注："'□锻'下脱'佐'字。"长沙简牍博物馆、中国文物研究所、北京大学历史学系走马楼简牍整理组编著：《长沙走马楼三国吴简·竹简〔贰〕》，文物出版社2007年1月版，第1031页。

② 整理组注："'十'下似脱'日'字。"《长沙走马楼三国吴简·竹简〔贰〕》，第872页。

③ 整理组注："'粮元'上似脱籍贯。"《长沙走马楼三国吴简·竹简〔贰〕》，第769页。

(36) 乾锻佐建宁黄仁年廿一单身（叁·2397）

(37) 乾锻佐建宁黄黑年十七 单身（叁·2401）

(38) 舩慰佐醴陵□□…… 单身（叁·2404）

(39) 舩慰佐醴陵□□年廿四一名鼠 单身（叁·2406）

(40) 乾锻佐临湘黄文年十七 单身（叁·2424）

(41) 师建宁李棋年卅八 单身（叁·2479）

(42) 乾锻佐建宁唐市年廿二单身（叁·2492）

(43) □ 单身（叁·2571）

(44) 军吏雷赞年廿六 单身（叁·2970）

(45) □□人单身□（叁·8287）

其中15例"单身"之后有"见"字①，应是明确被记录者当时身在岗位，或者说在记录者视野之内。

2. "单身"者身份

《方言》卷六："絓、挈、傸、介，特也。"《笺疏》："昭十四年，《左氏传》云：'收介特。'杜预注云：'介特，单身民也。'"②

走马楼简文有所交代的"单身"者身份，有如下几种：

乾锻佐　　　（3）（10）（22）（25）（27）（29）（36）（37）
　　　　　　（40）（42）

乾锻佐攸　　（8）（31）（33）

舩慰师　　　（18）（35）

舩慰佐　　　（7）（19）（32）（38）（39）

钱佐　　　　（9）

刚佐　　　　（22）（28）

鑪佐　　　　（21）

---

① 即（2）（3）（8）（9）（10）（12）（13）（14）（15）（16）（18）（19）（21）（22）（23）。

② 〔清〕钱绎撰集：《方言笺疏》，中华书局1991年11月版，第231页。

镰佐	（26）	
镰佐攸	（34）	
□师攸	（12）	（30）
□锻攸	（13）	
□佐	（16）	（23）
师	（41）	
监军	（17）	
军吏	（44）	

这些人看来绝大多数都是专门技术人员，最后两例（17）（44）则是负有责任的军官。（24）情形比较特殊，"□……地䥽钱月五百簿以过年□一月十被病物故妻汝单身□"，单身者是"被病物故"某人的"妻汝"。显然与他例不同。《左传》昭公十四年："夏，楚子使然丹简上国之兵于宗丘，且抚其民，分贫振穷，长孤幼，养老疾，收介特，救灾患，宥孤寡，赦罪戾，诘奸慝，举淹滞，礼新叙旧，禄勋合亲，任良物官。"杜预注："介特，单身民也。收聚不使流散。"① 简（24）所见"妻汝单身"身份或许大致与此符合。《晋书》卷九〇《良吏列传·乔智明》："部人张兑为父报仇，母老单身，有妻无子，智明愍之，停其狱。"② 简（24）情形或与此"母老单身"亦类同。

（1）（2）（45）说到若干人"单身"，有"合计"性质，可能是相关名籍最终文字的遗存。

上列简例中有年龄资料的35人，最大（5）"年六十"，最小（32）"年十六"，平均27岁多。（31）"乾锻佐攸陈秃年廿□"若以"年廿一"计，平均27.11岁，以"年廿九"计，平均27.34岁。其中20岁以下（含20岁）6人，21岁至30岁18人，31岁至40岁9人。除了（5）"年六十"一例，（9）"年卅五"一例外，均在40岁以下（含40岁），占总数的94.29%。可知名籍中特别标识"单身"字样的，以现有数据看，主

---

① 《十三经注疏》，第2076页。清人惠栋《惠氏春秋左传补注》卷五："马融《广成颂》：'察滛佟之华誉，顾介特之实功。'注：'介特，谓孤介特立也。'杜氏以为'单身民'，非马义也。"文渊阁《四库全书》本。

② 《晋书》，第2337页。

要是有一定工作技能的青壮年劳动力。

简文出现的"见"字，可以看出对这些"师"、"佐"、"佐攸"们的人身控制是严格的。名籍制作，应当即服务于这一行政任务。

3. 人身控制考虑："单身"与"进退之计"

走马楼竹简所见"单身"字样，似乎体现出管理形式的专门性和特殊性。

"单身"一语用于战争史记述，多有表彰不携部众、孤胆勇进精神的情形。《三国志》卷一四《魏书·董昭传》"昭单身入城告谕（薛）洪、（缪）尚等，即日举众降"①，《三国志》卷一七《魏书·张辽传》"辽遂单身上三公山，入（昌）豨家，拜妻子，豨欢喜，随诣太祖"②，《北齐书》卷三八《赵彦深传》"从征颍川，时引水灌城，城雉将没，西魏将王思政犹欲死战，文襄令彦深单身入城告喻，即日降之，便手牵思政出城"③，都是"单身"劝降故事，其时自然有牺牲风险。又《宋书》卷八三《宗越传》"家贫无以市马，常刀楯步出，单身挺战，众莫能当"④，《梁书》卷一七《马仙传》"其在边境，常单身潜入敌庭，伺知壁垒村落险要处所，故战多克捷"⑤，则以"单身"直接显示个人英雄气质。⑥ 然而史籍出现"单身"文字，其实亦颇多并不取此义。

《三国志》卷三二《蜀书·先主传》裴松之注引《英雄记》曰："建安三年春，布使人赍金欲诣河内买马，为备兵所钞。布由是遣中郎将高

---

① 《三国志》，第438页。
② 同上书，第517页。
③ 《北齐书》，第506页。
④ 《宋书》，第2109页。
⑤ 《梁书》，第281页。
⑥ 战败与部众离散，只身逃亡情形，史家有时也用"单身"语。如《宋书》卷九五《索虏传》"各单身进还"，第2324页；《宋书》卷九八《氐胡列传·略阳清水氐杨氏》"单身投羌仇阿弱家"，第2410页。"单身"指与"部曲"军众分离情形，又见《南齐书》卷四〇《武十七王列传·晋安王子懋》："隆昌元年，迁子懋为都督江州刺史，留西楚部曲助镇襄阳，单将白直侠毂自随。（陈）显达入别，子懋谓曰'朝廷令身单身而反，身是天王，岂可过尔轻率。今犹欲将二三千人自随，公意何如？'"第708页。

顺、北地太守张辽等攻备。九月，遂破沛城，备单身走，获其妻息。"①《三国志》卷四二《蜀书·郤正传》"后主东迁洛阳，时扰攘仓卒，蜀之大臣无翼从者，惟正及殿中督汝南张通，舍妻子单身随侍"。② 可知所谓"单身"，通常指与亲属即所谓"妻息"、"妻子"分离。③ 这正是动荡年代仓皇避难流亡的通常情形。如《三国志》卷五二《吴书·步骘传》："临淮淮阴人也。世乱，避难江东，单身穷困。"④

"单身"身份状态的强调，有时又表现出于管理与控制考虑的背景。《宋书》卷七四《沈攸之传》说到"才力之士""双泰真"的故事："初，攸之招集才力之士，随郡人双泰真有干力，召不肯来。后泰真至江陵卖买，有以告攸之者，攸之因留之，补队副，厚加料理。泰真无停志，少日叛走，攸之遣二十人被甲追之，逐讨甚急，泰真杀数人，余者不敢近。欲过家将母去，事迫不获，单身走入蛮，追者既失之，录其母而去。泰真既失母，乃出自归，攸之不罪，曰：'此孝子也。'赐钱一万，转补队主，其矫情任算皆如此。"⑤ 此所谓"单身"者，强调其家人未在控制之中。"追者既失之，录其母而去"的做法，阴毒然而确实有效，"泰真既失母，乃出自归"。以亲属作为人质实现威逼效能，是古来控制方式的定范，也成为中国式干部管理和人才控制的一种传统。

4. 钟会故事

《三国志》卷二八《魏书·钟会传》记载钟会"单身"率军伐蜀在

---

① 《三国志》，第874页。

② 同上书，第1041页。

③ 《晋书》卷九五《艺术列传·戴洋》："初，（孙）混欲迎其家累，洋曰：'此地当败，得腊不得正，岂可移家于贼中乎！'混便止。岁末，敏弟昶攻堂邑，混遂以单身走免。"第2470页。《宋书》卷九一《孝义列传·孙法宗》："父遇乱被害，尸骸不收，母兄并饿死，法宗年小流迸，至年十六，方得还。单身勤苦，霜行草宿，营办棺椁，造立冢墓，葬送母兄，俭而有礼。"第2252页。

④ 《三国志》，第1236页。

⑤ 《宋书》，第1941页。又《南史》卷三七《沈攸之传》："攸之招集才力之士，随郡人双泰真有干力，召不肯来。攸之遣二十人被甲追之，泰真射杀数人，欲过家将母去，事迫不获，单身走入蛮。追者既失之，录其母去。泰真既失母，乃自归，攸之不罪，曰：'此孝子也。'赐钱一万，转补队主，其抑情待士如此。"第968页。

朝中引起疑虑的情形，而司马昭的回答是"不须忧此"："初，文王欲遣会伐蜀，西曹属邵悌求见曰：'今遣钟会率十余万众伐蜀，愚谓会单身无重任①，不若使余人行。'文王笑曰：'我宁当复不知此耶？蜀为天下作患，使民不得安息，我今伐之如指掌耳，而众人皆言蜀不可伐。夫人心豫怯则智勇并竭，智勇并竭而强使之，适为敌禽耳。惟钟会与人意同，今遣会伐蜀，必可灭蜀。灭蜀之后，就如卿所虑，当何所能一办耶？凡败军之将不可以语勇，亡国之大夫不可与图存，心胆以破故也。若蜀以破，遗民震恐，不足与图事；中国将士各自思归，不肯与同也。若作恶，祇自灭族耳。卿不须忧此，慎莫使人闻也。'及会白邓艾不轨，文王将西，悌复曰：'钟会所统，五六倍于邓艾，但可敕会取艾，不足自行。'文王曰：'卿忘前时所言邪，而更云可不须行乎？虽尔，此言不可宣也。我要自当以信义待人，但人不当负我，我岂可先人生心哉！近日贾护军问我，言：颇疑钟会不？我答言：如今遣卿行，宁可复疑卿邪？贾亦无以易我语也。我到长安，则自了矣。'军至长安，会果已死，咸如所策。"② 所谓"单身无重任"，是一种执政原则，邵悌基于此建议"不若使余人行"，是常规性思维。司马昭说"我宁当复不知此耶"，也透露这是政治常识。"颇疑钟会不"的答案，其实是必然的。他所以任用钟会，是因为特别的考虑："众人皆言蜀不可伐。夫人心豫怯则智勇并竭，智勇并竭而强使之，适为敌禽耳。惟钟会与人意同，今遣会伐蜀，必可灭蜀。"至于钟会"单身"远任可能"图事""作恶"的风险，他已自有"当何所能一办耶"的胜算。

司马昭用钟会伐蜀故事的关键词就是"单身"。《北堂书钞》卷六八《设官部·属》引《魏志》有关此事的记录，标题正是"文王遣钟会，邵悌谓其'单身'"。③ 在战争中，"单身无重任"似已成为常规。《南齐书》卷二四《柳世隆传》："建元二年，进号安南将军。是时虏寇寿阳，上敕世隆曰：'历阳城大，恐不可卒治，正宜断隔之，深为保固。处分百姓，若不将家守城，单身亦难可委信也。'寻又敕曰：'吾更历阳外城，若有

---

① 《通鉴纪事本末》作"会单身无任"。〔宋〕袁枢：《通鉴纪事本末》卷一一《魏灭蜀》，《四部丛刊》景宋刻大字本。
② 《三国志》，第793—794页。
③ 〔唐〕虞世南编撰：《北堂书钞》，中国书店据光绪十四年南海孔氏刊本1989年7月影印版，第248页。

5. 崔楷故事

　　崔楷的故事也有助于相关制度和相关理念的说明。《魏书》卷五六《崔楷传》写道："初楷将之州，人咸劝留家口，单身述职。楷曰：'贪人之禄，忧人之事，如一身独往，朝廷谓吾有进退之计，将士又谁肯为人固志也？'遂合家赴州。三年春，贼势已逼，或劝减小弱以避之，乃遣第四女、第三儿夜出。既而召僚属共论之，咸曰：'女郎出嫁之女，郎君小未胜兵，留之无益，去复何损。且使君在城，家口尚多，足固将士之意，窃不足为疑。'楷曰：'国家岂不知城小力弱也，置吾死地，令吾死耳！一朝送免儿女，将谓吾心不固。亏忠全爱，臧获耻之，况吾荷国重寄也。'遂命追还。州既新立，了无御备之具。及贼来攻，楷率力抗拒，强弱势悬，每勒兵士抚厉之，莫不争奋，咸称：'崔公尚不惜百口，吾等何爱一身！'速战半旬，死者相枕。力竭城陷，楷执节不屈，贼遂害之，时年五十一。长子士元举茂才，平州录事参军、假征虏将军、防城都督，随楷之州，州陷，亦战殁。楷兄弟父子，并死王事，朝野伤叹焉。"② "单身述职"，"一身独往"，是会产生嫌疑的，即所谓"朝廷谓吾有进退之计"。甚至面临覆城危急，疏散家小，"送免儿女"，"减小弱以避之"，也会"将谓吾心不固"。崔楷意志的坚定，还在于"固将士之意"，如若"单身"，有"将士又谁肯为人固志也"的担心。后来果然兵士"莫不争奋，咸称：'崔公尚不惜百口，吾等何爱一身。'"

　　崔楷的故事固然悲壮，然而"不惜百口"，"兄弟父子，并死王事"的情形，对于"小弱""儿女"们生命的丧失，毕竟是太惨痛了。就相关制度的非人性化性质来说，今天的人们，大概多会取批判的态度。

　　对于"人咸劝留家口，单身述职"，崔楷"贪人之禄，忧人之事，如一身独往，朝廷谓吾有进退之计，将士又谁肯为人固志也"的回答，《北史》卷三二《崔楷传》的记载是："单身赴任，朝廷谓吾有进退之计，将

---

① 《南齐书》，第450页。
② 《魏书》，第1256页。

士又谁肯固志?"① 其中"一身独往"写作"单身赴任",更直接与我们讨论的走马楼竹简"单身"问题相关。

6."单身逃役"现象

《宋书》卷五四《羊玄保传》言及宣城郡地方防范"吏民亡叛"制度的利弊:"先是,刘式之为宣城,立吏民亡叛制,一人不禽,符伍里吏送州作部,若获者赏位二阶。玄保以为非宜,陈之曰:'臣伏寻亡叛之由,皆出于穷逼,未有足以推存而乐为此者也。今立殊制,于事为苦。臣闻苦节不可贞,惧致流弊。昔龚遂譬民于乱绳,缓之然后可理,黄霸以宽和为用,不以严刻为先。臣愚以谓单身逃役,便为尽户。今一人不测,坐者甚多,既惮重负,各为身计,牵挽逃窜,必致繁滋。② 又能禽获叛身,类非谨惜,既无堪能,坐陵劳吏,名器虚假,所妨实多,将阶级不足供赏,服勤无以自劝。又寻此制,施一邦而已,若其是邪,则应与天下为一,若其非邪,亦不宜独行一郡。民离忧患,其弊将甚。臣忝守所职,惧难遵用,致率管穴,冒以陈闻。'由此此制得停。"③ 羊玄保语"单身逃役,便为尽户",说到"吏民亡叛制"对于这种情形,其实是难以直接惩处的。"单身逃役",于是也自然会成为致力于人口控制的执政者们最担心的情形。

因为传统制度的作用,作为军队责任长官,"单身"可能导致"有进退之计"的猜疑,以为其心"不固"。"单身无重任"因而是自然的。前引简(17)"监军"与(44)"军吏"身份因此有特殊性。而就普通民众来说,"单身逃役"形成的危害,管理者也以为难以挽救。

这样的考虑,可能是走马楼竹简名籍所见多数"单身"身份被特别著明的原因。而由此透见的当时情势尚未安定以致人心浮动的社会状况,也是我们应当注意的。

---

① 《北史》,第1165页。
② 〔清〕李清《南北史合注》卷三七《羊玄保传》:"《宋书》又曰:'臣闻苦节不可贞,惧致流弊。今单身逃役,便为尽户。一人不测,坐者甚多,牵挽逃窜,必至烦滋。……'"《四库全书》撤出本。
③ 《宋书》,第1535页。

7. 关于"门单户尽"、"民单户约"

　　经历严重的疾疫和残酷的战争，人口数字锐减，是东汉晚期令人凄怆的社会景象。长安城中"人相食啖，白骨委积，臭秽满路"。① 这一历史上曾经最为繁荣发达的地区，人口几乎绝尽。② 历经百战的中原地区，情况也大致相同。军阀混战，往往使农耕区经历反复洗劫，千里尽为荒野。③ 战争连年不已，民众被残酷屠杀，据说户口减耗的程度，至于十分之九④，有的地方已经荒无人烟⑤。据说北方十二州，说起民众户口数字，不过相当于汉代盛世的一个大郡而已。⑥ 曹操来到家乡沛国谯县（今安徽亳州），曾经深切感叹道："旧土人民，死丧略尽，国中终日行，不见所识，使吾凄怆伤怀！"⑦ 曹操的《蒿里》诗曾经用这样的名句真切描述了当时中原地区百业残破、民生维艰的情形："铠甲生虮虱，万姓以死亡。白骨露于野，千里无鸡鸣。生民百遗一，念之断人肠！"最早发育中华农耕文明的富庶的黄河中游地区，已经被灾变和战乱洗荡成一片凄冷的荒野。

　　两汉之际，已经有南迁的移民动向。中原兵争激烈，"民人流亡，百无一在"⑧，"小民流移"⑨，往往"避乱江南"⑩。东汉时期，"连年水旱灾异，郡国多被饥困"，"饥荒之余，人庶流进，家户且尽"，其中往往有渡江而南者。永初初年实行"尤困乏者，徙置荆、扬孰郡，既省转运之

---

　① 《后汉书》卷七二《董卓列传》，第2336页。
　② 《后汉书》卷七二《董卓列传》："初，帝入关，三辅户口尚数十万，自催、汜相攻，天子东归后，长安城空四十余日，强者四散，羸者相食，二三年间，关中无复人迹。"第2341页。
　③ 《后汉书》卷七三《公孙瓒传》："粮食并尽，士卒疲困，互掠百姓，野无青草。"第2362页。
　④ 《三国志》卷八《魏书·张绣传》："是时天下户口减耗，十裁一在。"第262页。
　⑤ 《后汉书》卷四九《仲长统传》："名都空而不居，百里绝而无民者，不可胜数。"第1649页。
　⑥ 《三国志》卷一四《魏书·蒋济传》载景初中蒋济上书："今虽有十二州，至于民数，不过汉时一大郡。"第453页。
　⑦ 《三国志》卷一《魏书·武帝纪》，第22页。
　⑧ 《三国志》卷六《魏书·董卓传》注引《续汉》，第176页。
　⑨ 《续汉书·天文志上》，《后汉书》，第3221页。
　⑩ 《后汉书》卷七六《循吏传·任延》，第2460页。

费，且令百姓各安其所"①的政策，即说明民间自发流移的大致方向。通过所谓"令百姓各安其所"，可知流民向往的安身之地，本来正是"荆、扬孰郡"。这一情形也与气候变化相关。从江南郡国元始二年（2）与永和五年（140）户口比较的数据看，长沙国、桂阳郡、零陵郡户口增长的趋势最为显著。

元始二年			永和五年			增长率（%）	
郡国	户	口	郡国	户	口	户	口
长沙国	43470	235825	长沙郡	255854	1059372	488.58	349.22
桂阳郡	28119	156488	桂阳郡	135029	501403	380.21	220.41
零陵郡	21092	139378	零陵郡	212284	1001578	906.47	618.61

汉顺帝永和五年（140）全国户口数与汉平帝元始二年（2）相比，呈负增长形势，分别为 -20.7% 与 -17.5%。与此对照，江南地区户口增长的趋势，成为引人注目的历史现象，而长沙、桂阳及零陵等郡国的增长率尤为突出。户数增长一般均超过口数增长，暗示移民是主要增长因素之一。②东汉末年剧烈的社会动乱再一次激起以江南为方向的流民运动。《三国志》卷一三《魏书·华歆传》注引华峤《谱叙》："是时四方贤士大夫避地江南者甚众。"③《三国志》卷二一《魏书·卫觊传》也说："关中膏腴之地，顷遭荒乱，人民流入荆州者十万余家。"④《三国志》卷六〇《吴书·全琮传》也有"是时中州士人避乱而南"的记载。⑤

户数的增长率明显超过口数的增长率，体现南移民户可能是以青壮年为主的机动性和生存能力稍强者为多。户口情形的相关变化，有的历史文献称作"门单户尽"，或谓"民单户约"。

《太平御览》卷四五三引《魏略》：

---

① 《后汉书》三二《樊宏传》，第1128页。
② 王子今：《秦汉区域文化研究》，四川人民出版社1998年10月版，第103—112页。
③ 《三国志》，第401页。
④ 同上书，第610页。
⑤ 同上书，第1381页。

> 建安已来，野战死亡，或门单户尽，虽有在者，遗孤老弱。①

无法移居避难，往其他区域求生的，大约均"遗孤老弱"。类似情形，《宋书》卷一一《志序》写道："自戎狄内侮，有晋东迁，中土遗氓，播徙江外，幽、并、冀、雍、兖、豫、青、徐之境，幽沦寇逆。自扶莫而裹足奉首，免身于荆、越者，百郡千城，流寓比室。人伫鸿雁之歌，士蓄怀本之念，莫不各树邦邑，思复旧井。既而民单户约，不可独建。"② 这里虽然直接说的是"有晋东迁"事，"中土遗氓，播徙江外"，"免身于荆、越"情形，完全与汉末类同。

讨论走马楼简所见"单身"身份，也许也应当注意北来移民往往"门单户尽"、"民单户约"的情形。

---

① 《太平御览》，第 2084 页。
② 《宋书》，中华书局 1974 年 10 月版，第 205 页。

走马楼"凡口若干事若干"简例试解读

走马楼简户口簿记中可见"凡口若干事若干"文例，推想应当分别是记录各户"户人""口食"的每一组简中的最后一枚，即户口簿记的结句简。我们现在看到的编号总计10545枚的这批简中，此类各计每户"口"与"事"的简，共185例，占1.75%。可知数量颇多。如果对其中简文理解不准确，将会影响对走马楼简所反映的当时社会经济生活总体面貌的认识。

1. "凡口若干事若干"简文

这里可以先举列有关简例：

(1) 凡口八事　訾　一☒（壹·947）

(2) 凡口九事　訾　一　千（壹·948）

(3) 凡口六事四　筭二事　中訾　五☒（壹·2856）①

(4) ☒□筭四事二　訾　五　十（壹·2862）

(5) 凡口三事二　第二事一　中訾☒（壹·2901）②

(6) 凡口四事三　筭二事一　中訾　五　十（壹·2907）③

(7) 凡口四事三　第二事　中訾　五　十（壹·2940）④

---

① 整理小组注："简中'中'为朱笔。"长沙市文物考古研究所、中国文物研究所、北京大学历史学系走马楼简牍整理组编著：《长沙走马楼三国吴简·竹简〔壹〕》，文物出版社2003年10月版，第953页。

② 同上书，下册第954页。

③ 同上。

④ 同上书，下册955页。

（8）凡口五事四　第三事二　訾☐（壹·2943）

（9）凡口四事　第二事一　中訾　五　十（壹·2944）①

（10）凡口四事二　第二事　訾　五　十（壹·2949）

（11）凡口四事　第二事一　訾五　☐（壹·2963）

（12）凡口四事三　筭一事复　訾　五　十（壹·2990）

（13）凡口六事五　第四事二　訾　五　十（壹·3005）

（14）凡口四事三……訾　五　十（壹·3029）

（15）凡口四事☐　第二事一　中訾　五　十（壹·3036）

（16）凡口四事三　第二事　中訾　五　十（壹·3064）

（17）凡口四事三　第二事一　中訾　十（壹·3076）

（18）凡口五事四　第二事一　訾　五　十（壹·3291）

（19）☐二　第一事　赀　五　十（壹·3330）

（20）凡口三事二　第二事一　中訾　五　十（壹·3343）

（21）凡口三事……訾　五　十（壹·3353）

（22）凡口六事四　第三事二　訾　五☐（壹·3389）

（23）凡口五事四　第三事一　訾　五　十（壹·3396）

（24）凡口五事四　第二事　訾　五　十（壹·3401）

（25）凡口四事三　第二　☐（壹·3596）

（26）凡口六事☐（壹·3617）

（27）凡口四事三第二事一訾　五　十（壹·3677）

（28）☐凡口四事二☐（壹·3714）

（29）凡口八事☐☐（壹·3777）

（30）凡口五事四　第二事一　訾　五　十（壹·3916）

（31）☐☐二事一　訾　五　十（壹·3919）

（32）凡口三事二　第一事☐（壹·3950）

（33）凡口六事四　第二　訾　五☐（壹·3958）

（34）凡口四事三　第二事一　訾五☐（壹·3976）

---

① 整理小组注："简中'中'为朱笔。"下册第955页。

走马楼"凡口若干事若干"简例试解读

(35) 凡口四事三　第一事　訾　五　十　（壹・4447）

(36) 凡口三事二　第二事　訾　一　百　（壹・4496）

(37) 凡口四事二　第二事　訾　五　十　（壹・4506）

(38) 凡口☐事☒（壹・4567）

(39) 凡口十一事十　第三事 二 ☒（壹・4636）

(40) 凡口七事三　筭☒（壹・4705）

(41) ☒事三　第一事　訾　五　十　（壹・4841）

(42) 凡口四事三　第二事　訾　五　十　（壹・4856）

(43) 凡口四事三　第三事　訾　五　十　（壹・4879）

(44) 凡口四事三　第二☐☐　訾　五　（壹・4882）

(45) 凡口三事　第二事　訾　五　十　（壹・4907）

(46) 凡口四事　第三事　中訾五十　（壹・4908）

(47) 凡口三事　第二事　訾　五　十　（壹・4920）

(48) 凡口二事　訾　五　十　（壹・4946）

(49) 凡口五事三　第一事　訾　五　十　（壹・4947）

(50) 凡口八事七　第五事四　訾　一　百　（壹・4950）

(51) 凡口九事七　第六事四　訾　一　☒（壹・4975）

(52) 凡口九事七　第四事三　訾　一　百　（壹・4994）

(53) ☒ 筭 二 事訾　五　十　（壹・5118）

(54) （上残）事訾　五　十　（壹・5276）

(55) ☒……事……（壹・5389）

(56) 凡口四事　☐第三事一　訾　五　☒（壹・7144）

(57) 凡口五事　四第三事一　訾　五　☒（壹・7147）

(58) 凡七事六　第四事三　訾　二　百　（壹・7347）

(59) 凡口五事　第三事　訾　五　十　（壹・7368）

(60) 凡口五事　筭 三事　訾　五　十　（壹・7369）

(61) 凡口三事　第☐事　訾　五　十　（壹・7374）

(62) 凡口五事　第二事二　訾　五　十　（壹・7392）

(63) 凡口九事七　第四事二　訾　五　十　（壹・7404）

(64) 凡口三事　第一事　皆　五　十（壹·7410）

(65) 凡口三事……　皆　五　十（壹·7414）

(66) 凡口八事七　第五事三　皆　一　百（壹·7421）

(67) 凡口三事　第三事　☒（壹·7423）

(68) 凡口五事四　第二事　皆　五　十（壹·7427）

(69) 凡口三事　第一事　皆　五　☒（壹·7487）

(70) 凡口三事而　第二事　皆　五　十（壹·7534）

(71) ☒凡口五事三　第☒（壹·7553）

(72) ☒第二事　皆　五　十（壹·7586）

(73) ☒事三　皆　五　十（壹·7609）

(74) 凡口七事六　第二事　皆　五　十（壹·7703）

(75) 凡口三事二　第一事　皆　五　十（壹·7808）

(76) 凡口十二事六　第四事三　皆　一　百（壹·7810）

(77) 凡口二事　第二事一　皆　五　十（壹·7813）

(78) 凡口四事三　第二事　皆　五　十（壹·7815）

(79) 凡口四事三　第二事　皆　五　十（壹·7816）

(80) 凡口八事六　第五事三　皆　一　百（壹·7818）

(81) 凡口三事二　第二事一　皆　五　十（壹·7824）

(82) 凡口六事　第三事　皆　五　十（壹·7831）

(83) ☒凡口三事　第二事一　皆　五　☒（壹·7836）

(84) ☒事　第三事二　皆　五　十（壹·7908）

(85) 凡口八事五　第四事三　皆　五　十（壹·7939）

(86) 凡口三事　第二事　皆　五　十（壹·7943）

(87) 凡口三事二……皆　五　十（壹·8365）

(88) 凡口三事二　……　皆　五　十（壹·8463）

(89) 凡口六事　第三事　皆　五　十（壹·8468）

(90) 凡口三事二　第一事　皆　一　百（壹·8483）

(91) 凡口三事　第一事　皆　五　十（壹·8675）

(92) ☒事四　第二事　皆　五　十（壹·8688）

走马楼"凡口若干事若干"简例试解读　341

(93)……筭二事　訾　五　十（壹·8690）

(94) 凡口三事二　筭二事　訾　五☐（壹·8694）

(95) ☐　筭二事一　☐（壹·8699）

(96) 凡口三事　筭一事　訾☐（壹·8703）

(97) 凡口三事　筭☐（壹·8707）

(98)……筭二事　☐（壹·8757）

(99) 凡口七事☐（壹·8791）

(100) ☐　凡口四事　筭三事　訾　五　十（壹·8796）

(101) 凡口二事一　訾　五　十（壹·9483）

(102)……筭一事　訾　五　十（壹·9515）

(103) 凡口二事　筭二事　訾　五　十（壹·9583）

(104) 凡口八事五　第二事　訾　一　百（壹·9584）

(105) 凡口九事六　第六事五　訾　五　十（壹·9591）

(106) 凡口四事三　第三事☐（?）　訾　五　十（壹·9609）

(107) 凡口五事　第四事　訾　五　十（壹·9708）

(108) 凡口四事　第二事　訾　五　十（壹·9711）

(109) 凡口四事二☐（壹·9958）

(110) 凡口五事三　第二事一訾　二　百（壹·10044）

(111) 凡口七事六　第四事三訾　二　百（壹·10045）

(112) 凡口八事☐　第三事二　訾　五十（壹·10054）

(113) 凡口三事二　第二事一　（壹·10058）

(114) 凡口七事四　第三事二　訾二百（壹·10069）

(115) 凡口四事三　第一事　訾五十（壹·10084）

(116) 凡口四事三　第二事中　訾五十（壹·10085）

(117) 凡口二事一　訾　五　十（壹·10091）

(118) 凡口六事五第三事二　訾五十（壹·10095）

(119) 凡口四事　第三事二　訾　五十（壹·10100）

(120) 凡口六事三　第三事　訾　五　十（壹·10101）

(121) 凡口☐事☐　第二事　訾　五　十（壹·10103）

(122) 凡口☐事☐　☐☐☐　訾　五　十（壹·10115）

(123) 凡口八事六　第四事三　訾　一　百（壹·10121）

(124) 凡口七事五 筭四事☐二 訾 一 千（壹·10151）
(125) 凡口三事 第一事 中訾 五 十（壹·10156）
(126) 凡口五事 第三事 中訾 五 十（壹·10157）
(127) 凡口三事二 第二事 訾 五 十（壹·10159）
(128) 凡口九事 第三事二中訾二 百（壹·10161）
(129) 凡口六事 第四事三 訾 一 百（壹·10172）
(130) 凡口四事三 第二事一 訾 二 百（壹·10176）
(131) ☒凡口五事四 第二事 中訾 五 十（壹·10194）
(132) 凡口四事 中訾 五 十（壹·10202）
(133) 凡口五事四 第二事 中訾 五 十（壹·10203）
(134) 凡口五事 第二事 中訾 五 十（壹·10204）
(135) 凡口五事四 第三事二 中訾 五 十（壹·10205）
(136) 凡口四事三 第三事一 訾 五 十（壹·10206）
(137) 凡口四事三 第二事 中訾 五 十（壹·10214）
(138) 凡口六事四 第三事二 訾 五 十（壹·10216）
(139) 凡口四事三 第一事 訾 五 十（壹·10226）
(140) 凡口三事二 第二事一 訾 二 百（壹·10237）
(141) ☒凡口四事三 第二事复 訾 五 十（壹·10243）
(142) 凡口四事 第一事 訾 五 十（壹·10245）
(143) …… 第二事 訾 五 十（壹·10254）
(144) 凡口四事三 第一事 訾 五 十（壹·10262）
(145) 凡口四事 第二事一 訾 五 十（壹·10266）
(146) 凡口十三事十一 第八事七 訾 一 百（壹·10272）
(147) 凡口三事二 第二事 訾 五 十（壹·10275）
(148) 凡口三事二 第二事一 訾 五 十（壹·10277）
(149) 凡口五事四 第二事一 訾 五 十（壹·10291）
(150) 凡口十一事八 第一事 訾 二百（壹·10295）
(151) 凡口四事二 第二事 訾 五 十（壹·10303）
(152) 凡口六事五 第三事 訾 五 十（壹·10304）
(153) 凡口五事 第三事一 訾 五 十（壹·10305）
(154) 凡口四事三 訾 五 十（壹·10307）
(155) 凡口七事五 第一事 訾 二 百（壹·10311）

（156）凡口五事三　第二事　訾　一　百（壹·10312）
（157）凡口八事六　第二事一　訾　二　百（壹·10324）
（158）凡口三事二　第二事一　訾　二　百（壹·10338）
（159）凡口四事二　第二事一　訾　五　十（壹·10342）
（160）凡口四事三　訾　五　十（壹·10352）
（161）凡口九事五　第三事二　訾　一　百（壹·10355）
（162）凡口八事七　第三事二　訾　一　千（壹·10365）
（163）凡口八事四　第二事一　訾　二　百（壹·10366）
（164）凡口四事三　第二事一　訾　五　十（壹·10375）
（165）凡口五事四　第一事訾五千（壹·10378）
（166）凡口三事二　第二事　訾　五　十（壹·10380）
（167）凡口三事　第一事　訾　五　十（壹·10383）
（168）凡口四事　第一事　訾五千（壹·10392）
（169）凡口九事八　第三事二　中訾一百（壹·10395）
（170）凡口四事　第三事　訾　五　十（壹·10422）
（171）凡口六事　第四事二　訾　五　十（壹·10429）
（172）凡口二事　第二事　訾　五　十（壹·10434）
（173）凡口五事　第五事四　訾　一　百（壹·10438）
（174）凡口六事三　第一事　中訾　五十（壹·10439）
（175）凡口三事三　第一事　中　訾　五　十（壹·10444）
（176）凡口五事　第二事　訾　五　十（壹·10454）
（177）凡口四事三　第二事一　訾　五　十（壹·10460）
（178）凡口十一事八　第五事三　訾　一　百（壹·10464）
（179）凡口四事三　第二事一　訾　五　十（壹·10469）
（180）凡口五事　第二事　訾　五　十（壹·10489）
（181）凡口四事三　第一事　訾　五　十（壹·10490）
（182）凡口四事三　第一事　訾　五　十（壹·10503）
（183）凡口三事　第一事　訾　一　百（壹·10510）
（184）凡口五事四　第一复　訾五十（壹·10516）

（185）凡口七事六　筭三事　訾　五　十（壹·10519）[1]

以上简例，有的简文残缺过甚，如（4）（9）（11）（19）（38）（41）（53）（54）（55）（72）（73）（84）（92）（93）（95）（98）（102）（143），信息内容十分有限；有的简文关键词缺失，如（1）（2）（21）（26）（29）（45）（46）（47）（48）（56）（57）（58）（59）（60）（61）（62）（64）（65）（67）（68）（69）（70）（77）（82）（83）（86）（89）（91）（96）（97）（99）（100）（103）（107）（108）（112）（119）（121）（122）（125）（126）（128）（129）（131）（134）（142）（145）（153）（167）（168）（170）（171）（173）（174）（176）（180）（183），也不便于讨论。这样，文意比较完整的简例，计有110例。

2."口一事一，筭一事一，訾一"文式

此类简的文式大致为：

凡口●事●　筭●事●　訾●●

"訾●●"的"訾"，（19）写作"赀"。其义为资产无疑。文末的"訾"或"赀"，通常数额为"五十"，也有为"一百"的，如（50）（51）（52）（58）（66）（76）（80）（90）（104）（129）（146）（156）（161）（169）（173）（178）（181）（183）。少数写作"二百"，如（110）（111）（114）（128）（130）（150）（155）（157）（158）（163）。极少数至于"一千"，如（124）（162）。而（165）（168）作"五千"，很有可能是"五十"的误释。

"事"的涵义，对于解读简文显然最为关键。

---

[1] 长沙市文物考古研究所、中国文物研究所、北京大学历史学系走马楼简牍整理组编著：《长沙走马楼三国吴简·竹简〔壹〕》，文物出版社2003年10月版。

3. 事——使

"事"在这里似可读作"使",应理解为劳役。

"事"与"使"字义相通的实例很多。甲骨文与金文,"事"、"使"本为一字。《墨子·经上》:"使,谓故。"于省吾新证:"金文使、事同字,此应作事谓故。"《周易·损》:"损其疾,使遄有喜。"[①] 马王堆汉墓帛书"使"写作"事"。《尚书·君奭》:"故一人有事于四方。"[②]《文选》卷五一王子渊《四子讲德论》引作"迪一人使四方"[③]。《国语·鲁语下》:"备承事也。"韦昭注:"事,使也。"[④]《荀子·正名》:"不事而自然谓之性。"杨倞注:"事,任使也。"[⑤]《史记》卷九八《傅靳蒯成列传》:"坐事国人过律。"司马贞《索隐》:"案:刘氏云'事,役使也。'"[⑥]《汉书》卷一下《高帝纪下》:"皆复其身及户,勿事。"颜师古注引如淳曰:"事,谓役使也。"[⑦]《汉书》卷八《宣帝纪》:"且毋收事。"颜师古注:"事,谓役使也。"又:"而吏繇事。"颜师古注:"事,谓役使之也。"[⑧]《汉书》卷二九《沟洫志》:"亦可以事诸浮食无产业民。"颜师古注:"事,谓役使也。"[⑨]《汉书》卷一六《高惠高后文功臣表》:"坐事国人过律。"颜师古注:"事,谓役使之也。"[⑩]

所谓"使",可以理解为徭役。《说文·人部》:"使,令也。"[⑪]《礼记·檀弓下》:"使之虽病也。"郑玄注:"使,谓时徭役。"[⑫]《吕氏春

---

① 《十三经注疏》,第53页。
② 同上书,第224页。
③ 〔南朝梁〕萧统编,〔唐〕李善注:《文选》,上海古籍出版社1986年6月版,第2254页。
④ 〔吴〕韦昭注:《国语》,中华书局1985年1月影印《四部丛刊》本,第35页。
⑤ 〔清〕王先谦撰,沈啸寰、王星贤点校:《荀子集解》,中华书局2016年4月版,第487页。
⑥ 《史记》,第2711页。
⑦ 《汉书》,第54页。
⑧ 同上书,第244页。
⑨ 同上书,第1697页。
⑩ 同上书,第533页。
⑪ 〔汉〕许慎:《说文解字》,中华书局1963年12月影印本,第165页。
⑫ 《十三经注疏》,第1311页。

秋·音律》:"而农民无有所使。"又《知化》:"得其民不得使。"高诱注都解释为:"使,役也。"①《荀子》中屡次出现"使",杨倞注均以"役"为释:

《解蔽》:"况于使者乎?"注:"使,役也。"
又:"使之则谋。"注:"使,役也。"
《富国》:"使民夏不宛暍。"注:"使民,谓役使民也。"
《王霸》:"官人使吏之事也。"注:"使吏,所使役之吏。"②

(141)"☒凡口四事三☑第二事复　訾　五　十",(184)"凡口五事四第一复　訾五十",对照前引《汉书·高帝纪下》:"皆复其身及户勿事。"颜师古注引如淳曰:"事,谓役使也。"显然这里出现的"复"字,也可以说明"事"的涵义。

4. 居延简文"使"的参考意义

居延汉简戍卒日迹资料可见关于"使"的记录。如167.17:"八月丁丑鄣卒十人,其一人守阁,一人守邸,一人取狗湛,一人治计,二人马下,一人吏养,一人使,一人守园,一人助。"E. P. T48:12B:"卒十二人,七月……一人门……一人木工,一人守园,一人马下,一人从,一人使,令史谭。"又119.11,350.56:"●右三人使在□□田里公□。"395.9:"五月一日卒百五十三人,其十□☑,十三□□☑,奉人归责,三人使出□。"看来,居延汉简中所见加载勤务记录的"使",有可能是远行外出执行劳务。从这一思路考虑,或许也有助于理解走马楼简户口簿记中"事"的涵义。

我们分析走马楼以上说到的文意相对完整,具有统计比较意义的110条简例,所谓"凡口若干事若干"的情形,合计"口"576,"事"409,

---

① 〔秦〕吕不韦编,许维遹集释:《吕氏春秋集释》,中华书局2009年9月版,第136、628页。
② 参看王力《同源字典》,商务印书馆1982年10月版,第97页;高亨《古字通假会典》,齐鲁书社1989年7月版,第404—405页。

即应服事劳役者占人口总数的 71.01%。其中如（13）（152）"凡口六事五"，（74）（185）"凡口七事六"，（50）（162）"凡口八事七"，（51）（169）"凡口九事八"，（39）"凡口十一事十"，（146）"凡口十三事十一"等，"事"的比率都相当高。（49）（175）"口三事三"，竟然高达 100%。

5. "事"前后两记

这类简例中简文的第二部分内容或第二层意义，即所谓"筭●事●"，其涵义我们还不能十分明确。特别是第一部分"凡口●事●"的"事●"和第二部分"筭●事●"的"事●"，通常后一个"事●"数额都小于前一个"事●"，有的差异相当大，例如：

（63） 凡口九事七　筭四事二
（157）凡口八事六　筭二事一
（162）凡口八事七　筭三事二
（169）凡口九事八　筭三事二
（178）凡口十一事八　筭五事三

都体现了这样的情形。或许前一个"事●"，是说按照制度规定应当服役的人数，后一个"事●"，则是说实际服役的人数。如果这样的推想成立，走马楼简有关"事"的文字现象，似乎可以看作推行适度徭役的政策的一种反映。

简文"凡口●事●"多写作"凡口●事○"，更多见"筭●事●"写作"筭●事○"，即"事"字后面的数字多空缺。这显然不是偶然的现象，也不大可能只是此处的字漫漶磨灭最为严重。"事"字后面不写数字，是否意味着不调发劳役或者暂时不调发劳役，这样的表示，与"复"有所区别。此外，有没有书写时特意留空以待将来再次补写的可能，也可以继续讨论。

走马楼简文"枯兼波簿"及其透露的生态史信息

走马楼竹简〔叁〕中有反映"波"即陂"枯兼"现象的简文。"兼"的字义，或与"溓"有关，即所谓"深泥""薄水"。求其原意，亦可以发现和"浅"的关系。"波""枯兼"现象，既反映了地貌变化，也体现了水资源状况。这一现象与气候变迁的密切关系，尤其值得生态环境史研究者的关注。人们自然会注意到，走马楼竹简所见相关现象，为东汉以来气候转为干冷的判断提供了新的证明。

1. "波""枯兼"现象

走马楼竹简〔叁〕中有反映"波"即陂"枯兼"现象的简文。据整理组发表的释文，我们看到：

(1) □蒲波一所深一丈五尺长十□丈殷六十丈沃田七十九顷枯兼十□（叁·6311）[①]

(2) 亭下波一所深一丈七尺长廿丈殷十一丈沃田九顷枯兼十年可用一万夫（叁·6320）

(3) 黄唐波一所深七尺……丈沃田廿顷枯兼 □（叁·6325）

(4) 枯兼五年□（叁·6383）

[①] 整理组注："'深一丈五尺'为小字。"长沙简牍博物馆、中国文物研究所、北京大学历史学系走马楼简牍整理组：《长沙走马楼三国吴简·竹简〔叁〕》，文物出版社2008年1月版，下册第860页。

（5）☐沃田十四顷枯兼可用万一千八百夫作（叁·6414）

（6）☐　长卅丈殿十一丈沃田九顷枯兼☐☐（叁·6764）

（7）☐　长☐☐丈殿沃田六十顷枯兼☐（叁·6867）①

（8）顷枯兼三年可☐（叁·6916）

（9）☐☐丈沃田廿八顷枯兼十五年可用（叁·6948）

（10）☐☐波一所长……顷卅亩枯兼五年可用☐☐（叁·7010）

（11）☐……殿廿一丈沃田十四顷枯兼二年☐（叁·7016）

（12）☐枯兼六年可用一万夫☐（叁·7063）

（13）☐沃田六十顷枯兼☐年（叁·7069）

（14）☐☐顷枯兼二年可用（叁·7083）

（15）☐☐☐四顷九十亩枯兼三年（叁·7144）

（16）☐……长卅五丈殿廿一丈沃田十五顷枯兼二年可（叁·7198）

（17）☐一所深一丈☐尺长卅☐丈殿廿一丈沃田☐顷枯兼二年可用一万（叁·7203）

（18）都乡谨列枯兼波长深顷亩簿（叁·7204）

（19）☐汉波一所深二丈五尺长十二丈殿十丈沃田……枯兼二年可用七千夫（叁·7208）②

（20）☐☐波一所深七丈长十丈殿☐丈沃田七顷枯兼七年可用七千夫（叁·7212）

（21）高☐波一所深一丈长七十一丈殿☐丈沃田☐顷枯兼三年可用五千夫（叁·7215）

（22）☐☐枯兼几年波田多少何人☐☐☐及新故钱米已入☐（叁·7218）

---

① 整理组注："'殿'下似有脱文。"《长沙走马楼三国吴简·竹简〔叁〕》，下册第870页。
② 整理组注："'深二丈五尺'为小字。"《长沙走马楼三国吴简·竹简〔叁〕》，下册第878页。

(23) 大田波一所深二丈长十五丈殷卅丈沃田十四顷枯兼☐（叁·7220）①

(24) 仓等岁自垦食其卅顷枯兼廿年可用一万夫作（叁·7225）

(25) ☐波一所深一丈五尺长十丈殷八丈沃田七顷枯兼二年可用☐（叁·7227）②

(26) 东卖波一所深七丈二尺长七十九丈☐殷沃田九十顷枯☐（叁·7229）③

(27) ☐☐波一所深☐丈长八十五丈沃田一百卅亩枯兼十年可用☐☐（叁·7232）④

(28) ☐☐波二所……长十九丈殷七丈沃田……顷枯兼卅六年可用三万（叁·7235）⑤

(29) 田四顷枯兼廿年可用一万夫作（叁·7238）

(30) ☐唐波一所长廿五丈深一丈四尺殷十五丈沃田☐☐顷五十亩枯兼五年可用一千（叁·7239）

(31) ☐☐波一所长十一丈深☐丈七尺殷八尺沃田四顷枯兼三年可用五千夫作（叁·7240）

其中（1）"☐蒲波"，（2）"亭下波"，（3）"黄唐波"，（10）"☐☐波"，（19）"☐汉波"，（20）"☐☐波"，（21）"高☐波"，（23）"大田波"，（25）"☐波"，（26）"东卖波"，（27）"☐☐波"，（28）"☐☐波"，（30）"☐唐波"，（31）"☐☐波"，应当都是陂名。从"波"的规模及"沃田"数看，（10）（20）（25）（27）（28）（31）的

---

① 整理组注："'深二丈'为小字。"《长沙走马楼三国吴简·竹简〔叁〕》，下册第879页。
② 整理组注："'深一丈五尺'为小字。"《长沙走马楼三国吴简·竹简〔叁〕》，下册第879页。
③ 整理组注："'深七丈二尺'为小字。'殷'后似有脱文。"《长沙走马楼三国吴简·竹简〔叁〕》，下册第879页。
④ 整理组注："'深☐丈'为小字。"《长沙走马楼三国吴简·竹简〔叁〕》，下册第879页。
⑤ 整理组注："'波'上☐右半残缺，左半从'氵'。"《长沙走马楼三国吴简·竹简〔叁〕》，下册第879页。

"□□波"和"□波"似不重复。(3)"黄唐波"和(30)"□唐波"也不是一个陂。

2.《枯兼波长深顷亩簿》

从(18)"都乡谨列枯兼波长深顷亩簿"简文看，上列简例应当都属于与《枯兼波长深顷亩簿》有关的文书。又如：

(32) □大小□□沃田顷亩用人工多少及得兼溲小波（叁·7194）

似乎说明了《枯兼波长深顷亩簿》的内容要求。

所谓"枯兼波"，为当时的地方行政管理者所关注。下列简文或许也体现了相关情形：

(33) 兼……溏作（叁·7217）

应当怎样理解"波""枯兼"这一值得重视的现象呢？看来，关键在于对"兼"字的解说。

3."兼"的字义

解释"兼"的字义，人们会想到"溓"。《说文·水部》："溓溓，薄水也。或曰中绝小水。"段玉裁注："《玉篇》、《广韵》作'大水中绝小水出也'。当是古人所见完本。"[1] "溓"是"薄水"，"中绝小水"，自然可以和"枯"形成对应关系。《考工记·轮人》说到"轮人为轮"的技术要求：

参分其辐之长而杀其一，则虽有深泥，亦弗之溓也。

---

[1] 〔汉〕许慎撰，（清）段玉裁注：《说文解字注》，上海古籍出版社1981年10月版，第559页。

《周礼》郑玄注："郑司农云：'㡿'读为'黏'。谓泥不黏著辐也。"① 宋人王昭禹《周礼详解》卷三五《冬官考工记》："虽以行涂而深泥弗粘也。"② 王与之《周礼订义》卷七九："虽有深泥亦莫之黏。"③ 林希逸《考工记解》卷上："虽有深泥亦弗粘带于辐也。"④ "㡿"和"深泥"的关系，对于我们探索"枯兼"的意义可以提供某种启示。

　　西周早期铜器铭文中屡见"𰀁公"。对于"𰀁"字释读，旧有"慧"、"雪"、"丰"、"㡿"等意见。⑤ 郭店简和上博简《缁衣》一篇，都提到并引述《祭公之顾命》，祭公之"祭"，郭店简写作"晉"，上博简写作"𰀂"。李学勤提出金文"𰀁公"和郭店简中的"晉公"同样，都是传世文献中的"祭公"。⑥ 李零亦发表过同样的见解。⑦ 吴振武认为这样的意见在字形分析方面存在"明显的缺点"，并提出了更有说服力的考论收获。他写道："𰀁公之'𰀁'，很可能是深浅之'浅'的原始写法，它跟祭公之'祭'声母相同，韵部则有阳入对转之关系。"沈培也曾论述，"𰀂'很可能是'箭'字"，"把'𰀂'释为'箭'，其读为'祭'，就是元部和月部（祭部）阳入对转的关系"。⑧ 吴振武说："'𰀂'是'箭'的象形写法"，"金文'𰀁'字很可能就是深浅之'浅'的会意写法，其字形所表现的就是以手持'𰀂'（箭）测水之深浅，同时又兼用'𰀂'（箭）声表示其读音（'箭'、'浅'同为精母元部字）。""至于'𰀁'字又有从'涉'的写法，就更不难理解了。'涉'的本义是徒步渡水。毫无疑问，凡能'涉'的水，都必然是浅的。"⑨ 李天虹讨论曾侯乙墓竹简多见的"𰀃"字，"怀疑𰀃也是一个从'箭'为声的字"，"也是读作荐"。

---

① 《十三经注疏》，第908页。
② 文渊阁《四库全书》本。
③ 同上。
④ 同上。
⑤ 周法高主编：《金文诂林》，香港中文大学1975年1月版，第6337—6340页。
⑥ 李学勤：《释郭店简祭公之顾命》，《文物》1998年第7期。
⑦ 李零：《上博楚简三篇校读记》，万卷楼图书有限公司2002年3月版，第54、111页；李零：《郭店楚简校读记》（增订本），北京大学出版社2002年9月版，第76页。
⑧ 沈培：《卜辞"雉众"补释》，《语言学论丛》第26辑，商务印书馆2002年8月版，第229页。
⑨ 吴振武：《假设之上的假设——金文"𰀁"的文字学解释》，《吉林大学古籍研究所建所二十周年纪念文集》，吉林文史出版社2003年12月版，第3、5—6页。

"如果'箭'确实是𢆉的声符,𢆉就很可能是一个会意兼形声的字,即以手持箭,箭亦声。"论者正确地指出,"'荐',即《说文》所谓'荐席',很可能意指重席,即'重在上者之席'。《尔雅·释言》:'荐,再也。'《左传》僖公十三年'晋荐饥',杜注:'荐,重也。'"今按:在这一认识基点上说明"𢆉""很可能是一个会意兼形声的字",则可能不仅仅是"以手持箭",而应当是"以手持双箭"。这正与"𢆉"的字形相符,也与"兼"字的今义一致。还是回到本文讨论的主题上来。我们应当同意李天虹的意见:"至于金文的𤃬字,从水,𢆉声,自然可以读为'祭'。但𢆉究竟相当于现在的什么字,还有待研究。从此字或从'涉'来看,它也许真的如吴振武所说,是'浅'字的异体。"[①]

如果我们把走马楼竹简所见"枯兼"的"兼"理解为"'浅'字的异体",看来是合理的。

4. 重要的生态史资料

诸多"波"即陂的"枯兼",甚至(20) 深七丈 的"□□波",(26)"深七丈二尺"的"东卖波"也竟然"枯兼",应当与气候的干旱与水资源状况的恶化有关。走马楼竹简〔叁〕可见简文:

(34)☒□连年遭遇枯旱禾□不收□□□□贵各贫穷少有糒(叁·906)

应当可以看作对于严重的"波""枯兼"现象的气候因素的解释。走马楼竹简〔贰〕所见"旱败不收"(贰·5472),"旱死不收"(贰·7802),"旱死不收"(贰·7913)等简文,也提供了相关的生态环境史的信息。

(24)等简例出现所谓"自垦食"者,有的言及"波"(陂)以及"唐"(塘),有可能反映了陂池干涸有辟为耕田的情形。或许也属于

---

① 李天虹:《释曾侯乙墓竹简中的"𢆉"》,《古文字研究》第26辑,中华书局2006年11月版,第303—306页。

(18) 所谓《枯兼波长深顷亩簿》。①

数量颇为可观的"波""枯兼"现象，既反映了地貌变化，也体现了水资源状况。引起地方行政管理机构重视，要求"都乡"列簿上报的这一现象与气候变迁的密切关系，尤其值得生态环境史研究者关注。人们自然会注意到，走马楼竹简所见相关现象，为东汉以来气候转为干冷的判断提供了新的真确的史实证明。②

---

① 简文可见"自垦食"字样者，又有叁·6436，6427，6758，7070，7197，7200，7205，7206，7216，7222，7224，7226 等。其中 6427 与 7226 涉及"波"（陂），7205 涉及"唐"（塘）。

② 竺可桢：《中国近五千年来气候变迁的初步研究》，《考古学报》1972 年第 1 期；王子今：《秦汉时期生态环境研究》，北京大学出版社 2007 年 9 月版。

长沙走马楼竹简"豆租"和"大豆租"

长沙走马楼竹简所见租赋征收记录中，有反映农耕生产作物品种的信息。整理和分析这些资料，有助于对农史相关问题的理解。

1."调"豆记录

例如，我们看到有可能反映"调"豆的记录：

（1）☐调（？）☐☐烝学豆☐（壹·836）

"调"是否即赋税征收，"豆"是否即豆类农产，"调"与"豆"是否有直接关系，都还不能确定。简文又可见有关"豆租"、"大豆租"的内容：

（2）其二斛九斗三州仓所还黄龙二年豆租大豆（壹·2078）

（3）入黄龙二年豆租准米卅三斛六斗　☐（壹·6379）

（4）·其二斛☐斗黄龙二年大豆租（贰·67）

（5）☐嘉禾二年大豆租三斛准米一斛五斗䢅嘉禾二年十二月☐（贰·2895）

（6）·右中乡入大豆租☐☐（贰·6166）

又如：

（7）☐豆二斛九斗　中（壹·9611）

(8) ☑□五年入□豆二斛九斗　　☑（贰·1028）
(9) ☑·其……大豆二斛九☑（贰·7036）
(10) ☑　　·其二斛九斗大豆　◆（贰·7500）

应当也是征收"大豆"的登记。简文又有"豆麦"一并记述的情形：

(11) 其八斛七斗豆麦　☑（壹·2180）

仓储收支记录中，又有"米豆"或"米麦豆"合并统计的数字。例如：

(12) 米豆（?）二千六百六斛六斗七升（壹·6201）
(13) 右黄龙二年租税杂米二千四斛五斗一升麦五斛六斗豆二斛九斗（壹·9546）
(14) ☑今余吴平斛米麦豆合一万九百九十四斛一斗四升□合（贰·7462）
(15) 今余吴平斛米麦豆二万三千五百六十二斛七斗七升六合（贰·9082）

简文"麦"均写作"麦"而不作"麥"。①

通过以上资料，可以知道当时长沙地区"豆"类作物的种植已经具备相当的规模，所以地方政府能够征收"豆租"和"大豆租"。"豆"也成为仓储的重要内容之一。

2."豆"为人名

从走马楼竹简可知，当时长沙平民社会中颇有以"豆"作为人名用字者，如"妻大女豆年卅"（壹·419），"豆子小女萬年十五算一"（壹·3962），"薩寡嫂大女豆年六十四"（壹·3983），"右豆家口食四人　訾☑"（壹·8428），"民佷子女豆年九岁"（壹·8681），"豆子男腾年四

---

① 走马楼简牍整理组在《凡例》中说，"竹简中的简体字，释文一般均照录。所举第一个字就是"麦"。《长沙走马楼三国吴简·竹简〔壹〕》，上册第2页。

岁"（壹·9485），"□寡侄豆年六十五"（贰·3076），"·豆母大女□☑"（贰·9041）等。人名中"豆"的字源，应当不是已经基本退出底层社会物质生活的作为容器和食器的"豆"，而是豆类植物果实的称谓。"豆"作为幼儿女子名字偏多，很可能与这种农产品颗粒圆润可爱有关。①以往讨论走马楼竹简人名用字的论著没有注意"豆"字使用的情形②，不免遗憾。命名使用"豆"字，可以说明当时人们对这种农作物的熟悉和喜爱。

3. 对于"豆租"的关注

已经有研究者注意到走马楼竹简中"豆"的出现，引录简例6则，即前引简（2）（11）（12）（3）（13）（7）。研究者写道："吴简中的豆类记载中可以明确看出的是上缴大豆的记录和以米作为替代物作为豆租的记录，而只书'豆'字究竟是具体豆类的专指还是泛指还不清楚。"既然说"只书'豆'字究竟是具体豆类的专指还是泛指还不清楚"，又说"可以明确看出的是上缴大豆的记录"，不免自相矛盾。研究者还有这样的分析："《越绝书》载：'已货之户曰，大豆为下物'，则吴越之境有大豆。汉代时人们已认识到大豆'保岁易为'可以'备凶年'，而'小豆不保岁，难得'。《四民月令》中可以看到教人用豆类做酱的方法。《陈留耆旧传》载：小黄恒牧被赤眉军所获，'贼义释之，送营豆一斛'，则又有营豆。考古实物方面，湖南长沙马王堆一号墓出土赤豆、豆科（Liguminosae）大豆属的大豆［Glycine max（L.）Merr.］，三号墓也出土豆类；据

---

① 金人元好问《同儿辈赋未开海棠二首》之一："翠叶轻笼豆颗匀，胭脂浓抹蜡痕新。殷勤留着花梢露，滴下生红可惜春。"《遗山集》卷一四，清道光二年南浔瑞松堂蒋氏刻本。元人蒲道源《赋青梅》："豆颗轻盈绿褪肤，仙姿高挂月清臞。蔚蓝天上新移种，素艳清香世绝无。"《闲居丛稿》卷八，元至正刻本。吴澄《题逃禅翁梅画梅词后二首》之一："小圃梅开能几时，只余豆粒缀青枝。禅翁寿得花如许，二百年来雪月姿。"《吴文正集》卷九二，文渊阁《四库全书》本。又如清人查慎行《戊寅元旦》："屋头初日霭春晖，梅蕊看成豆粒肥。"《敬业堂诗集》卷二三，《四部丛刊》景清康熙本。诗句中"豆颗"、"豆粒"用以形容轻盈饱满的花蕾梅蕊，也是同样的心思。

② 王子今、王心一：《走马楼竹简女子名字分析》，原载《吴简研究》第1辑，崇文书局2004年7月版。

《广雅》载，三国时有'大豆'、'小豆'、'豌豆'、'胡豆'等5个品种。"①

相关讨论内容中，除了长沙马王堆考古实物而外，所举文献资料说的大都是北方的"豆"。上海涵芬楼影印宋本《太平御览》卷八四一引《陈留耆旧传》曰："小黄恒牧为都尉功曹，与郎君共归乡里，为赤眉所得。欲杀啖之，牧求先死。贼义释之，送营豆一斛。"②"营豆"，文渊阁《四库全书》本作"登豆"。《说郛》卷五八上苏林《陈留耆旧传》："小黄恒牧为都尉功曹，与郎君共归乡里，为赤眉所得。欲杀啖之，牧求先死。贼义释之，送与豆一斛。"③"送营豆一斛"又作"送与豆一斛"。

所谓"以米作为替代物作为豆租的记录"，应是对简（3）内容"入黄龙二年豆租准米卅三斛六斗　☐"的误解。简文说的其实是"豆租"数量折算为"米"的计算结果。

4. 马王堆汉墓出土"赤豆"、"大豆""黄卷"

"湖南长沙马王堆一号墓出土赤豆"、"大豆"及相关考古资料，确实值得我们注意。长沙马王堆一号汉墓出土竹简"遣策"有"䜴一坏"简文（101）。发掘报告《长沙马王堆一号汉墓》执笔者释作"䜴（豉）一坏"，以为"301号硬陶罐内盛豆豉，当即简文所记"。又有简文"黄卷一石縑囊一笥合"（161）。发掘报告对"黄卷"有所解释："《本草纲目》大豆黄卷条下引陶弘景曰：'黑大豆为蘖牙，生五寸长使干之，名为黄卷。'"④所说应为一种干制豆芽类的豆制品。

梁家勉主编《中国农业科学技术史稿》也以为"黄卷"应与《神农本草经》"大豆黄卷"有关，可证"汉代已用大豆制造豆芽"。⑤

据对马王堆一号汉墓出土农产品的鉴定报告，"出土的豆类种子"，有"大豆种子"，"还有少量的赤豆种子"。"出土的豆种属豆科

---

① 李进：《走马楼吴简中的农作物》，《吴简研究》第1辑，第341—342页。
② 《太平御览》，第3760页。
③ 文渊阁《四库全书》本。
④ 湖南省博物馆、中国科学院考古研究所：《长沙马王堆一号汉墓》，文物出版社1973年10月版，上集第138、143页。
⑤ 梁家勉主编：《中国农业科学技术史稿》，农业出版社1989年10月版，第234页。

（Liguminosae）大豆属的大豆［Glycine max（L.）Merr.］"，以及"属豆科菜豆属的赤豆（Phaseolus angularis Wight.）"。

"种子"的定义其实相当重要。鉴定者在讨论"麦"的农耕经营时，引录了《越绝书》的有关内容，其中也涉及"豆"："丙货之户曰赤豆"，"己货之户曰大豆"。①《越绝书》卷四《计倪内经》原文为："甲货之户曰粢，为上物，贾七十；乙货之户曰黍，为中物，石六十；丙货之户曰赤豆，为下物，石五十；丁货之户曰稻粟，令为上种，石四十；戊货之户曰麦，为中物，石三十；己货之户曰大豆，为下物，石二十；庚货之户曰穖，比疏食，故无贾；辛货之户曰菓，比蔬食，无贾。壬癸无货。"据文献学者分析，"《越绝书》是一种来历比较复杂的古籍，直到今天，在有关此书的作者、卷帙、书名等方面，都还存在着一些犹待解决的问题"。②如果依据"丙货之户曰赤豆"、"己货之户曰大豆"等文句以为在子贡的时代和伍子胥的时代越地就已经广泛种植豆类作物，是不可信的。而马王堆一号汉墓出土的"豆"，应当是作为佐食品原料出现的，可以归入"'蔬饵膏馔'之中"③，属于并非"主粮"的"副食"④，未可视为当时长沙地方的大田作物。

我们不可以忽略的一个事实，是汉代民间饮食生活中豉的作用的普及。⑤马王堆一号汉墓"豆"的出土，很可能与此有关。除长沙外，"广东广州、广西梧州、贵州赫章、可乐等地均发现了大豆遗存"⑥，很可能也属于同样的性质。

所谓"三号墓也出土豆类"，似乎有必要提出确证。据《长沙马王堆二、三号汉墓发掘简报》，"根据初步清理并参照木牌文字，笥内盛放的随葬品……农产品和水果有豆、枣、香橙、梨……"农产品一类似乎只

---

① 湖南农学院、中国科学院植物研究所：《农产品鉴定报告》，《马王堆一号汉墓出土动植物标本的研究》，文物出版社1978年8月版，第7—9页。
② 乐祺谋：《点校本越绝书序》，《越绝书》，上海古籍出版社1985年10月版，第1页。
③ 李长年：《大豆的演变》，《农业史话》，上海科学技术出版社1981年7月版，第83页。
④ 梁家勉主编《中国农业科学技术史稿》指出，汉代大豆"逐渐向加工为副食品的方向发展"，"汉代大豆作为主粮的地位已下降，逐渐向副食方向发展"。第190、233页。
⑤ 王子今：《汉代人饮食生活中的"盐菜""酱""豉"消费》，《盐业史研究》1996年第1期，收入《秦汉社会史论考》，商务印书馆2006年12月版。
⑥ 林甘泉主编：《中国经济通史·秦汉经济卷》，中国社会科学出版社2007年5月版，上册第150页。

有"豆"。① 从发掘报告《长沙马王堆二、三号汉墓》的内容看，竹笥木牌有书写"熟菽笥"者（西48附），"遣策"又有"熟菽一笥"（简一七六）字样。然而关于"笥内所盛物品"中"食品类"的说明，执笔者写道："粮食和植物类食品的原料有椒、粟或稷、米、麦等，制作的成品有仆足（饼类）、䊏、唐（糖）、居女（粔籹）。"② 并没有说到"豆类"。

5. 江南地区豆类作物栽培史的新认识

"豆类"成为江南农耕生活中的重要作物之一，可能年代要晚一些。

"豆"原本是北方山区作物。《战国策·韩策一》："韩地险恶山居，五谷所生，非麦而豆。民之所食，大抵豆饭藿羹。一岁不收，民不餍糟糠。地方不满九百里，无二岁之所食。"③《新语·本行》："夫子陈、蔡之厄，豆饭菜羹不足以接馁。"④《汉书》卷六六《杨恽传》："其诗曰：'田彼南山，芜秽不治。种一顷豆，落而为萁。'"⑤《北堂书钞》卷一四四《饭篇》"豆饭"条："应璩《新诗》云：'灶下炊牛矢，甑中共豆飧。'"⑥《荆楚岁时记》："十月朔日黍臛，俗谓之秦岁首。"原注："未详'黍臛'之义。今北人此日设麻羹豆饭，当为其始熟尝新耳。"⑦"豆饭"是"北人"传统食物，而与"荆楚"地方不同。"长江流域及其以南是水田稻作农业带"，是中国农史的传统认识。⑧ 有学者曾经指出，"粟、麦、

---

① 湖南省博物馆、中国科学院考古研究所：《长沙马王堆二、三号汉墓发掘简报》，《文物》1974年第7期。

② 据湖南省博物馆、湖南省文物考古研究所《长沙马王堆二、三号汉墓》第一卷《田野考古发掘报告》，文物出版社2004年7月版，第197、59、199页。不能确定"椒"是否"菽"的误写。

③ 〔汉〕刘向集录：《战国策》，上海古籍出版社1985年3月版，第934页。

④ 王利器撰：《新语校注》，中华书局1986年8月版，第142页。

⑤《汉书》，第2896页。《文选》卷四一题作"杨子幼《报孙会宗书》"，上海古籍出版社1986年6月版，第1869页。

⑥〔唐〕虞世南编撰：《北堂书钞》，中国书店据光绪十四年南海孔氏刊本1989年7月影印版，第601页。《太平御览》卷八五〇引应璩《新诗》曰："灶下炊牛矢，甑中庄豆饭。"第3802页。

⑦《说郛》卷六九上，文渊阁《四库全书》本。

⑧ 游修龄：《稻文化与粟文化比较》，《中国稻米》1996年第1期，收入游修龄编著《农史研究文集》，中国农业出版社1999年7月版。

豆北方所产，两汉时期固尚未传入南方，所以南方的农业生产比较单纯，只靠水稻一项……"① 现在看来，这样的认识有必要修正。

走马楼三国吴简所见长沙地方的"豆"作为征纳对象和仓储内容，反映了北方农事经验移用于江南的事实。在复杂的社会背景下，江南接纳了众多的北方移民。② 江南的开发，为全国经济重心向东南方向的转移准备了条件。不少农史研究论著都注意到这一历史变化。③ 走马楼竹简所见"豆租"、"大豆租"，或许可以充实相关认识。

中国农业科学院、南京农学院中国农业遗产研究室编著《中国农学史》（初稿）据有关农作物播种和收获规律的记录讨论《四民月令》"反映的农作物比重"，指出两方面的事实："（1）在收购之列的全是粮食作物（麦、禾、黍、稻、苴麻、大小豆等），表明粮食在市场中的重要性，同时也反映粮食作物在农业生产上占绝对主导地位。（2）豍豆（即豌豆）、胡豆（即豇豆）、胡麻（即芝麻）、蓝（蓼蓝）、冬蓝（大蓝）不在收购之列，大概是因为产量不多，需要和交易也很有限。麻也不在收购之列，农家生产主要留作自用。"④ 在黄河流域的生产结构中，"豆"类作物作为"粮食作物"，"在市场中的重要性"和"在农业生产上"的"绝对主导地位"是受到肯定的。走马楼竹简所见"豆租"、"大豆租"，则体现了"豆"在长江流域特别是江南地区经济生活中的地位。有学者在讨论栽培大豆的推广时指出，"中国栽培大豆起源于北方某地，然后逐步传播到整个黄河流域，再传播到长江流域乃至全国"。论者虽然注意到"湖南和湖北出土的大豆文物，大约在汉代"，但是似乎并不以为可以作为大豆在当地广泛种植的确证，在关于"大豆在江南地区的传播"的论述中，首先说道："大豆最迟在晋代传入江西。晋陶潜《归田园诗》中有'种豆

---

① 唐启宇：《中国农史稿》，农业出版社1985年5月版，第248页。
② 参看王子今《试论秦汉气候变迁对江南经济文化发展的意义》，《学术月刊》1994年第9期。
③ 如中国农业科学院、南京农学院中国农业遗产研究室编著《中国农学史》（初稿）指出"后汉南方人口渐有增加"，"北人南迁有利于南方经济的发展"，"这些南来的人民，不但增加了南方的人力，同时带来了北方各地区较高的生产技术，有利于长江中下游经济文化的发展"。科学出版社1959年12月版，上册第225页。曹贯一《中国农业经济史》也写道："由于中原人民逃难南来，移住到这里建立家园，他们把中原农业生产的一些先进技术和知识经验带到了这里……从此江南地区的经济发展就迈开大步了。"中国社会科学出版社1989年3月版，第270页。
④ 《中国农学史》（初稿），上册第227—228页。

南山下，草盛豆苗稀'的诗句①。陶潜是江西九江人，这里所说的'南山'指的是庐山。"② 这样的认识，显然可以据走马楼简提供的信息予以修正。

6. "豆"与"麦"，"豆"与"稻"

在对于长沙走马楼竹简所见农作物的分析中，研究者注意到"豆"与其他农产特别是水稻的比例："我们可以看到与禾、麦类相比，豆类作为缴纳物所占的比重非常小，种植在孙吴时期尚不普遍。"③ 其实，从简（13）"右黄龙二年租税杂米二千四斛五斗一升麦五斛六斗豆二斛九斗"的内容看，"麦"和"豆"所占比重都是"非常小"的。尤其值得我们重视的，是简（5）"大豆租三斛准米一斛五斗"体现的"豆"和"米"的价格比。"大豆""三斛"不过相当于"米一斛五斗"。可知在当时的饮食生活中，"大豆"很可能依然是传统北方粗食"豆饭"、"豆飧"的原粮，并非作为"副食"或者"蔬饵膏馔"。

汉献帝兴平元年（194），三辅大旱，"是时谷一斛五十万，豆麦一斛二十万，人相食啖，白骨委积"。④ 汉末关中灾年"谷一斛五十万，豆麦一斛二十万"的比价，也可以作为理解简（5）"大豆租三斛准米一斛五斗"的参考。而《越绝书》"稻粟""石四十"，"大豆""石二十"的比率，正与"大豆租三斛准米一斛五斗"的情形相当。

考察秦汉时期的生态环境变迁，会注意到气候变迁与黄河流域许多地区主要作物由水稻而豆麦的转换的关系。王褒《僮约》："五月当获，十

---

① 逯钦立辑：《先秦汉魏晋南北朝诗》，中华书局1983年9月版，第992页。
② 郭文韬编著，徐豹审定：《中国大豆栽培史》，河海大学出版社1993年7月版，第12、10页。论者对若干史料的理解存在错误。如关于"大豆在江南地区的传播"的第二步骤，书中写道："晋代大豆在长江以南和台湾海峡以北沿海地区的传播在《晋书·五行志》中有明确记载：'元帝大兴元年（318年）……七月，东海、彭城、下邳、临淮四郡蝗虫害禾豆'。可见东晋初年，江苏、浙江、福建的沿海地区，已经普遍栽培大豆。"事实上"东海、彭城、下邳、临淮四郡"，并不涉及"浙江、福建的沿海地区"，"台湾海峡以北沿海地区"。
③ 李进：《走马楼吴简中的农作物》，《吴简研究》第1辑，崇文书局2004年7月版，第342页。
④ 《后汉书》卷九《献帝纪》，第376页。

月收豆。"有学者以为可以说明"当时四川地区已进行豆、稻轮作"。① 东汉末年，张陵"造作道书"，"从受道者出五斗米，故世号'米贼'"②，似乎所据巴、汉地区以稻米生产为主。而《三国志》卷二二《魏书·陈群传》："太祖昔到阳平攻张鲁，多收豆麦以益军粮。"③ 又说明"豆麦"是当地主要农产。《三国志》卷五八《吴书·陆逊传》记载，陆逊临襄阳前线，面对强敌而镇定自若，"方催人种葑豆，与诸将弈棋射戏如常"。④ 可见当时豆类作物在江汉平原亦得以普遍种植。⑤ 长沙走马楼竹简所见"豆租"、"大豆租"，为我们了解豆类种植区向南扩展的历史，提供了极有意义的资料。以往有学者言及秦汉江南"豆"的种植，而"江南"地域概念比较含混。⑥ 长沙走马楼竹简所见"豆租"、"大豆租"，则是明确无疑的有价值的江南农业史料。

7. "豆"在农史中的地位

关于"豆"在农史进程中的地位以及种植普及的路径和形势，学者

---

① 桑润生：《大豆小传》，《光明日报》1982年9月3日。《氾胜之书》关于"区种麦"，说到"禾收，区种"。如此可以实现两年三熟，又如《周礼·地官·稻人》郑玄注引郑司农曰："今时谓禾下麦为荑下麦，言荑刈其禾，于下种麦也。"《十三经注疏》，第746页。豆麦复种之例，则见于孙诒让《周礼正义》引《周礼·秋官·薙氏》郑玄注："又今俗谓麦下为夷下，言荑夷其麦以种禾、豆也。"
② 《三国志》卷八《魏书·张鲁传》，第263页。
③ 同上书，第635页。
④ 同上书，第1351页。《资治通鉴》卷七二"魏明帝青龙二年"胡三省注："葑，菜也，谓之蔓菁。豆，菽也。"中华书局1956年6月版，第2294页。胡三省《通鉴释文辨误》卷三："史照《释文》曰：'葑，方用切，菰根也。江东有葑田。海陵本同。'余按'葑'音封，菜也，亦谓之蔓菁。豆，菽也。陆逊之兵，时在江夏，催人种菜及菽，示将久驻以给军食，种菰根何用邪？又江东之葑田，乃是葑泥，其深有没牛者。此田又不产菰根。"文渊阁《四库全书》本。
⑤ 王子今：《秦汉时期生态环境研究》，北京大学出版社2007年9月版，第29页。
⑥ 如黄今言主编《秦汉江南经济述略》说江南农产："粮食类：有稻谷、粟、麦、豆等。"然而又写道："我们这里所说的'江南'，通常是泛指岭南以北，长江流域及其以南的广大地区。"江西人民出版社1999年5月版，第110、2页。王福昌《秦汉江南农业自然资源述论》指出，"从考古发现来看江南还可以种植麦、粟、豆等粮食作物，桑、麻、板栗、桃、梅、柿、李……等园圃作物"。周肇基、倪根金主编：《农业历史论集》，江西人民出版社2000年12月版，第192、200页。然而所据资料出处，除长沙马王堆汉墓外，为湖北江陵、安徽霍山、江苏邗江，均在江北。

往往未能作出准确详尽的说明。有研究者总结，"从《诗经》等文献看，大豆主要分布在黄河流域。《管子》里面讲到戎菽，据后人考证，认为当时东北已种植大豆。汉以后大豆的种植面积有所扩大。《宋史·食货志》曾提到，当时江南地方官吏曾从淮北调运大豆等原在北方盛栽的作物种子推广种植。清代《三农纪》说，凡是陆地都可栽种大豆。可见，它的栽培已遍及全国了"。指出"汉以后"大豆种植范围的扩大无疑是正确的，然而从汉代到宋代以至清代的漫长时段中，历史演进的情形没有得到具体的说明。研究者还写道："栽培大豆原产我国，但具体出处，其说不一。一说起源于东北，原因是变异多且有野生种；一说是源于华北、华中等中原地区，理由是当地有各种生态类型，当前也还在大量种植；另有据大豆的光照特性，考虑有野生及半栽培大豆，主张华南地区是大豆的发祥地。① 德·康多尔曾认为大豆源出于印度支那半岛等处，日本加茂仪一至今仍持此说。"②

　　长沙走马楼竹简所见"豆租"、"大豆租"等相关资料，有助于相关研究的推进。我们相信今后更多的出土文献的发现和整理，应当可以为"豆"的栽培史研究的深化提供新的学术契机。若干历史疑点，亦有可能通过新出土资料的运用，逐步得以澄清。

---

① 原注："见王金陵：《中国南北地区野生大豆光照生态类型的分析》（1973年），《遗传学通讯》3卷（3）。"

② 杨直民、董恺忱：《我国古代在栽培植物起源方面的贡献》，《中国古代农业科技》，农业出版社1980年12月版，第267页。

附录　秦史研究的新新机缘

近年来，若干高校相继收藏保护了一些因盗掘、走私而流散的战国秦汉简牍资料。对于这种称作"购藏"的方式是否从根本上有利于文物的保护，还存在不同意见。但是我们看到，因这种形式推进的简牍研究，确实走上了新的阶梯。清华大学、北京大学、湖南大学等学校通过对这些资料的保护、整理、研究，提升了简牍学的水准。一些攻读硕士学位研究生和攻读博士学位研究生在导师指导下直接参与整理，保证了工作效率，也有利于学术新人的成长。这一情形与复旦大学、武汉大学、西北师范大学等院校简牍学研究的相继兴起，改变了以往简牍学学术力量集中于若干专门研究机构和考古部门的状况，显现出这一学科的新的生机。

就秦代出土文献的整理和研究而言，2007年12月湖南大学岳麓书院得自香港的一批秦简受到学界的重视。据介绍，经初步整理，可知这批资料包括《质日》、《为吏治官及黔首》、《占梦书》、《数》书、《奏谳书》、《秦律杂抄》、《秦令杂抄》。其中《质日》、《为吏治官及黔首》、《数》书三种，简背原有标题，其他四种标题为整理小组暂拟。

朱汉民、陈松长主编《岳麓书院藏秦简〔壹〕》由上海辞书出版社于2010年12月出版，李学勤、裘锡圭、张光裕任顾问，饶宗颐书名题签。内容收有《质日》、《为吏治官及黔首》、《占梦书》三种，分别刊出彩色图版和红外线图版，每一枚简释文随图，一一对应。又有放大本，以便于研究者工作。书中附录《释文连读本》、《检测报告》和《竹简揭取时的原始照片及简序示意图》，可以看到整理工作的认真和出版印制的精心。

《质日》所写干支和记事内容属于秦始皇二十七年（前220）、三十四年（前213）和三十五年（前212）。其中"起"某地、"之"某地、"宿"某地，以及"行"、"归"、"治传舍"等内容，可以看作珍贵的交通史料和行政史料。

《为吏治官及黔首》有些文字可以和睡虎地秦墓竹简《为吏之道》对读，或许可以看作后世兴起的"官箴"的一种早期形式。其中"女子之作"简文（72/1530），提供了比较新的知识。所谓"☐富毋骄"（28/残4-1-1+0928），令人想起《史记》卷七七《魏公子列传》"不敢以其富贵骄士"①，《汉书》卷九七上《外戚传上·孝文窦皇后》"不敢以富贵骄人"②。而通常情形是《后汉书》卷四三《乐恢传》所谓"富贵，必有骄溢之败"，《后汉书》卷五二《崔骃传》："传曰：'生而富者骄，生而贵者傲。'"③睡虎地秦简《为吏之道》涉及"富贵"的文字也有"欲富大（太）甚，贫不可得；欲贵大（太）甚，贱不可得"以及"毋喜富，毋恶贫"，"富不施，贫毋（无）告也；贵不敬，失之毋☐"等。这种对于"富贵"、"贫贱"的比较清醒的意识，值得社会思想史研究者研究关注。

《占梦书》分析梦象，发表占语，形式和睡虎地秦墓竹简《日书》中的《梦》篇不同。《史记》卷一《五帝本纪》张守节《正义》引《帝王世纪》："黄帝梦大风吹天下之尘垢皆去，又梦人执千钧之弩，驱羊万群。……于是依二占而求之，得风后于海隅，登以为相。得力牧于大泽，进以为将。黄帝因著《占梦经》十一卷。"④这是传说时代的占梦故事。《周礼·春官宗伯》已见"占梦中士二人，史二人，徒四人"。⑤《史记》卷六《秦始皇本纪》的记录，则可证明秦代已经有"占梦"专职官员和"占梦"专门技术："始皇梦与海神战，如人状。问占梦，博士曰：'水神不可见，以大鱼蛟龙为候。今上祷祠备谨，而有此恶神，当除去，而善神可致。'乃令入海者赍捕巨鱼具，而自以连弩候大鱼出射之。自琅邪北至荣成山，弗见。至之罘，见巨鱼，射杀一鱼。"⑥岳麓书院藏秦简《占梦书》应当是迄今所见最早的"占梦"文献。对于秦简《占梦书》的研究，无疑可以深化对秦时社会意识史或者说社会心态史的认识。

岳麓书院对于所藏秦简的研究，取读简会的形式作为编连、释文和注

---

① 《史记》，第2377页。
② 《汉书》，第3944页。
③ 《后汉书》，第1479、1719页。
④ 《史记》，第8页。
⑤ 《十三经注疏》，第801页。
⑥ 《史记》，第263页。

释的基础。2009年6月，岳麓书院举行了《岳麓书院藏秦简》中《质日》、《为吏治官及黔首》、《占梦书》的专题研读会，与会学者对释读和出版提出了意见和建议。2009年6月和2010年1月来访的德国和日本学者也对释文提出了修订意见。《岳麓书院藏秦简〔壹〕》正是在这种开放型研究的良好气氛中完成的。后来就"《数》书"部分的定稿，岳麓书院也召开过专门的国际学术研讨会。

《京氏易传》或题《京氏易略》关于自然现象的运行变化有"新新不停，生生相续"的说法，后来易学家以及医学家多沿用此说。其实，学术的生命现象也正是如此。使得以历史文化为研究主题的学术工作"新新不停"者，尤其重要的是新材料的发现、新探索的推进和新认识的生成。岳麓书院藏秦简的整理和研究使我们看到了秦史和秦文化研究面对的这样的良好机缘。我们正是因此在对秦史和秦文化研究的学术前景满怀乐观的心境中祝贺《岳麓书院藏秦简〔壹〕》的问世。

本书内容初次发表信息

《马王堆三号汉墓遣策"马竖"杂议》,《文博》2015年第2期;

《马王堆一号汉墓出土梅花鹿标本的生态史意义》,《古代文明》第2卷(文物出版社2003年6月);

《"煮鹤"故事与汉代文物实证》,《文博》2006年第3期;

《长沙五一广场出土待事掾王纯白事木牍考议》,《简帛》第9辑(上海古籍出版社2014年10月);

《长沙东牌楼汉简"津卒"称谓及相关问题》,《中华文史论丛》2010年第1期;

《说长沙东牌楼简所见"津吏"》,《湖南省博物馆馆刊》第6辑(岳麓书社2010年3月);

《蒋席·皮席·蒚席——长沙东牌楼简牍研读札记》,《简帛研究2005》(广西师范大学出版社2008年9月);

《走马楼简"折咸米"释义》,《国际简牍学会会刊》第3号(台北兰台出版社2001年7月);

《走马楼简的"入皮"记录》,《吴简研究》第1辑(崇文书局2004年7月);

《走马楼许迪剛米事文牍释读商榷》,《郑州大学学报》2001年第4期;

《走马楼许迪割米案文牍所见盐米比价及相关问题》,《长沙三国吴简暨百年来简帛发现及研究国际学术研讨会论文集》(中华书局2005年12月);

《悉姓的源流——读〈嘉禾吏民田家莂〉札记》(与马振智合署,第一作者),《文博》2003年第3期;

《糸口仓考》,《吴简研究》第 1 辑（崇文书局 2004 年 7 月）；

《走马楼舟船属具简与中国帆船史的新认识》,《文物》2005 年第 1 期；

《长沙走马楼竹简"地僦钱"的市场史考察》,《吴简研究》第 2 辑（崇文书局 2006 年 9 月）；

《试释走马楼〈嘉禾吏民田家莂〉"余力田"与"余力火种田"》,《吴简研究》第 1 辑（崇文书局 2004 年 7 月）；

《走马楼竹简女子名字分析》（与王心一合署，第一作者）,《吴简研究》第 1 辑（崇文书局 2004 年 7 月）；

《走马楼简所见"邮卒"与"驿兵"》,《吴简研究》第 1 辑（崇文书局 2004 年 7 月）；

《论走马楼简所见"小妻"——兼说两汉三国社会的多妻现象》,《学术月刊》2004 年第 10 期,《古史性别研究丛稿》（社会科学文献出版社 2004 年 12 月），复印报刊资料·《魏晋南北朝隋唐史》2005 年第 1 期；

《三国孙吴乡村家族中的"寡嫂"和"孤兄子"——以走马楼竹简为中心的考察》,《简牍学研究》第 4 辑（甘肃人民出版社 2004 年 12 月）；

《走马楼简牍所见"吏"在城乡联系中的特殊作用》,《浙江社会科学》2005 年第 5 期；

《走马楼简牍"私学"考议》（与张荣强合署，第一作者）,《吴简研究》第 2 辑（崇文书局 2006 年 9 月）；

《走马楼简所见未成年"公乘""士伍"》,《湖南省博物馆馆刊》第 4 辑（岳麓书社 2007 年 12 月）；

《走马楼竹简"小口"考绎》,《史学月刊》2008 年第 6 期；

《说走马楼简文"细小"》,《江汉考古》2009 年第 2 期；

《走马楼竹简"邪""耶"称谓使用的早期实证》,《文物》2010 年第 5 期；

《走马楼简所见未成年"户下奴""户下婢"》,《吴简研究》第 3 辑（中华书局 2011 年 6 月）；

《说走马楼名籍"单身"身份》,《简帛》第 6 辑（上海古籍出版社 2011 年 11 月）；

《走马楼竹简"枯兼波簿"及其透露的生态史信息》,《湖南大学学报》2008年第3期；

《长沙走马楼竹简"豆租""大豆租"琐议》，《简帛》第3辑（上海古籍出版社2008年10月）；

《新新不停，生生相续——〈岳麓书院藏秦简〔壹〕〉出版感言》，《光明日报》2011年2月10日。

后　　记

　　湖南近年成为简牍出土非常密集的地方，自战国至西晋，历代文书均有发现。而尤以长沙地方最为集中。这一现象已经为历史文化研究者重视，简牍学者李均明曾经建议可以参照"敦煌遗书"、"敦煌文书"称谓，使用"长沙简牍"这一学术概念。这样的意见，笔者是同意的。

　　本书收录论文30篇，均是有关长沙出土简牍的研究心得。其中3篇就马王堆汉墓出土遣策和标签进行讨论，1篇研究长沙五一广场简，3篇以东牌楼简为研究对象，其余22篇均为走马楼简研究成果。附录《秦史研究的新新机缘》是为朱汉民、陈松长主编《岳麓书院藏秦简〔壹〕》写的书评。

　　整理走马楼吴简研究的收获，不能忘记因罗新教授召集在北京大学中国古代史研究中心参加读简班时的经历。在参与者中，我是年龄大的。诸多中青年学者积极投入才思和精力，推进了简牍学的进步。而我也因个人获得的学术收益，深心感谢罗新、陈爽、宋超、侯旭东、韩树峰、孟彦弘等好友。刘聪等青年朋友的贡献，大家都会永远铭记。秦晖、陈静等学者曾经的参与，也记录吴简研究学术史上有意思的一页。走马楼吴简的研读是和这批重要出土文献的整理同步进行的。一些朋友往复长沙，直接参与简牍的保护和释读。回顾这一学术活动，我其实只是参加了其中一个阶段，现在已经明显掉队。一些高质量高水准的研究论著相继问世，站在学术制高点上的是长期坚持整理研究的胡平生、李均明、宋少华、王素、罗新等学者以及新成长起来的青年才俊们。这里将多年前一些文字集合起来出版，自应感谢中国人民大学国学院给予的机会，也愿意将当时心得作为学术路上行进的足迹小心保留。由于起初发表时只是使用了当时已公布的资料，更由于学识浅陋，许多见解已经过时，应予认真修正，甚至予以推翻。但是以考古地层学的眼光看，被掩埋的信息也许亦有一定的价值。

收入本书的有的论文已曾编入其他书中，如关于"户下奴""户下婢"、"细小"、"邮卒""驿兵"、"邪""耶"、"寡嫂""孤兄子"、"小口"、"单身"、"私学"的讨论，曾以"附论"形式收入《秦汉称谓研究》（中国社会科学出版社2014年4月版），但列入本书，均有若干资料的充实、观点的改动，乃至认识的更新。个别篇目的拆合，也是基于现在新的判断。

本书出版，感谢中国人民大学国学院提供的机会。相关工作，得到出土文献与中国古代文明研究协同创新中心中国人民大学分中心主任孙家洲教授的支持和鼓励。

感谢陈松长教授百忙中赐序。

徐畅为书稿的信息补充、引文核正、资料校订耽误了不少时间。李兰芳认真处理校样，改正了包括作者原稿的不少错误。这里一并深致谢意。

王子今

2015年7月21日

北京大有北里

2017年4月19日补记